Das Buch

Die Polargebiete zählen zu den geheimnisvollsten und lebensfeindlichsten Gebieten der Erde: Seit Jahrhunderten zieht es Abenteurer in die tödliche Eiswüste. Berühmte Polarforscher wie Captain Robert F. Scott, Sir Ernest Shackleton und Admiral Richard E. Byrd erzählen in diesem Sammelband von Todesmut, Selbstaufgabe und kameradschaftlichem Zusammenhalt. In ihren Geschichten, die 100 Jahre Polarforschung umspannen, wird auf vielfältige Weise deutlich, warum Menschen immer wieder den Kampf mit eisiger Kälte, oft endloser Finsternis, Packeis und Unwetter auf sich nehmen – einen Kampf, den sie oft genug mit dem Leben bezahlen.

Der Herausgeber

Der Publizist und Outdoor-Spezialist Clint Willis ist seit seinem zehnten Lebensjahr Bergsteiger aus Leidenschaft. Heute firmiert Clint als Herausgeber der Serie *Adrenaline™ Books* und lebt mit seiner Frau und zwei Söhnen in Maine.

In unserem Hause sind von Clint Willis bereits erschienen: *Überleben auf dem Wasser* (3-548-35992-2), *Überleben in Höhen* (3-548-35993-0) und *Überleben in der Wildnis* (3-548-35990-6).

Clint Willis (Hrsg.)

Überleben im Eis

Geschichten von Robert F. Scott,
Ernest Shackleton, Richard E. Byrd u. a.

Ullstein

Ullstein Taschenbuchverlag 2000
Der Ullstein Taschenbuchverlag ist ein Unternehmen der
Econ Ullstein List Verlag GmbH & Co. KG, München
Copyright für diese Ausgabe © 2000 by
Econ Ullstein List Verlag GmbH & Co. KG, München
Titel der amerikanischen Originalausgabe:
Ice: Stories of Survival from Polar Exploration
(Thunder's Mouth Press / Balliett & Fitzgerald Inc., New York)
Compilation copyright © 1999 by Clint Willis
Introduction copyright © 1999 by Clint Willis
Copyright der einzelnen Beiträge: s. Quellennachweis
Alle Rechte vorbehalten
Adrenaline™ and the Adrenaline™ logo are trademarks of
Balliett & Fitzgerald Inc., New York
Übersetzung: s. Quellennachweis
Redaktion: Gabi Banas
Umschlagkonzept:
Lohmüller Werbeagentur GmbH & Co. KG, Berlin
Umschlaggestaltung:
DYADEsign, Düsseldorf
Titelabbildung: Mauritius
Satz: hanseatenSatz-bremen, Bremen
Gesetzt aus der Sabon
Druck und Bindearbeiten: Ebner Ulm
Printed in Germany
ISBN 3-548-35991-4

Für Abner Willis
und sein warmes Herz

Inhalt

Einleitung

Reisende finden in den Polarregionen eine seltsame, geheimnisvolle Schönheit, die viele von ihnen inspiriert, ja sie zu Künstlern macht.

Eine skeptische Welt von dieser Schönheit zu überzeugen ist nicht leicht. Aber wenn ich die Texte dieser Reisenden lese, bin ich überzeugt: Sie haben etwas Schönes entdeckt, vollkommen in seiner Art – zumindest vollkommen für sie. Einige haben den Tod dort gefunden; viele ihre Vorstellung vom Glück.

Doch was haben sie dort wirklich gefunden? Darüber besteht Unklarheit. Der große norwegische Entdecker Fridtjof Nansen (1861-1930) zitierte einen Nordländer, der vor sechs Jahrhunderten lebte und drei Motive nannte, die Männer zwangen, in die Arktis zu gehen, die eine Polarregion, die damals bekannt war: Das eine ist Ruhm (»Es ist die Natur des Menschen, dorthin zu gehen, wo er wahrscheinlich großer Gefahr begegnen wird, und sich dadurch berühmt zu machen«), Wissensdurst (»Es ist die Natur des Menschen, das kennenlernen zu wollen und jene Gegenden zu sehen, von denen er gehört hat«) und Gewinn (»Menschen suchen nach Reichtümern an allen Orten, von denen sie hören, daß dort ein Gewinn zu erwerben sei, selbst wenn das mit großer Gefahr verbunden ist«).

Ich selbst glaube nicht, daß solche Motive die lange Liste der Expeditionen zu den Polen erklären. Hier ist eine Geschichte über Nansen selbst, der 1888 die erste Durchquerung Grönlands anführte und 1893 aufbrach, um den Nordpol zu erreichen. Sein Plan: Ein speziell gebautes Schiff, die *Fram*, mit ins sibirische Eis nehmen, dazu eine Besatzung von zwölf Mann und Vorräte für mindestens sechs Jahre. Im Packeis sich einfrieren lassen, um dann mit dem Abtrieb des Eises zum Pol gelangen.

Nach 18 Monaten und zwei Wintern im Packeis verlor Nansen

die Geduld und verließ die *Fram*. Zusammen mit dem Heizer des
Schiffes, Frederick Hjalmar Johansen, brach er auf zum Pol. Nansen ließ die übrige Mannschaft auf dem Schiff zurück, weil er
glaubte, das Eis würde sie schließlich wieder ins offene Wasser tragen (was es auch tat).

Drei Wochen lang zogen die beiden Männer mit Hundeschlitten
und Kajaks nach Norden, bevor sie diesen Versuch aufgaben: Ein
wildes Durcheinander von Eisblöcken machte die Weiterfahrt unmöglich. Ohne Hoffnung, das Schiff wieder erreichen zu können,
machten sich die beiden Männer auf den Rückweg in die Zivilisation.

Ein dritter arktischer Winter holte Nansen und seinen Gefährten ein, nachdem sie fünf Monate unterwegs waren. Hunde hatten
sie nicht mehr (sie waren aufgegessen), Kleider und Ausrüstung
hingen in Fetzen – da benutzten die Männer Walroßknochen, um
eine Grube von drei mal zwei Metern als Unterkunft auszuheben.
Dort verbrachten sie einen Großteil ihrer Zeit damit, die Kleidung
zu flicken (sie besohlten die Schuhe neu mit Walroßhaut), außerdem mit Schlafen (Johansen schnarchte) und damit, ihren Phanta-
sien vom Essen und von sauberer Bettwäsche freien Lauf zu lassen.

Der Frühling kam, und die beiden Männer brachen wieder auf.
Die Schwierigkeiten jedoch waren noch nicht überstanden: Wal-
roßherden griffen ihre Kajaks an, Eis gab unter ihren Füßen nach,
und einmal wäre Nansen fast ertrunken. Dann passierte etwas
Seltsames: Sie schleppten sich mühsam über das scheinbar endlose
Eis dahin, der erschöpfte Johansen war zurückgeblieben, da begegnete Nansen einem Mann. Der Mann war ein junger britischer
Leutnant auf der Jagd, Angehöriger einer anderen Expedition. Der
Leiter jener Expedition, Frederick Jackson, wurde Zeuge der Begegnung durch ein Fernrohr und kam vom Lager herüber, um her-
auszufinden, was los war.

Dies war nun tatsächlich das Ende von Nansens Expedition.
Nach drei Jahren größter Entbehrungen und Gefahren sollte er
sein Zuhause und seine Familie wiedersehen (er hatte in Norwe-

gen eine junge Frau und eine sechs Monate alte Tochter zurückgelassen). Er sollte die greifbaren Früchte seiner Leistung genießen: Berühmtheit, Geld, Ansehen. Er würde das, was er gelernt hatte, mitteilen können. Er würde wieder am gedeckten Tisch sitzen, ein heißes Bad nehmen und sein häusliches Glück genießen.

Es muß eine verlockende Aussicht gewesen sein. Dennoch blieb Nansen zurückhaltend – fast als würde er es vorziehen, weiter allein durch die trostlose Eiswüste zu wandern.

John Maxtone-Graham beschreibt diese »surreale« Begegnung in *Safe Return Doubtful*, seiner Geschichte polarer Entdeckungsfahrten von 1988:

>»Ich bin sehr froh, Sie zu sehen«, begann Jackson, als stünden sie im Vorzimmer seines Clubs.
>
>»Danke«, entgegnete Nansen, wobei seine Zähne sich schimmernd vom dunklen Gesicht abhoben. Die beiden Männer gingen Seite an Seite weiter.
>
>»Haben Sie ein Schiff hier?« erkundigte sich der Brite.
>
>»Nein, mein Schiff ist nicht hier«, erwiderte Nansen. Ihm fiel auf, wie angenehm der Engländer nach Parfüm roch.
>
>»Und wie viele sind Sie?« fragte Jackson weiter.
>
>»Ich habe nur einen Gefährten, am Rande des Eises.«
>
>Erst da begriff der Brite. »Sind Sie etwa Nansen?«
>
>»Ja, der bin ich.«
>
>»Beim Jupiter!« rief Jackson. »Ich *bin* froh, Sie zu sehen!«

Warum war Nansen nicht seinerseits froh, ihn zu sehen?

Regierungen und andere Geldgeber, die für Polarreisen bezahlen, tun dies in der Regel, weil sie auf einen Gewinn spekulieren, sei er politischer, finanzieller oder sogar wissenschaftlicher Art – und erfindungsreiche Entdecker nutzen diese Begehrlichkeit aus. Frühe Entdecker, wie John Davis, William Baffin und Henry Hudson, se-

gelten im 16. und 17. Jahrhundert in die Arktis, weil ihre Geldgeber eine Nordwestpassage zu den Reichtümern des Ostens wollten. Scotts Geldgeber finanzierten seine Antarktis-Expedition mit
der *Terra Nova* von 1910 zum Teil, weil Englands Politiker ihre
Landsleute als erste auf dem Südpol sehen wollten. Richard Byrd
gelang es, Geld für seinen einsamen Winteraufenthalt in der Antarktis von 1928 zu sammeln, indem er der Wissenschaft reichliche
Wetterbeobachtungen zu machen versprach.

Ja, die Entdecker selbst haben häufig derartige Motive. Robert
Peary hoffte, daß er reich und berühmt werden würde, sollte er als
erster den Nordpol erreichen. Scott wünschte sich nichts sehnlicher,
als den Südpol vor dem Norweger Roald Amundsen zu erreichen;
als er dieses Ziel um 21 Tage verfehlte, trauerte er noch auf dem Ster-
belager dem Heldenempfang nach, mit dem er und seine Männer
gerechnet hatten, hätten sie es geschafft und die Rückkehr nach
Hause erlebt. (Scott bei der Vorbereitung zur Rückkehr vom Pol:
»Nun, wir haben jetzt dem Ziel all unserer Bestrebungen den Rük-
ken zugewandt und müssen 800 Meilen elende Plackerei auf uns
nehmen – und damit sagen wir den meisten Tagträumen ade!«) Byrd
hing an seinen Wetterbeobachtungen; er risikierte dabei fast ständig
sein Leben und opferte jede Annehmlichkeit, um sie durchzuführen.

Doch Ruhm, Geld, selbst Wetterbeobachtungen scheinen für
die Entdecker oft nur ein Vorwand zu sein, um dorthin zu gelangen, wo sie etwas ganz anderes zu finden hoffen. Sie wissen nicht,
was sie wissen vielleicht nicht einmal, ob es dieses Andere überhaupt gibt. Aber es ist da, und es verändert sie.

Was genau ist das?

Barry Lopez versucht in *Arktische Träume* eine Antwort zu geben: Er stellt fest, daß Peary und andere Entdecker ihre erste Reise
nach Norden (oder Süden) als Quelle von Prestige, Geld oder
größter Bewunderung betrachteten. Aber das rückt in den Hintergrund, schreibt Lopez, »relativiert durch ein zunehmendes Gefühl
von Bestürzung und ehrfurchtsvoller Scheu. Es ist, als arbeitete
sich das Land langsam in den Menschen hinein und stellte diese

Motive kraft ihrer Würde in den Schatten. Das Land wird groß und lebendig wie ein Tier; es macht ihn bescheiden auf eine Weise, die er nicht definieren kann. Das Land ist nicht einfach nur schön, es ist auch mächtig. Seine Macht stammt aus der Spannung zwischen seiner offensichtlichen Schönheit und seiner Fähigkeit, Leben zu nehmen. Diese Macht strömt aus der Vergegenwärtigung dessen, wie Dunkelheit und Licht in ihm miteinander verbunden sind, in die Seele, in dem Gefühl, daß dies der Urgrund der Schöpfung ist.«

Sehen sie Gott?

Was auch immer sie finden, Entdecker in der Arktis und der Antarktis sind bereit, größte Entbehrungen auf sich zu nehmen. Drei Männer brechen zu einer Schlittenfahrt auf. Einer stürzt mit dem Großteil der Vorräte in eine Eisspalte; die anderen beiden essen die Hunde: »Hatten ein gutes Frühstück bestehend aus Gingers Kopf – aßen Gehirn, Kehlkopf, einfach alles.« Ein weiterer stirbt den Hungertod; der letzte Mann, Douglas Mawson, geht weiter; die Haut unter seinen Füßen löst sich ab – er müßte auf dem rohen Fleisch laufen. Er bindet die Hautlappen wieder fest, zieht sechs paar Strümpfe übereinander an – und geht weiter.

Im Winter vor Scotts Reise zum Pol brechen drei Männer der *Terra-Nova*-Expedition in der totalen Dunkelheit des antarktischen Winters vom Basislager auf, um Eier des Kaiserpinguins zu holen. Das Wetter und die Schneeverhältnisse sind so, daß die Männer, die drei Schlitten mit einem Gesamtgewicht von 330 Kilogramm ziehen, wochenlang durchschnittlich nur eine Strecke von anderthalb Kilometern am Tag schaffen. Manchmal dauert es eine Stunde, bis sie ein Streichholz entzündet haben. Ihre Kleider sind steif gefroren, bedeckt mit Eis. Als sie eines Morgens aufwachen, ist es 13 Grad unter Null. Die drei Männer sind erleichtert, daß es so angenehm warm ist. Doch man erinnere sich: Es ist ständig dunkel.

Apsley Cherry-Garrard, mit 26 Jahren der jüngste von den dreien, vergleicht die Qualen der Gruppe an einem bestimmten Tag – dem Tag, als sie die Eier bekommen – mit den Qualen eines englischen Offiziers auf den Dardanellen, der, geblendet, mehrere Tage lang zwischen den englischen und türkischen Schützengräben herumirrte. Beide Seiten feuerten auf den Mann, der sich da tastend zwischen ihnen hin und her bewegte. »Solch extremes Leiden [schreibt Cherry-Garrard] läßt sich nicht messen: Wahnsinn oder Tod mögen Erleichterung bringen. Aber eines weiß ich: Wir begannen auf dieser Reise, an den Tod schon als an einen Freund zu denken.«

Das Folgende ist ein fast beliebiger Ausschnitt aus dem Tagebuch von George W. DeLong, der 1879 zum Nordpol aufbrach und zusammen mit den meisten seiner Männer in Sibirien den Hungertod starb: »... Lee bat darum, zurückgelassen zu werden. Ein kleiner Strand, und dann lange, hohe Uferböschungen. Zahlreiche Schneehuhnspuren. Um drei hielten wir an, erschöpft; krochen in ein Loch in der Böschung, sammelten Holz und machten ein Feuer. Alexej unterwegs auf der Suche nach Wild. Nichts zum Abendessen außer einem Löffel Glyzerin. Alle schwach und kraftlos, doch guten Mutes. Möge Gott uns helfen!«

Fröhlich?

Was also ist es, was diese Menschen auf jenen Breitengraden suchen? Vielleicht suchen sie die Gelegenheit, sich zu bewähren – fröhlich zu bleiben – unter extremen Bedingungen. »Ich habe kein einziges böses Wort gehört«, schreibt Cherry-Garrad vom Ausflug zu den Kaiserpinguinen, der fünf Wochen dauerte, und es ist möglich, ihm zu glauben.

Beide Gefährten von Cherry-Garrard, Henry »Birdie« Bowers und Bill Wilson, kommen neun Monate später mit Scott ums Leben. In der Zwischenzeit – zurück in der Hütte am Kap Evans mit Scott und den anderen – singen die Eierholer, reden, rauchen, fotografieren und posieren für Fotos, entwischen Killerwalen, essen; sie bewohnen eine Welt auf Zeit, deren Bollwerke klar sind: Freundschaft, Wettstreit, Neugier, Selbstachtung – die Dinge, die man in Gesellschaft von Menschen lernt, die sich von der Welt in Anspruch nehmen lassen und sie weniger fürchten.

Der Autor und Antarktisforscher Charles Neider spürt 1973 Sir Charles Wright auf, 86 Jahre alt, den letzten Überlebenden von Scotts alles entscheidender Expedition. Neider zitiert für Sir Charles einige Sätze aus Scotts Tagebüchern: »Besonders gut eingeschlagen hat Wright ... Nichts scheint ihm je Sorge zu bereiten, und ich kann mir nicht vorstellen, daß er sich in seinem Leben je über etwas beklagt hat.«

Oh, antwortet Sir Charles, da habe Scott sich aber geirrt: »Und ich beschwerte mich immer bei mir selbst.«

Neider versucht es noch einmal: »... er dachte an Ihre Bereitwilligkeit und Ihren Eifer ...«

Wright: »Es war alles sehr interessant, wissen Sie.«

Der Punkt ist – das meiste Wissen hat nichts mit Wissenschaft zu tun. Einmal geht Byrd, der den Winter allein in der Antarktis verbringt, und verwirrt ist, unter einer Depression und einer Kohlenmonoxidvergiftung leidend bei einen Schneesturm hinaus, um eine seiner Wetterbeobachtungen zu machen. Die Tür zu seiner unterirdischen Hütte schlägt zu und verklemmt sich; er ist draußen: ein Todesurteil.

Fast schon in Panik, findet Byrd eine Schaufel im Schnee und benutzt sie als Brechwerkzeug, um sich Zutritt zu seiner Behausung zu verschaffen: »Als ich in das Licht und die Wärme des Zimmers stolperte, dachte ich immer nur: Wie wunderbar, wie absolut wunderbar.«

Byrd entrann in jenem Winter mehr als einmal knapp dem Tode und schrieb später, daß diese Momente des knappen Entrinnens »... etwas Gutes [waren]. Denn jene Erfahrungen bestimmten Verhältnismäßigkeiten und Beziehungen für mich, wie es nichts anderes gekonnt hätte; und es ist erstaunlich, je näher man der letzten Erleuchtung kommt, wie wenig man wirklich wissen muß, wie wenige Gewißheiten man braucht.«

Was wußte er? Wenn schon nichts anderes, so wußte er – hatte zumindest einen Moment lang gewußt –, daß Licht und Wärme in seiner einsamen Behausung »absolut wundervoll« waren, wie er es nannte. Bitte, da ist eine antarktische Entdeckung, das ist Wissen.

Und was ist mit jenen Polarforschern, die dem Tod nicht entkamen? Scott schrieb kurz vor dem Ende der versuchten Rückkehr seiner Gruppe vom Pol einen Stapel Briefe; mittlerweile stand fest, daß er und die übrigen Gefährten in ihren Zelten sterben würden; mindestens zwei der fünf waren bereits tot. Dieses Zitat stammt aus dem Brief an die Frau seines alten Freundes Wilson: »Ich möchte Sie gern wissen lassen, wie großartig er am Ende war – immer fröhlich und bereit, sich für andere zu opfern. Mit keinem Wort warf er mir vor, ihn in diesen Schlamassel geführt zu haben ... Seine Augen haben die trostreiche blaue Farbe der Hoffnung ...«

Und aus Scotts Abschiedsbrief an seine eigene Frau: Er bittet sie, auf ihren kleinen Sohn aufzupassen: »Vor allen Dingen muß er sich vor der Trägheit in acht nehmen, und du mußt ihn davor bewahren. Mache ihn zu einem tüchtigen Mann. Ich mußte mich dazu zwingen, tüchtig zu sein, wie du weißt – hatte immer den Hang zur Faulheit ... Wie unendlich viel ich dir von dieser Reise erzählen könnte. Wie viel besser ist dies doch gewesen, als sich in der allzu großen Bequemlichkeit eines Zuhauses zu rekeln. Was für Geschichten du für den Jungen hättest! Aber was für ein Preis, den wir nun zahlen müssen!«

Wir haben die Geschichten. Aber Scott und andere haben dafür bezahlt.

Clint Willis

Lennard Bickel
aus **Mawsons eiserner Wille**

Douglas Mawson ist einer der Polarforscher im Triumvirat, zu dem auch Robert Scott und Ernest Shackleton zählen. Als Mawson 1912 auf einer Antarktis-Expedition mit zwei Kameraden unterwegs war, stürzte einer der Männer mit einem Großteil der Vorräte und Ausrüstung in eine Gletscherspalte. Die Geschichte, wie die beiden Überlebenden versuchen, wieder Anschluß an den Rest der Mannschaft zu bekommen, gehört zu den großen Überlebensepen des 20. Jahrhunderts. Lennard Bickel (geboren 1923) erzählt die Geschichte in seinem 1977 erschienenen Buch.

Die Nächte nach Weihnachten waren geprägt von der Schufterei und Anstrengung, wieder aus dem Ninnis-Gletscher herauszuklettern. Der Kampf, das 1000 Meter hohe Eisplateau auf der Westseite zu erreichen, grub tief in die Kraftreserven der Männer. Dazu kam noch der Verlust des letzten Schlittenhundes am dritten Abend.

Als noch 24 Kilometer zum Gletscherkamm zurückzulegen waren, sackte Ginger in sich zusammen. Mit einem gemischten Gefühl von Mitleid und Bewunderung legte Mawson die vor totaler Erschöpfung zitternde Hündin auf den Schlitten, strich ihr über den Kopf und deckte sie dann mit einem Sack zu. Sie sah ihm mit glasigen Augen nach, als er zum Schlittengeschirr zurückkehrte. Mawson erinnerte sich daran, wie dieses außergewöhnliche Tier auf der letzten Reise durch den Krater zum letzten Lager zurückgerannt war. Sie hatte durchgehalten und die größten und stärksten Hunde des Gespanns um mehrere Tage überlebt.

Sie durfte jetzt fünf Kilometer weit als Passagierin reisen, und es stand fest, als sie das Lager aufschlugen, daß sie nie mehr würde gehen können. Jetzt mußte sie einen anderen Zweck erfüllen– als Sülze, Fleisch und Leber. Das Gewehr war an einer früheren Stelle zurückgelassen worden, um Gewicht einzusparen; der Spaten war die einzige Waffe, die noch blieb, aber Mertz brachte es nicht übers Herz, Ginger das Genick zu brechen. So sah Mawson sich gezwungen, ihr den Todesschlag zu versetzen. »Es ist eine Schande, ein so feines Tier auf diese Weise erledigen zu müssen.«

Mertz half beim Zerlegen und erinnerte sich daran, wie er dies schon mit Ninnis während langer Wochen auf See hatte verrichten müssen. Nach dem Aufstellen des Zeltes fühlte er sich erschöpft und ihm war schwindelig und übel. Schweigend zog er sich sofort in seinen Schafsack zurück, um die Ereignisse des Tages mit ein paar Worten zusammenzufassen. – Der Schluß war, ohne daß er es wußte, eine Paraphrase der Worte, die Kapitän Scott im gleichen Jahr auf der Ross-Insel aufgeschrieben hatte:

»Ich bedaure es, aber ich glaube nicht, daß ich noch weiterschreiben kann.«

In den frühen Morgenstunden wurden Schneefahnen gegen das Zelt getrieben. Mawson hatte ein schmerzliches Verlangen nach etwas Eßbarem, doch kam ihm zuerst ein anderer Gedanke, der fortwährend an ihm zehrte – das Gewicht des Schlittens. Die Knochen würden zu Gelee eingekocht werden, und dann »konnte das Skelett unbedenklich von Bord geworfen werden«. Nachdem die wenigen nahrhaften Bestandteile aus Gingers Knochen ausgekocht waren, blieb noch eine mögliche Quelle für Nahrung übrig – Gingers Kopf.

Das Kochen des Kopfes prägte sich tief in seine Erinnerung ein. Zwei ausgemergelte, zerlumpte Männer sitzen hockend in einem engen Zelt und schauen dem Kochen des enthäuteten Hundkopfes zu.

Als Gingers Kopf 90 Minuten lang gegart hatte, setzten sie ihn mit zwei Holzlöffeln auf den Deckel des Kochtopfs. Mawson fuhr mit dem Messer über den Schädel, um die Mittellinie zu markieren. Dann wechselten sie sich ab, ihre Seite jeweils abzunagen, die Kiefermuskeln und Lippen abzubeißen, die Augenlider zu verschlingen und die Augen hinunterzuwürgen. Mit dem Holzlöffel schabten sie den Schädel aus und teilten dann die Zunge, den Kehlkopf und das Gehirn in zwei Portionen. – Nur aufgrund unbändigen Hungers konnten sie diesen makabren Festschmaus genießen; nur das nagende Hungergefühl machte es Mawson möglich, vor dem Schlafengehen schreiben zu können: »Hatten ein gutes Frühstück bestehend aus Gingers Kopf – aßen Gehirn, Kehlkopf, einfach alles.«

Nach dem Verzehr von Ginger blieb ein neues Gefühl von Einsamkeit in beiden Männern zurück. Beide vermißten den Hund und waren sich des Gewichts des Schlittens bewußt, der schmerzlich auf ihren Körper drückte. Außerdem fiel Gingers Tod in die Zeit, als auch Mertz' Zustand erste Anzeichen der Verschlechterung zeigte. Mawson bemerkte, wie sein fröhlicher Schlittenkamerad, der sich gewöhnlich nie beklagte, ganz plötzlich mürrisch, niedergeschlagen und deprimiert war.

»Xavier geht es nicht gut. Nachdem wir gut 19 Kilometer zurückgelegt hatten und um 9 Uhr morgens haltmachten, legte er sich sofort schlafen. Er ist völlig durchnäßt, weil er sein Ölzeug verloren hat. Feiner Schnee dringt überall in unsere Kleider und bietet keine Möglichkeit, etwas zu trocknen. Unsere Ausstattung ist in einem bedauerlichen Zustand!«

Angesichts der weiten Strecke, die noch bewältigt werden mußte, bis sie in Sicherheit waren, und des wenigen Proviants war der sich verschlechternde Gesundheitszustand von Mertz wie ein düsteres Omen. Dennoch gestattete Mawson sich nicht, bei der Katastrophe zu verweilen und widmete seine Aufmerksamkeit neuen Überlegungen: wie sie schneller vorwärts kommen sowie größere Strecken zurücklegen und dabei das Gewicht auf dem Schlitten reduzieren könnten. Das Hauptproblem dabei war das »elende, behelfsmäßige Zelt«. Die primitive Konstruktion war Qual und Zeitverschwendung zugleich. Mawson brachte seinen Frust so zum Ausdruck: »Acht bis zehn Stunden am Stück einen Schlitten zu ziehen ist eine schwere Plackerei für zwei Männer und könnte umgangen werden, wenn wir das Zelt unterwegs einmal zum Aufwärmen aufschlagen könnten ..., doch in unserem miserablen Zustand im Freien anzuhalten, würde bedeuten, daß wir erfrieren müssen. Es gibt keine andere Möglichkeit, als langsam, unablässig und scheinbar endlos weiter zu ziehen, Stunde für Stunde.«

Schon bald wäre Mawson froh, wenn sie solche Märsche am Stück zurücklegen könnten, denn sie sollten größeren Strecken nie mehr gemeinsam bewältigen. Von seiner schrecklichen Krankheit fast völlig zerstört, wählte Mertz eine fatale Alternative zur endlosen Schinderei: Er blieb in seinem Schlafsack liegen, um auf besseres Wetter zu warten. Schon am Abend des ersten Tages des neuen Jahres hatte er sich für Passivität entschieden. Mit Frostbeulen an den Händen machte er folgenden Tagebucheintrag:

»1. Januar, Neujahr, 5 Uhr nachmittags. Wir hatten erst acht Kilometer zurückgelegt, als wir das Lager aufschlagen mußten, und ich bin jetzt in meinem Schlafsack. Das Licht ist gräßlich; der Himmel bewölkt. Bei diesem Wetter würden wir nicht weit kommen. Es ist das beste, auf Sonnenschein zu warten. Ich kann kein Hundefleisch mehr vertragen. Gestern wurde mir davon sehr übel.«

Dies waren die letzten Worte, die Mertz aufschrieb. Er blieb drei Tage in seinem Schlafsack liegen, wurde immer verzweifelter, pessimistischer und war zeitweilig sehr gereizt. Mawson wollte ihn überreden, es zumindest zu versuchen weiterzugehen. Er beschwichtigte und tolerierte die steigende Abneigung gegen Hundefleisch und gab Mertz den ganzen Vorrat an Milchpulver, nur um feststellen zu müssen, daß Mertz sich nun endgültig weigerte, Nahrung aufzunehmen. Er lehnte sogar das Angebot ihres »größten Luxus« ab: einen Schiffszwieback mit einem kleinen Stückchen vom letzten Buttervorrat.

Diese verlorenen Stunden wurden von einem unerklärlichen

Muster verwirrender Stimmungsschwankungen durchzogen, während über dem Zelt ein Schneesturm wirbelte. Als sie auf dem ungeschützten Eisberg festgehalten wurden, zeigte Mawson sich zusehends besorgt. Er versuchte, die schwindenden Kräfte seines Kameraden zu stärken. Nur um ihm einen Gefallen zu tun, fütterte er ihm die Hälfte seines Anteils von Gingers Leber. Von Mitleid berührt, versuchte er ihm einzureden, daß sie gut zu kauen und leicht verdaulich wäre. Mertz fiel sehr schnell in eine noch tiefere Apathie und ignorierte die mißliche Lage. Mawsons Gerede von Mahlzeiten, von den Eierpfannkuchen in der Hütte und von edlen Londoner Restaurants war zwecklos. Er brachte dann die düsteren, trüben Stunden damit zu, Mertz' aufgerissene Lippen und die wunden Stellen an den Beinen und Lenden mit Lanolin aus dem Verbandskasten zu versorgen und seinen Kameraden zu überreden, heißen Kakao und Tee zu schlucken. Dazwischen nähte und flickte er Kleider und trocknete Socken über dem Primuskocher. Doch nichts konnte das Fortschreiten der Krankheit bei Mertz und das Nachlassen seiner körperlichen und geistigen Kräfte aufhalten. Als Mawson ihn verzweifelt zum Essen von Hundeeintopf bewegen wollte, wurde Mertz sich plötzlich des Geruchs gewahr, bekam einen fieberhaften Wutanfall und warf den Becher durch den Zelteingang in den Schnee hinaus. »Das ist von den Hunden«, schrie er. »Die machen mich krank, wenn ich ihr Fleisch esse!«

Am dritten Nachmittag des Jahres schwärmte Mawson dem Kranken vor: »Schau doch, Xavier, die Sonne ist herausgekommen! Du hast doch gesagt, daß du an Vorzeichen glaubst, weißt du noch? Hier ist die Sonne, die dich zum Marsch zur Hütte ruft!«

Er half ihm aus dem Schlafsack und war ihm beim Anziehen seiner Schlittenausrüstung behilflich. Mertz saß auf dem Schlitten, als Mawson das Zelt abbaute und zum Transport zusammenpackte. Bei besserer Sicht würden sie nun hoffentlich eine gute Strecke zurücklegen können, doch wieder bewältigten sie nur ein gefährliches, gewundenes Stück Weg, rutschten aus und stürzten. Nach sechs Kilometern hielt Mertz an. Seine Arme hingen herunter, er atmete schwer, sein Kopf war gesenkt. Seine Finger waren erneut schlimm von Frostbeulen befallen. Sie mußten wieder haltmachen. Mertz versank in ominöses Schweigen und lag zusammengekauert in seinem nassen Schlafsack. Mawson war verstört. Er bereitete etwas heißen Kakao und aß ein Stück von Gingers Leber. In seinem Tagebuch machte er die folgende Bemerkung:

»Xavier ist in sehr schlechtem Zustand; jetzt hängt alles von göttlicher Vorsehung ab.«

In den beiden darauffolgenden Tagen merkte Mawson, wie seine eigenen Kräfte schnell schwanden. Ihm war übel, er hatte Schmerzen in der Seite, und wenn er sich bewegte, wurde ihm schwindelig. Da er angesichts der dahinschwindenden Zeit und der Abnahme der Vorräte sehr besorgt war, drängte er Mertz beständig zum Weitergehen. Mertz ließ das Argument nicht gelten, daß das Ausruhen im Schlafsack und Warten auf besseres Wetter gleichbedeutend mit dem Warten auf den sicheren Tod im Eis war. Mawson schrieb in sein Tagebuch: »Er hat meine Bitte sozusagen verweigert, daß er sich zum Gehen aufraffen solle, wenn auch nur ein oder zwei Kilometer weit. Er meinte, das wäre Selbstmord und daß er sterben würde, wenn er bei schlechtem Wetter weitermarschiere ...« Es folgte eine kurze Auseinandersetzung darüber, daß Weitergehen den Kreislauf aufrechterhalte, dann versank Mertz in tiefer Schwermut. Wieder weigerte er sich zu marschieren. Dann brach die Sonne am 5. Januar durch, und es gelang Mawson, ihm ein Versprechen abzuringen, am nächsten Tag weiterzugehen, wenn die Wetterbedingungen günstig wären.

Der 6. Januar brachte Wolken und Wind von 40 Kilometer die Stunde mit Schneetreiben, jedoch annehmbares Wetter zum Weitergehen. Um sieben Uhr morgens stieg Mawson aus dem Zelt, um die Vorbereitungen für die Weiterreise zu treffen. Es war ein dreistündiger Kampf, bis Mertz angezogen war, Mawson ihm einen Kakao und Schiffszwieback gefüttert und ihm beim Anlegen des Schlittengeschirrs geholfen hatte. Die Entbehrungen aufgrund von Kälte, Hunger und Unterkühlung zerfurchten ihre Gesichter, das wußte

Mawson. Doch als sie aus dem gedämpften, grünen Licht des Zeltes in das grelle, grausame Licht des Plateaus heraustraten, bot Mertz einen erschreckenden Anblick. Sein Bart bestand aus zottigen Büscheln, zwischen denen Stellen rohen Fleisches zu sehen waren, sein Oberlippenbart war ein Hohn, und seine Augen unter der Schutzbrille waren grau umrandet und tief in ihre Höhlen versunken.

Der Marsch war schleppend, eine beängstigende Qual für Leib und Seele. Wach und zitternd tasteten sie sich bei schwachem Licht langsam vorwärts. Mawson schrieb: »Die Oberfläche war rutschig, und wir fielen beide oft und zogen unseren ausgezehrten Körpern blaue Flecken und Quetschungen zu. Ich fühle mich ganz schwindelig nach dem langen Nichtstun und Warten in unseren Schlafsäcken und schwach, weil wir nicht genug zu essen haben. Jedoch – zu meiner Überraschung gab Xavier bald wieder auf. Er ging nur drei Kilometer weit mit vielen langen Pausen, dann weigerte er sich, überhaupt zu marschieren ...«

Mawson wurde ganz angst, wenn er daran dachte, was diese Weigerung bedeutete. Er legte den Arm um die gekrümmten Schultern seines Kameraden, um ihm beim Weitergehen behilflich zu sein, doch Mertz ließ sich in den Schnee fallen: »Mein Wille geht weiter, aber meine Beine bleiben«, stöhnte er. Mawson zog ihn hoch. »Wir müssen weitergehen! Unser Leben steht auf dem Spiel. Wir müssen gehen, solange es möglich ist.«

Mertz war für Logik nicht mehr empfänglich – nicht mehr empfänglich für Worte oder Gedanken vom Tod durch Erfrieren. Er stand schweigend da, ohne sich zu bewegen. Mawson wollte auf keinen Fall der schrecklichen Tatsache ausweichen, daß sein Kamerad dem Ende nahe war. Eine Woche war vergangen, in der sie nur wenige Kilometer zurückgelegt hatten. Der Tagesdurchschnitt der in dieser Zeit zurückgelegten Wegstrecke würde sie nicht retten können. Was konnte er bloß tun? Sein eigener Körper war geschwächt von Hunger und Entbehrung. Gewiß war, daß er nicht einfach das Zelt aufschlagen und kapitulieren konnte. Nein! Er würde sich nicht einfach in den Schnee legen und mehrere Tage der Todesqualen durchstehen, während das Leben verebbte.

»Setz dich auf den Schlitten, Xavier. Es geht jetzt bergab, und wir können noch gut ein Stückchen weiterkommen. Vielleicht ist dir dann wieder zum Gehen zumute.« Mertz widersetzte sich zunächst. Es war für ihn eine Beleidigung, auf dem Schlitten gezogen zu werden, doch Mawson bestand darauf, schob ihn auf die Ladung, zwang ihn, sich hinzulegen und bedeckte ihn mit den Schlafsäcken. Das Riemengeschirr aus Segeltuch schnitt in seine Schultern. Als er sich nach vorn beugte, um den Schlitten zu ziehen, grub der Ledergürtel sich in die schmerzhafte Stelle auf seiner rechten Seite ein, so daß Mawson sich schräg nach links lehnen mußte. Er spürte die an den Kräften zehrende Haftung der Schlittenkufen auf dem Schnee, und das plötzliche Rucken, wenn sie auf Schneefahnen stießen und über deren Eisrücken fuhren. Er schwankte, als seine Füße auf der vom Wind blank gescheuerten Oberfläche rutschten und hörte Mertz auf dem holpernden Schlitten vor Schmerzen stöhnen. Es kam ihm ein beängstigender Gedanke: ein plötzlicher Ausrutscher, ein gebrochenes Bein oder ein kaputter Knöchel – und sie würden dem Tod ins Gesicht sehen müssen. Besser auf allen vieren, auf Händen und Knien weiterkriechen! Ich kann es mit den besten Hunden aufnehmen, redete er sich ein. Ich werde es so gut können wie Ginger. – Ich kann weitergehen – weiter!

Durch die Berührungen mit dem stahlharten Eis wurden seine Knie aufgeschürft; er konnte hören, wie die Haut aufriß. Schnee steckte in seinen Handschuhen und gelangte zunehmend auch in seine Kleidung. Er kroch weiter und schleppte das Gewicht des Schlittens durch den Schnee, allein darauf bedacht, so weit wie möglich zu kommen.

Auf diese Weise legte er vier Kilometer zurück. Dann schrie Mertz vor Schmerz auf. Er war sehr ausgekühlt und hatte weiße Frostbeulen auf seinen bleichen Wangen. Sein Zustand war erbärmlich, doch er klagte nicht, schien allerdings unwillig, seine Beine zu bewegen, als Mawson ihm, vom Schlitten helfen wollte.

Es gelang Mawson, innerhalb einer Stunde das Zelt aufzubauen und Mertz nach drinnen zu verfrachten. Dann kochte er einen dikken Kakao und erhitzte Hundeeintopf, den er Mertz als »Rinderbrühe« aufdrängte. Durch die Bezeichnung wurde Mertz getäuscht, so daß er die heiße Flüssigkeit trank. Bald jedoch rebellierte sein Magen, und er mußte sich im Schnee übergeben. Angst und Sorge lagen Mawson bleischwer im Magen. In seinem Tagebuch beschrieb er seine Qualen so:

»Es steht sehr ernsthaft um uns beide. Wenn er nicht weitergehen und morgen und übermorgen nicht dreizehn bis sechzehn Kilometer pro Tag schaffen kann, sind wir beide zum Tode verurteilt.«

»Ich könnte mich vielleicht durchschlagen – mit den verbleibenden Vorräten –, doch ich kann ihn doch nicht einfach alleine lassen. Sein Herz ist schon nicht mehr dabei. Das Ganze ist sehr schwer für mich. In einem Umfeld von 160 Kilometern zur Hütte und in dieser Situation zu sein, ist einfach schrecklich.«

Mertz schien seine schwere Depression ausgekämpft zu haben. Er meinte, es täte ihm leid, daß sie anhalten mußten. »Wie weit sind wir gekommen?« Dann hellte sich sein Gesicht auf, und er sagte, er würde am Morgen wieder auf dem Schlitten fahren. Vielleicht könnten sie ja zusätzlich ein Segel am Schlitten anbringen. Es gab jedoch kein Segel mehr. Mertz verstummte wieder. Mawson legte sich acht Uhr abends schlafen, um sich einer »langen, anstrengenden Nacht« entgegenzusehen. Seine letzte Worte an jenem Abend waren: »Wenn ich nur vorwärts käme! Aber ich muß anhalten und bei Xavier bleiben. Es scheint ihm immer noch nicht besser zu gehen. Unsere Überlebenschancen werden geringer.«

Als Mawson aus unruhigem Schlaf und Träumen vom Essen erwachte, war die Aussicht auf Weiterreise eine zerschlagene Hoffnung. Mertz befand sich in schlimmer Verfassung. Seine Hosen waren nach einer Ruhr-Infektion verdreckt, seine Augen waren wild und verdreht; er plapperte unzusammenhängend in einem fort und klang wie ein Geistesgestörter. Mawson machte sich daran, Mertz' verschmutze Kleidung zu säubern und war schockiert, als er entdeckte, daß keine Haut mehr auf Mertz' Beinen und Lende, sein Fleisch rot, roh und von schmerzhaften Falten überzogen war. Es war eine lange, mühsame Tortur, bevor Mertz wieder in seinem Schlafsack lag. Mawson fror entsetzlich und kroch für eine Stunde in seinen eigenen Schlafsack, um sich etwas aufzuwärmen. Um zehn Uhr an jenem Morgen des 7. Januar stand er wieder auf, als Mertz zu schreien anfing. Sein Kamerad richtete sich auf und war von dem Gedanken besessen, daß Mawson ihn nach draußen bringen und auf dem Schlitten mitnehmen wolle. Seine Augen sprühten vor Zorn.

Mawson wurde von einem tiefen Mitgefühl bewegt. Verschwunden war der liebenswürdige, ruhige und gelassene Kamerad und Freund. Statt dessen blieb ein armer, inkontinenter Unglückswurm zurück, ein gebrochener Mann, der Angst vor dem Weitergehen hatte. Mawson konnte sich nicht vorstellen, welch schreckliche Qual es für Mertz sein mußte, als Passagier auf dem Schlitten zu reisen, daß es ein schlechtes Zeichen sein könnte – eine Fahrt zum Schlachthof, wie für jeden der geliebten Hunde. Mertz tobte: »Bin ich ein Mann – oder ein Hund? Du glaubst vielleicht, ich hätte keinen Mut, weil ich nicht mehr gehen kann –, aber ich werde es dir zeigen, dir zeigen ...« Er hob seine linke Hand: Als er den kleinen Finger – gelb gefroren – in den Mund steckte, mußte Mawson mit ungläubigem Entsetzen mit ansehen, wie Mertz, Grimassen schneidend und vor Schmerz stöhnend, mit seinen Zähnen in das Mittelglied biß und Haut, Knorpel und Sehnen wütend durchtrennte ... und wie er dann angeekelt das abgetrennte Fingerglied auf den Boden des Zeltes spuckte und wie eine dünne Blutspur den Schnee rosa färbte.

Das war der Beginn eines Tages, der geprägt war von Mertz' Geistesgestörtheit, Wahnvorstellungen und ständigen Anfällen. Mawson verarztete den Stumpf des abgebissenen Fingers und umwickelte ihn mit den Augenbinden, die Mertz gegen Schneekrankheit verwendet hatte. Er wußte jetzt, daß Mertz niemals mehr würde gehen können. Draußen vor dem Zelt brach die Sonne zwischen den Wolken hervor. Die Bedingungen zum Weitermarschieren waren günstig.

»Wir können offensichtlich nicht gehen ... das ist schrecklich! Es geht ja gar nicht um mich, aber wenn ich an Paquita denke – und all die anderen, die an dieser Expedition beteiligt sind –, dann empfinde ich tief und fühle mich so schuldig.«

»Ich bete, Gott möge uns helfen.«

Mertz' Geplapper in unzusammenhängendem Deutsch und Englisch war von einem Augenblick der Ruhe gefolgt, als Mawson ihm wieder Kakao einflößte. Am Abend wurde das Toben heftiger. Als Mertz mit seinen Armen in dem beengten Raum um sich schlug, zerbrach er eine der wertvollen Zeltstützen und hätte noch mehr Schaden angerichtet, wenn Mawson sich nicht auf seine Brust gesetzt, ihm die Arme festgehalten und sich bemüht hätte, ihn in seinem Wahn zu besänftigen. Wieder hatte er eine Ruhr-Attacke. Er wurde bewußtlos. Mawson säuberte ihn und seine Kleider erneut. Noch einmal fing Mertz an zu phantasieren, drückte eine Hand gegen seinen Kopf und legte sich im Schlafsack zurück, wobei er immer wieder rief: »*Ohren, Ohren! Ohrenweh*!«

Der schreckliche Tag war vorüber. Um Mitternacht war Xavier Mertz ins Koma gefallen. Mawson steckte sanft die Decke des Schlafsacks unter sein Kinn und wickelte sein weiches Fell um das rohe, dünne Gesicht. Körperlich und seelisch ausgelaugt, kroch er in seinen eigenen feuchten Schlafsack und suchte Erleichterung im Schlaf.

Sein Schlaf war unruhig, und um 2 Uhr früh wachte er auf. Benommen und verwirrt, fragte er sich, warum er gerade jetzt aufgewacht war. Da war keine Bewegung zu spüren und kein Geräusch zu hören, außer dem unaufhörlichen Flattern des Zeltes. Er streckte seine Hand aus, um seinen Kameraden zu berühren. – Xavier Mertz fühlte sich steif, kalt und völlig leblos an.

Die schreckliche Wahrheit war wie eine Decke kalter Furcht, die sich unsichtbar auf die ganze Welt legte, das Zelt erfüllte und seine Gedanken mit der schrecklichen, unumstößlichen Wahrheit überschattete: Er war allein. Alles Menschliche an diesem verfluchten Ort, alles Lebendige – Freunde und Hunde – war tot. Einsamkeit regierte draußen in der riesigen, öden Weite, im rauschenden Wind, in allen seinen Gedanken, in seinem Leid und in der Angst um seine eigene Sicherheit. Er selbst war krank, ausgehungert und so schwach, daß er jederzeit zusammenbrechen konnte. Ausgestreckt lag er auf diesem Boden von Schnee, während die herzzerreißende Wahrheit Körper und Sinne niederdrückte: Mertz war tot.

Was würde er jetzt tun? Welche Überlebenschancen hatte er? Sehr wenige, beschloß er. Die Stelle, wo er sich befand, war etwa 160 Kilometer von der Hütte entfernt. Vor ihm lag das hügelige, windgepeitschte Eisplateau, das große, breit gefurchte Gletscherbett, viele Kilometer von tückischen, sich durch den Gletscher windenden Schluchten und Spalten und schließlich der lange, beschwerliche und ermüdende Aufstieg auf Steilhänge und Eiswälle, um in die Nähe des Kraters zu gelangen – von wo aus er Aurora Peak sehen und wo er eine Nachricht hinterlassen könnte, daß vielleicht jemand nach ihm suchen würde. Er war jedoch so ausgezehrt, daß der eisige, schneebedeckte Gipfel noch eine Million Kilometer entfernt schien.

Mertz lag tot neben ihm. – Warum war er noch am Leben? In dieser Frage verbargen sich Stunden der Selbstprüfung und unruhiges Überdenken der vergangenen Wochen. Sie hatten das gleiche gegessen, den beschwerlichen Weg gemeinsam zurückgelegt, unter der gleichen Kälte, Hunger, Mangel und Entbehrung erlitten. Da waren auch die tief versteckten Wurzeln der Schuld, die ihn plagte: feine, edle, junge Männer –, und er hatte sie alle in den Tod geführt. Er konnte in seinem Verstand eine Rechtfertigung formulieren: »Der Unfall von Ninnis und seine Konsequenzen sind vergleichbar mit Kriegs(un)glück – etwas kann immer schiefgehen – jedoch Risiko gehört zum Spiel dazu und läßt sich bei der Erfor-

schung eines von Eis bedeckten Kontinents nicht ausschalten.«
Doch weshalb mußte Mertz sterben? Der Tod war auf die Kälte
und dauernde Unterkühlung sowie die in Fieber und Krämpfen
kulminierenden Folgen von Unterernährung zurückzuführen – so
mußte die Diagnose lauten. Eine andere konnte er sich nicht denken. Er verspürte eine gewisse Erleichterung bei dem Gedanken,
daß Xavier sich jetzt jenseits der Reichweite von Schmerzen und
Leid befand. Er könnte sogar einen Nachruf für den Kameraden
verfassen, der ihm so lieb geworden war wie ein Bruder: »Gewiß
hat er die Fesseln dieses eisigen antarktischen Plateaus abgeschüttelt und ist dorthin gegangen, wo eine noble Gesinnung und unver-
fälschter Charakter ihre wahre Belohnung erlangen ... Selbst
scheine ich nun an den großen, einsamen Ufern dieser Welt zu stehen. Nur ein kleiner Schritt trennt mich noch von einer unbekannten Zukunft ...«

Die Aussichten waren düster. Das nagende Gefühl in der Ma-
gengegend war zu einem ständigen Begleiter geworden, so daß er
nicht einmal mehr gerade und aufrecht stehen konnte. – Wie sollte
er bloß ganz allein das Zelt bei diesem kräftigen Wind aufbauen?

Früh am Morgen kochte er etwas Kakao, bedeckte das verwü-
stete Gesicht von Mertz mit der Kapuze des Schlafsacks und machte einen Vermerk in seinem Tagebuch:

»Viele Tage lang – seit dem 1. Januar – hat uns Xaviers schlechter Gesundheitszustand am Vorwärtskommen gehindert. Jetzt
fürchte ich, daß gerade dadurch meine eigenen Überlebenschancen völlig ruiniert worden sind und es unmöglich scheint, auch nur
eine Reise an die Küste nach Norden zu unternehmen. Das Verweilen über eine Woche lang in einem feuchten Schlafsack und
sehr wenig Nahrung haben meine Kondition ernsthaft beeinträchtigt. Dennoch werde ich einen Versuch starten. Ich werde mein
Äußerstes geben – bis zum Schluß – um Paquitas willen und für
alle, die an dieser Expedition beteiligt waren beziehungsweise sie
unterstützt haben, um zumindest mitteilen zu können, wie es um
mich steht.«

Mawsons Ziel war, so nahe wie möglich an Aurora Peak heran-zukommen, damit er und seine Aufzeichnungen gefunden wür-den. – Über die Steilhänge, den Gletscher, Hänge und Wälle berg-aufwärts und am Krater vorbei.

»Heute werde ich meine Ausrüstung für eine Person umbauen. Ich werde den Schlitten auf die Hälfte der Ladung reduzieren und meinen müden Körper und die aufgerissene Haut so gut ich kann verarzten.« Jetzt war die Zeit zu handeln, und es gab die Chance, der leeren, einsamen Einöde die Stirn zu bieten und sich auf ihre Herausforderungen einzulassen.

An jenem Morgen saß er stundenlang im Schneidersitz im Zelt. Er zerlegte den wasserdichten Mantel von Mertz, schnitt ihn zu und nähte ihn in einen alten Proviantsack ein, um ein Segel für den Schlitten herzustellen. Draußen vor dem Zelt, dem Schneetreiben und Wind trotzend, brachte er den Schlitten mit seiner kleinen Säge auf halbe Größe und baute aus den Abfallstücken vom Schlit-tengestell einen kleinen Mast mit einem Querstab für sein wasser-dichtes – und somit windundurchlässiges – Segel.

Er saß noch mehrere Stunden über dem Primuskocher gebeugt und kochte den Rest des Hundefleisches. Dabei verbrannte er ver-sehentlich die noch übrige Hälfte von Gingers Leber. Reduziere den Gebrauch des Kochers auf ein Minimum, sagte er sich, dann mußt du weniger Brennstoff auf dem Schlitten mitschleppen. So kam er zu dem Schluß, daß es möglich sei, zwei Gallonenbehälter zurückzulassen.

In der Nachmittagszeit flaute der Wind ab und verwandelte sich in eine eisige Brise. Dann machte er sich daran, Dr. Xavier Mertz seinen letzten Dienst zu erweisen. Auf Blättern aus seinem Notiz-buch schrieb er einen Nachruf, der Mertz' geduldigen Heldenmut bezeugte und darlegte, wie der Todesfall am Ninnis-Gletscher zum zweiten Opfer geführt hatte und er selbst nun in Richtung Westen weiterziehen wolle. – Diesen Zettel steckte er in den Schlafsack des Toten zusammen mit etwa zehn Dutzend belichteter Platten, die er jetzt für zu schwer erachtete, um sie auf seinen letzten, bitteren Kampf nach Aurora Peak mitzunehmen. Er schleppte den Toten aus dem Zelt.

Der Wind frischte wieder auf, als er Schneeblöcke für Xaviers Grabstätte aus dem Eis schnitt. Der Himmel wurde dunkel und sah bedrohlich aus. Er ließ den Toten in seinem schmutzigen Schlafsack zurück – einem Grabtuch aus Rentierhaut –, und bald schon bedeckten ihn verwehter Schnee und frische Schneeflocken aus reinstem Weiß.

Sein Herz klopfte wie ein Schmiedehammer, als er die Grabstätte bis auf Schulterhöhe aushob. Er mußte mehrere Pausen einlegen. Als er fertig war, nahm er zum zweiten Mal auf dieser Reise sein Gebetbuch heraus, setzte seine Kopfbedeckung ab und verlas die Beisetzungsworte. Noch vor etwa vier Wochen hatten sie nebeneinander gestanden, und er hatte dem Ninnis-Gletscher seinen Namen gegeben. Der entmutigend anzusehende Gletscher, den er noch überqueren mußte, würde fortan den Namen Mertz-Gletscher auf allen Karten der Welt tragen –, wenn seine Leiche und die Tagebücher je gefunden würden.

Er war zum Umfallen müde und erschöpft, brauchte etwas zu essen und ein heißes Getränk. Er erinnerte sich dann daran, daß eine schnell vorwärts kommende Gruppe gesunder, kräftiger Männer an dem Golf zwischen ihm und der Hütte vorbeikommen könnte und es nicht notwendig wäre, das Grab zu kennzeichnen. Die beiden Kufenhälften, die er vom Schlitten abgesägt hatte, lagen neben dem Zelt. Er drückte sie oben in das Grab, damit sie ein einfaches Kreuz im Schnee markierten.

Das Zelt stand schief, als wäre es betrunken. Es wirkte winzig in der weißen, unendlichen Weite, wie ein trüber, grüner Fleck und hing an der Stelle durch, wo Xavier Mertz bei seinem letzten Tobsuchtsanfall eine Stütze zerbrochen hatte. Mawson stand von

Kummer gebeugt neben der Grabstätte und betrachtete den schwachen Zufluchtsort, sah in seiner Schiefe ein Symbol für das Leiden von Mertz und seine eigene Verletzbarkeit.

Er kroch völlig müde und erschöpft in das Zelt, sein Körper schmerzend von der Anstrengung vom Bau der Grabstätte und sein Bauch faltig vor Schmerzen, die er auf Hunger zurückführte. Er hatte ein großes Verlangen, etwas Warmes, Üppiges und Fettiges zu essen und mollig warm zugedeckt einmal richtig auszuschlafen, damit sein Körper erfrischt und die Furcht vor den bevorstehenden Gefahren und der Hoffnungslosigkeit angesichts der mißlichen Lage, in der er sich befand, weggewischt würde. Der Wind wurde stärker, und der Schnee fiel dichter als zuvor. Das Zeltdach flatterte, die abgebrochenen Enden der Stütze wackelten. Er zwang sich, die kaputte Stütze zu reparieren. Wenn die Enden ein Loch in die Decke bohrten oder der Wind einen Riß verursachte, wäre das Zelt im Nu weggeweht und er erledigt. Er befestigte den kleinen Hammerkopf auf seinem Fahrtenmesser, suchte in dem Reparatursack nach Nägeln und einem Docht und machte sich daran, die gebrochene Stütze zu spleißen und zusammenzubinden.

Er war mit seinen Fingern nicht geschickt, und seine Hände zitterten, als er die Stelle über seinem Kopf im Schnee hockend reparierte. Die Arbeit war mühsam, half aber, seine Beklemmung zu lösen. Als er damit fertig war, legte er sich an Ort und Stelle hin. Sein ganzer Körper verlangte danach, im Rentierschlafsack zu liegen und sich nicht bewegen zu müssen, doch er wußte, daß er dem Verlangen nicht nachgeben durfte. Andere Aufgaben, die erledigt werden mußten, beschäftigten ihn: den Primuskocher anzuzünden und einen Becher Pemmikansuppe mit Hundeknochengelee zu erhitzen, die Risse in seinen Kleidern zuzunähen, die Lebensmittelvorräte zu zählen – und den Tagebucheintrag zu schreiben. Letzteres half ihm, seine Gedanken zu sammeln:

»Ich verlas die Beisetzungsworte für den armen Xavier ...« und plötzlich hatte er sich in seine eigene mißliche Lage und die dro-

hende Gefahr hineinversetzt: »Da es nun nur noch wenig Hoffnung gibt, lebendig auf menschliche Hilfe zu stoßen, bedauere ich
jetzt sehr meine Unfähigkeit, die Küstenlinie, die wir auf den von
uns bereisten 480 Kilometer vermessen haben, aufzuzeichnen und
die Notizen über Gletscher und Eisformationen, die bis jetzt größtenteils nur in meinem Gedächtnis verankert sind, schriftlich festzuhalten.«

Der Zeitfaktor, sein eigener sich verschlechternder Zustand und
die verringerten Lebensmittelvorräte drängten ihn, so früh wie
möglich auf seine Reise gen Westen aufzubrechen. Sollte er kürze-
re Streckenabschnitte in Angriff nehmen oder so lange weitergehen, bis er umkippte? Wann beziehungsweise wie bald sollte er zu-
sammenpacken und aufbrechen?

Das Wetter selbst beantwortete die letzte Frage. Plötzlich wehte
ein lebhafter Strom eiskalter Luft von dem großen eisigen Balda-
chin herab; schon bald rollten Windböen mit über 80 Kilometer
Geschwindigkeit tosend über ihn und schleuderten eine gewaltige
Schneewehe und Eiskristalle gegen sein Zelt. Das Gestell zitterte
und wackelte so bedrohlich, daß er im Schnee saß und mit den
Händen über dem Kopf die Querstützen in ihren Verankerungen
hielt.

Scheinbar endlos fauchte und heulte der Sturm um sein Zelt herum. Mawson befürchtete, daß es einem tobenden Windstoß gelingen könnte, unter die Plane zu greifen und das Zelt aus der Gewalt
des Schnees zu entreißen und in unerreichbare Ferne zu schleu-
dern. Seine Hände schmerzten unaufhörlich, und in seinen Armen
pochte ein bleierner Schmerz. Erst am späten Abend kam er auf
die Idee, die Querstützen mit Lampendocht festzubinden und diese durch seinen Körper fest nach unten gezogen zu halten. Dies
war eine Erleichterung, doch war sein steifer Körper von Mattigkeit erfüllt. Ein tiefes Unbehagen durchflutete ihn bei dem Gedanken an die erdrückende Last seiner Probleme und Schwierigkeiten.
Wie konnte er mit diesem geschwächten Körper nur hoffen, das
Lager abzubrechen und das Zelt bei solchem Wind wieder aufzu-

bauen? Er spürte den Drang, zu kapitulieren, aufzugeben, zu essen, auszuruhen, bis der ewige Schlaf sich friedlich über seine Augen legte. Irgendwo tief in seinem Wesen verankert, übte der primitive, mächtige Drang zu überleben und um jeden Preis zu leben einen Druck auf sein Unterbewußtsein aus und durchsuchte seine ermüdenden Gedanken nach Worten des Trostes und der Ermutigung. Und dann erinnerte er sich der Zeilen, die von einem anderen Mann in einer anderen Welt geschrieben wurden, ihn mit Entschlossenheit wappneten, ihm im Kampf Beistand boten – Worte von Robert Service:

Kopf hoch! Tue dein Möglichstes und kämpfe:
Wenn du nicht locker läßt, wirst du den Tag gewinnen.

Die Worte drangen an sein Bewußtsein wie ein Befehl. Sie zogen ihn aus der Verzweiflung und waren Herausforderung, einen weiter westlich gelegenen Ort jenseits von Aurora Peak zu erreichen. Dort würden sein Körper und die ganzen Unterlagen vielleicht gefunden, die Paquita und den Suchtrupps – die sicherlich losgeschickt würden, um ihn zu finden, während das Schiff darauf wartete, nach Westen zu segeln und Frank Wild und seine Gruppe abzulösen – seine Geschichte und die seiner Kameraden erzählen würden. Er war es der Frau, die er liebte, seinen Männern, den Kameraden auf dem Schiff und der Expedition schuldig.

Er hatte genug über Charakter gepredigt, als er um Unterstützung für diese Expedition geworben hatte: in den Versammlungen wissenschaftlicher Gruppen, bei öffentlichen Aufrufen, vor dem riesigen Publikum, das sich im hell erleuchteten Rathaus von Melbourne eingefunden hatte. Dieses erstrahlte für den Anlaß in seiner ganzen Pracht, war prächtig dekoriert, Premierminister Andrew Fisher und der Oppositionschef des Landes, Alfred Deaking, waren anwesend – Glanz und Macht des Landes unter einem Dach vereint –, und er konnte seine eigene Stimme vernehmen, als er sagte:

»Ich habe mein Bestes getan, um Männer mit Charakter auszuwählen. Es ist wichtig, daß Teilnehmer an einer Expedition wie dieser Charakter haben. Es ist unmöglich vorherzusagen, wie Menschen in einer bestimmten Situation reagieren, bis die Umstände dementsprechend sind ... In jenem Land der Verzweiflung, in jenem Land großer Einsamkeit herrschen die Bedingungen, die einen Mann am Wort seines Mundes messen.«

Charakter, wenn der eigene Tod sich über dem Zelt auftürmt, wenn alles gegen einen steht, wenn es am vernünftigsten scheinen mag, sich hinzulegen und aufs Sterben zu warten. Wenn man nicht locker läßt, gewinnt man den Tag, doch draußen ist die Welt ein Chaos aus Schneetreiben und einem Sturm, der selbst den kräftigsten, stärksten und entschlossensten Männern das Durchkommen verweigert. Das Zelt wackelte und erzitterte bei dem Angriff. »Ich bin in den Händen der göttlichen Vorsehung«, tröstete er sich.

Währenddessen wurde er ständig von der Angst, das Zelt zu verlieren, erfaßt. Als der Wind später am Abend nachließ, kroch er hinaus, um noch mehr Blöcke aus dem Schnee zu schneiden und diese auf den unteren Zeltabschluß zu legen. Der Schnee war gefroren, schwer zu durchschneiden und plötzlich, als er versuchte, einen Block zu heben, kam eine Bö auf. – Er verlor das Gleichgewicht, und der Spatengriff zerbrach.

Fast vier Wochen waren vergangen, seit Mertz sich mit denselben Werkzeugen an die gleiche Arbeit gemacht hatte, nach einem langen Rückmarsch aus der Schwarzen Gletscherspalte. Jetzt war er es, der erneut mit dem mühsamen Zusammenstecken, Spleißen und Binden des Stiels beschäftigt war und die dürftigen Lebensmittelvorräte sichtete. Mawson konnte nicht wiegen, wieviel er noch besaß. Er konnte höchstens abschätzen, wie lange diese knappen Vorräte ausreichen würden. Er fragte sich: Wie lange würde es mit ihm noch dauern? Wie weit konnte er mit etwa 225 Gramm Nahrung pro Tag kommen? Es waren schätzungsweise 40 Kilometer, um den Gletscher zu überqueren und 32 Kilometer zu Aurora Peak. Danach kam der gewundene Aufstieg zur großen

Eiskuppel. Der Proviant für den Kampf übers Eis würde etwa zwanzig Tage reichen. Zwei Kekse pro Tag; zwei kleine Schokoladenriegel und ein paar Rosinen für zwischendurch sowie Durstlöscher für unterwegs; etwas Pemmikan, Kakao, Hundefleisch für die ersten zehn Tage; ein paar Stücke vom Hund – ein kleines Stück von der Leber, die Sehnen und ein Paar Pfoten.

Was würde passieren, wenn der Primuskocher kaputtginge? Er wäre dann von Lebensmitteln abhängig, die nicht gekocht werden müssen, und teilte sie deshalb auf: in solche, die gekocht werden müssen, wie Pemmikan, Kakao, Hundefleisch, für die ersten zehn Tage; die Kekse, das Knochengelee, die Hälfte der Schokolade und ein Tütchen Rosinen und Mandeln für die anderen zehn.

Sein Leben war jetzt in zwanzig Tage bis Monatsende aufgeteilt. Danach hatte er keine Zukunft mehr. Wenn er durchschnittlich acht Kilometer pro Tag vorwärts käme – unter Berücksichtigung des Wetters –, könnte er dorthin kommen, wo Hilfe vielleicht nicht mehr fern wäre. Doch wo genau befand er sich jetzt?

Die Sonne schimmerte durch den bewölkten Abendhimmel. Er stellte den Theodolit auf die Kiste mit dem Kochgeschirr. Es war nicht einfach, das Gerät in waagerechte Position zu bekommen, doch schätzte er, daß das Ergebnis auf eine Nähe von etwa 100 Luftkilometern zur Hütte hinwies. Er konnte aber nicht fliegen und würde viele Kilometer mehr wandern müssen, durch den Gletscher und über das schwierige Terrain dahinter. Dennoch hatte er ein Ziel vor Augen, das seinem eisernen Willen entsprach, so weit wie möglich mit den ihm zur Verfügung stehenden Mitteln zu gelangen. Dies förderte seinen innigsten Wunsch zu überleben.

Er wandte sich wieder der Reparatur des Spatenstiels zu. Als der Himmel aufklarte und die Sonne das Zelt erhellte, wurde in ihm der verzweifelte, dringliche Wunsch geweckt, zusammenzupacken und zu marschieren, wenn auch nur einen Kilometer oder zwei, solange das gute Wetter andauerte. Irgendwie schaffte er es aber nicht, sich zu bewegen. Der Spaten mußte repariert werden. Außerdem, so argumentierte er, würde es seinem wunden Skrotum und dem rohen Fleisch seiner Beine guttun, eine weitere Nacht ruhen und heilen zu dürfen. Darüber hinaus befürchtete er, daß es wieder windig werden könnte. Kopf hoch! Tue dein Möglichstes und kämpfe! Ja, doch wie konnte er mit diesem armseligen Körper die Plackerei bewältigen, in einem Wind von 80 Kilometern pro Stunde das Lager aufzuschlagen, den Schlitten zu sichern, die Ausrüstung ins Zelt zu schleppen und den Kocher anzuzünden, wo doch seine Finger von Frostbeulen gezeichnet waren?

Sie schauten aus den Enden seiner löchrigen, wollenen Fäustlinge heraus – an den Kuppen von Erfrierungen geschwärzt, um die Nägel herum aufgerissen und zum Teil eiternd. Wie stand es um den Rest dieses einstmals kräftigen Körpers? Er öffnete seine Schnürsenkel aus Lampendocht und seinen Gürtel, ließ seine dicke Unterhose herunter –, und es rieselte Hautfetzen und Haare auf den Schnee zu seinen Füßen. An seinen Beinen gab es Stellen, an denen die Haut völlig verschwunden war; seine Kniescheiben waren ungeschützt und bestanden nur noch aus grob gefälteltem Fleisch, seine Geschlechtsteile waren rot und wundgescheuert, Opfer der bei der Arbeit und dem Gehen entstehenden Reibung. Um seine Hüfte und auf den Schultern hatte das Schlittengeschirr sich wie ein Muster in die Haut eingeschnitten. An manchen Stellen entdeckte er Furunkel und eitrige Pusteln, die sich wie ein Ausschlag auszubreiten schienen.

»Mein ganzer Körper zersetzt sich mangels richtiger Ernährung«, klagte er. »Durch nichts kann mein kaputtes Gewebe wiederhergestellt oder ersetzt werden.«

Da es aussah, als würde der Morgen schönes Wetter bringen, legte er sich früh schlafen. Bevor er einschlafen konnte, ging er in Gedanken nochmals die einzelnen Punkte seiner mißlichen Lage durch. Plötzlich fühlte er sich nicht mehr allein, sondern fühlte jemandes Anwesenheit. Xavier Mertz ruhte wenige Meter weiter in seiner Grabstätte, aber Mawson konnte spüren, daß sein Geist noch an seiner Seite, bei ihm im Zelt war.

Als er aufwachte, präsentierte sich ein friedlicher Morgen: sonnig, fast windstill, nur gelegentlich der Fetzen einer Zirruswolke Richtung Norden ziehend. Eis und Schneefelder erstreckten sich in alle Richtungen bis zum weißen, dunstigen Horizont. Die windstille Luft war immer noch sehr kalt. Er wollte nicht riskieren, schon vor dem Abbrechen des Lagers durchgefroren zu sein und kroch für eine weitere Stunde in seinen Schlafsack zurück, bis die Sonne mehr Kraft hatte. Alles in ihm sehnte sich danach weiterzugehen. Er ermahnte sich selbst: »Ich muß langsam und stetig gehen. Der Tag heute wird nicht so lang werden, aber trotzdem kann ich vielleicht 16 Kilometer schaffen, wenn die Oberfläche gut ist.« Seit drei Tagen war er nie weiter als zum Grab gegangen; die Woche zuvor, als Mertz das Trauma seiner Krankheit und des Sterbens durchstand, hatten sie höchstens 19 Kilometer bewältigt – und das in zwölf Tagen! Das Bedürfnis weiter zu marschieren belastete ihn, doch Umsicht warnte ihn, daß sein Körper Zeit brauchen würde, bis er sich wieder unbeschwert bewegen könnte, seine Gelenke gelockert wären und er den Rhythmus des Marschierens und des Schlittenziehens – alleine, ohne Hilfe – wiedergefunden hätte.

Er stand um 8.30 Uhr in der Früh auf. Es dauerte mehr als zwei Stunden, bis er die dünne Suppe erhitzt, sein Zelt abgebaut und seine Habseligkeiten gepackt und auf den gekürzten Schlitten geschnürt hatte. Den alten Proviantsack mit der eingenähten umfunktionierten Windjacke von Mertz band er an den Mast und das Querstück, dann lud er die Kiste mit dem Kochgeschirr auf und war startbereit.

Zuerst stand er noch eine Zeitlang am Grab, um den sterblichen Überresten eines tapferen, guten Mannes und feinen Kameraden eine letzte Ehre zu erweisen. Er sprach leise ein kurzes Gebet für die Seele des Toten – und fügte eine Bitte um Schutz für sich selbst hinzu.

Er wandte sich ab, legte das Schlittengeschirr an, beugte sich leicht nach links, um die Schmerzen in seiner rechten Seite zu mindern und zog die Ladung langsam auf eine nach unten abfallende

Schräge. Eine sanfte Brise von hinten verschaffte ihm etwas Erleichterung von dem auf seinem Körper lastenden Druck. Nachdem er sich etwa einhundert Schritte weit geschleppt hatte, hielt er an und blickte mit tiefer Traurigkeit zurück, da er nun den trostlosen verlassenen Ort, wo Mertz begraben lag, verlassen mußte. Die Grabstätte war durch die Nachtwinde abgerundet und die Ritzen zwischen den Blöcken mit Schnee vollgeblasen. Die ganze Konstruktion hatte nun die Form eines rechteckigen Iglus. Das Kreuz aus den beiden Teilen der Schlittenkufen hob sich deutlich von der gefrorenen Einöde ab.

Sein Weg führte nach Nordwesten, und bald schon war die Grabstätte aus seiner Sichtweite verschwunden. Ganz bewußt verlangsamte Mawson seine Schrittgeschwindigkeit. Er bewegte sich mehr schlürfend und ins Geschirr gelehnt als gehend und ziehend fort. Über ihm hing ein pfauenblauer Himmel, der eine nebulöse Verbindung mit dem Eis in der Ferne einging. Die Sonne war deutlich erkennbar. Ihre Wärme auf seinem Gesicht brachte ihn auf eine Idee: Als er etwa einen Kilometer zurückgelegt hatte, hielt er an und füllte den Kochtopf mit Schnee, band ihn auf den Schlitten, wo die Sonne auf ihn scheinen und den Inhalt zu Trinkwasser schmelzen würde –, damit er unterwegs seinen Durst stillen konnte. Er stellte dann den Theodoliten auf die Kiste mit dem Küchengeschirr und las ab, daß er 44 Grad Kurs nach Westnordwest nahm. Er hatte zwei Riegel Schokolade in seinem Beutel, aß einen davon, als er sich wieder anschickte zu ziehen, und zog in Richtung Nordwest weiter.

Jeder Schritt war schmerzhaft. Die wunden Stellen zwischen seinen Lenden und das rohe Skrotum zwangen ihn, mit gespreizten Beinen zu gehen. Dadurch verkürzten sich seine Schritte, doch er stellte fest, daß er so besseren Halt hatte und sicherer auf dem schneebedeckten Eis auftreten konnte. Auf diese Weise konnte er einen weiteren Kilometer bergab zurücklegen. Unter der Schneeschicht wurden die harten Eiskämme der Schneefahnen sichtbar. Als er ausrutschte und schwankte, verstauchte er sich die Beine und spürte einen neuen, unangenehmen Schmerz in den Füßen sich pulsierend bis in die Knöchel und in die Beine hochziehen. Da er nicht von seinem Ziel, 16 Kilometer an jenem Tag zurückzulegen, ablassen wollte, ging er auf die Knie und kroch auf allen vieren weiter. Der neue Druck und der pochende Schmerz in seinem Knie löschte eine Zeitlang den neuen Schmerz aus und schirmte seine Gedanken ab gegen das unangenehme, wabbelige Empfinden in seinen Füßen, als wate er in einer klebrigen Masse. Er empfand auch einen starken, tiefsitzenden Schmerz in seinen Knöcheln. Bald wurden seine Gedanken von neuer Besorgnis erfüllt. Die Sonne schien hell, und es war fast windstill, als er erneut haltmachte, um diesem neuen Leiden auf den Grund zu gehen. Er setzte sich auf den Schlittenrand und zog seine Rentierstiefel und zwei Lagen Socken aus.

Der Anblick seiner Füße traf ihn wie ein Schlag. Das unangenehme Gefühl kam von der Unterseite: Seine Fußsohlen hatten abgestorbene Haut abgeworfen. Die Ballen hatten sich gelöst, so daß rohes, aufgeriebenes Gewebe zum Vorschein kam. An den Sohlen und Fersen war keine Haut mehr. Seine Socken waren voll mit einer wässerigen Flüssigkeit, die das wabbelige Gefühl verursacht hatte. Er wurde von einer Woge der Verzweiflung erfaßt. Er saß entsetzt da und starrte auf seine ruinierten Füße, auf die er die Hoffnung gesetzt hatte, daß sie ihn nach Aurora Peak bringen würden. Später schreibt er: »Alles, was ich tun konnte, war die rot entzündeten Stellen dick mit Lanolin einzuschmieren – glücklicherweise hatte ich eine größere Menge davon dabei –, die losen Fußsohlen mit Binden in Position zu halten. Die Binden waren das weichste mir zur Verfügung stehende Material, das ich über das rohe Gewebe legen konnte.« Er nahm alle Socken aus seiner Tasche, insgesamt sechs Paar, zog sie über die Binden und schob die Füße in seine weichen Rentierstiefel.

Der Schock saß ihm tief in den Gliedern. Er konnte nicht sofort weitermarschieren. Er spürte die Wärme der Sonne auf seinem Gesicht und fand sie wohltuend. Plötzlich kam ihm die Idee, daß Sonnenwärme seinem Körper guttäte. Er breitete das Segel im Schnee aus, ließ seine Hosen herunter, zog seine Weste hoch und legte sich auf das Segel, der kalten Luft trotzend, um seinen Körper dem vom Himmel strömenden Licht auszusetzen. Später am Abend schreibt er: »Ich badete in der herrlichen Sonne und verspürte fast unmittelbar, wie ein Wohlempfinden in meinem Körper prickelte. Es war ein freudig erregendes Gefühl, das all meine Sinne durchflutete.« Die Kraft und Wärme der Sonne schienen tief unter seine Haut zu dringen und den Prozeß der Wiederherstellung zu stimulieren, durch den die große, durch den Zustand seiner Füße verursachte Sorge besänftigt wurde, ihn stärkte und zuversichtlicher machte.

Er lag so lange in der Sonne, wie er die Kälte ertragen konnte. Dann zog er sich wieder an und marschierte weiter. Er vermied hartes Eis, wo er konnte, und ging in weichem Schnee. Jeder Schritt erforderte eine kontrollierte Bewegung, damit die Füße nicht zu stark belastet wurden. Manchmal ging er auf der Außenkante seiner Stiefel, manchmal auf den Zehenspitzen. Zwischendurch ging er auf allen vieren, um die Füße zu schonen. So war er den ganzen Nachmittag unterwegs, hielt nur hin und wieder an, um einen Schluck Schmelzwasser aus dem Kochtopf zu trinken, knabberte an seiner Schokolade und zog weiter seines Weges Richtung Nordwest.

Der Schmerz grub sich tief in sein Gemüt. Am frühen Abend machte er halt und schlug das Lager auf, obwohl die Luft noch klar war und die Sonne schien. Laut Zähler am Schlitten hatte er am 11. Januar über zehn Kilometer zurückgelegt. Seine Kräfte waren erschöpft, und er kritzelte in sein Tagebuch: »Ich bin am Ende mit den Nerven wegen der Schmerzen in meinen Füßen. Wenn ich noch weitergegangen wäre, hätte ich nicht mehr die Kraft gehabt, das Zelt aufzuschlagen.«

Er brauchte ganze 90 Minuten, um sein Zelt aufzubauen und seine Ausrüstung zu verstauen, bis er den Pemmikan und das letzte

Paar Hundepfoten kochen konnte. – Er wußte nicht mehr von
welchem Tier sie stammten. »Nach langem Garen waren sie endlich weich genug, um gegessen zu werden«, bemerkte er. Die
Abendstunden widmete er hauptsächlich der Pflege seines Körpers. Als er seine Füße auspackte, sah er, daß sie in »noch viel be-
dauerlichem Zustand« waren. Nun waren auch seine Knöchel betroffen. »Die Haut wirft fast überall an beiden Füßen Blasen.«
Außerdem stellte er fest, daß seine Zehen durch Erfrierungen
schwarz waren und eiterten wie seine Finger. Er brachte Stunden
damit zu, sich zu verarzten und seine losen Fußsohlen wieder richtig zu bandagieren.

Beim Essen wurde ihm bewußt, daß er es nicht mehr schmecken
konnte. Er hatte seinen Geschmackssinn verloren. »Die Schleim-
häute in meiner Nasenhöhle sind kaputt, und die Speicheldrüsen
verweigern ihren Dienst mangels richtiger Ernährung.« Trotz des
Verlustes von Geschmacks- und Geruchssinn hatte er ein äußerst
intensives Hungergefühl. Wenn er seine Vorräte begutachtete,
wünschte er sich inständig, die doppelte Menge zu haben. »Dann
würde ich eine gute Mahlzeit einnehmen, ob ich sie schmecken
könnte oder nicht.« Sein Verlangen bestand nun darin, Masse und
Wärme im Magen zu spüren, doch wurde dies nur in den lebhaften, ihn verfolgenden Träumen vom Essen befriedigt.

Die Sonne schien hell durch die Zeltplane hindurch. Er kroch nach
draußen, um das Licht zu genießen. »Ich bin sicher, daß die Sonne
viel in mir wieder in Ordnung gebracht hat. Nie zuvor hatte ich
gemerkt, wie gut die Sonne tut. Sonnenschein ist das Lebenselixier
für diejenigen, die die Sonne wochenlang entbehren mußten und
nie ihre Kleidung im Schnee und Wind des antarktischen Plateaus
ausziehen konnten. Ich bin fest entschlossen, Sonnenanbeter zu
sein –, solange ich noch lebe!« Dieser Gedanke half ihm, sich der
Realität seiner Misere erneut zu stellen.

Er stand neben seinem Zelt in der blendenden, weißen Landschaft. Das Gelände vor ihm war abschüssig und führte in ein Tal

aus Eis. Plötzlich erkannte er, daß er sich am Rand der Verästelungen des Hauptstroms vom großen Gletscher befand, den er nach Mertz benannt hatte, und dessen beängstigenden Erhebungen und Vertiefungen. Dort, etwa 48 Kilometer weiter, sah er, wie sich in der kalten, dunstigen Luft die dunkle Felsspitze von Aurora Peak erhob. Und dahinter, das wußte er, war das große Eisplateau, das in die Ferne führte – zur Aladdin-Höhle und der Hütte. Er erhob sein Gesicht zur Sonne und betete innerlich:

»Oh, wenn die göttliche Vorsehung mir doch zwanzig Tage Wetter wie dieses schenken und meine Füße heilen möge, dann finde ich sicher Hilfe.«

Über dreißig Stunden peitschte ein wütender, schneebeladener Wind gegen sein Zelt; dann, plötzlich, war er vorbei. Es herrschte eine unheimliche Stille, eine Grabesstille. Douglas Mawson setzte sich kerzengerade in seinem Zelt auf, die Ohren gespitzt und seine Sinne begierig auf ein Geräusch konzentriert. Kein Wind, keine Bewegung, nicht einmal das leise Fallen der Schneeflocken unterbrach die eisige Stille.

Er steckte seinen Kopf aus dem Zelt und sah eine kalte, eintönige, trostlose Landschaft. An diesem Ort und in diesem Augenblick war seine Einsamkeit gänzlich unerträglich. Das Gefühl, Xavier Mertz bei sich zu haben, war verschwunden. Die Einsamkeit war eine erschreckende Realität, geradezu ein Schmerz. Er dachte: »O Gott! Ich könnte genausogut allein auf dieser ganzen Welt sein, ein armes Geschöpf, ein einzelner Mensch aus präkambrischer Zeit ... oder eine verlorene Seele auf dem Mars!«

Sein Gefühl der Isolation verstärkte sich und lastete noch schwerer auf seinem Gemüt, als er feststellte, daß er nicht wußte, wie spät es genau war. Er hatte wieder vergessen, die Uhr aufzuziehen.

Er vermutete, daß es gegen 7 Uhr in der Früh sein mußte, doch

war sich nicht sicher, solange er die Sonne nicht sehen konnte. Die
Welt außerhalb des Zelts war für ihn von diffusem, trügerischem
Licht erhellt. Das Land hatte genau die gleiche Farbe wie der Himmel. Die Bedingungen waren zu gefährlich, als daß er hätte weiter
marschieren können. Er konnte es jedoch kaum erwarten, sich zu
bewegen und zu regen, mußte aber abwarten und Arbeit als Mittel
einsetzen gegen Sorge und die Beklemmung lästiger Stunden des
mit dem Warten verbundenen Wissens, daß sich seine Nahrungs-
mittelvorräte – und Überlebenschancen – verringerten. Er banda-
gierte seine wunden Füße, rieb die entzündeten Stellen seines Körpers mit schmerzlinderndem Lanolin ein, strich Jodtinktur auf die
von Ausschlag befallenen Stellen und seine eiternden Finger, kochte eine Ration Pemmikan und dann, in der Hoffnung, seine Kräfte
für die anstehende Reise zu stärken, fügte er etwas von der
schrumpfenden Menge Hundegelee hinzu, gönnte sich einen halben Schiffszwieback und brühte einen alten Teebeutel auf. Er umwickelte die Zeltstützen neu und spannte die Umwickelung am
Spaten fester. Er zog die Kleidung für die nächste Wanderung an
und legte eine Schicht getrocknetes Gras in seine Rentierstiefel, um
den Druck auf seine Füße zu mindern. – All dies erledigte er in mä-
ßigem Tempo, um die Zeit zu vertreiben, während er auf die Sonne
wartete. Dabei hoffte er, daß die Zwangsruhe helfen würde, seinen
angeschlagenen Körper zu heilen.

An diesem verschwommenen, trostlosen Montag, dem 13. Januar, kam die Sonne nach Mittag ein bißchen durch. Er richtete
seinen Theodoliten auf der Kiste mit dem Kochgeschirr aus, las
den Befund ab und stellte fest, daß seine Uhr 2 Stunden und 40 Minuten vorging. Als er fertig war, war es 1 Uhr mittags. Die Wolken
am Himmel rissen langsam auf, die Sonne wurde stärker und ver-
trieb den Dunst. Es sah nach einem klaren, windstillen Nachmittag aus. Eilig brach er das Lager ab. Kurz nach 2 Uhr nachmittags
befestigte er das sechs Meter lange Alpenseil mit Knoten im Abstand von einem Meter an sein Geschirr, rückte seine Schutzbrille
über dem Schneehelm zurecht, lehnte sich nach vorn, um das Ge-

wicht der Kufen auf seine Schultern und Taille zu übertragen und
begab sich auf den Weg in das Foltertal des Gletschers, wo ihn viele Tage grellen Lichts, Schneefall und Schauer von Eiskristallen erwarteten und darunter die verborgenen Gefahren schneebedeckter
Gletscherspalten und unerwartete, jähe Abgründe im festen, blau-
en Eis lauerten.

Auf der Strecke nach unten war das Gletschereis fast von Anfang an mit scharfkantigen Wellenrippeln durchsetzt, deren Grat
durch die Stiefelsohlen drang. Er versuchte, auf alle erdenklichen
Arten zu gehen, indem er plattfüßig weiterschlitterte oder auf der
Außenkante seiner Stiefel lief, doch das stählerne, harte Eis forderte seinen Preis. Er spürte, wie die wundgescheuerte Haut aufplatz-
te und seine Socken naß wurden. Der Schmerz und die Angst vor
schwerer Verletzung zwangen ihn, sich auf Stellen zu bewegen, die
von Neuschnee bedeckt waren –, und das war gefährlich, wie er
wußte. »Ich tapse einfach weiter«, sprach er bei sich. Dennoch
konnte er keinen anderen Weg einschlagen als direkt durch das
Mertz-Gletschertal. Wenn er in Form und gut mit Proviant ausgestattet gewesen wäre, hätte er einen großen Umweg über das gebir-
gige Hochland im Süden gemacht, um den vor ihm liegenden Qualen zu entkommen.

Am Nachmittag wurde die Wolkendecke am Himmel wie von
magischer Hand in Richtung Norden beiseite geschoben. Auf die
Gefahr hin, von Schneeblindheit geschlagen zu werden, zog er die
Schutzbrille nach oben: Eine herrliche Landschaft erstreckte sich
vor ihm. Zugleich gewann er neuen Mut. In weiter Ferne konnte er
die westlichen Wände des Mertz-Gletschers erkennen. Die schwarze, felsige Spitze von Aurora Peak hob sich deutlich vom blaßblau-
en Himmel ab, rief ihm zu, daß er weitergehen solle, und gab ihm
Auftrieb zu neuer Anstrengung. Der Gipfel von Aurora Peak war
ein Wegweiser zum Winterquartier, hatte er seinen verstorbenen
Kameraden gesagt. Jetzt war es für seinen sich abmühenden Körper eine Zitadelle, die zu erreichen es galt.

Doch gab es eine wenig mühsamere Strecke als diesen gefährli-

chen direkten Weg? Im Süden erhoben sich die massiven Abhänge
des Hochlands. Er sah die Sonne auf den die Gletscher speisenden,
aber nun zugefrorenen Wasserfällen golden glitzern. Zu weit weg,
zu anstrengend für seinen geschundenen Körper! Konnte er den
Gletscher hinuntersteigen und den wellenförmig verlaufenden Eis-
böschungen dort folgen, bis er ans Meer gelangte? Dort könnte er
Nahrung finden, Robbenfleisch, Pinguine, Eier und seine Kräfte
ein wenig sammeln. War es wahrscheinlich, daß die Suchtrupps an
der Küste nach ihm Ausschau halten würden? Er konnte keine realistische Auswegmöglichkeit zu dem von ihm eingeschlagenen
Weg durch dieses von Todesschluchten durchzogene Gelände finden.

Er kämpfte sich weiter vorwärts. Hin und wieder hielt er an, um
Wasser aus dem Kochtopf zu trinken und an einem Schokoladenriegel zu knabbern. Der Weg führte immer noch abwärts. Mit jedem unbeholfenen Schritt nach vorn konnte er die Wucht des Eises
auf dem Fluß spüren, wie es knackend und knisternd sich den Weg
zum Meer erkämpfte, und die gewaltige Macht, derer es bedurfte,
um die riesige treibende, etwa 600 Meter dicke Eiszunge über das
Flußbett zu schieben, bis sie etwa 96 Kilometer vor der Küste frei
treiben konnte. Er war ein Winzling in dieser riesigen Landschaft,
doch seine Willenskraft trieb ihn vorwärts.

Im gedämpften Abendlicht verstärkten Schatten die Konturen
und umrissen die Kämme der schneebedeckten Berge, die sich aus
einem Netzwerk von Schluchten erhoben. Er hielt an und starrte
ungläubig auf seine Uhr. Es war 8 Uhr abends. Er war sechs Stunden unterwegs gewesen und hatte mehr als acht Kilometer zurückgelegt. In dem trügerischen Licht schien Aurora Peak nicht näher
als beim ersten Mal, als er ihn aus der Ferne emporragen sah. Er
beschloß, sich der Gefahr des Schluchtenlabyrinths jetzt nicht auszusetzen und an Ort und Stelle zwischen den mit Schnee gefüllten
Öffnungen der eisigen Vertiefungen das Lager zu errichten.

Der Wind war nicht stark, so daß es ihm nach mehreren Pausen
bis 10 Uhr abends gelang, sein Zelt aufzubauen und drinnen sein

Abendessen bestehend aus Pemmikan und dem letzten Stück Hundeleber mit einem Stück Schiffszwieback und Kakao zu kochen. Er verschlang die Nahrung und wandte sich erst der Pflege seiner Wunden zu, als er auch die letzte Spur Pemmikan weggeleckt hatte. Als er seine Stiefel und Socken auszog, war er erneut bestürzt. Die ganze Zeit, in der er seine Füße geschont hatte, und jegliche Behandlung waren umsonst gewesen. Er war entsetzt über den Schlamassel in seinen Socken und die mit Blut vollgesogenen Bandagen. Die wunden Stellen waren aufgeschürft und bluteten. Auch sonderte sich reichlich Flüssigkeit von den Fußrücken ab. Er säuberte seine Füße und wickelte sie für die Nacht ein. In seinem Tagebuch brachte er seine Besorgnis zum Ausdruck:

»Meine Füße sehen schlimmer aus denn je, und sie schmerzen schrecklich. Die Chancen stehen schlecht, doch ich werde durchhalten!«

Jeder Knochen und jeder Muskel in ihm sehnte sich nach der Ruhe und dem Schlaf in seinem Rentierschlafsack, doch wieder wurde ihm der Wunsch vom Gletscher verwehrt.

Schon bald nach 11 Uhr abends ertönte die vom Eis abgefeuerte Kanonade. Heftige Explosionen polterten dröhnend und widerhallend das Gletscherbett hinunter. Mawson spürte, wie die grimmige Eruption das massive Eis unter der Schneedecke erbeben und erzittern ließen. Der Ausbruch beunruhigte ihn und überwältigte ihn in seiner Einsamkeit, als er von seinem Zelt aus in die nächtliche Landschaft spähte. Im Süden zeichnete die Sonne die Umrisse des Hochlandes ab, in dessen Richtung sich der Mertz-Gletscher mit vielen Windungen erstreckte. Von dort aus schien die Masse unter ihm zum Meer zu rollen. Er war überzeugt, daß der Gletscher dadurch an vielen Stellen Risse bekam oder gar aufklaffte und kam zu dem Schluß, daß der enorme, auf dem Fluß lastende Druck und die Folgen der Sonneneinstrahlung darauf die Ursache dafür waren. Er schrieb seine Beobachtungen nieder: »In der Kälte der Nacht schien es, als würden mit jeder Explosion große Mengen komprimierter Luft freigesetzt werden ..., als sich das Eis teilte.«

Bis spät in die Nacht erschütterte das Eisbombardement die Eisschicht unter seinem Schlafsack. In jener Nacht hatte er kein Verlangen, ein Geräusch zu vernehmen! In den frühen Morgenstunden nahm der Wind zu und brachte mit Böen von 72 Kilometern pro Stunde einen Wolkenwirbel und Schneetreiben mit sich, die jede Hoffnung auf einen frühen Start in die Tiefen des Gletschertals zunichte machten.

Der Wind hielt ihn bis zum frühen Nachmittag des nächsten Tages fest. Er verbrachte die Zeit damit, seine aktuelle Position zu bestimmen und folgerte durch genaue Schätzungen und Berechnungen, daß er sich etwa 131 Kilometer von der Aladdin-Höhle befinden mußte, südlich des Festlandes, das sie zu Beginn ihrer Expedition erkundet hatten und südöstlich der riesigen Senke, der er den Namen »Krater« gegeben hatte. An jenem Morgen kürzte er seine Ration, solange er nicht weitermarschieren konnte. Er aß eine halbe Portion Pemmikan und einen halben Schiffszwieback.

Als die Sonne durchkam und der Wind nachließ, machte er sich wieder auf den Weg, der sich durch zerschmetterte Eisbrocken wand. Schneewände, Schneefahnen und kleine Flächen weißen Schnees stellten potentielle Fallen dar. Er hatte eine Zeltstange in der Hand, um die vor ihm liegende Wegstrecke sondieren zu können. Das Ganze war ein langsamer und mühseliger Prozeß. Als er eine Stelle mit festem, nicht von Schnee bedecktem Eis erreichte, schnallte er ein Paar Steigeisen an seine Stiefel und konnte so gut vorwärts kommen –, aber nicht lange. In der windstillen Luft hatten sich durch die Wärme der Sonne Rinnsale gebildet, die in die Ritzen und Risse drangen und den Schnee in eine schwere, matschige Masse verwandelten. Ihm wurde vor Anstrengung schwindelig, als er das Gewicht des Schlittens durch den angetauten Schnee ziehen mußte. Nach sechs Stunden hatte er erst acht Kilometer zurückgelegt, war aber total erschöpft und konnte an jenem Tag nicht mehr weiterziehen.

Schwäche, Kraftlosigkeit und ein schmerzhaftes Hungergefühl

attackierten erneut seine Entschlossenheit durchzuhalten. Als er auch noch sah, in welch schlechtem Zustand seine Füße waren, entschied er sich, einen gefährlicheren Kurs einzuschlagen: »Wenn meine Füße nicht besser werden, muß ich hinunter ins Gletschertal steigen und versuchen, ans Meer zu gelangen.« Klugerweise überschlief er erst einmal diese Idee.

Sein Schlaf wurde wieder durch explosionsartige Ausbrüche gestört. In dieser Nacht stellte er seine Theorie vom Vorabend in Frage. Die Ursachen könnten komplexer sein. »Das von den Explosionen verursachte Geräusch ist so laut, daß es noch weitere Gründe geben könnte. Es erinnert an das Knallen, das entsteht, wenn ein Schuß aus einem schweren Maschinengewehr abgefeuert wird, doch tritt es scheinbar zufällig auf. Es beginnt oben im Gletscher und hört unten in Richtung Meer auf. Es gibt keine realistische, sichtbare Erklärung, wie es entsteht.«

Durch das Eisbombardement konnte er erst spät einschlafen. Als er erwachte, war es 9.30 Uhr in der Früh. Der Himmel war bedeckt, und er gelangte sofort zu der schmerzlichen Erkenntnis: »Wir müßten jetzt alle wieder bei der Hütte sein.« Heute – 15. Januar, Ende der zweiten Woche des Monats – war der Stichtag. Die *Aurora* müßte inzwischen den Anker gelichtet haben und die Commonwealth-Bucht mit der Besatzung an Bord verlassen, unterwegs Frank Wild und seine Mannschaft abholen und nach Hobart zurückkehren. Er hatte dieses Datum bei der Erklärung, die er in der Hütte abgab, festgelegt. Wie gut er sich noch an jenen Abend, den sie im Schein von Lampen verbracht hatten, erinnern konnte. Die Atmosphäre war erwartungsvoll angesichts des bevorstehenden großen Abenteuers und wichtiger Erkundungen. »Wir müssen um jeden Preis bereit sein, dann wieder nach Hause zu gehen.« Was war wohl mit den anderen geschehen? Waren ihre Vorhaben – wie sein eigenes – Katastrophen und Tod zum Opfer gefallen? Er hoffte vor allem, daß keiner die grausamen Qualen der Hoffnungslosigkeit ertragen mußte. Was würden sie tun, wenn keiner von seinem Trupp zurückkehrte? Wie lange würde Davis die *Aurora* aufhalten? Wie lange konnte Davis es wagen zu warten, bevor er weiterfuhr, um Wild abzuholen, ohne Gefahr zu laufen, von Packeis umschlossen zu werden? Angesichts von Krankheit und Hunger machte auch sein Pflichtgefühl seinem Gewissen zu schaffen: Er war Leiter, Gründer und Veranstalter dieser Expedition. Er hatte all die feinen Männer in diese schreckliche Gegend gebracht. Bitte, Gott, laß sie alle sicher zurückkehren!

Die Sorge zwang ihn, vorschnell und eilig zu handeln. Er brach sein Lager ab und versuchte, im Schneematsch weiterzugehen. Die weiche Masse unter seinen Füßen und der Wind machten seinen Entschluß, an jenem Tag weitere acht Kilometer zurückzulegen, zunichte. Er wurde nach zwei Stunden abrupt aufgehalten, als er merkte, daß er sich auf einem Gelände befand, das von mit Schnee bedeckten Gletscherspalten durchzogen war. Ein weiterer verlorener Tag lag vor ihm. Er schleppte sich mühsam drei Kilometer weiter und mußte dann sein Zelt aufschlagen. Er legte sich in seinen Schlafsack und wartete auf den Abend, wenn die Kälte das Weiterkommen erleichtern würde. Außerdem mußte er stark mit der Versuchung kämpfen, nicht einen wärmenden Becher Suppe zu essen. – Nicht gehen, hieß nicht essen!

Der Abend brachte weitere Enttäuschungen. Als der Gletscher sein nächtliches Bombardement begann, ging er für ein paar Minuten nach draußen, um einen Eintrag in sein Tagebuch zu machen: »10 Uhr abends. Schnee immer noch weich. Starker Schneefall. Unmöglich, Gletscherspalten zu erkennen oder klar Kurs zu halten.« Um 2 Uhr morgens war die Situation unverändert, doch schließlich ließ ihm sein Verlangen weiterzukommen keine Ruhe, und er kroch um 5 Uhr morgens aus seinem Schlafsack, um eine dünne Pemmikansuppe zu kochen und den Schlitten zu beladen. Jetzt wehte eine leichte Brise aus Südost, der Himmel war verhangen, es herrschte Schneegestöber, und das Licht war ungünstig für weiteres Vorankommen. Unter normalen Umständen hätte er sich nicht von der Stelle gerührt. Jetzt aber legte er sein Schlittengeschirr an und trat in den frischen Schnee hinaus, da er ganz verzweifelt war, voranzukommen und sich aus den bedrohlichen Klauen des Gletschers zu lösen.

Die Bedingungen waren widrig, und das Licht blendete so stark, daß es unmöglich war, Einzelheiten im Eis oder Schnee zu erkennen. Der weiche Schnee bildete eine pappige Schicht unter den Kufen und einen klebrigen Ball auf dem Zählwerk und Lenkrad am hinteren Ende des Schlittens. Immer wieder mußte er anhalten, um die Ausrüstung von Schnee zu befreien. Oft kletterte er mühsam über aufgehäuften Schnee oder arbeitete sich an Eiskämmen entlang vorwärts, die sich als der gewölbte Rand einer Gletscherspalte erwiesen. Dabei stieß und suchte er mit seiner Zeltstange blind den Weg durch eine gefährliche Gegend. »Ich glaube, daß die göttliche Vorsehung mit mir ist«, rief er aus, als er mehrmals einer gefährlichen Situation entronnen war.

Einmal merkte er schockiert, wie er mit den Füßen durch den Schnee hindurchsackte. Glücklicherweise war dieser unterhalb der Oberfläche gefroren, und mit Hilfe seiner ausgebreiteten Zeltstange sank er nicht ab und konnte wieder nach oben klettern. Er gönnte sich keine Pause, solange der Zwang, weiter nach Westen zu kommen, in ihm brannte – bis um 3 Uhr nachmittags.

Er hatte sich acht anstrengende Stunden lang vorwärts gekämpft, wobei er eine andere Richtung einschlug, wenn die Gletscherspalten zu breit oder zu gefährlich aussahen. Er hatte sich buchstäblich durch das Eistal gehangelt. Die leichte Brise aus Südost hatte sein Segel nur mit wenig Wind gefüllt. Als er auf eine Böschung aus hartem Eis stieg und auf eine wellige Kuppe im Gletscherbett kam, traf ihn der erste kräftige Windstoß aus Südwest, der den Schlitten hinter ihm erfaßte, über das Eis, um ihn herum und vor ihn fegte, wobei sich das Zugseil um seine Knie wickelte und er zu Boden stürzte. Der Schlitten samt Mawson waren im Begriff, den Abhang hinunter geworfen zu werden, als er seine Steigeisen ins Eis grub und seinen eigenen Fall aufhielt. Voller Schrecken sah er, wie seine Ladung, die Hoffnung für sein Überleben, alle seine Besitztümer am offenen Schlund eines großen Lochs im har-

ten blauen Eis hingen. Dieser Abgrund war wie ein Steinbruch im
Eis, dessen steile, jäh abfallende Seiten im unsichtbaren Nichts en-
deten. Sofort riß er an dem Zugseil und schaffte es, den Schlitten
auf der Eislippe am Abgrund zu bremsen. Der Wind preßte das
Gewicht immer noch gegen seine zerrenden Arme. Eine volle Minute lang war er nicht imstande, mehr zu tun, als das Gewicht zu
halten. Diese 60 Sekunden kamen ihm wie eine Ewigkeit vor.
Dann, ganz langsam zog er den Schlitten Zentimeter um Zentimeter der Windrichtung entgegen zurück auf den Hang. Er ging ein
Stück zurück zu einer flachen, schneebedeckten Stelle und konnte
mit vielen Unterbrechungen sein Zelt aufbauen.

Erschöpft und schwach lag er eine Zeitlang auf dem Schneebo-
den, bevor er in der Lage war, seinen Kocher anzuzünden und sein
Essen zuzubereiten. An diesem Abend war sein Verlangen nach
Nahrung ein starker, scharfer Schmerz, den er nur lindern konnte,
indem er sich über den Kocher beugte und den Dampf von der mit
etwas Hundegelee vermischten, dünnen Pemmikansuppe sah. Sein
Hunger und seine Gier nach Nahrung waren so stark, daß er beim
Schlürfen der geschmacklosen Mischung sabberte.

Die schwere Anstrengung und die Tatsache, daß er nur um Haaresbreite einer Katastrophe entgangen war, hatten ihm schwer zu-
gesetzt, dennoch mußte er in seinem Tagebuch den Augenblick
einfangen, als sein Schlitten »ein Meter vom Rand eines großen,
gähnenden Abgrunds war«. Seine Hände zitterten, als er mit dem
Bleistift folgende Worte schrieb: »Ich weiß nicht, was noch alles
vor mir liegt ... Ich hoffe, daß der Himmel aufklart und es wieder
gefriert. Ich brauche mittlerweile ganz schön lange, um meine
Füße jeden Tag neu zu verbinden.«

Damit endete sein Tagebucheintrag vom 16. Januar. Exakt genaue Angaben über Meteorologie, Windrichtung und Windstärke, Temperatur, Höhe, Wolkenformationen ließ er in diesem bitteren Kampf gegen den Gletscher aus, um so kräftemäßig an Boden
zu gewinnen. Er hatte sein inbrünstiges Gebet um schönes Wetter
vergessen. Jetzt verbrachte er ruhelose Nächte und sah trübes Wet-

ter und Wolken als normal an. Er näherte sich dem Adélie-Land und betete nicht mehr um gutes Wetter.

Am Morgen des 17. Januar nahm er, Schneefall und Schneegestöber trotzend, Kurs 20 Grad nach Nordnordwest und machte sich entschieden daran, zumindest weitere acht Kilometer zurückzulegen. Eine Ebene aus Eis und Schnee erhob sich auf dem Grat des Mertz-Gletschers vor ihm. Er spürte, daß es bergauf ging, konnte es aber nicht sehen. Der Druck auf seinen Füßen lastete nun auf seinen fast doppelt gekrümmten Zehen, als er seine Last in den Morgen schleppte.

Er arbeitete sich mühsam auf einem langen, ansteigenden, stark mit Schnee bedeckten Hang vorwärts. Die Sonne war nicht zu sehen, doch ihr Licht und ihre Wärme sickerten durch die tief hängenden Wolken. Er zog seine wasserdichten Anorak aus, um besser vorwärts kommen zu können, sowie die Handschuhe und schnürte sie auf den Schlitten. Er strengte seine Augen an, um den sichersten Weg in diesen schrecklichen, trügerischen Lichtverhältnissen auszumachen. Mehrere Male mußte er abrupt vor dem offenen Schlund einer Gletscherspalte anhalten; zweimal ging er dicht an klaffenden Spalten vorbei, die er zuvor nicht gesehen hatte. Dann kam er auf weichen Schnee, und der Schlitten lief gut, bis Mawson, ohne jedes Anzeichen, bis zu den Schenkeln versank. Es gelang ihm mit einiger Anstrengung, wieder aus dem Schnee zu klettern und den Aufstieg erneut in Angriff zu nehmen. Er schaute unter der Schneebrille hervor, um den Verlauf der Gletscherspalte auszuspähen, an deren Kante er gerade abgesackt war: Sie zog sich nach Süden, bis sie außer Sichtweite war, und er schlug nach Norden ein, wo, etwa 50 Meter weiter, in einer Ebene glatten, reinen Schnees keine Spur mehr zu sehen war und er zurück in Richtung Westen ziehen konnte.

Im nächsten Augenblick spürte er, wie er fiel und sein Magen wie ein senkrechtes Lotblei war. Dann gab es einen kräftigen Ruck am Seil, das Schlittengeschirr drückte in seinen Körper und fügte ihm eine Unmenge an stechenden Schmerzen zu. Er hing über einem dunklen, bodenlosen Schlund. Er merkte jetzt, wie der Schlitten, gezogen von seinem Gewicht, über den Schnee in Richtung Kante dieser Eisgrube rutschte – und immer näher kam. Innerhalb von Sekunden würde die Masse des Schlittens über die durchgebrochene Schneebrücke rasen und er in den Abgrund fallen. Ein Gedanke schoß ihm durch den Kopf: »Das ist jetzt also das Ende!«

Die Bewegung stoppte. Der Schlitten war an einem unsichtbaren Kamm oder einer Schneeverwehung gebremst worden. Er hing jetzt viereinhalb Meter tief, frei in der zwei Meter breiten Schlucht zwischen den steilen Wänden aus stahlblauem Eis.

Langsam wurde er in der Gletscherspalte hin und her geschwungen. Aus lauter Angst und Verzweiflung hing er schlaff im Ende des Seils. Über ihm erschien der finstere Himmel wie ein Band aus Licht; unter ihm waren unsichtbare, schwarze Abgründe. Vorsichtig hob er seine Arme. Er konnte die Wände der Schlucht gerade mit den Fingerspitzen berühren. Sie waren glatt und kalt und boten keinen Halt für seine Finger. Oberhalb war durch das Licht das tief in die gebrochene Schneebrücke geschnittene Seil zu sehen. Er hatte Angst, daß abrupte Bewegungen den Schlitten wieder ins Rutschen zur Schlucht hin bringen könnten. Er behielt seine Position. Der Schlitten bewegte sich nicht, als er seine Beine in einem weiten Bogen schwang. Dankbarkeit erfüllte sein Herz: »Gott hat mir eine weitere Chance geschenkt ...« Eine winzige, eine kleine Chance. Dennoch, wie sollte er sein Gewicht an dem viereinhalb Meter langen Seil direkt nach oben ziehen – mit Kleidung voller Schnee und einem von Hunger geschwächten Körper? Verzweifelt dachte er an den Schlitten, der über ihm im Schnee steckte. Wieviel mochte er wiegen? Würde er sein Gewicht halten, wenn er an dem Seil hochzuklettern versuchte? Er stellte sich seine Habseligkeiten auf dem gekürzten Schlitten vor. Plötzlich sah er vor seinem geistigen Auge den in der Mitte auf der Ladefläche verstauten Proviantsack. In der Furcht, die sein Denken beeinträchtigte, wußte er, daß er jede Anstrengung unternehmen mußte, um an den Sack zu gelangen.

Der Gedanke an vergeudete Nahrungsmittel trieb ihn zum Handeln an. Er streckte seinen langen, dünnen Arm über seinen Kopf und umschloß mit bloßen Fingern den ersten Knoten im Seil. Er verschloß seine Gedanken gegen Schmerz und Anstrengung und griff mit dem anderen Arm nach oben. Er zog sich bis zum Kinn nach oben und war jetzt fast zwei Meter näher am Vorsprung. Noch einmal und noch einmal, dann tastete er mit den Füßen und dem Seil zwischen den Knien nach Knoten, um Halt zu finden – und war auf der Höhe der eingebrochenen Schneebrücke angelangt. Der trügerische, kompakte Schnee war nun bröckelig. Mehrmals versuchte er, kriechend in Sicherheit zu kommen und war schon halbwegs auf festem Eis, als der ganze Vorsprung abbrach und er wieder in voller Länge des Seils nach unten krachte.

Auch diesmal hielt der Schlitten im Schnee. Auch diesmal baumelte er schlaff und erschöpft im kalten dämmrigen Licht. Seine Hände bluteten; die Haut seiner Handflächen war abgeschürft; seine Fingerspitzen waren schwarz. Sein Körper wurde vom Schnee, der in seine Kleidung gelangt war, und den ihn umschließenden Eiswänden immer kälter. Er fragte sich: Weshalb hier herumhängen und auf den Erfrierungstod warten? Warum nicht allem ein schnelles Ende bereiten, die Schmerzen, das Leiden und den Kampf beenden? Später schreibt er: »Es war ein Augenblick seltener Versuchung. Kleine Dinge für große aufzugeben, von der kleinen Erkundungsreise dieser Welt in größere Welten jenseits davon zu gelangen ...« Im Gürtel auf seinem Rücken steckte sein Fahrtenmesser, das scharf wie eine Rasierklinge war. Ein ordentlicher Schnitt, eine oder zwei Sekunden dauernder atemberaubender Sturz, und dann ewiger Frieden. Keiner würde je erfahren, wie alles geendet hatte, was ihm widerfahren war. Er hatte das trauernde Bild seiner Paquita vor Augen, das seiner Kameraden – und stellte sich die Nahrungsmittel oben auf dem Schlitten vor –, und Robert Service kam ihm in den Sinn: Kopf hoch! Tue dein Möglichstes und kämpfe! Versuchs noch einmal!

Seine Kräfte ließen schnell nach, und sein Körper wurde immer kälter. Bald wäre alles vergessen und vorbei. Noch ließ ihn die Vorsehung an seinem Seil hängen, das eine Verbindung zur Oberfläche schuf. Mit »äußerster Anstrengung«, wie er es später formulierte, erklomm er das Seil, Knoten für Knoten, und stieß sich mit wildem, ausschlagendem Ruck in den Schnee auf dem festen Eis. Dann verlor er das Bewußtsein und lag ohnmächtig mit dem Gesicht zur Sonne gekehrt und blutenden Händen im Schnee.

Für den Rest seines Lebens konnte er sich nicht erinnern, wie er letztendlich aus der Schlucht geklettert war und auch nicht, wie lange er ohnmächtig im Schnee gelegen hatte – er vermutet über eine Stunde lang. Als er das Bewußtsein wiedererlangte, war es als Reaktion auf die von einem wolkenlosen Himmel auf ihn herabblickende Sonne.

Er zeltete nahe dem Abgrund des kalten Schlunds, der ihm fast das Leben gekostet hätte. Seine zerschundenen Hände waren ungeschickt und zitterten, als er das Gestell für das Zelt zusammensteckte und die Abdeckung darüberzog. Dabei hörte er nicht auf, der göttlichen Vorsehung zu danken, daß sie ihm sein Leben und seine Mission erhalten hatte.

Er füllte seinen Becher mit heiß dampfender Suppe, kochte einige Stücke Hundefleisch und aß alles mit einem Schiffszwieback, während er von dem soeben Erfahrenem immer noch zitterte und dies in Gedanken neu durchlebte. Als er im Schlafsack saß, schrieb er mit einem Bleistiftstummel, den er in seinen schmerzenden Fingern hielt, auf, was er an jenem Tag erlebt hatte. Er schloß mit den Worten: »Es ist unmöglich ... das Licht gibt einem keine Chance, aber ich hoffe ernsthaft, daß etwas geschehen und das Wetter sich ändern wird, wie sonst soll ich meinen Tagesdurchschnitt einhalten können? Ich vertraue jedoch auf göttliche Vorsehung, die mir schon so oft geholfen hat.«

Nancy Mitford
Eine harte Zeit

Die Geschichte von Scotts letzter und tragisch endender Expedition in die Antarktis ist oft erzählt worden. Dieser kurze Bericht aus zweiter Hand gehört zu den besten seiner Art. Fünfzig Jahre nach Scotts Tod geschrieben, vermittelt er dem gestandenen Lehnstuhlentdecker zwar keine neuen Informationen, doch er bietet den frischen Stil von Nancy Mitford (1904-1973), ihren Humor und ihre Sensibilität.

Apsley Cherry-Garrard hat einmal gesagt: »Entdeckungsreisen zu den Polen sind gleichzeitig die reinste und die einsamste Art, eine harte Zeit zu erleben, die bisher erfunden wurde.«[1] Niemand könnte bestreiten, daß er und die 24 anderen Teilnehmer an Kapitän Scotts Expedition zum Südpol eine harte Zeit hatten; ja alle anderen harten Zeiten, die Menschen aus freien Stücken mitgemacht haben, verblassen daneben. Ihre Entdeckungsreise ist die letzte der großen, klassischen Entdeckungsfahrten; ihre Ausrüstung unterschied sich, obwohl sie in unserem Jahrhundert lebten, seltsamerweise kaum von der, die Kapitän Cook hatte. Vitamintabletten hätten vielleicht das Leben der Gruppe, die zum Pol aufgebrochen war, gerettet, ebenso ein Funkgerät; eine elektrische Taschenlampe hätte das Elend der Winterexpedition gemildert. Wie viele Dinge, die wir als absolut selbstverständlich hinnehmen, wa-

---

[1] Wenn nicht anders angegeben, stammen die Zitate in diesem Aufsatz aus *Die schlimmste Reise der Welt* von Cherry-Garrard. (Anm. d. Autors)

ren noch nicht erfunden – vor so kurzer Zeit! Scotts *Terra Nova*
hatte gegenüber Cooks *Resolution* den Vorteil, daß sie nicht nur
gesegelt werden konnte, sondern auch ein Dampfschiff war. Selbst
dies war keine reine Freude, weil es eine üble Schaufelei bedeutete,
zudem nahm die Kohle in der kleinen hölzernen Bark (764 Tonnen) zuviel Platz ein, der besser hätte genutzt werden können. Drei
Motorschlitten, die an Deck festgezurrt waren, schienen das Aller-
neuste und waren der ganze Stolz von Kapitän Scott.

Die *Terra Nova* verließ London am 15. Juni 1910 und Neuseeland am 26. November. Sie war beängstigend überladen; auf Deck
befanden sich neben den Motorschlitten in ihren riesigen Kisten
30 Tonnen Kohle in Säcken, zweieinhalb Tonnen Benzin in Fäs-
sern, 33 Hunde und 19 Ponys. Das Schiff überstand einen schlimmen Sturm wie durch ein Wunder. »Bowers und Campbell standen
auf der Brücke, und das Schiff rollte träge auf die Seite, bis leeseitig
das Süll des Hauptluks ins Meer tauchte ... normalerweise sagt
man, wenn ein Schiff sich so weit auf die Seite legt, geht es unter.«
Sie brauchten 38 Tage, ehe sie den McMurdo-Sund erreichten;
und die Männer waren in schlechter Verfassung. Sie hatten in ihren Kleidern geschlafen, mit Glück fünf Stunden pro Nacht, und
keine geregelten Mahlzeiten bekommen. Sobald der Anker geworfen war, begannen sie, das Schiff auszuladen. Das bedeutete aber,
daß sie die Fracht über Eisschollen zerren mußten, die ständig von
Killerwalen umgekippt werden konnten – eine heikle Angelegenheit, besonders wenn es darum ging, Ponys, Motorschlitten oder
ein Pianola zu bewegen. Dann bauten sie eine Hütte, die von nun
an ihr Zuhause sein sollte. Scott, selbst unermüdlich, trieb seine
Männer sehr hart an, und alles war innerhalb von zwei Wochen
fertig. Die *Terra Nova* segelte ab; im nächsten Sommer sollte sie
wiederkommen. Bis dahin, so hoffte man, würde die Expedition
vom Pol zurückgekehrt sein, rechtzeitig, um von dem Schiff aufgenommen zu werden, bevor das Meer zufrieren und die *Terra Nova*
zwingen würde, erneut davonzusegeln. Sollten sie es nicht schaffen, würden sie einen zweiten Winter am McMurdo-Sund verbrin-

gen müssen. Der Winter spielt sich in jenen Breiten natürlich in unseren Sommermonaten ab und ist eine immerwährende Nacht, so wie der Sommer ein immerwährender Tag ist. Die fantastische Schönheit der Landschaft beeindruckte die Männer tief. Wenn die Sonne schien, war der Schnee nie weiß, sondern funkelte in allen Schattierungen von Rosa, Blau und Lila; im Winter flammte das Südlicht am Himmel auf, und der Gipfel des Mount Erebus glühte.

Die Hütte wurde – anders als so vieles von Scotts Ausrüstung – ein voller Erfolg. Sie war an der Küste errichtet worden, vielleicht ein wenig zu nah am Meer, um in den grausamen Winterstürmen absolut sicher zu sein – unter dem aktiven Vulkan Mount Erebus, benannt nach dem Schiff, mit dem Ross diese Regionen 1839 entdeckte. Sie maß 15 x 7,50 Meter und war 2,70 Meter hoch. Die Wände hatten eine doppelte Beplankung, mit Schichten von Seetang dazwischen. Das Dach bestand aus sechs Schichten, immer abwechselnd Holz, Gummi und Seetang. Obwohl gut 40 Grad Kälte durchaus normal waren, litten die Männer im Innern nie unter der Kälte; ja mit 25 Männern, die in der Hütte auf engstem Raum lebten, dem Herd auf voller Leistung und einem Ofen am anderen Ende klagten sie nur manchmal über die stickige Luft.

Das Leben im ersten Winter war sehr angenehm. Bevor sie sich endgültig in die Hütte zurückzogen, hatten sie mehrere, allerdings aufreibende Märsche unternommen und Vorräte in Depots entlang der Route zum Pol gebracht. Sie brauchten eine Ruhepause und hatten sie auch verdient. Sie beschwerten sich nur, daß es zu viele Vorträge gab. Scott bestand auf mindestens drei pro Woche, und die scheinen die anderen ganz schön gelangweilt zu haben – mit Ausnahme von Pontings Laterna-magica-Bildern aus Japan. Ein Grammophon und ein Pianola spielten Hintergrundmusik, und ständig flogen Witze hin und her, von denen man annehmen darf, daß sie nicht druckreif gewesen waren – und man erfährt, daß Dr. Wilson die Gesellschaft zu verlassen pflegte, wenn ein allzu derbes Wort fiel. In der Hütte lebten sie vorwiegend von Robbenfleisch. Weil diese Kreaturen von Natur aus freundlich und zu-

traulich sind, konnten die Männer sie ohne Schwierigkeit töten.
»Ein Brutzeln auf dem Feuer, und der Geruch von Haferbrei und
Robbenleber kündigte das Frühstück an, das theoretisch um acht
Uhr früh stattfand, in der Praxis jedoch eine ganze Weile später.«
Abendbrot gab es um sieben Uhr. Die meisten waren spätestens
um zehn Uhr abends in ihren Kojen, manchmal mit einer Kerze
und einem Buch; das Azetylen wurde um 10.30 Uhr ausgedreht,
um Brennstoff zu sparen. Cherry-Garrard erzählte uns, daß die
Gespräche beim Essen nie langweilig wurden. Die meisten der
Männer kamen von der Marine, und Seeleute sind oft witzige, un-
terhaltsame Burschen, die über eine Menge abseitiges Wissen
verfügen. Hitzige Diskussionen brachen über eine Reihe verschiedener Themen aus und wurden durch Rückgriff auf eine Enzyklo-
pädie oder einen Atlas, gelegentlich auf ein lateinisches Lexikon,
geschlichtet. Sie hätten dann auch gern einen *Who's Who* dagehabt. Immer wieder drehte sich die Diskussion um die Frage: Warum sind wir hier? Welche Macht treibt uns, solche Härten, mitunter furchtbare Entbehrungen aus freien Stücken auf uns zu
nehmen? Die Antwort war: Der Dienst an der Wissenschaft; es ist
wichtig, daß der Mensch das Gesicht der Welt kennt, in der er lebt
– aber das war nicht die ganze Antwort. Einmal ging es darum, ob
sie immer noch gern auf Polarexpeditionen gehen würden, wenn
diese durch die Hilfe moderner Erfindungen ganz einfach und bequem geworden wären. Das wurde übereinstimmend verneint. Es
war wohl doch so, daß sie sich selbst beweisen wollten, wieviel sie
aushalten konnten. Ihr Lohn waren eine große geistige Zufrieden-
heit und tiefe Beziehungen zwischen Menschen, die einander mehr
waren als Brüder.

Die Loyalität untereinander war fantastisch – es gab keine Eifersucht, keine kleinlichen Streitereien, keine Schikane, keine Rücksichtslosigkeit. Selbst wenn man versucht, zwischen den Zeilen
der Tagebücher und Aufzeichnungen zu lesen, ist es unmöglich, zu
erraten, ob der eine den anderen etwa nicht mochte. Was den *Ow-
ner*, den »Eigentümer« anging, wie sie Scott nannten, so verehrten

sie ihn alle und folgten ihm blind. Cherry-Garrard, der einzige, den man einen Intellektuellen nennen könnte und der recht objektiv die anderen beurteilte, gibt eine interessante Beschreibung von Scotts Charakter: Subtil, sagt er, voller Licht und Schatten. Kein Sinn für Humor – kleinkariert von Natur, nervös, reizbar, melancholisch und launisch. Doch seine geistige Disziplin war so groß, daß er diese Fehler unterdrücken konnte, auch wenn er lange Phasen von Traurigkeit nicht ganz zu verbergen vermochte. Er war menschlich, voller Mitgefühl, und hatte die Hunde so gern, daß er es ablehnte, sie auf lange Fahrten mitzunehmen, wobei er den Schlitten lieber selbst zog, als die Tiere leiden zu sehen. Sein Idealismus und sein leidenschaftlicher Patriotismus zeigten sich in allem, was er schrieb. Natürlich hatte er den außergewöhnlichen Charme eines Leiters. In seinen Tagebüchern erscheint er als warmherziger Mensch, doch seine Schüchternheit oder die notwendigerweise isolierte Stellung des Kapitäns hielten ihn davon ab, diese Seite den anderen zu zeigen. Er war arm; er machte sich Gedanken um das Wohl seiner Familie, als offensichtlich wurde, daß er nie wieder zu ihr zurückkehren würde. Ja, er war immer eingeschränkt gewesen durch fehlende Geldmittel und hatte nie genug gehabt, um seine Reisen wirklich gut auszurüsten. Lady Kennet, seine Witwe, erzählte mir einmal, daß Scott Cherry-Garrard nur mitgenommen hatte, weil er 2000 Pfund in die Expedition mit einbrachte. Er habe ihn für zu jung (23), zu zart und zu kurzsichtig gehalten, abgesehen davon, daß er unerfahren war (er war der einzige Amateur in der Gruppe). Es ist seltsam und schändlich, daß Scott, der immerhin ein weltbekannter Entdecker war, von der Regierung für seine prestigeträchtige Reise so wenig Unterstützung bekommen haben soll.

Diese Männer hatten einen Feind. Er war nicht bei ihnen in der Hütte, aber allgegenwärtig in ihren Köpfen. Sein Schatten fiel auf ihren Weg, bevor sie Neuseeland verließen, als Kapitän Scott ein Telegramm erhielt – abgeschickt von Madeira – mit der lakonischen Mitteilung: *Bin auf dem Weg nach Süden Amundsen.* Nun, man wußte, daß Amundsen Nansens altes Schiff, die *Fram*, für eine Reise ausrüstete – er hatte erklärt, er würde in der Arktis noch ein wenig mehr entdecken gehen. Erst als er tatsächlich auf See war, eröffnete er seiner Mannschaft, daß er unterwegs sei, um zu versuchen, den Südpol zu erreichen. Doch das war schon etwas hinterhältig und unfair. Scotts Männer waren wütend; sie sprachen davon, Amundsens Gruppe aufzusuchen und die Sache ein für allemal zu klären. Doch Scott machte gute Miene zu diesem Spiel und schien es nicht weiter schlimm zu finden. Die beiden Leiter hätten kaum verschiedener sein können. Amundsen war cleverer als Scott, »ein Entdecker von deutlich intellektuellem Typ«. Er war weder besonders menschenfreundlich noch besonders idealistisch, ein harter, mutiger Profi. Er hatte Sinn für Humor, und seine Beschreibung, wie er in einem Luftschiff mit General Nobile über den Nordpol fliegt, ist wirklich sehr amüsant. Nobile war die ganze Zeit in Tränen aufgelöst, und Amundsen hätte am liebsten zugeschlagen. Der Höhepunkt kam, als sie den Pol erreichten: Nobile warf bergeweise riesige italienische Flaggen aus dem Fenster, die sich im Propeller verfingen und so beider Leben gefährdeten. Trotzdem starb Amundsen, als er 1928 aufbrach, um Nobile zu retten.

Ohne Zweifel nagte das Wissen, daß die »Norskies« ebenfalls auf dem Weg zum Pol waren, in all jenen langen, dunklen Wintermonaten an Scott, auch wenn er sehr darauf bedacht war, seine Gefühle zu verbergen und häufig anmerkte, Amundsen hätte das Recht, jederzeit zu gehen, wohin es ihm beliebte. »Der Pol ist nicht das Ziel in einem Wettlauf«, pflegte er zu sagen. Er (Scott) sei unterwegs im Interesse der Wissenschaft und nicht »um Erster zu werden«. Aber er wußte, daß die anderen es als einen Wettlauf betrachteten, und auch er war nur ein Mensch: Er wollte gewinnen.

Der Leiter von Scotts Team von Wissenschaftlern und sein bester Freund war Dr. Wilson. Er bedeutete Scott das, was Sir Joseph Hooker Ross bedeutet hatte. (So unglaublich es erscheinen mag, Hooker starb erst in genau jenem Jahr, 1911. Scott kannte ihn gut.) Wilson war Arzt am St.-George-Krankenhaus und als Zoologe auf Wirbeltiere spezialisiert. Er hatte ein Buch über Wale, Pinguine und Robben veröffentlicht und für die Königliche Untersuchungskommission einen Bericht über die Krankheiten von schottischen Moorhühnern verfaßt. Als er noch damit beschäftigt war, hatte Cherry-Garrard ihn kennengelernt, in einer Jagdhütte in Schottland, und wurde von der Sehnsucht angesteckt, nach Süden zu ziehen. Wilson war ein begabter Aquarellmaler, und vor allem war er ein bewundernswerter Mensch: »Der edelste Charakter, dem ich je begegnet bin«, sagte Scott. Von dieser Expedition wollte Dr. Wilson das Ei eines Kaiserpinguins mit nach Hause bringen. Er hatte diese großen Kreaturen studiert, als er Scott auf seiner ersten Reise in die Antarktis begleitete, und dachte, daß ihre Embryos von höchstem biologischen Interesse wären und sich möglicherweise als das fehlende Glied zwischen Vogel und Fisch erweisen würden. Die Kaiserpinguine, die an die 40 Kilogramm wiegen und wie traurige kleine Menschen aussehen, wurden von frühen Entdeckern häufig für einheimische menschliche Wesen der Südpolarregionen gehalten. Sie stehen auf einer niedrigen Stufe der Evolution. Ihre Eier legen sie im tiefsten Winter, denn nur so können ihre Nachkommen, die sich mit einer für Vögel abnormen Langsamkeit entwickeln, heranwachsen, um den nächsten Winter zu überleben. Sie betreten nie das Festland, nicht einmal um zu brüten, sondern leben in Kolonien auf dem Meereis. Um die Eier auszubrüten, legen sie sie auf die Schwimmhäute ihrer riesigen Füße und drücken sie gegen einen Fleck nackter Haut am Unterleib, wobei eine Bauchfalte mit Federn die Eier gegen die Kälte schützt. Die Elternschaft ist die einzige Freude, die diese armen Vögel kennen, und ein beinahe widernatürlicher Instinkt dafür wohnt in ihrer Brust; männliche wie weibliche Vögel brüten gleichermaßen die Eier aus und versorgen die Jungvögel. Wenn ein Pinguin ins Meer tauchen muß, um sein Mittagessen zu fangen, läßt er das Ei oder das Küken auf dem Eis zurück; dann findet eine wilde Rangelei statt, weil zwanzig kinderlose Vögel herbeieilen, um den Nachwuchs zu adoptieren, ein Vorgang, bei dem häufig das Ei zerbrochen oder das Junge getötet wird. Sie pflegen ein totes Küken, bis es verwest ist, und sitzen monatelang auf einem tauben Ei oder sogar auf einem Stein. All dies spielt sich bei völliger Dunkelheit und ungefähr 40 Grad minus ab. Ich denke oft, der Tierschutzverein sollte etwas für die Kaiserpinguine tun.

Dr. Wilson hatte Grund anzunehmen, daß es eine Kolonie von Kaiserpinguinen am Kap Crozier gab, etwa 97 Kilometer die Küste entlang. Als das grausige Winterwetter so richtig eingesetzt hatte, fragte er, wer freiwillig mit ihm gehen und ein paar Eier sammeln würde. Es war eine der Regeln unter ihnen, daß jeder sich freiwillig für etwas meldete, so daß Wilson seine Begleiter eigentlich auswählen konnte: »Birdie« Bowers, der von Scott als der hartgesottenste Reisende der Welt eingeschätzt wurde, und Cherry-Garrard. Die drei verließen das Licht, die Wärme und die Fröhlichkeit der Hütte, um sich auf den schrecklichsten Alptraum einzulassen, den man sich vorstellen kann. Die Dunkelheit war tief und unveränderlich. (Sie bestimmten ihren Weg nach dem Stand des Jupiters.) Die Temperatur betrug im allgemeinen um die 35 Grad minus – wenn kein Schneesturm tobte. Dann stieg sie bis auf 5 Grad minus an und zog andere Unannehmlichkeiten nach sich – beispielsweise die Unmöglichkeit, vernünftig vorwärts zu kommen. Der menschliche Körper gibt selbst bei niedrigsten Temperaturen eine gewisse Menge Schweiß und Feuchtigkeit ab, daher waren die Kleider der Männer steif gefroren wie Bretter, und sie waren gezwungen, in der gebückten Position zu verharren, in der sie den Schlitten zogen. Es war, als hätte man sie in Blei gegossen. Die Oberfläche des Schnees war so uneben, daß sie ihre Last aufteilen und in Etappen heranschaffen mußten. Nie konnten sie ihre dicken Handschuhe ausziehen, aus Angst, ihnen würden die Hände abfrieren; ihre Finger waren ohnehin mit Blasen bedeckt, in denen die Flüssigkeit ständig gefroren blieb, so daß ihre Hände Sträußen von Murmeln glichen. Die Schwierigkeit, damit auch nur einfachste Bewegungen auszufüh-

ren, kann man sich vorstellen; es dauerte manchmal länger als
eine Stunde, ein Streichholz zu entzünden, und ganze neun Stunden, das Zelt aufzuschlagen und die Lagerarbeiten zu verrichten.
Alles ging langsam, sehr langsam. Wenn sie über etwas unterschiedlicher Meinung waren, dauerte die Diskussion eine Woche. Hätte Cherry-Garrard sein Buch in einem freizügigeren
Zeitalter geschrieben, hätte er uns sicher etwas darüber erzählt,
wie sie es schafften, »ins Badezimmer zu gehen«[2], wie die Amerikaner das nennen. So bleibt diese interessante Frage offen. Dr.
Wilson bestand darauf, daß sie sieben Stunden von 24 (Tag und
Nacht waren in der völligen Schwärze eine willkürliche Einteilung) in ihren Schlafsäcken verbrachten. Die waren immer gefroren, so daß es mindestens eine Stunde dauerte, sich hineinzugraben, und dann hatten sie unter der schlimmsten aller Qualen zu
leiden. Normalerweise ist bei solchen Expeditionen der große
Tröster der Schlaf. Lagen sie erst einmal in ihren warmen, trockenen Schlafsäcken, fielen den Männern die Augen zu, als hätten
sie ein Schlafmittel genommen, und nichts, weder Schmerz noch
Sorge, konnte sie wachhalten. Doch jetzt war die Kälte zu durchdringend für Wilson und Cherry-Garrard: Sie taten kein Auge
zu. Statt dessen lagen sie da und zitterten, bis sie dachten, ihre
Rücken würden brechen, und lauschten neidisch auf das regelmäßige Schnarchen von »Birdie«. Sie hatten einen Spiritusbrenner dabei. Die einzigen erträglichen Momente waren die, wenn
sie gerade etwas Heißes getrunken hatten; eine kleine Weile war
das wie eine Wärmflasche auf dem Herzen – aber der Effekt ließ
bald nach. Ihre Zähne gefroren und zersplitterten, ihre Zehennägel lösten sich ab. Cherry-Garrard begann, sich nach dem Tod zu
sehnen. Keinem von ihnen aber wäre es eingefallen umzukehren.
Die Pinguineier gewannen in ihren Köpfen eine solche Bedeu-

---

[2] »Sie [die Wilden] gehen auf der Straße ins Badezimmer.« (Bericht von einem Angehörigen des Friedenskorps im Kongo.) (Anm. d. Autors)

tung, während sie sich höchstens sechs oder acht Kilometer am
Tag, im Dunkeln umhertastend, voranschleppten, als hinge die
gesamte Zukunft der Menschheit davon ab, eins zu finden.

Schließlich, am trostlosesten und schrecklichsten Ort, den man
sich vorstellen kann, hörten sie die Kaiserpinguine rufen. Um zu
der Kolonie zu gelangen, mußten sie ein langes, gefährliches Stück
Kletterei bewältigen, weil sie sich am Fuße einer gewaltigen Klippe
befand. Schwaches Zwielicht schimmerte jetzt für eine oder zwei
Stunden um Mittag auf, daher konnten sie die Vögel sehen. Es waren etwa hundert, die sich traurig aneinander drängten und versuchten, von den Eindringlingen fortzurücken, ohne die Eier von
den Füßen zu verlieren. Mit ihren metallischen Stimmen stießen
sie eigenartige Trompetentöne aus. Die Männer nahmen ein paar
Eier mit, verirrten sich aber auf der Klippe, wären mehrmals beinahe durch den Sturz in Gletscherspalten ums Leben gekommen
und zerbrachen alle Eier bis auf zwei. In jener Nacht tobte ein Orkan, und ihr Zelt wurde weggeblasen, zweifellos aufs Meer hinaus. Jetzt, dem sicheren Tod gegenüber, erschien das Leben auf einmal um so attraktiver. Sie lagen zwei Tage in ihren Schlafsäcken
und warteten auf das Nachlassen des Windes. Dabei machten sie
einander vor, daß sie es irgendwie schon schaffen würden, ohne
Zelt nach Hause zu kommen, obwohl sie sehr wohl wußten, daß
sie im Grunde zum Tode verurteilt waren. Als es möglich war, sich
wieder vorwärts zu bewegen, fand Bowers wie durch ein Wunder
das Zelt. »Wir waren so dankbar, daß wir kein Wort sagten.« Sie
konnten sich später kaum an den Heimweg erinnern – er verging
wie ein fürchterlicher Traum, und tatsächlich schliefen sie oft ein,
während sie den Schlitten zogen. Als sie, zu Tode erschöpft, bei der
Hütte ankamen, genau nach einen Monat, sagte Scott, der »Eigentümer«: »Wißt ihr, das war die schlimmste Reise, die je ein Mensch
unternommen hat.«

Ich erzählte diese Geschichte einmal einem hypochondrisch ver-
anlagten Freund, der ganz entsetzt sagte: »Aber es muß ja *fürchterlich* für sie gewesen sein.« Das Erstaunliche ist, daß keiner von den

dreien einen dauerhaften Schaden davontrug. Drei Monate später hatten sie sich soweit erholt, daß sie den Marsch zum Pol antreten konnten, von dem bekanntlich Wilson und Bowers nicht zurückkehrten – die dabei aber länger durchhielten als alle anderen außer Scott. Cherry-Garrard bewältigte den Großteil dieser Pol-Unternehmung; er nahm am Ersten Weltkrieg teil und lebte bis 1959.

Was die Eier der Pinguine angeht ... Als Cherry-Garrard nach London zurückkam, war es das erste, was er tat: Er brachte sie ins Naturgeschichtliche Museum. Doch niemand interessierte sich besonders dafür. Als der Kurator Cherry-Garrard endlich nach einer langen Wartezeit empfing, legte er sie einfach auf ein Tintenfaß und unterhielt sich weiter mit einem Freund. Cherry-Garrard fragte, ob er eine Quittung bekommen könne? »Das ist nicht nötig. Schon in Ordnung. Sie brauchen nicht zu warten«, erhielt er zur Antwort.

Die Wintertour der drei war so mörderisch gewesen, daß der Marsch zum Pol, der bei Tageslicht und sehr viel höheren Temperaturen stattfand, vergleichsweise banal erschien; aber er war furchtbar lang (mehr als 1100 Kilometer in jeder Richtung) und oft sehr hart. Scott verließ die Hütte um 11 Uhr morgens am 1. November. Er kehrte bald zurück, um noch ein Buch zu holen, konnte sich nicht entscheiden, was er nehmen sollte, wählte aber schließlich einen Band Browning. Er wurde begleitet von einer Gruppe von ungefähr zwanzig Männern mit zwei Motorschlitten (der dritte war bei dem Versuch, ihn an Land zu bringen, ins Meer gefallen), Ponys und Hunden. Nur vier Männer sollten bis zum Pol mitgehen, aber sie sollten Begleitung haben, bis der gefürchtete Beardmore-Gletscher bezwungen war. Die Männer, die sich um die Motoren kümmerten, kehrten als erste um, weil die Motorschlitten sich als Fehlgriff erwiesen. Mit ihren ständigen Pannen hielten sie die Gruppe eigentlich nur auf und kamen insgesamt lediglich 80 Kilometer weit. Die Hunde und ihre Treiber gingen als nächste. Die Ponys wurden am Fuß des Gletschers erschossen.

Den Männern tat das leid; sie hingen an den Tieren, die ihr Bestes
gegeben hatten, oft unter schlimmen Bedingungen. Bis hierher
hatte die Reise länger gedauert als geplant. Das Wetter war nicht
günstig zum Vorwärtskommen, zu warm, der Schnee zu weich;
ständig gab es Schneestürme. Jetzt waren noch zwölf Männer übrig, die ihre Schlitten selbst zogen. Während sie sich den Beardmore-Gletscher hinaufquälten, wählte Scott die Männer aus, die mit
ihm zum Pol gehen sollten. Natürlich war die Enttäuschung derjenigen, die jetzt zurückgeschickt wurden, zu diesem Zeitpunkt besonders schmerzlich; sie hatten den größten Teil der zermürben-
den Tour bewältigt und sollten den Ruhm nicht teilen. Am 20.
Dezember schrieb Cherry-Garrard: »Dieser Abend ist ein ziemlicher Schock gewesen. Als ich etwas an meinem Ski richtete, kam
Scott zu mir und sagte, er habe eine schlechte Nachricht für mich.
Natürlich wußte ich, was er sagen würde, aber ich konnte kaum
begreifen, daß ich zurückgehen sollte – morgen abend ... Wilson
erzählte mir, es sei eine fifty-fifty-Entscheidung gewesen, ob Titus
[Oates] weitergehen sollte oder ich; wenn das so ist, dachte ich,
daß Titus ihm mehr nützen würde können als ich. Ich sagte, was
mir gerade einfiel. Er schien betrübt zu sein wegen der Entscheidung und fügte noch hinzu: ›Ich glaube, für dich ist es besonders
hart.‹ Ich entgegnete, ich würde nur hoffen, daß ich ihn nicht enttäuscht hätte, und er umarmte mich und sagte: ›Nein, nein – nein.‹
Wenn das so ist, ist alles in Ordnung.«

Und immer noch waren mehr Männer übrig als die vorgesehe-
nen vier. Scott schrieb in seinem Tagebuch: »Ich fürchtete diese
Notwendigkeit, eine Auswahl zu treffen, nichts konnte herzzerrei-
ßender sein.« Und fügte hinzu: »Wir kämpfen uns weiter voran,
wenn man alles bedenkt, gegen jeden nur möglichen Widerstand.
Das Wetter ist eine ständige Sorge.« Das Wetter war gegen sie; der
Winter, der auf diesen enttäuschenden Sommer folgte, setzte früh
ein und war der schlimmste, den erfahrene Arktisforscher je erlebt
hatten.

Und jetzt traf Scott die folgenschwere Entscheidung, zu fünft weiterzugehen. Oates war derjenige, auf den die Entscheidung in letzter Minute fiel; man nimmt an, daß Scott der Ansicht war, die Armee sollte dabei sein. Übrig blieben also: Scott, 43 Jahre alt, Wilson, 39, Matrose Evans, 37, Bowers, 28 und Oates, 32. Der fünfte Mann war in jeder Hinsicht überzählig. Es gab nur vier Paar Skier; das Zelt war zu klein für fünf, so daß einer der Männer zu nah an der Außenwand schlafen mußte und ständig fror; und am schlimmsten war, daß jetzt fünf Leute die Rationen teilen mußten, die für vier bestimmt waren. Es war ein erstaunlicher Fehler, der aber zeigt, daß Scott der Meinung war, gut dazustehen. Die Männer, die umkehrten, dachten das bestimmt. Es fiel ihnen niemals ein, daß er größere Schwierigkeiten haben könnte, geschweige denn sein Leben in Gefahr geraten könnte. Aber alle waren viel erschöpfter, als ihnen bewußt war, und die letzte Gruppe erreichte mit Müh und Not die Hütte, nach grauenhaften Erlebnissen auf dem Beardmore-Gletscher. Scott hatte noch 240 Kilometer vor sich.

Am 10. Januar, nur wenige Kilometer vom Pol entfernt, entdeckte Bowers etwas im Schnee – einen zurückgelassenen Schlitten. Dann stießen sie auf Hundefährten. Die Fußstapfen von Freitag im Sand der einsamen Insel hatten nicht diese Dramatik. Sie wußten, daß der Feind gesiegt hatte. »Die Norweger sind uns zuvorgekommen«, schrieb Scott, »und sind die ersten am Pol ... Alle unsere Träume sind dahin. Das wird eine mühsame Rückkehr.« Und am Pol selbst schrieb er: »Großer Gott! Dies ist ein fürchterlicher Ort!«

Amundsen hatte sein Basislager am 20. Oktober mit drei anderen Männern verlassen, alle auf Skiern, und mit 60 unterernährten Hunden, um die Schlitten zu ziehen. Er ging über den Axel-Herberg-Gletscher, der leichter zu ersteigen ist als der Beardmore-Gletscher, und erreichte den Pol am 16. Dezember ohne größere Unannehmlichkeiten als bei einer üblichen Expedition durch die Antarktis. Sein Rückweg dauerte nur 38 Tage. Bis dahin hatte er die meisten seiner Hunde gegessen; den Anfang machte sein Lieblingshund. Als die ganze Geschichte herauskam, schlugen die Wogen in England hoch wegen der Tiere. Beim Abendessen der Königlichen Geographischen Gesellschaft zu Ehren von Amundsen verärgerte der Präsident, Lord Curzon, seinen Gast, indem er seine Rede mit den Worten schloß: »Ich denke, wir sollten ein dreifaches Hurra auf die Hunde ausbringen.«

Und jetzt begann Scotts langer Zug zurück. Evans war dem Tode nahe, durch Erfrierungen und eine Gehirnerschütterung nach einem Sturz. Er klagte nie, taumelte einfach vorwärts; manchmal war er nicht ganz bei sich. Die Erleichterung, als er starb, war gewaltig, weil Scott von dem Gedanken gequält worden war, daß er ihn vielleicht zurücklassen müßte, um der anderen willen. Als Wilson die Winterexpedition plante, hatte er zu Cherry-Garrard gesagt, er sei dagegen, Seeleute mit auf die härtesten Touren zu nehmen – sie würden einfach nicht auf sich aufpassen. Tatsächlich hatte Evans eine Handverletzung verschwiegen, die der Beginn seiner Schwierigkeiten war. Einen Monat später wurde die Gruppe wieder aufgehalten, diesmal durch Oates' Erkrankung: Wegen seiner erfrorenen Füße mußte er furchtbare Schmerzen ertragen. Mutig tötete er sich selbst. Aber es war zu spät, um die anderen zu retten. Scott schrieb: »Oates' letzte Gedanken galten seiner Mutter, unmittelbar vorher aber sprach mit stolz davon, daß sein Regiment vom Mut angetan sein werde, mit dem er dem eigenen Tod entgegensähe ... Wir können seine Tapferkeit bezeugen. In der Nacht schlief er ein und hoffte, er würde nicht wieder erwachen; doch am Morgen wachte er auf, das war gestern. Draußen tobte ein Schneesturm. Er sagte: ›Ich gehe mal nach draußen. Kann aber eine Weile dauern.‹«

Jetzt waren alle krank. Sie hatten nicht mehr genug zu essen, und der Brennstoff für den Spiritusbrenner, den die anderen in den Depots für sie übriggelassen hatten, war zum größten Teil verdunstet. Der schreckliche Pemmikan mit seinem geringen Vitamingehalt, der ihre Hauptnahrung ausmachte, war nur zumutbar, wenn man einen heißen Eintopf daraus machte. Jetzt aßen sie ihn kalt und sparten den wenigen Brennstoff, um heißen Kakao zu bereiten. (Die Sache mit dem Brennstoff war hart für die Überlebenden. Auf dem Rückweg hatten die Gruppen, die umgekehrt waren, davon genommen, jedoch vorsorglich sehr viel weniger, als ihnen zugesprochen worden war. Sie hatten immer das Gefühl, daß Scott, dem nie klar wurde, daß der Spiritus verdunstet war, sie in seinem Herzen wegen des Mangels getadelt haben mußte.) Jetzt änderte sich das Wetter. »Es ging ihnen schlecht, aber alles wäre in Ordnung gewesen, wenn die Kälte nicht über sie hereingebrochen wäre – unerwartet, ohne vorherige Ankündigung und tödlich. Die Kälte an und für sich war gar nicht so fürchterlich – bis einem klar wird, daß sie ja seit vier Monaten draußen waren, daß sie sich ihren Weg den größten Gletscher der Welt hinauf erkämpft hatten (durch metertiefen, weichen Schnee), daß sie sieben Wochen auf einer Hochebene gewesen waren, in dünner Luft, bei starkem Wind und niedrigen Temperaturen.« Sie kämpften sich weiter vorwärts und hätten vielleicht gerade noch die Hütte erreicht, wenn sie ganz normales Glück gehabt hätten. Doch 18 Kilometer von der rettenden Unterkunft entfernt, brach ein Schneesturm los, so daß sie nicht weiterkonnten. Er tobte eine Woche lang. Am Ende jener Woche gab es keine Hoffnung mehr. Am 29. März schrieb Scott: »Meine liebe Mrs. Wilson, wenn dieser Brief Sie erreicht, werden Bill und ich zusammen gestorben sein. Wir sind dem Tode jetzt schon sehr nahe, und ich möchte Sie gern wissen lassen, wie großartig er am Ende war – immer fröhlich und bereit, sich für andere zu opfern. Mit keinem Wort warf er mir vor, ihn in diesen Schlamassel geführt zu haben. Glücklicherweise hat er es nicht besonders unbequem. Seine Augen haben die trostreiche blaue Farbe der Hoffnung, und er ruht friedlich in der Sicherheit seines Glaubens, in der Überzeugung, Teil des allumfassenden Plans des Allmächtigen zu sein. Ich kann Sie nur trösten, indem ich Ihnen sage, daß er starb, wie er lebte – ein tapferer, aufrechter Mensch, der beste Kamerad und zuverlässigste Freund. Mein Herz ist voller Mitgefühl für Sie. Ihr R. Scott.«

Und an Sir James Barrie: »Wir gehen nun zu Grunde, an einem

äußerst trostlosen Fleck ... Ich habe wirklich keine Angst vor dem
Ende, aber ich bin traurig darüber, so manche bescheidene Freude
nicht mehr zu erleben, die ich auf unseren langen Märschen für die
Zukunft geplant hatte ... Wir haben vier Tage Sturm in unserem
Zelt hinter uns, ohne Essen und ohne Brennstoff. Wir hatten die
Absicht, uns umzubringen, als die Dinge sich so entwickelten,
doch dann beschlossen wir, auf natürliche Weise zu sterben, hier
an diesem Platz.«

Am 19. März begannen Cherry-Garrard und die anderen in der
Hütte (keiner von ihnen war besonders fit) sich Gedanken zu machen. Die *Terra Nova* war, wie vereinbart, zurückgekommen, mit
sehnsüchtig erwarteten Briefen und allerlei Neuigkeiten aus der
Welt. Sie mußten sie wieder abfahren lassen, an Bord nur diejenigen, die wirklich krank waren. Am 27. März gingen Atkinson, der
verantwortliche Offizier, und ein Matrose ein Stück weit landeinwärts, in der Hoffnung, vielleicht auf die Polgruppe zu treffen;
aber das war ein aussichtsloses Unterfangen, und sie waren noch
160 Kilometer von dem Ort entfernt, wo Scott bereits tot lag, als
sie umkehrten. Jetzt bereiteten sie sich auf einen weiteren Winter
in der Hütte vor. Wie traurig ihnen bei diesem Vorhaben zumute
war, kann man sich vorstellen. Noch lange, lange, nachdem sie
wußten, daß es keine Hoffnung mehr gab, meinten sie ihre Freunde hereinkommen zu hören oder sahen schattenhafte Umrisse, die
die ihren zu sein schienen. Sie trauerten um die Freunde und vermißten ihre Gesellschaft. Scott, Wilson und Bowers waren die leb-
haftesten von ihnen allen gewesen, während »Titus« oder »Bauer
Heublume« (Oates) ein lieber, gutmütiger Kerl war, den alle gern
aufzogen. Das Wetter war unvorstellbar schlecht. Es schien unmöglich, daß die Hütte den Stürmen widerstehen sollte, die draußen wochenlang ununterbrochen tobten, und die Männer wären
durchaus nicht überrascht gewesen, wenn sie plötzlich eingestürzt
wäre. Als endlich die Sonne wieder auftauchte, brachen sie auf,
um zu sehen, ob sie Spuren von ihren Freunden finden könnten.

Sie rechneten allerdings kaum damit, weil sie fest davon überzeugt waren, daß die Männer in eine Spalte auf dem Beardmore-Gletscher gestürzt sein mußten – ein Schicksal, dem sie alle das ein oder andere Mal um Haaresbreite entronnen waren. Doch nur allzu bald stießen sie auf etwas, das wie ein Hügelgrab aussah. Tatsächlich war es Scotts Zelt, bedeckt mit Schnee.

»Wir haben sie gefunden. Zu sagen, dies sei ein schwarzer Tag gewesen, reicht einfach nicht aus. Bowers und Wilson schliefen in ihren Schlafsäcken. Scott hatte die Seiten seines Schlafsacks am Ende zurückgeschlagen. Seine linke Hand war zu Wilson hinübergestreckt, dem lebenslangen Freund.« Alles war aufgeräumt, die Papiere und Aufzeichnungen bestens geordnet. Atkinson und Cherry-Garrard lasen genug, um zu wissen, was passiert war, dann packten sie den Rest der Papiere ungeöffnet ein. Sie errichteten einen Grabhügel über dem Zelt, das zurückblieb, wie sie es gefunden hatten. Nahe der Stelle, wo Oates verschwunden war, stellten sie ein Kreuz auf. Es trägt die Inschrift: »Ungefähr hier starb ein heldenmütiger Gentleman, Hauptmann E. G. Oates von den Inniskilling-Dragonern. Im März 1912, auf dem Rückweg vom Pol, ging er in einem Schneesturm willentlich in den Tod und versuchte so, seine Kameraden zu retten, die Not litten.«

Schließlich wurden Cherry-Garrard und die anderen von der *Terra Nova* abgeholt. Als sie in Neuseeland ankamen, ging Atkinson an Land, um Telegramme an die Frauen der Toten zu schicken. »Der Hafenmeister kam mit ihm zum Schiff heraus. ›Komm mal eben runter‹, sagte Atkinson zu mir, und: ›Es hat einen gewaltigen Eindruck gemacht. Ich hatte keine Ahnung, daß es so wichtig sein würde‹, sagte er.« Tatsächlich war das so. Die Autorin dieser Zeilen erinnert sich gut an den Eindruck, obwohl sie damals erst sieben Jahre alt war.

Amundsen hatte den Wettlauf gewonnen, doch Scotts Schicksal beschäftigte die Phantasie seiner Landsleute. Es ist eine unserer liebenswerten Eigenschaften, vielleicht eine ganz besondere, daß wir nicht weniger von einem Menschen halten, weil er gescheitert ist –

wir mögen ihn deswegen wohl sogar noch mehr. Jedenfalls beschwerte sich Amundsen ein Jahr später, ein norwegischer Junge,
der in England zur Schule ging, habe dort gelernt, daß Kapitän
Scott den Südpol entdeckte.

Ich weiß nicht ganz, warum ich das Bedürfnis hatte, diese wohlbe-
kannte Geschichte aufzuschreiben, wobei ich zweimal in Tränen
ausbrechen mußte (bei der Inschrift auf Oates' Kreuz, und als Atkinson sagte: »Es hat einen gewaltigen Eindruck gemacht.«). Vielleicht haben mich die mutigen, kahlköpfigen Männer, die lächelnd
in Kleiderschränke einsteigen, als wollten sie Sardinen spielen, ein
Stück weit (etwa so weit wie von London nach Manchester) in die
Luft fliegen und ein paar Stunden später wieder aus ihren Schrän-
ken herauskommen, noch breiter lächelnd als zuvor – vielleicht
haben sie mir die anderen Abenteurer in Erinnerung gerufen. Es ist
heute, während ich dies schreibe, auf den Tag genau 50 Jahre her,
daß Scott starb. Die meisten der wunderbaren Bücher, die von seiner Expedition erzählen, sind inzwischen vergriffen, aber man
kann sie noch leicht antiquarisch kaufen. Ich würde gern das Gefühl haben, daß ich jemanden bewegt habe, sie noch einmal zu lesen.

Apsley Cherry-Garrard
aus **Die schlimmste Reise der Welt**

Apsley Cherry-Garrards (1886-1959) Bericht über Scotts letz-te Expedition erzählt unter anderem von dem Abstecher, den er als junges Expeditionsmitglied im Juni 1911 machte, um an Eier des Kaiserpinguins zu kommen. Zu seinen Begleitern zähl-ten zwei der Männer, die im folgenden März mit Scott ums Le-ben kamen: Henry (»Birdie«) Bowers und William (»Uncle Bill«) Wilson. Cherry-Garrard gehörte zum Suchtrupp, der im Novem-ber 1912 ihre Leichen fand.

22. Juni, Nacht der Wintersonnenwende
Eine schwere Nacht: klar, mit einem blauen Himmel, der schon schwarz wirkt, die Sterne wie stählerne Punkte, die Gletscher blankes Silber. Der Schnee klirrt und knirscht unter unseren Fü-ßen. Das Eis knackt unter der fallenden Temperatur, und die Strö-mungsspalte ächzt, als das Wasser steigt. Und über allem, auf Wel-len, auf Senkungen, hängt der Schleier des Südlichts. Während man es beobachtet, schwindet es dahin, und dann blitzt plötzlich ein großer Strahl auf und saust zum Zenit, ein Bogen von sehr bla-ßen Grün- und Orangetönen, ein Schweif leuchtenden Goldes. Dann rast er wieder zurück und löst sich in große Scheinwerfer-strahlen auf, die hinter dem rauchenden Krater des Mount Erebus emporsteigen. Und erneut wird der göttliche Schleier zugezogen –

Hier am knarrenden Webstuhl der Zeit arbeite ich
und webe für Gott das Gewand, durch das du ihn siehst.

In der Hütte werden wahre Orgien gefeiert. Wir sind sehr ausgelassen – warum auch nicht? Die Sonne wendet sich heute nacht, um zu uns zurückzukehren, und einen solchen Tag gibt es nur einmal im Jahr.

Nach dem Abendessen mußte jeder eine Rede halten, doch statt eine Rede zu halten, brachte Bowers einen wunderschönen Weihnachtsbaum herein, aus Bambussplittern und einem Skistock zusammengebaut, mit Federn, die an das Ende eines jeden Zweiges befestigt waren; Kerzen, Süßigkeiten, Trockenobst und die merkwürdigsten Spielsachen (aus Bills Besitz). Titus bekam drei Dinge geschenkt, die ihm ungeheuer gefielen, einen Schwamm, eine Pfeife und ein Kindergewehr, das losging, wenn er auf den Kolben drückte. Den Rest des Abends lief er herum und fragte jeden, ob er schwitze. »Nein.« – »Doch«, sagte er und wischte ihm das Gesicht mit dem Schwamm ab. »Wenn du mir einen ganz großen Gefallen tun willst, fällst du um, wenn ich auf dich schieße«, sagte er zu mir. Dann ging er umher und erschoß jeden. Ab und zu blies er auf der Pfeife.

Er tanzte mit Anton eine Quadrille, und Anton, dessen Tanzkünste die des Russischen Balletts in den Schatten gestellt hätten, entschuldigte sich ständig dafür, daß er nicht gut tanze. Ponting hielt einen großartigen Vortrag mit Dias, die er seit unserer Ankunft gemacht hatte und von denen Meares viele eingefärbt hatte. Sobald eines davon auftauchte, rief einer von uns: »Wer hat das eingefärbt?«, und ein anderer rief: »Meares!« – dann Lärm. Es war Ponting unmöglich zu sprechen. Wir tranken Milchpunsch, ein Getränk aus Likör, Milch und Zucker. Scott trank auf die östliche Truppe und Clissold, der Koch, auf die gute, alte, wahre Milch. Titus schoß eine Kugel aus seinem Gewehr. »Ich habe sie ins tiefe Blau geschossen – wie war das bei Homer? – tiefes Himmelblau – also in die Unterwelt.« Als wir uns schlafen legten, sagte er: »Cherry, bist du für deine Handlungen verantwortlich?«, und als ich mit ja antwortete, blies er laut in seine Pfeife. Das Letzte, an das ich mich erinnere, war, daß er Meares aufweckte, um ihn zu fragen, ob er ungebunden sei.

Es war ein tolles Saufgelage gewesen.

Fünf Tage später stehen drei Männer, von denen zumindest einer
ein wenig Angst hat, keuchend und schwitzend draußen am
McMurdo-Sund. Sie haben zwei Schlitten, aneinander gekoppelt,
und auf diesen Schlitten stapeln sich Schlafsäcke und Zeltausrü-
stung, Proviant für sechs Wochen und ein Koffer voller wissenschaftlicher Geräte zum Einlegen und Konservieren. Außerdem
haben sie eine Spitzhacke, Eispickel, ein Bergseil, ein großes
Stück grünen Willesden-Segeltuchs und ein bißchen Pappe mit.
Als Scott vor zwei Stunden unsere Schlitten sah, fragte er erstaunt und etwas scharf: »Bill, warum nimmst du all das Öl
mit?« und deutete dabei auf die sechs Kanister auf dem zweiten
Schlittens. Die Last für eine solche Reise ist enorm – pro Mann
115 Kilo.

Es ist Mittag, aber stockdunkel und keineswegs warm.

Und während wir rasteten, wanderten meine Gedanken zurück
zu dem staubigen, schmuddeligen Büro in der Victoria Street vor
etwa 15 Monaten. »Es wäre schön, wenn du mitkommst«, sagte
Wilson damals zu mir. Und dann: »Ich will im Winter zum Kap
Crozier und die Embryologie des Kaiserpinguins erforschen. Aber
ich möchte nicht zuviel sagen, vielleicht wird es ja auch gar
nichts.« Nun ja, das war besser als das Büro in der Victoria Street,
in das mich die Ärzte fast nicht mehr hätten gehen lassen, weil ich
die Leute auf der anderen Straßenseite nur noch als vage sich bewegende Kleckse sah. Dann sprach Bill mit Scott darüber. Der
stimmte zu, wenn ich bereit sei, das zusätzliche Risiko zu tragen.
Damals hätte ich alles getragen.

Nach der Depottour, als wir gerade bei Hut Point über diesen
fürchterlichen, rutschigen und schrägen Eisgürtel gingen, von dem
ich mir immer einbildete, daß er mich eines Tages ins Meer rutschen lassen würde, fragte mich Bill, ob ich ihn begleiten würde –
und wer als dritter? Es war klar, wen wir beide wollten, und noch
am selben Abend wurde Bowers gefragt. Natürlich überredeten
wir ihn. Und nun waren wir hier. »Diese Winterexpedition ist ein
neues und kühnes Wagnis«, schrieb Scott an jenem Abend in sei-

ner Hütte. »Aber es sind die richtigen Männer, die es in Angriff nehmen.«

Ich weiß nicht. Was Bill und Birdie angeht, so konnte kein Zweifel bestehen. Wahrscheinlich wäre Lashly der bessere dritte Mann gewesen, doch Bill hatte bei einer solchen Expedition ein Vorurteil gegen Seeleute: »Sie kümmern sich nicht genug um sich selbst, und sie achten einfach nicht auf ihre Kleidung.« Aber Lashly war wunderbar – hätte Scott nur seine vier Leute und Lashly mit zum Pol genommen!

Was ist das für ein Unternehmen? Warum ist der Embryo des Kaiserpinguins für die Wissenschaft von so großer Bedeutung? Und warum sollten drei Forscher mit gesundem Menschenverstand in einer Winternacht mit dem Schlitten zu einem Kap aufbrechen, das bisher bei Tageslicht und selbst dann nur unter großen Schwierigkeiten erreicht wurde?

Der Kaiserpinguin ist ein Vogel, der nicht fliegen kann, von Fisch lebt und niemals an Land geht, nicht einmal zum Brüten. Er legt seine Eier während des Winters auf das nackte Eis und brütet auf dem Meereis, indem er das Ei auf seinen Fuß legt und es an seinen Unterleib preßt. Die Arbeit an seiner Embryologie ist deshalb so wichtig, weil der Kaiserpinguin wahrscheinlich der primitivste lebende Vogel ist. Der Embryo weist Reste der tierischen Entwicklung in früheren Zeitaltern und früheren Stadien auf, er läßt sozusagen seine früheren Leben Revue passieren. Der Embryo eines Kaiserpinguins könnte also das fehlende Glied zwischen Vögeln und Reptilien liefern, aus denen die Vögel entstanden sind.

Bis zu jenem Zeitpunkt war nur ein einziger Brutplatz des Kaiserpinguins entdeckt worden, und zwar auf dem Meereis in einer kleinen Bucht an der Eisbarriere von Kap Crozier. Im September waren Küken gefunden worden, und Wilson vermutete, daß die Eier Anfang Juni gelegt worden sein mußten. Also machten wir uns unmittelbar nach der Wintersonnenwende auf den Weg zur verrücktesten Expedition, die es je gegeben hat oder jemals geben wird.

Der Schweiß fror in unserer Kleidung fest. Wir konnten nichts sehen außer einem schwarzen Fleck links vor uns. Das war Turk's Head. Als er verschwand, wußten wir, daß wir die Gletscherzunge hinter uns hatten, die, unsichtbar für uns, die Felsen hinter uns überragte. Dann schlugen wir unser Lager zum Mittagessen auf.

Dieses erste Lager ist mir deshalb noch im Gedächtnis, weil mit ihm unsere Ausbildung im Lager-Errichten im Dunkeln begann. Wenn wir jetzt schon die beißende Kälte zu spüren bekommen hätten, der wir später begegnen sollten ...

Der Wind war nicht so stark, aber wir beeilten uns trotzdem: runter mit den Geschirren, jeder Mann an einen Gurt am Schlitten – schnell den Boden – die Taschen, um ihn unten zu halten – nun die Bambusrohre und die Innenhaut des Zeltes ausbreiten – halt gut fest, Cherry, und jetzt die Außenhaut drüber – Schnee bis zum Rand und drinnen der Koch mit seiner Kerze und einer Streichholzschachtel .

So machten wir es; so waren wir es gewohnt, Tag für Tag, Nacht für Nacht, wenn die Sonne noch immer oben stand oder gerade erst am Untergehen war und wir an der Eisbarriere in Frühling, Sommer oder Herbst mit dem Schlitten unterwegs waren. Wenn nötig, zogen wir unsere Handschuhe aus – später war genügend Zeit, die Hände wieder aufzuwärmen; tagsüber waren wir stolz darauf, daß wir unseren Tee innerhalb von zwanzig Minuten, nachdem wir die Geschirre abgenommen hatten, fertig hatten; hielten den, der seine Fellhandschuhe bei der Arbeit anbehielt, für ein bißchen zu langsam.

Jetzt aber funktionierte es *nicht*. »Wir müssen alle ein wenig langsamer machen«, sagte Bill, und: »Wir müssen uns besser an die Arbeit im Dunkeln gewöhnen.« Damals, erinnere ich mich, versuchte ich noch, eine Brille zu tragen.

Diese Nacht verbrachten wir auf dem Meereis und stellten fest, daß wir zu dicht an Castle Rock waren; erst am nächsten Morgen erreichten wir Hut Point und nahmen dort unser Mittagessen ein. Ich spreche von Tag und Nacht, obwohl das so ziemlich dasselbe war. Später stellten wir fest, daß wir unsere Arbeit in einem 24-Stunden-Tag nicht unterbringen konnten. Wir beschlossen, so zu tun, als ob es den gar nicht gebe; es gab ihn wirklich nicht. Es zeigte sich, daß das Kochen unter diesen Bedingungen eine unangenehme Beschäftigung und der übliche wöchentliche Wechsel im Kochdienst unerträglich war. Wir wechselten uns nun täglich mit dem Kochen ab. Zu essen hatten wir nur Pemmikan[1], Kekse und Butter mit. Zu trinken hatten wir Tee, und wir tranken, bevor wir uns schlafen legten, heißes Wasser.

Als wir an diesem Abend von Hut Point aufbrachen, zog sich die schwere Last auf den 2,70-Meter-Schlitten vergleichsweise leicht; es war das erste und, was wir damals nicht wissen konnten, letzte gute Ziehen, das uns beschert war. Wir gingen um Kap Armitage und nach Osten. Wir wußten, daß die Eisbarriere vor uns lag, und wir wußten auch, daß das Aufbrechen des Meereises dessen Oberfläche wie ein niedriges, senkrechtes Riff erscheinen ließ. Deshalb mußten wir einen Platz finden, an dem der Schnee eine Verwehung gebildet hatte. Auf so etwas stießen wir gerade, da blies uns plötzlich, wie immer von der Eisbarriere herunter zum verhältnismäßig warmen Meereis, ein scharfer Wind entgegen. Es herrschte eine Temperatur von minus 44 Grad Celsius, und ich war dumm genug, meine Hände aus den Handschuhen zu nehmen, um die Schlitten nach oben zu ziehen. Ich verließ die Eisbarriere mit Erfrierungen an allen zehn Fingern. Sie erholten sich nicht richtig, bis wir im Zelt waren und unser Abendbrot aßen. Innerhalb weniger Stunden bildeten sich auf jedem einzelnen Finger zwei oder drei große Blasen, bis zu drei Zentimetern lang. Die Blasen taten viele Tage lang schrecklich weh.

Wir lagerten in dieser Nacht ungefähr 800 Meter in der Eisbarriere. Die Temperatur betrug minus 49 Grad. Uns ging es ziemlich schlecht, und wir waren froh, als wir am nächsten Morgen

---

[1] Konserve aus Fleischpulver und Fett (Anm. d. Übers.)

(29. Juni) aus unseren Fröstelsäcken herauskamen. Wir begannen zu ahnen, was wir später nur allzugut wußten, daß die einzig angenehme Zeit in den 24 Stunden des Tages das Frühstück war. Denn nun mußten wir, wenn wir einigermaßen Glück hatten, 17 Stunden lang nicht in unsere Schlafsäcke zurück.

Den Schrecken der 19 Tage, die wir vom Kap Evans zum Kap Crozier benötigten, muß man erlebt haben, um sie würdigen zu können. Und jeder, der diese Tour wiederholte, wäre ein Narr. Man kann es nicht beschreiben. Die darauffolgenden Wochen waren vergleichsweise eine Wonne, nicht weil sich die Umstände verbessert hätten – im Gegenteil, sie waren schlimmer geworden –, sondern weil wir inzwischen abgestumpft waren. Ich zum Beispiel hatte den Leidenspunkt erreicht, an dem mir alles egal war, Hauptsache, ich konnte ohne viel Schmerzen sterben. Man spricht vom Heldentum der Sterbenden – wie wenig man doch weiß! – es wäre so leicht zu sterben, eine Dosis Morphium, eine freundliche Gletscherspalte, und glückseliger Schlaf. Das Problem ist weiterzuleben .

Die Dunkelheit war schuld. Ich glaube, bei Tageslicht wären Minustemperaturen von 56 Grad nicht schlimm, verhältnismäßig nicht schlimm – wenn man sehen kann, wohin man geht, wohin man tritt, wo die Schlittengurte sind, der Kocher, der Primus, das Essen; wenn man seine Fußstapfen sehen kann, so daß man den Weg zurück zum Rest seiner Ladung findet; wenn man die Verschlüsse der Beutel mit dem Essen sehen kann; wenn man einen Kompaß lesen kann, ohne drei oder vier verschiedene Streichholzschachteln nach einem trockenen Streichholz zu durchsuchen; wenn man die Uhr lesen kann, um zu sehen, ob der glückliche Augenblick gekommen ist, aus dem Schlafsack zu kriechen, ohne im Schnee herumzutasten; wenn es einen nicht geschlagene fünf Minuten kostet, den Zelteingang zu öffnen, und fünf Stunden, um am Morgen fertig zu werden .

Doch wir brauchten niemals weniger als vier Stunden, von dem Augenblick, als Bill rief: »Zeit aufzustehen!« bis zu dem Zeitpunkt, wo wir unsere Geschirre anlegten. Zwei Männer waren nö-

tig, um einen Mann in sein Geschirr zu bekommen, denn das Zelt-
tuch war gefroren und unsere Kleidung ebenfalls, so daß manchmal nicht einmal zwei Männer sie in die richtige Form biegen
konnten.

Das Problem aber sind der Schweiß und der Atem. Mir war vorher nie bewußt gewesen, wieviel durch die Poren der Haut ausge-
schieden wird. An den schlimmsten Tagen, wenn wir das Lager aufschlagen mußten, bevor wir vier Stunden marschiert waren, weil
wir unsere erfrorenen Füße wieder ins Leben rubbeln mußten,
schien es, als hätten wir geschwitzt. Und all dieser Schweiß entwich
nicht etwa durch die löchrige Wolle unserer Kleidung und trocknete
nach und nach, sondern fror und sammelte sich an. Er entwich unserem Körper und wurde zu Eis: Wir schüttelten jedesmal, wenn wir
unsere Fußbekleidung wechselten, Massen von Schnee und Eis aus
den Innenseiten unserer Hosen, und wir hätten ebensoviel davon
aus unseren Unterhemden und den Zwischenräumen zwischen unseren Unterhemden und unseren Hemden schütteln können, aber
wir konnten uns natürlich nicht so weit ausziehen. Und wenn wir in
unsere Schlafsäcke krochen, wurden wir, wenn wir Glück hatten,
während der Nacht warm genug, um dieses Eis zu schmelzen: Ein
Teil blieb in unserer Kleidung, ein Teil ging in den Stoff unserer
Schlafsäcke, und bald war beides wie gepanzert.

Was unseren Atem anging – tagsüber tat er nichts Schlimmeres,
als die unteren Teile unserer Gesichter mit Eis zu bedecken und die
Kopfschützer fest an unsere Köpfe zu nieten. Es hatte keinen
Zweck, zu versuchen, die Kopfschützer abzunehmen, bevor der
Primus nicht schon eine ganze Weile in Gang war. Dann konnte
man nach Herzenslust »umheratmen«. Das eigentliche Problem
jedoch begann in unseren Schlafsäcken, denn es war viel zu kalt,
um eine Öffnung zu lassen, durch die man atmen konnte. Also fror
die Nacht über unser Atem an den Decken fest, und wir atmeten
immer schneller, während die Luft in unseren Schlafsäcken immer
schlechter wurde. Wir konnten in unseren Schlafsäcken niemals
ein Streichholz anzünden!

Natürlich froren wir nicht von einer Stunde auf die andere ein. Es brauchte ein paar Tage, bevor wir wirklich derartig große Probleme bekamen. Erst als ich eines Morgens aus dem Zelt kam, bereit, den Schlitten zu packen, erkannte ich, was uns erwartete. Wir hatten gefrühstückt, uns in unser Schuhwerk gequält und im Zelt, das verhältnismäßig warm war, Ordnung gemacht. Als ich draußen war, hob ich den Kopf, um mich umzusehen, und mußte feststellen, daß ich ihn nicht zurückbewegen konnte. Meine Kleider waren, während ich dastand – das waren vielleicht 15 Sekunden –, fest gefroren. Vier Stunden lang mußte ich den Schlitten erhobenen Hauptes ziehen. Von da an paßten wir alle auf, daß wir uns in die gebückte Ziehposition brachten, bevor wir »festfroren«.

Jetzt war uns endgültig klar geworden, daß wir unsere übliche Schlittenroutine ändern und alles ganz langsam machen mußten. Wann immer möglich, mußten wir die Fellhandschuhe tragen, die über unsere Wollhandschuhe paßten, und wir mußten jede Tätigkeit unterbrechen, wenn wir das Gefühl hatten, daß irgend etwas an uns am Einfrieren war, bis die Blutzirkulation wieder funktionierte. Von da an war es normal, wenn der ein oder andere von uns die anderen beiden mit der Arbeit am Lager allein ließ und im Schnee herumstapfte, mit den Armen schlug oder irgendeine Extremität rubbelte. Aber die Blutzirkulation in unseren Füßen konnten wir auf diese Weise nicht wieder in Gang bringen – in dem Fall konnten wir nur das Lager errichten und heißes Wasser in uns hineingießen, bevor wir unser Schuhwerk auszogen. Es war schwierig, zu erkennen, ob die Füße »eingefroren« waren oder nicht, denn alles, was wir sicher wußten, war, daß wir jegliches Gefühl in ihnen verloren hatten. Hier kam uns Wilsons Wissen als Arzt zugute: Häufig mußte er aufgrund unserer Beschreibungen entscheiden, ob wir das Lager aufschlagen sollten oder noch eine Stunde weitergehen konnten. Eine falsche Entscheidung bedeutete eine Katastrophe, denn wäre einer von uns zum Krüppel geworden, wäre die ganze Mannschaft in große Schwierigkeiten geraten. Wahrscheinlich wären wir alle umgekommen.

Am 29. Juni waren es den ganzen Tag über minus 46 Grad. Manchmal wehte eine leichte Brise, die unseren Gesichtern und Händen Erfrierungen beibrachten. Aufgrund des Gewichts unserer beiden Schlitten und der schlechten Oberfläche des Eises kamen wir nur sehr langsam voran. Als wir unser Lager zum Mittagessen aufgeschlagen hatten, waren Sohle und Ferse eines Fußes von Wilsons erfroren, und ich hatte zwei dicke Zehen. Bowers hatten erfrorene Füße niemals Sorgen bereitet.

Diese Nacht war sehr kalt, die Temperatur fiel auf minus 54 Grad, und als wir am 30. Juni frühstückten, waren es minus 48 Grad. Wir hatten bisher das Daunenfutter für unsere Schlafsäkke nicht benutzt, um es so lange wie möglich trocken zu halten. Mein Fellschlafsack war mir zu groß, und ich hatte die ganze Expedition über mehr Schwierigkeiten, ihn auftauen zu lassen als die anderen beiden. Auf der anderen Seite riß er auch nicht, wie das bei Bills Schlafsack der Fall war.

Nun kamen wir zu der kalten Bucht zwischen der Hut-Point-Halbinsel und Terror Point. Es ist aus den Tagen der *Discovery* bekannt, daß die Winde der Eisbarriere von diesem Gebiet abgelenkt werden und in den McMurdo-Sund, der hinter uns lag, sowie in das Rossmeer bei Kap Crozier, das vor uns lag, strömen. Da hier kein starker Wind bläst, ist die Schneeoberfläche niemals so verweht, hart und glatt wie anderswo: Jetzt waren es die harten und winzigen Schneekristalle, durch die das Ziehen des Schlittens bei diesen Temperaturen war, als ob man ihn durch Sand zöge. Das war die Oberfläche, auf der wir uns vorwärts bewegen mußten, und bei Tiefschnee wurde es noch schwieriger. Bei jedem Schritt sanken unsere Füße tief ein.

Also stellten wir, als wir am 30. Juni versuchten aufzubrechen, fest, daß wir nicht beide Schlitten gleichzeitig bewegen konnten. Es blieb uns nichts anderes übrig, als erst den einen mitzunehmen und dann umzukehren, um den anderen zu holen. Das war bei Tageslicht schon oft so gemacht worden, wenn das einzige Risiko Schneestürme waren, die plötzlich ausbrachen und die Spuren verwischten. Jetzt im Dunkeln war es schwieriger. Zwischen elf Uhr vormittags und drei Uhr nachmittags war es hell genug, die großen Löcher zu sehen, die wir mit unseren Füßen hinterlassen hatten, und wir nahmen den einen Schlitten, stapften in unseren Spuren zurück und holten den anderen. Bowers befestigte und löste immer wieder unsere Gurte, wenn wir die Schlitten wechselten. Bei dieser Etappenarbeit brauchten wir natürlich drei Kilometer, um einen Kilometer voranzukommen, und sogar ein einzelner Schlitten war extrem schwer zu ziehen. Als wir zu Mittag aßen, waren es minus 52 Grad. Nach dem Essen war auch das wenige Licht verschwunden, und wir nahmen eine angezündete Kerze mit, als wir uns aufmachten, den zweiten Schlitten zu holen. Es war eine sehr merkwürdige Prozession: drei eisverkrustete Männer und eine winzige Lichtquelle. Im allgemeinen orientierten wir uns am Jupiter. Wenn ich ihn heute sehe, denke ich jedesmal an seine Freundschaft in jenen Tagen.

Wir waren sehr still, es war nicht leicht zu reden. Doch Schlittenziehen ist immer eine stille Angelegenheit. Ich erinnere mich an eine lange Diskussion über Kälteeinbrüche, die wir führten: War dies das normale Wetter an der Eisbarriere, oder war das ein Kälteeinbruch? – Was macht einen Kälteeinbruch aus? Die Diskussion dauerte etwa eine Woche. Mach alles langsam, immer langsam, das war Wilsons Devise. Und immer wieder die Frage: Sollen wir weitermachen? Und die Antwort: Ja. »Ich denke, solange wir einen gesegneten Appetit haben, geht es uns gut«, sagte Bill. Immer geduldig, selbstbeherrscht, gelassen, war er, glaube ich, der einzige Mann auf der Welt, der in der Lage war, diese Expedition zu leiten.

An jenem Tag schafften wir fünfeinviertel Kilometer. Dafür mußten wir 16 Kilometer laufen. Die Temperatur betrug minus 54 Grad, als wir das Lager aufschlugen, und wir waren schon ziemlich vereist. Das war die letzte Nacht, in der ich ohne das Daunenfutter in meinem großen Rentierschlafsack lag (zuerst hatte ich geschrieben: schlief). Ich hatte eine sehr schlechte Nacht: immer wieder Schüttelfrost, dessen ich kaum Herr wurde, bis ich das Gefühl hatte, mein Rücken würde brechen, so sehr wurde er in Mitleidenschaft gezogen. Man spricht von klappernden Zähnen. Aber erst wenn dein Körper klappert, kannst du behaupten, daß dir wirklich kalt ist. Ich kann diese Belastung nur mit derjenigen vergleichen, die ich in einem Fall von Wundstarrkrampf mit ansehen mußte. Einer meiner großen Zehen war erfroren, ich weiß aber nicht, wie lange schon. Wilson hatte es in seinem kleineren Schlafsack einigermaßen gemütlich, und Bowers schnarchte laut. Die niedrigste Temperatur, die wir in jener Nacht unter dem Schlitten gemessen hatten, betrug minus 56 Grad. Auf dem Schlitten waren es minus 59 Grad.

Am 1. Juli arbeiteten wir nach wie vor im Wechsel, doch kam uns das Ziehen des Schlittens noch schwerer vor. Mehr als einen Schlitten konnten wir unmöglich ziehen. Von da an wurden Wilson und ich, jedoch nicht im selben Ausmaß wie Bowers, immer wieder Opfer einer merkwürdigen optischen Täuschung, wenn wir in unseren Spuren zum zweiten Schlitten zurückkehrten. Ich habe bereits erwähnt, daß wir den Rückweg im Kerzenlicht fanden, und wir hielten es für notwendig, in unseren Fußspuren zurückzukehren. Diese Löcher erschienen unseren müden Gehirnen nicht als Senkungen, sondern als Erhebungen: Eishügel, über die wir unsere Füße mühsam und schleppend hoben. Doch dann machten wir uns bewußt, was für Narren wir waren, und zwangen uns eine Weile, durch diese Phantomhügel hindurchzulaufen. Aber das hielt nicht lange vor, und nach ein paar Tagen sahen wir ein, daß wir diese Absurdität ertragen mußten, wir konnten nichts dagegen tun, obwohl es uns natürlich fertigmachte.

Während jener Tage schmerzten die Blasen an meinen Fingern sehr. Lange bevor meine Hände erfroren waren oder noch nicht einmal kalt, was natürlich etwas völlig Normales war, war die Flüßigkeit in diesen großen Blasen bereits zu Eis gefroren. Das Kochgeschirr zu bedienen oder die Beutel mit dem Essen zu öffnen verursachte Höllenqualen. Noch schlimmer war es, den Primus in Gang zu bekommen. Und als es mir eines Tages gelang, sechs oder

sieben der Blasen nach dem Abendessen aufzustechen und die Flüssigkeit herauszulassen, war die Erleichterung riesig. Danach behandelte ich jede andere Blase, die soweit war, genauso, bis sie
nach und nach verschwunden waren. Mitunter war es schwer,
nicht zu schreien.

In jenen Tagen und Nächten hätte ich häufig schreien wollen.
Doch ich erfand statt dessen eine Formel, die ich immer wieder vor
mich hersagte. Ich erinnere mich, daß sie besonders nützlich am
Ende des Marsches war, als meine Füße erfroren waren, mein Herz
nur noch langsam schlug, ich mit sowenig Leben wie nie erfüllt
war und mein Körper vor Kälte starr war. Dann nahm ich die
Schaufel und schippte immer mehr Schnee auf den Rand des Zeltes, während der Koch drinnen versuchte, den Primus anzuzünden. »Du hast eins aufs Dach bekommen – halt durch – halt durch
– du hast eins aufs Dach bekommen«, das war der Refrain; ich
hatte die kleine Ermutigung, die er mir geben konnte, bitter nötig.
Immer wieder ertappte ich mich dabei zu wiederholen: »Halt
durch – halt durch – halt durch – halt durch«, und dann wieder:
»Du hast eins aufs Dach bekommen.« Eine der Freuden des Schlit-
tenfahrens im Sommer ist, daß man wochenlang seine Gedanken
Tausende von Kilometern wandern lassen kann. Oates versorgte
seine kleine Yacht immer mit Lebensmitteln (es gab einen eingeleg-
ten Hering, den er verspeisen wollte): Ich erfand den kompakte-
sten kleinen drehbaren Bücherschrank, der aber keine Bücher enthalten sollte, sondern Pemmikan, Schokolade, Kekse, Kakao und
Zucker. Oben drauf stand ein Kocher. Und er sollte immer bereit-
stehen, meinen Hunger zu stillen, wenn ich nach Hause kam. Wir
gingen in Restaurants, Theater und in Heiden mit schottischen
Moorhühnern. Wir dachten an ein schönes Mädchen, oder an
mehrere Mädchen, und ... Doch jetzt waren solche Gedankenflü-
ge ganz unmöglich. Die Umstände waren ständig präsent. Uns war
keine Ruhe gegönnt. Ich machte die Erfahrung, daß es am besten
war, wenn ich mir verbot, an die Vergangenheit oder die Zukunft
zu denken – ich lebte einfach nur für das, was ich im Augenblick

tat, und zwang mich, nur darüber nachzudenken, wie ich es am effektivsten tun könne.

Wir wurden an jenem Tag (1. Juli) auch von einem scheußlichen kleinen Wind geplagt. Die Temperatur betrug minus 54 Grad, und bei solchen Temperaturen ist selbst der leichteste Luftzug vernichtend und friert alles ein, was ihm ausgesetzt ist. Aber wir befestigten alle die windundurchläßigen und mit Fell gefütterten Stücke, die wir in der Hütte gefertigt hatten, quer über unsere Kopfschützer vor unsere Nasen. Doch stellten sie auch neue Flächen dar, auf denen unser Atem gefrieren konnte, und die unteren Teile unserer Gesichter waren bald mit festen Eisscheiben bedeckt, die in sich allerdings einen zusätzlichen Schutz boten. Das waren normale und keineswegs unbequeme Umstände auf dieser Expedition: Das Haar auf unseren Gesichtern hielt das Eis von unserer Haut fern, und was mich angeht, so hatte ich lieber das Eis, als daß ich hätte warten müssen, bis ich meinen Kopfschützer abziehen konnte, um meinen Eintopf zu essen. Wir waren nur dreieinhalb Kilometer gelaufen und hatten dafür acht Stunden gebraucht.

In der Nacht hatten wir Windstärke drei bei einer Temperatur von minus 54 Grad und Schneegestöber. Das war ziemlich übel, doch glücklicherweise wandelte sich der Wind zu einer leichten Brise, bis wir am nächsten Morgen (2. Juli) zum Weitermarsch bereit waren. Die Temperatur betrug nun minus 51 Grad und hielt sich so den ganzen Tag, bis sie am Abend wieder sank. Um vier Uhr nachmittags beobachteten wir, wie sich über der Halbinsel zu unserer Linken eine Nebelbank bildete. Gleichzeitig bemerkten wir, daß unsere gefrorenen Handschuhe auf unseren Händen weich wurden, und die Umrisse des Landes, wie es uns die Sterne zeigten, wurden dunkler. Wir schafften vier Kilometer mit der üblichen Wechselarbeit und schlugen um acht Uhr abends bei einer Temperatur von minus 54 Grad unser Lager auf. Das war wirklich ein schrecklicher Marsch gewesen, beim Mittagessen waren meine beiden Füße gefroren. Nach dem Abendessen stach ich sechs oder sieben der schlimmsten Blasen auf und verspürte große Erleichterung.

Ich habe mich über Leute amüsiert, die sagten: »Oh, wir hatten in Kanada Temperaturen von minus 45 Grad, aber das machte *mir* nichts aus«, oder: »In Sibirien hatte ich Temperaturen von unter minus 50 Grad und ein paar Zerquetschten.« Und dann erfährt man, daß sie schöne trockene Kleidung hatten, eine schöne Nacht in einem schönen gelüfteten Zimmer schlafend verbringen durften und nur nach dem Essen ein paar Minuten aus einer schönen warmen Hütte oder aus einem überhitzten Zug nach draußen gegangen waren. Und sie denken daran zurück als an eine Erfahrung, die der Erinnerung wert wäre. Als Kälteerfahrung kann das tatsächlich nur mit dem Essen von Vanilleeis mit heißer Schokoladensoße nach einem ausgezeichneten Abendessen bei Claridge verglichen werden. Doch in unserer augenblicklichen Lage begannen wir, Temperaturen von minus 40 bis minus 50 Grad als Luxus zu erachten, in dessen Genuß wir nicht häufig kamen.

An diesem Abend verzichteten wir zum ersten Mal zugunsten des Vollmonds auf unsere Kerze. Wir waren absichtlich vor Mondaufgang aufgebrochen, doch wie wir dann feststellen mußten, spendete er uns wenig Licht. Dennoch verdanken wir ihm, daß wir einmal einem sehr üblen Tod entkamen.

Es war ein wenig nach unserem Aufbruch, als wir uns zwischen lauter Rissen bewegten. Links über uns lag irgendwo, für uns unsichtbar, Terror Point, die Packeisgrenze rechts von uns. Wir hatten uns in der Dunkelheit ziemlich verlaufen und wußten nur, daß wir bergab gingen und der Schlitten uns fast in die Füße fuhr. Den ganzen Tag hatte es kein Licht gegeben, der Mond war hinter Wolken versteckt, und wir hatten ihn seit dem Vortag nicht mehr gesehen. Und dann strich plötzlich ein kleines Fleckchen klarer Himmel über sein Gesicht, und er zeigte uns eine große Spalte mit einem nur durchsichtigen Deckel, nicht dicker als Glas, die gerade mal drei Schritte vor uns lag. Wir wären direkt hineingelaufen, und der Schlitten wäre uns vermutlich nach unten gefolgt. Nach diesem Erlebnis hatte ich das Gefühl, daß wir eine Chance hatten, es zu schaffen: Gott konnte nicht so grausam zu uns sein, uns nur deshalb gerettet zu haben, um unsere Qualen zu verlängern.

Doch im Augenblick mußten wir uns keine Sorgen um Spalten machen, denn wir hatten den langen Streifen noch nicht erreicht, wo die sich bewegende Eisbarriere mit dem Gewicht von Hunderten von Kilometern Eis hinter sich auf die Hänge von Mount Terror zustieß, der eine Höhe von etwa 3350 Metern hat. Jetzt stapften wir noch immer knöcheltief im weichen Pulverschnee, der auf einer windgeschützten Fläche lag. Es schien überhaupt keinen festen Grund zu geben, und da der Schnee etwa dieselbe Temperatur hatte wie die Luft, wurden unsere Füße wie der ganze Körper immer kälter, je länger wir liefen. Bei gewöhnlichen Schlittentouren wärmt man auf, nachdem man eine Viertelstunde gezogen hat, hier war es umgekehrt. Sogar jetzt noch ertappe ich mich dabei, wie ich unbewußt mit den Zehen meines rechten Fußes gegen die Hacke meines linken Fußes trete: eine Angewohnheit, die mir von jener Expedition geblieben ist, weil ich das jedesmal tat, wenn wir anhielten. Nein, nicht jedesmal. Es gab einen Halt, bei dem wir uns nur auf den Rücken legten und in den Himmel starrten, wo, wie die anderen sagten, das wunderschönste Südlicht erstrahlte, das sie jemals gesehen hatten. Ich sah es nicht, da ich so kurzsichtig war und wegen der Kälte keine Brille tragen konnte. Während wir nach Osten gingen, war das Südlicht immer vor uns, viel schöner als jedes andere, das frühere Expeditionen gesehen hatten, die im McMurdo-Sund überwinterten, wo der Erebus die prächtigsten Erscheinungen versteckt haben mußte. Nun war der Himmel bedeckt mit schwingenden, wehenden Vorhängen, die sich oben in einem großen Wirbel begegneten: zitronengelb, grün und orange.

Die tiefste Temperatur in dieser Nacht war minus 54 Grad, und am 3. Juli schwankte sie zwischen minus 47 Grad und minus 50 Grad. Wir kamen nur vier Kilometer voran. Zu diesem Zeitpunkt dachte ich, daß wir nicht die geringste Chance hatten, zu den Pinguinen zu kommen. Ich bin sicher, daß diese Nächte genauso schwer für Bill waren, wenn das auch mehr ein Eindruck war, denn er hatte sich niemals entsprechend geäußert. Wir wußten, daß wir schliefen, da wir uns gegenseitig schnarchen hörten. Außerdem hatten wir gewöhnlich Träume und Alpträume. Wir waren uns dessen aber kaum bewußt und begannen nun einzunicken, sobald wir eine Pause auf unserem Marsch machten.

Inzwischen sahen unsere Schlafsäcke wirklich übel aus. Es nahm schon beträchtliche Zeit in Anspruch, sie so weit aufzutauen, daß wir in der Nacht hineinkriechen konnten. Bill breitete seinen in der Mitte aus, Bowers lag rechts von ihm, ich links. Er bestand immer darauf, daß ich meine Beine in den Schlafsack manövrierte, bevor er es tat, denn nach unserem warmen Abendessen kühlten wir schnell wieder aus, und das war sehr selbstlos von ihm. Dann kamen sieben Stunden voller Zittern, und das erste, was wir taten, wenn wir morgens aus unseren Schlafsäcken krochen, war, daß wir alle persönlichen Dinge in die Öffnung des Schlafsackes stopften, bevor er zusammenfrieren konnte. Das war so eine Art Verschluß, der, wenn man ihn entfernte, ein gefrorenes Loch formte, in das wir am Abend erst einmal hineinkriechen konnten.

Wir gerieten in merkwürdige Verrenkungen, wenn wir begannen, unsere Glieder in die Schlafsäcke zu bewegen, und litten infolgedessen unter schrecklichen Krämpfen. Wir warteten dann ab und rubbelten, doch sobald wir versuchten, weiter hineinzukriechen, kamen die Krämpfe wieder und preßten unsere Beine wie in einem Schraubstock. Wir, ganz besonders Bowers, litten auch höllisch unter Magenkrämpfen. Inzwischen ließen wir den Primus nach dem Abendessen noch eine Weile weiterbrennen – er war das einzige, was uns am Leben hielt – und wenn einer von einem Krampf befallen wurde, während er gerade den Primus hielt, nahmen wir ihm die Lampe schnell weg, bis der Krampf vorüber war. Manchmal war es schrecklich, Birdies Magenkrämpfe zu beobachten. Ihn hatte es gewiß viel schlimmer erwischt als Bill oder mich. Ich litt ziemlich an Sodbrennen, besonders nachts in meinem Schlafsack. Wir aßen immer viel Fett, und das war wahrscheinlich

der Grund. Dummerweise erwähnte ich es lange Zeit nicht. Als es
Bill schließlich bemerkte, verschaffte er mir mit einer Medizin bald
Besserung.

Birdie machte am – sogenannten – Morgen immer die Kerze an,
und das war eine Heldentat. Denn auf unseren Streichhölzern
sammelte sich immer Feuchtigkeit. Ich nehme an, daß das zum Teil
daran lag, daß sie von draußen in ein verhältnismäßig warmes
Zelt gebracht wurden; zum Teil lag es aber auch daran, daß wir die
Schachteln in unsere Kleidertaschen steckten. Manchmal mußten
vier, fünf Schachteln durchprobiert werden, bevor sich ein Streichholz entzündete. Die Schachteln und die Streichhölzer hatten eine
Temperatur von etwa minus 55 Grad, und die kleinste Berührung
der nackten Haut mit dem Metall erzeugte Erfrierungen. Trug
man Handschuhe, konnte man kaum etwas spüren – insbesondere
da unsere Finger bereits äußerst gefühllos waren. Das erste Licht
am Morgen anzuzünden war eine bestialisch kalte Angelegenheit,
die dadurch noch schlimmer wurde, daß wir uns auch versichern
mußten, daß es endlich Zeit war aufzustehen. Bill bestand nämlich
darauf, daß wir jede Nacht sieben Stunden in unseren Schlafsäk-
ken verbrachten.

In der Zivilisation werden die Menschen so eingeschätzt, wie sie
sich selbst einschätzen, denn es gibt so viele Möglichkeiten, Dinge
zu verheimlichen, man hat sowenig Zeit, vielleicht sogar sowenig
Verständnis. Hier ganz im Süden ist das anders. Diese beiden
Männer unternahmen die Winterreise und lebten. Später machten
sie die Polarreise und starben. Sie waren wie pures Gold. Man
kann nicht in Worten ausdrücken, wie ihre Kameradschaft war.

In all diesen Tagen und denen, die noch folgen sollten – für mich
sind sie die übelsten, die Menschen jemals überlebt haben –, kam
nicht ein einziges heftiges oder böses Wort über ihre Lippen. Als
wir uns später sicher waren – soweit man sich überhaupt irgendeiner Sache sicher sein kann –, daß wir sterben würden, waren sie
fröhlich, und soweit ich ihre Lieder und munteren Worte beurteilen konnte, waren sie recht heiter. Sie waren auch nie nervös, doch

reagierten sie in Notfällen immer so schnell, wie es die Umstände erlaubten. Es ist hart, daß oft gerade solche Männer zuerst gehen müssen, während andere, die weniger würdig sind, bleiben.

Es gibt Leute, die schreiben über Polarexpeditionen, als ob das Ganze ein Kinderspiel wäre. Ich nehme an, sie vertrauen auf ein Publikum, das sagen wird: »Was für ein toller Bursche! Wir wissen, was er durchgemacht hat, doch seht nur, wie wenig Aufhebens er um all die Schwierigkeiten und all die Qual macht!« Andere wählen das entgegengesetzte Extrem. Ich weiß nicht, ob es sinnvoll ist, zu versuchen, einen uneingeweihten Leser dadurch zu beeindrucken, daß man eine Temperatur von minus 18 Grad Fahrenheit als fünfzig Kältegrade wiedergibt. Ich habe nichts von all dem vor. Ich will nicht so tun, als sei dies etwas anderes gewesen als eine schreckliche Reise, an die ich mich dennoch dank meiner beiden verstorbenen Kameraden gerne zurückerinnere. Gleichzeitig möchte ich diese Expedition nicht furchtbarer erscheinen lassen, als sie wirklich war.

Während der Nacht des 3. Juli fiel die Temperatur auf minus 54 Grad, doch am Morgen erwachten wir (wir erwachten wirklich) sehr erleichtert. Die Temperatur betrug nur minus 33 Grad, und der Wind blies mit einer Geschwindigkeit von etwa 25 Stundenkilometern bei ständigem Schneefall. Das hielt allerdings nur ein paar Stunden an, und wir wußten, daß außerhalb der windstillen Gegend, in der wir uns befanden, ein Schneesturm wüten mußte. Doch nun hatten wir erst einmal Zeit zu schlafen, uns auszuruhen und in unseren Schlafsäcken so richtig aufzutauen, naß und warm zu werden. Ich empfand diesen gemäßigten Schneesturm jedenfalls als große Erleichterung, obwohl wir natürlich alle wußten, daß sich unsere Ausrüstung in einem schlimmeren Zustand als je zuvor befinden würde, sobald die Kälte zurückkam. Im Laufe des Tages sank die Temperatur auf minus 42 Grad, während der folgenden Nacht auf minus 48 Grad.

Der weiche Neuschnee machte am nächsten Tag (5. Juli) das Weitergehen fast unmöglich. Wir legten wie üblich Wechseletappen ein und brachten es fertig, acht Stunden lang zu ziehen, aber wir kamen nur zweieinhalb Kilometer voran. Die Temperatur schwankte zwischen minus 48 Grad und minus 52 Grad. Einmal blies eine beachtliche Brise, die lähmend wirkte. Um den Mond erschien der große Kreis eines Hofes mit einem senkrechten Strahl und einigen Scheinmonden. Wir hofften, daß wir zu der langen Schneekoppe aufstiegen, die den Anfang des Mount Terror markierte. In dieser Nacht betrug die Temperatur minus 59 Grad, beim Frühstück minus 57 Grad und am Mittag fast minus 61 Grad. Ich habe diesen Tag als den in Erinnerung, an dem ich herausfand, daß es sich nicht lohnte, Aufzeichnungen zu machen. Nach dem Mittagessen hängte Bowers um 17.51 Uhr das Thermometer heraus und las minus 60,8 Grad ab, das, wie ich meine, kälter ist als alles, was jemand bereit ist, in der Dunkelheit und in gefrorener Ausrüstung und Kleidung auszuhalten. Die niedrigste Temperatur, die bei einer Frühjahrstour der *Discovery* gemessen wurde, betrug minus 55,4 Grad[2], und damals waren 14 Tage eine lange Zeit für eine Mannschaft im Frühjahr, mit dem Schlitten unterwegs zu sein. Dabei hatten sie Tageslicht. Für uns war es der zehnte Tag draußen, und wir hofften, sechs Wochen unterwegs zu sein.

Glücklicherweise blieben wir vom Wind verschont. Die Kerze brannte gleichmäßig, als wir in unseren Fußspuren zurückstapften, um den anderen Schlitten zu holen. Doch wenn wir nur für den Bruchteil einer Sekunde mit bloßen Fingern an Metall griffen, erlitten wir Erfrierungen. Die Gurtschnallen über dem beladenen Schlitten zu befestigen war schwierig. Mit dem Kocher, mit Krügen, Löffeln, dem Primus oder einem Ölkanister zu hantieren war noch schlimmer. Ich weiß nicht, wie es Bowers schaffte, die meteo-

---

[2] Bei der Royal Geographical Society befindet sich ein Thermometer, daß im Winterquartier der H. M. S. *Alert* am 4. März 1876 minus 77 Grad F (= minus 60,6 Grad C) anzeigte. Ich weiß nicht, ob das überprüft wurde. (Anm. d. Autors)

rologischen Instrumente zu bedienen, aber das Wetter-Logbuch ist
korrekt geführt. Doch sobald man in der Nähe des Papiers atmete,
war es mit einem Eisfilm überzogen, den der Bleistift nicht durch-
dringen konnte.

Mit dem Seil zu hantieren war schon immer entsetzlich. Bei diesen
so niedrigen Temperaturen war es eine furchtbare Arbeit. Das Befestigen unserer Gurte an den Schlitten, den wir im Begriff waren
zu ziehen, das Lösen am Ende der Etappe, das Aufbinden unserer
Schlafsäcke am Morgen, das Befestigen des Kochers auf der Gerä-
tekiste, all dies waren üble Tätigkeiten, aber noch lange nicht so
übel wie das Hantieren mit den kleineren Bändseln, die jetzt Eis-
schnüre waren. Eines der schlimmsten befand sich um die wö-
chentlichen Proviantbeutel, und die um den Pemmikan, die Tee-
und die Butterbeutel drinnen waren noch dünner. Doch ein wahr-
haftiger Teufel war das Bändsel des Zelteingangs: Es war wie
Draht und mußte doch ganz fest gezogen werden. Mußte man
während der sieben Stunden in unseren Schlafsäcken das Zelt verlassen, mußte man eine Schnur befestigen, die so steif wie ein Feu-
erhaken war, und den Weg in den Schlafsack wieder auftauen, der
so hart gefroren wie ein Brett war. Unser Petroleum hatte einen
Flammpunkt, der den niedrigen Temperaturen angepaßt war. Es
war schwer, Stücke von der Butter abzusplittern.

In dieser Nacht betrug die Temperatur minus 59,9 Grad, und
ich bin nun überzeugt, daß Dante recht hatte, wenn er die Kreise
des Eises unter diejenigen des Feuers legte. Wirklich Schlaf fanden
wir nur gelegentlich, doch immer lagen wir ganze sieben Stunden.
Immer wieder fragte uns Bill, ob wir umkehren wollten, und immer wieder sagten wir nein. Und doch gab es nichts, was ich lieber
getan hätte. Ich war mir ziemlich sicher: Von Kap Crozier zu träumen war der reinste Wahnsinn. An diesem Tag kamen wir mit äußerster Anstrengung und der üblichen Wechselarbeit zweieinhalb
Kilometer voran. Das war eine recht gute Leistung – und Kap Crozier ist knapp 110 Kilometer von Kap Evans entfernt!

In meinem kurzen Leben war ich mehr als einmal verblüfft von
dem Wert eines Mannes, der allem gegenüber blind ist, was für den
gesunden Menschenverstand Gültigkeit besitzt: Er schafft das Un-
mögliche. Wir sprachen unsere Gedanken niemals aus. Wir unterhielten uns über das Steinzeitalter, das kommen sollte, wenn wir
unser gemütliches, warmes Steinhäuschen an den Hängen des
Mount Terror bauten und unseren Ofen mit Pinguin-Tran betrie-
ben und kleine Kaiserpinguine in Wärme und Trockenheit einlegten. Wir waren ja recht intelligente Menschen, und wir mußten gewußt haben, daß wir keine Pinguine zu sehen bekommen würden
und daß es unsinnig war weiterzugehen. Und doch führten uns
diese beiden Männer weiter, mit ruhiger Beharrlichkeit, in voll-
kommener Freundschaft, fast schon behutsam. Ich tat nur, was
man mir sagte.

Es ist wünschenswert, daß der Körper zu regelmäßigen Zeiten
arbeitet, ißt und schläft. Bei einer Schlittentour wird dies nur zu
oft vergessen. Gerade jetzt stellten wir fest, daß wir nicht in der
Lage waren, acht Stunden Marsch und sieben Stunden in unseren
Schlafsäcken in einem 24-Stunden-Tag unterzukriegen. Die gewöhnliche Arbeit am Lager nahm unter den gegebenen Umständen mehr als neun Stunden in Anspruch. Daher hörten wir auf,
dem ziemlich imaginären Unterschied zwischen Tag und Nacht irgendeine Bedeutung zuzumessen, und am Freitag (7. Juli) kamen
wir erst mittags weg. Die Temperatur betrug minus 56 Grad, und
es herrschte dicker, weißer Nebel. Im Grunde hatten wir nicht die
geringste Ahnung, wo wir uns gerade befanden. Um zehn Uhr
abends machten wir nach knapp drei Kilometern für diesen Tag
halt. Doch welch eine Erleichterung! Unsere Herzen schlugen sogar normaler. Es war leichter zu lagern, wir hatten Gefühl in unseren Händen und unseren Füßen. Birdie hängte das Thermometer
heraus und las nur minus 48 Grad ab. Ich erinnere mich, gesagt zu
haben: »Nun, wenn wir irgend jemandem erzählen, daß minus
48 Grad eine ungeheure Erleichterung sein können, werden sie
uns das schlicht nicht glauben.« Vielleicht glaubt man mir jetzt

nicht, doch es war so. In dieser Nacht schrieb ich: »Letztlich hat es
doch etwas Gutes, etwas zu tun, was noch nie zuvor jemand getan
hat.« Wie man sieht, es ging bergauf mit uns.

Unsere Herzen vollbrachten wahrhaft heldenhafte Arbeit. Gegen Ende des Marsches waren sie allerdings völlig fertig und hatten Schwierigkeiten, das Blut in unsere Extremitäten zu pumpen.
Es gab nur wenige Tage, an denen Wilson und ich nicht an irgendwelche Erfrierungen an den Füßen hatten. Während wir lagerten,
schlugen unsere Herzen verhältnismäßig langsam und schwach.
Wir konnten nichts dagegen tun, bevor nicht ein heißes Getränk
fertig war – Tee zum Mittagessen, heißes Wasser zum Abendessen.
In dem Augenblick, in dem wir zu trinken anfingen, machte sich
die wunderbare Wirkung bemerkbar: Es war, sagte Wilson, wie
wenn man eine Wärmflasche an unser Herz legte. Der Herzschlag
wurde schnell und stark, und man fühlte, wie die Wärme durch
unseren Körper strömte. Dann zogen wir unser Schuhwerk aus –
Gamaschen (in zwei Hälften zerschnitten und um das untere Teil
der Hose gewickelt), Rentierpelzstiefel, Filzschuhe, Roßhaarsok-
ken und zwei Paar Wollsocken. Dann rubbelten wir unsere Füße
wieder zurück ins Leben und versuchten zu glauben, froh zu sein –
eine Erfrierung schmerzt erst, wenn sie zu tauen beginnt. Später
kommen die Blasen und dann die Stücke toter Haut.

Bill machte sich Sorgen. Scheinbar hatte Scott im Winter zweimal versucht, ihn zu überreden, nicht zu gehen. Schließlich hatte er
unter der Bedingung zugestimmt, daß Bill uns alle unversehrt wieder zurückbrachte. Wir waren Südpolreisende. Bill hatte wahnsin-
nigen Respekt vor Scott, und als wir später über die Eisbarriere zurückkehren wollten und unsere Lage sehr verzweifelt war, selbst
da war er noch bedacht darauf, nichts von unserer Ausrüstung am
Kap Crozier zurückzulassen, nicht einmal die wissenschaftlichen
Geräte, die für uns keinen Nutzen hatten und von denen wir in der
Hütte jede Menge hatten. »Scott wird es mir nie verzeihen, wenn
ich etwas von der Ausrüstung zurücklasse«, erklärte er. Das ist ein
altes Prinzip bei Schlittentouren, und die, die es nicht befolgen

oder etwas von der Last zurücklassen, um es später abzuholen, sind selten eine gute Mannschaft. Es ist aber auch ein Prinzip, das man übertrieben befolgen kann.

So also fühlte sich Bill fürchterlich verantwortlich für uns beiden anderen. Er sagte immer wieder, daß es ihm leid tue, daß er niemals geglaubt habe, daß es so übel werden würde. Er hatte das Gefühl, daß er, weil er uns gebeten hatte mitzukommen, in gewisser Weise für unsere Probleme zur Rechenschaft gezogen werden konnte. Wenn Leiter ihren Leuten gegenüber solche Gefühle haben, erreichen sie bedeutend bessere Ergebnisse, wenn die Leute gut sind. Sind sie schlecht oder auch nur durchschnittlich, werden die anderen versuchen, Vorteile aus dem zu ziehen, was sie als Weichlichkeit auslegen.

Die Temperatur in der Nacht des 7. Juli betrug minus 51 Grad.

Am 8. Juli entdeckten wir erste Anzeichen dafür, daß wir an ein Ende dieses weichen, pulvrigen, stärkemehlartigen Schnees kommen könnten. Es war ein ungeheuer schweres Ziehen. Doch immer wieder durchbrachen unsere Rentierpelzstiefel eine dünne Kruste, bevor sie einsanken. Das bedeutete ein wenig Wind, und immer wieder traten unsere Füße auf harte, glatte Flächen unter dem weichen Schnee. Wir waren von Nebel umgeben, und weit über uns schien der Mond auf sein »Dach«. Lenken war genauso schwierig wie Ziehen. In vier Stunden härtester Arbeit kamen wir am Morgen nur zwei Kilometer voran, am Nachmittag schafften wir in drei weiteren Stunden eineinhalb Kilometer – und wir hatten eine Temperatur von minus 49 Grad mit einer Brise – entsetzlich!

Am nächsten Tag setzte am frühen Morgen Schneefall ein, und es herrschte dichter Nebel. Als wir aufstanden, konnten wir absolut nichts sehen. Nach den üblichen vier Stunden, die wir am Morgen brauchten, um fertig zu werden, kamen wir zu dem Schluß, daß es unmöglich war, im Wechsel zu gehen, da wir niemals unsere Fußstapfen für den Rückweg zum zweiten Schlitten wiederfinden würden. Daher waren wir sehr erleichtert, als wir feststellten, daß wir beide Schlitten zugleich bewegen konnten, und ich glaube, das hatten wir in erster Linie der Temperatur zu verdanken, die auf minus 37 Grad gestiegen war.

Das war der vierte Tag in Folge, an dem es nicht nur dunkel, sondern auch neblig war, und wir wußten, daß wir uns dem Festland nähern mußten. Es war wohl Terror Point, und der Nebel wurde vermutlich durch die feuchte, warme Luft verursacht, die vom Meer her durch die Risse und Spalten kam. Man glaubt nämlich, daß die Eisbarriere hier schwimmt.

Ich wünschte, ich könnte Sie an einem ruhigen Abend mit an die Große Eisbarriere nehmen, wenn die Sonne mitten in der Nacht gerade sinkt, und Ihnen die Herbstfarben auf der Ross-Insel zeigen. Ein letzter Blick auf die Umgebung, bevor man sich zur Ruhe begibt, hinter einem liegt ein guter Tagesmarsch, drinnen ist genug Pemmikan, um einen froh zu stimmen, der heimelige Tabakgeruch aus dem Zelt, das schöne Gefühl weichen Fells und die Erwartung eines tiefen Schlafs. Und die sanftesten Farben, die Gott geschaffen hat, finden sich im Schnee: im Westen auf dem Mount Erebus, wo der Wind seine Rauchwolke kaum hinbewegen kann, und im Osten auf dem Mount Terror, der nicht so hoch, aber regelmäßiger geformt ist. Wie friedlich und erhaben all das ist.

Dies hätten Sie vor vier Monaten sehen können, wenn Sie auf der Hochebene der Eisbarriere gewesen wären. Weit unten ganz rechts beziehungsweise im Osten des Festlandes befand sich ein schwarzer Felsfleck, der aus riesigen Schneeverwehungen herausschaut: Das war der Knoll, dicht unter ihm lagen die Klippen von Kap Crozier. Der Knoll wirkte recht niedrig, und die Klippen waren nicht zu sehen, obwohl sie 250 Meter hoch sind, ein Abgrund, der ins Meer fällt.

Bei Kap Crozier trifft der Rand der Eisbarriere, die auf einer Strecke von 650 Kilometern einen Eisrücken mit einer Höhe von bis zu 60 Metern bildet, auf das Festland. Die Eisbarriere bewegt sich in einer Geschwindigkeit auf dieses Festland zu, die mitunter kaum weniger als eineinhalb Kilometer im Jahr beträgt. Vielleicht können Sie sich das Chaos vorstellen, das dadurch entsteht: Es gibt

Packeisrücken, im Vergleich zu denen die Meereswellen wie ein gepflügtes Feld wirken. Am schlimmsten sind sie am Kap Crozier selbst, aber sie erstrecken sich die ganzen südlichen Hänge des Mount Terror entlang und verlaufen parallel zum Land. Die Faltung, die durch Kap Crozier entsteht, ist bei Corner Camp, ungefähr 65 Kilometer weiter, hinten auf der Eisbarriere in den Spalten sichtbar, die wir immer wieder fanden, und in den gelegentlichen Graten, die wir überqueren mußten.

In den Tagen der *Discovery* bildete das Packeis dort, wo es auf Kap Crozier traf, eine kleine Bucht, und auf dem gefrorenen Meereis in dieser Bucht fanden die Männer der *Discovery* den einzigen Brutplatz des Kaiserpinguins. Das Eis war hier nicht von den Schneestürmen rausgetrieben worden, die das Rossmeer frei machten, und offenes Wasser oder offene Wasserrinnen waren nirgends weit entfernt. Dies gab den Kaiserpinguinen einen Platz, wo sie ihre Eier legen konnten, und eine Gelegenheit, Futter zu finden. Daher mußten wir einen Weg entlang dem Packeis zum Knoll finden, um dann *durch* das Packeis zu der Bucht der Kaiserpinguine vorzudringen. Und, ich wiederhole mich, wir mußten dies im Dunkeln tun.

Terror Point, dem wir uns im Nebel näherten, ist knapp 30 Kilometer vom Knoll entfernt und endet in einer langen Schneezunge, die in die Eisbarriere übergeht. In den Tagen der *Discovery* und bei Tageslicht war dieser Weg oft genommen worden. Wilson wußte, daß es einen schmalen Weg gab, der frei war von Spalten, die sich zwischen dem Berg und den parallel verlaufenden Packeisrücken hinzogen. Doch es ist eine Sache, einen Korridor bei Tageslicht zu begehen, und eine ganz andere, dies bei Dunkelheit zu versuchen, insbesondere wenn es keine Wände gibt, anhand derer man seinen Kurs korrigieren kann – nur Spalten. Wie dem auch war, Terror Point mußte jetzt irgendwo in unserer Nähe sein. Vor uns lag verschwommen ein Schneestreifen, der weder Eisbarriere noch Berg, aber der einzige Weg war, den wir gehen konnten.

Nun, da unsere Augen mehr oder weniger funktionslos waren,

begann uns klar zu werden, wieviel wir mit unseren Füßen und Ohren tun konnten. In Rentierpelzstiefeln zu laufen ist so ziemlich dasselbe, wie wenn man in Handschuhen läuft. Man bekommt ein Gespür in den Füßen, das man höchstens noch beim Barfußlaufen hat. So konnten wir jede kleine Veränderung an der Oberfläche erspüren, jede Kruste, durch die unsere Füße brachen, jedes harte Fleckchen unter dem weichen Schnee. Bald verließen wir uns immer mehr auf das Geräusch unserer Schritte, um zu erfahren, ob wir uns auf Spalten oder auf festem Grund befanden. Jetzt arbeiteten wir uns ziemlich stetig durch die Spalten hindurch. Mir sind sie schon bei Tageslicht ein Greuel, wo man immerhin viel tun kann, um sie zu meiden, und wo man, sollte man wirklich in eine hineinfallen, sehen kann, wo die Wände sind, wo sie entlanglaufen und wie man am besten wieder herausfindet. Wenn deine Kameraden sehen können, wie sie den Schlitten, an den du mit deinen Gurten gekoppelt bist, stoppen können, wie sie ihn am sichersten halten können, wenn er gestoppt ist, und wie sie, wenn du viereinhalb Meter in einem Abgrund baumelst, über dir arbeiten, um dich wieder nach oben zu ziehen. Und dann ist im allgemeinen unsere Kleidung wirklich so etwas wie Kleidung. Sogar unter idealen Bedingungen wie gutes Licht, Wärme und Windstille sind Spalten heimtückisch, ob man nun über eine ebene und einheitliche Schneedecke zieht, dabei aber niemals weiß, in welchem Augenblick man in eine bodenlose Grube fällt, oder ob man nach dem Seil und dem Schlitten hechtet, um einem Kameraden zu helfen, der verschwunden ist. Heute träume ich manchmal von schlechten Tagen, die wir auf dem Beardmore und anderswo hatten, als Männer durchbrachen, die schnell wieder aufgefangen werden konnten, und die innerhalb einer Stunde soagar mehrmals in voller Gurtlänge in Spalten hingen. Einmal fiel auf dem Beardmore ein Mann auf demselben Schlitten wie ich mit dem Kopf zuerst nach unten und in den folgenden 25 Minuten weitere achtmal in voller Gurtlänge. Und jedesmal fragte man sich, ob die Gurte wohl hielten, wenn der Ruck kam. Doch jene Tage waren ein Ausflug mit der Sonntagsschule im Vergleich zu denjenigen, in denen wir mit den Kaiserpinguinen zwischen den Spalten von Kap Crozier Blindekuh spielten.

Unsere Schwierigkeiten wurden aufgrund des Zustands unserer Kleidung noch größer. Wären wir in Blei gekleidet gewesen, hätten wir unsere Arme, Hälse und Köpfe wahrscheinlich leichter bewegen können, als es nun der Fall war. Hätte sich dieselbe Menge an Eis um unsere Beine gebildet, wären wir, glaube ich, immer noch dort und, nicht in der Lage, uns zu bewegen. Doch glücklicherweise blieben unsere Hosenbeine beweglich. In die Leinengurte hineinzukommen war ein absurdes Unterfangen. Bereits in den ersten Tagen unserer Expedition wurden wir mit diesem Problem konfrontiert und beschloßen dummerweise, unsere Geschirre zum Mittagessen nicht abzunehmen. Im Zelt tauten die Gurte, um dann wieder so hart wie Bretter zu frieren. Genauso hart waren unsere Kleider, die von unseren Körpern in jeder Falte und jedem Winkel abstanden, die man sich vorstellen kann. Ein solches Brett über das andere zu ziehen erforderte die vereinten Kräfte des »Möchtegern-Anziehers« und seiner beiden Kameraden. Diese Prozedur mußte für jeden von uns zweimal am Tag wiederholt werden. Gott weiß, wie lange das dauerte.

Als wir uns im Nebel Terror Point näherten, fühlten wir, daß wir mehrere Steigungen hinauf- und wieder hinuntergelaufen waren. Immer wieder spürten wir unter unseren Füßen harten, glatten Schnee. Und dann plötzlich tauchte vor uns etwas auf, verschwommen, undefinierbar, riesig. Ich erinnere mich an ein Gefühl, wie wenn Geister um uns herumschwebten, als wir unsere Gurte vom Schlitten lösten, sie zusammenbanden und so angeseilt auf diesem Eis nach oben robbten. Der Mond ließ im Nebel vor uns einen zerklüfteten Bergrücken erkennen, und als wir uns aufrichteten, stellten wir fest, daß wir uns auf einem Packeisrücken befanden. Wir standen, schauten uns an, und dann krachte es genau unter unseren Füßen. Dann noch mehr Krachen, Quietschen und Ächzen, denn dieses Eis bewegte sich und zersprang wie Glas.

Die Risse brachen rund um uns auf, einige von ihnen waren Hunderte von Metern lang. Später gewöhnten wir uns daran, aber zunächst waren wir sehr nervös. Während dieser Expedition hatten wir von Anfang bis Ende viel Abwechslung und nicht diese Monotonie, die bei weiten Schlittentouren auf der Eisbarriere im Sommer nicht ausbleibt. Nur die ewigen Schüttelfröste, die uns in unseren Schlafsäcken quälten, Stunde um Stunde, Nacht für Nacht bei diesen eisigen Temperaturen – sie waren entsetzlich eintönig. Später erlitten wir selbst dann Erfrierungen, wenn wir in unseren Schlafsäcken lagen.

Wo der Mond war, sah man nur ein Glühen. Wir standen in einem mondbeschienenen Nebel, und das reichte aus, die Kante eines weiteren Bergrückens vor uns zu sehen und noch eines anderen links von uns. Wir waren völlig verwirrt. Das Eis dröhnte unaufhörlich tief, vielleicht hing das mit den Gezeiten zusammen, obwohl wir viele Kilometer vom normalen Küsteneis entfernt waren. Wir stapften zurück, spannten uns wieder vor unsere Schlitten und zogen in eine Richtung, von der wir dachten, es sei die richtige. Dabei hatten wir die ganze Zeit das Gefühl, daß sich die Erde unter unseren Füßen öffnen würde, wie das so ist in Gegenden, die voller Spalten sind. Doch alles, was wir entdeckten, waren weitere Hügel und Wälle aus Schnee und Eis, in die wir fast schon hineinrannten, bevor wir sie sahen. Wir hatten uns ganz offensichtlich verlaufen. Es war fast Mitternacht, und ich schrieb: »Es könnten die Packeisberge sein oder Mount Terror, es ist unmöglich festzustellen, und ich denke, wir können unmöglich weitergehen, bevor es aufklart. Wir hatten Kurs auf Nordost, als wir hierherkamen, und kehrten nach Südwesten zurück, bis wir in einer Senke zu sein schienen und lagerten.«

Die Temperatur war von minus 38 Grad um elf Uhr auf nun minus 33 Grad gestiegen. Es fiel Schnee, und man konnte absolut nichts sehen. Unter dem Zelt waren Geräusche zu hören, als ob ein Riese an einen leeren Panzer klopfte. Alle Zeichen deuteten auf einen Schneesturm hin, und tatsächlich dauerte es nicht lange, wir hatten zu Abend gegessen und wie üblich Stück für Stück den Weg in unsere Schlafsäcke aufgetaut, bis ein Wind aus Süden aufkam. Bevor der Sturm losbrach, erhaschten wir noch einen Blick auf schwarze Felsen und wußten, daß wir in den Packeisbergen an einer Stelle sein mußten, wo sie schon fast in den Mount Terror übergingen.

Mit großem Erstaunen stelle ich fest, wenn ich jetzt die Aufzeichnungen durchsehe, daß der Schneesturm drei Tage dauerte und sowohl die Temperatur als auch der Wind stetig zunahmen, bis wir am Morgen des zweiten Tages (11. Juli) minus 13 Grad und Windstärke 9 hatten. Am Morgen des dritten Tages (12. Juli) hatte der Sturm Windstärke 10. Die Temperatur war um mehr als 20 Grad gestiegen.

Es war keine ungemütliche Stimmung. Wir waren naß und warm, die gestiegene Temperatur sorgte dafür, daß all unser Eis zu Wasser wurde, und wir lagen dampfend und wunderbar »flüssig« da und fragten uns manchmal, wie wir wohl aussehen würden, wenn unsere Ausrüstung wieder einfror. Aber viel haben wir uns nicht gefragt: Wir schliefen. Von dieser Seite betrachtet, waren die Schneestürme ein wahres Geschenk Gottes.

Wir überprüften auch unsere Essensvorräte. Schon bei den ersten Vorbereitungen auf dieses Unternehmen vorbereiteten, hatte uns Scott gebeten, bestimmte Experimente im Hinblick auf den Plateau-Abschnitt der Polarreise im nächsten Sommer zu machen. Man hatte angenommen, daß der Plateau-Abschnitt der eigentlich schwierige Teil der Polarroute sei. Niemand hätte sich auch nur im Traum vorstellen können, daß mitten auf der Eisbarriere im März schwierigere Bedingungen herrschen könnten als auf dem Plateau, dreitausend Meter höher, im Februar. In Anbetracht der extremen Bedingungen, von denen wir wußten, daß sie uns bei dieser Wintertour erwarteten, und die natürlich, was das Wetter angeht, sehr viel härter waren als alles zuvor auf Polarexpeditionen Erlebte, beschloßen wir, unsere Nahrung in höchstem Grade zu vereinfachen. Wir nahmen nur Pemmikan, Kekse, Butter und Tee mit; und Tee ist keine Nahrung, sondern nur angenehm anregend und heiß. Der Pemmikan war ausgezeichnet und kam von Beauvais aus Kopenhagen.

Der unmittelbare Vorteil war, daß wir mit nur wenigen Essenstaschen pro Mahlzeit umgehen mußten. Man mußte nur einmal die Laschen einer Tasche bei diesen Temperaturen öffnen, mit gefrorenen Fingern, die man nach dem Entzünden eines Streichholzes für die Kerze gerade wieder ins Leben zurückgerubbelt hatte, um dies als Vorteil zu erkennen.

Der unmittelbare und immer schwerer wiegende Nachteil war, daß wir keinen Zucker hatten. Haben Sie jemals ein starkes Verlangen nach Zucker gehabt, das Sie nicht einmal im Schlaf losgelassen hat? Es ist unangenehm. Eigentlich aber machte uns das Verlangen nach Zucker auf dieser Expedition nie ernsthafte Sorgen. In den Keksen, die unserem Mittagstee oder unserem abendlichen heißen Wasser eine angenehme Süße verliehen, wenn wir sie zerbrachen und eintunkten, muß Zucker enthalten gewesen sein. Diese Kekse waren von Huntley und Palmer extra für uns hergestellt worden, ihre Zusammensetzung war von Wilson und dem Chemiker dieser Firma ausgearbeitet worden und ist geheim. Aber sie sind wahrscheinlich die am meisten sättigenden Kekse, die jemals hergestellt wurden, und ich bezweifle, daß sie noch verbessert werden können. Es gab zwei Arten, die Notfall- und die Antarktiskekse, aber ich glaube, daß zwischen ihnen, abgesehen vom Backverfahren, kaum ein Unterschied bestand. Ein gut durchgebackener Keks war, wenn man mit dem Schlitten unterwegs war, gut zu essen, was natürlich vom Nahrungsvorrat abhing. War man jedoch sehr hungrig, zog man den nicht ganz durchgebackenen vor.

Indem jeder von uns unterschiedliche Mengen an Keksen, Pemmikan und Butter zu sich nahm, konnten wir in etwa testen, wieviel Protein, Fett und Kohlenhydrat der menschliche Körper unter solch extremen Bedingungen benötigt. Bill war unbedingt für Fett und begann mit 225 Gramm Butter, 340 Gramm Pemmikan und nur 340 Gramm Keksen am Tag. Bowers erklärte mir, daß er sich um Proteine bemühte, 450 Gramm Pemmikan und 450 Gramm Kekse, und schlug vor, ich sollte mich auf Kohlenhydrate konzentrieren. Mir gefiel das nicht, da ich wußte, daß ich mehr Fett brauchte. Aber die Rationen sollten, wenn nötig, während der Expedition noch verändert werden, so daß ich es ja probieren konnte. Also begann ich mit 550 Gramm Keksen und 340 Gramm Pemmikan am Tag.

Bowers ging es gut (was bei ihm normal war), allerdings aß er nicht seine ganze Extraportion Pemmikan. Bill konnte nicht seine ganze Portion Butter essen, war aber zufrieden. Ich kriegte Hunger, hatte gewiß mehr Erfrierungen als die anderen und benötigte mehr Fett. Außerdem bekam ich Sodbrennen. Dennoch erhöhte ich meine Keksration auf 680 Gramm, bevor ich mehr Fett zu mir nahm, doch das sättigte nicht. Ich brauchte Fett. Bill und ich hielten jetzt dieselbe Diät. Er gab mir 112 Gramm Butter, die er nicht essen konnte, und ich gab ihm 112 Gramm Kekse. Wir nahmen also beide pro Tag 340 Gramm Pemmikan, 450 Gramm Kekse und 112 Gramm Butter zu uns, aber wir schafften nicht immer unsere Butter. Das war eine ausgesprochen gute Ration, und wir hatten die meiste Zeit genug zu essen. Ohne diese Nahrung wären wir den Bedingungen sicherlich nicht gewachsen gewesen.

Ich will nicht behaupten, daß ich völlig unbeschwert war, als wir den Schneesturm vor Terror Point im Zelt abwarteten. Ich weiß nicht, wie sich die anderen gefühlt haben, welche Wirkung das unheimliche Klopfen unter uns auf sie hatte. Aber wir waren im Packeis ziemlich verloren, und das dicke Ende könnte noch kommen, wenn wir erst im Dunkeln hier raus mußten. Der Wind fegte aus einer anderen Richtung als sonst, und das Zelt wurde bös eingeschneit. Unser Schlitten war schon lange unter der Schneedecke verschwunden. Wir waren alles in allem keinesfalls in einer glücklichen Lage.

Dienstag nacht und am Mittwoch blies der Wind mit Windstärke 10, die Temperatur schwankte zwischen minus 22 Grad und minus

17 Grad. Dann begann sich das Wetter zu ändern, und es wurde
böig. Am Donnerstag (13. Juli) um drei Uhr früh hatte sich der
Wind fast gelegt, und die Sterne schienen durch auseinandergerisse-
ne Wolken. Wir machten bald Frühstück, das wie immer zunächst
aus Tee, dann aus Pemmikan bestand. In beides tauchten wir unsere
Kekse ein. Dann machten wir uns an die Arbeit, die Schlitten und
das Zelt frei zu schaufeln, was mehrere Stunden in Anspruch nahm.
Schließlich brachen wir auf. In der ungelenken Art und Weise, wie
ich es noch immer fertigbrachte, jeden Abend ein paar Sätze als Aufzeichnungen aufs Papier zu bringen, schrieb ich:

»Schafften zwölf Kilometer während des Tages – scheint ein wunderbarer Ausflug – stiegen und fielen über mehrere Bergrücken des
Mount Terror – am Nachmittag plötzlich vor einer riesigen Spalte –
wir waren recht hoch auf dem Terror – der Mond rettete uns vorm
Hineinfallen – Schlitten und alles hätten draufgehen können.«

Zwölf Kilometer am Tag, eine Strecke, die uns in der Vergangenheit fast eine Woche gekostet hatte, war sehr ermutigend. Die
Temperaturen lagen den ganzen Tag zwischen minus 29 Grad und
minus 34 Grad, und auch das war gut. Als wir die Wellen überquerten, die aus dem Berg heraus auf die wirklichen Packeisberge
rechts von uns liefen, stellten wir fest, daß der Wind, der vom Berg
herunterblies, den oberen Rand der Wellen entlangstreifte und in
jede Richtung wehte, auf der einen Seite eine Nordostbrise und auf
der anderen eine Nordwestbrise verursachte. Oben am Himmel
schien es windig zu sein, und der Schneesturm war noch nicht so
weit entfernt, wie wir es uns gewünscht hatten.

Wir hatten in den vergangenen drei Tagen mehr Öl verbraucht,
als normalerweise zum Kochen erlaubt war, aber nur dadurch haben wir es überhaupt überstanden. Nach jeder Mahlzeit, die wir
uns gekocht hatten, ließen wir den Primus noch eine Weile weiterbrennen und erwärmten so das Zelt. Dann konnten wir unsere erfrorenen Füße ins Leben zurückrubbeln und die nötigsten Kleinigkeiten verrichten. Häufiger saßen wir einfach nur da, dösten ein
paar Minuten und hinderten uns gegenseitig daran, ganz und gar

einzuschlafen. Doch das Öl neigte sich seinem Ende zu. Am Anfang hatten wir sechs Viereinhalb-Liter-Behälter (über die Scott
damals gemäkelt hatte), vier davon waren jetzt schon verbraucht.
Zu Anfang hatten wir uns gesagt, daß wir mindestens zwei Behälter für die Rückkehr zurückbehalten müßten; doch inzwischen
hatte sich unsere Schätzung auf einen Behälter und zwei vollgefüll-
te Primuskocher reduziert. Unsere Schlafsäcke waren scheußlich.
Ich brauchte eine Stunde, in der ich drückte, und hämmerte, bis
ich genug aufgetaut hatte, um überhaupt hineinzukommen. Doch
selbst das war nicht so schlimm wie die Zeit, in der wir in ihnen liegen mußten.

Nur minus 37 Grad, aber eine »sehr schlechte Nacht«, wenn man
meinem Tagebuch Glauben schenken darf. Wir waren zeitig aufgebrochen, aber es war ein schrecklicher Tag, und meine Nerven flat-
terten am Ende, denn wir konnten diesen geraden und schmalen
Weg nicht finden, der zwischen den Spalten auf beiden Seiten hin-
durchführt. Immer wieder stellten wir durch einen plötzlichen Abgrund zu unseren Füßen fest, daß wir wieder vom Weg abgekommen waren: »Sind wir zu weit rechts?« Keiner weiß es. »Gut, laßt es
uns ein wenig dichter am Berg probieren«, und so weiter!

Aus meinem Tagebuch:
Mit viel Schinderei heute morgen viereinhalb Kilometer –
dann weiter in dichter Dunkelheit, die sich plötzlich auflöste,
und wir fanden uns unter einem riesigen, gewaltigen Berg
Packeis wieder, der im Schatten schwarz aussah. Wir gingen
weiter und bogen nach links. Da stürzte Bill und geriet mit den
Armen in eine Spalte. Wir überquerten sie und noch eine andere. Einige Zeit später kamen wir irgendwo links oben heraus,
und sowohl Bill als auch ich steckten plötzlich mit einem Fuß
in einer Spalte. Wir riefen in die Runde. Überall klang es hohl.
Also fuhren wir mit dem Schlitten einfach drüber, und alles
war gut.

Einmal gerieten wir direkt ins Packeis und brauchten längere Zeit,
bis wir wieder herauskamen. Bill verlängerte jetzt und auch später
noch häufig seine Spur mit dem Bergseil, so daß er die Spalten ein
gutes Stück vor uns, die wir den Schlitten zogen, entdeckte. Das
war bequem für uns, aber weniger für Bill. Spalten in der Dunkelheit auszumachen ist eine Nervenprobe.

Als wir am nächsten Morgen (15. Juli) aufbrachen, konnten wir
links vor uns und mehr oder weniger über uns den Knoll sehen,
diesen großen Berg, dessen steile Klippen auf der Seeseite Kap Crozier bilden. Seine Flanken neigten sich zu uns herab, und gegen seine Eisklippen weiter vorn waren Kilometer um Kilometer große
Packeisberge gepreßt, die wir entlanggegangen waren und die uns
eingeschlossen hatten. Links von uns erhob sich der Mount Terror
3000 Meter hoch. Er war mit dem Knoll durch eine große tassen-
förmige Verwehung vom Wind geglätteten Pulverschnees verbunden. Dessen Gefälle geht an einer Stelle sanft in den Korridor über,
durch den wir marschiert waren. An dieser Stelle bogen wir ab und
begannen, unsere Schlitten hinaufzuziehen. Hier gab es keine
Spalten, nur die große Schneeverwehung, deren Oberfläche so
hart war, daß wir unsere Steigeisen benutzen mußten, als ob wir
uns auf Eis befunden hätten, und so glatt poliert wie die Porzellan-
wände einer riesigen Tasse, der sie glich. Knapp fünf Kilometer
quälten wir uns bergauf, bis wir nur noch 150 Meter von der Mo-
ränenplatte entfernt waren, wo wir uns eine Hütte aus Fels und
Schnee bauen wollten. Diese Moräne befand sich links über uns,
die Zwillingsgipfel des Knoll waren jenseits der Tasse zu unserer
Rechten. Und hier, 250 Meter den Berg hinauf, errichteten wir unser letztes Lager.

Wir waren angekommen.

Wie bald konnten wir unsere Kleidung und Taschen trocken bekommen? Wie würde der Speckofen funktionieren? Würden die
Pinguine da sein? Ein Eintrag in meinem Tagebuch: »Es ist zu
schön, um wahr zu sein, 19 Tage draußen gewesen. Bestimmt ist
selten jemand so naß gewesen. In unsere Schlafsäcke kommt man

kaum rein, unsere Windjacken nur gefrorene Kisten. Birdies prak-
tischer Kopfschützer ist wie aus Eisen – es ist wunderbar, wie unsere Sorgen verschwunden sind.«

Es war Abend, aber wir waren so wild darauf, endlich mit der
Hütte anzufangen, daß wir sofort auf den Bergrücken über unserem Lager stiegen, wo der Fels aus dem Schnee ragte. Wir stellten
fest, daß das meiste in seiner natürlichen Lage war, es aber Massen
von Felsbrocken gab, ein wenig Geröll und natürlich jede Menge
vereisten Schnees, der unter uns weg auf unser Zelt fiel. Etwa eineinhalb Kilometer jenseits war das große Packeis. Zwischen uns
und dem Packeis befand sich, wie wir später herausfinden sollten,
eine große Eisklippe. Die Packeisberge und jenseits davon die Große Eisbarriere lagen zu unseren Füßen, der Rand des Rossmeers
nur etwa sechseinhalb Kilometer entfernt. Die Kaiserpinguine
mußten irgendwo dort an der Schulter des Knoll sein, die Kap
Crozier unseren Blicken entzog.

Unser Plan war, ein Iglu mit Felswänden zu bauen und mit
Schnee aufzuhäufen, wobei wir einen 2,70 Meter langen Schlitten
als Firstbalken und ein großes Stück grünen Willesden-Segeltuchs
als Dach benutzen wollten. Wir hatten auch ein Brett dabei, das als
Türsturz dienen sollte. Hier wollten wir mit dem Ofen, der mit
Pinguinfett geheizt werden sollte, ein gemütliches, warmes Zuhause haben, von wo aus wir Ausflüge zum Brutplatz, der vielleicht
sechseinhalb Kilometer weg war, machen konnten. Vielleicht würde es uns gelingen, unser Zelt direkt am Brutplatz aufzustellen und
unsere wissenschaftliche Arbeit an Ort und Stelle zu erledigen und
für eine Nacht oder auch etwas länger unsere schöne Hütte zu verlassen. So hatten wir es geplant.

Noch in derselben Nacht begannen wir, uns unter einem großen
Felsbrocken oben auf dem Hügel einzugraben, in der Hoffnung,
ihn als Teil einer Wand der Hütte zu nutzen, doch der Fels war
dicht unter der Oberfläche und stoppte uns. Dann suchten wir uns
ein einigermaßen ebenes Moränenstück aus, das etwa dreieinhalb
Meter entfernt und direkt unter der Hügelspitze lag, und hofften,

daß wir hier im Lee des Bergrückens vor den fürchterlichen Winden, von denen wir wußten, daß sie hier vorkamen, weitgehend
geschützt waren. Birdie sammelte Steine vom Hügel, ihm war keiner zu groß. Bill baute außen die Stütze, während ich mit den Felsbrocken die Wände errichtete. Die Steine waren gut, der Schnee
war jedoch so hart, daß er praktisch wie Eis war. Ein Pickel zeigte
wenig Wirkung auf ihm; die einzige Möglichkeit war, nach und
nach große Blöcke mit der kleinen Schaufel herauszubrechen. Es
gab nur wenig Geröll, aber es war recht dienlich. Insgesamt sah alles hoffnungsvoll aus, als wir rund 150 Meter den Hang hinunter
ins Zelt gingen, nachdem wir die Hälfte einer der langen Wände
geschafft hatten.

Die Aussicht vom Berg aus einer Höhe von 250 Metern war großartig. Ich nahm meine Brille heraus und entfernte immer wieder
das Eis, um sehen zu können. Im Osten unten ein großes Feld von
Packeisbergen, die im Mondlicht aussahen, als hätten Riesen mit
Pflügen gepflügt, die 15 bis 20 Meter tiefe Furchen gruben. Diese
liefen direkt auf den Rand der Eisbarriere zu, und jenseits davon
lag das gefrorene Rossmeer, ganz eben, weiß und friedlich, als gebe
es so etwas wie Schneestürme überhaupt nicht. Im Norden und
Nordosten lag der Knoll. Hinter uns der Mount Terror, auf dem
wir standen, und über allem schien die graue, endlose Eisbarriere
einen Zauber kalter Ungeheuerlichkeit auszusprechen, verschwommen, maßig, eine Brutstätte von Wind, Verwehungen und
Dunkelheit. Mein Gott, was für ein Ort!

Aus meinem Tagebuch
»Im Augenblick gab es wenig Mond- oder Tageslicht, doch in
den nächsten 48 Stunden holten wir aus beidem das Äußerste
heraus. Wir waren Tag und Nacht auf den Beinen und arbeiteten oft, wenn wir nur überhaupt etwas sehen konnten. Wir
gruben im Licht einer Sturmlampe. Nach zwei Tagen hatten
wir die Wände fertig und schichteten Schnee bis zu einer Höhe

von 30 bis 60 Zentimetern unter dem Dach auf. Die große Schwierigkeit dabei war die Härte des Schnees, wegen der es unmöglich war, die Spalten zwischen den Blöcken auszufüllen, die wie Pflastersteine waren. Die Tür war ein dreieckiger Zelteingang mit Klappen, die wir dicht in die Wände steckten und mit Schnee und Steinen einzementierten.«

Birdie war sehr enttäuscht, daß wir an dem Tag nicht alles schafften. Er war fast schon ärgerlich, aber wir waren erschöpft. Am nächsten Morgen (Dienstag, den 18.) standen wir früh auf und versuchten, das Iglu fertig zu bauen, aber der Wind war zu stark. Als wir nach oben kamen, gruben wir zwar ein wenig, aber es war geradezu unmöglich, ein Dach aufzusetzen, und wir mußten es lassen. An jenem Tag wurde uns klar, daß der Wind oben am Hang viel stärker blies als dort, wo sich unser Zelt befand. An diesem Morgen war es dort oben bitterkalt bei einer Windstärke von 4 bis 5 und Temperaturen von minus 35 Grad.

Unser Ölvorrat machte uns große Sorgen. Wir hatten inzwischen schon einen guten Teil des fünften unserer sechs Kanister verbraucht, und da wir so sparsam wie möglich sein mußten, nahmen wir nur zwei warme Mahlzeiten am Tag zu uns. Irgendwie mußten wir zu den Kaiserpinguinen gelangen und Fett für den Ofen bekommen, der speziell für unsere Hütte gebaut worden war. Da der 19. ein ruhiger Tag war, brachen wir um 9.30 Uhr mit einem leeren Schlitten, zwei Eispickeln, einem Bergseil, Gurten und Häutungswerkzeugen auf.

Wilson hatte diese Reise durch das Packeis am Kap Crozier in den Tagen der *Discovery* schon mehrmals gemacht, doch immer bei Tageslicht, sie hatten damals dicht unter den Klippen einen gangbaren Weg gefunden, der im Augenblick zwischen uns und den Bergrücken lag.

Während wir uns dem Fuß des Berghangs auf einem weiter nördlich liegenden Weg näherten, als wir zuvor gegangen waren, mußten wir mächtig auf Spalten achten. Bald trafen wir auf den

Rand des Bergrückens und gingen ihn entlang, bis er sich in dieselbe Ebene auslief wie die Eisbarriere. Wir bogen nach links auf das
Meereis zu, in dem Bewußtsein, daß zwischen uns und Kap Crozier etwa drei Kilometer Packeis lagen. Einen knappen Kilometer
ging es recht gut voran. Wir umgingen große Packeisbuckel,
schafften es aber immer, mehr oder weniger im Flachen und in der
Nähe der Eisklippe zu bleiben, die sich bald links von uns hoch
abzeichnete. Bill hatte die Idee, daß wir versuchen sollten, unter
dieser Klippe zu bleiben und den Weg der *Discovery* zu nehmen,
den ich bereits erwähnt habe. Damals kamen sie nicht ein einziges
Mal rechtzeitig für die Eier an; die Küken waren bereits geschlüpft. Ob wir jetzt Kaiserpinguine finden würden und, falls ja,
sie Eier haben würden, war völlig ungewiß.

Dennoch wurde es bald schwierig, da wir alle paar Meter auf
Spalten stießen, und zweifellos hatten wir jede Menge überquert,
ohne sie bemerkt zu haben. Obwohl wir uns so dicht wie möglich
an die Klippen hielten, fanden wir uns auf der Spitze des ersten
Packeisberges wieder und waren von dem Eisberg, den wir erreichen wollten, durch einen tiefen Abgrund getrennt. Dann waren
wir in einem großen Tal zwischen dem ersten und dem zweiten
Berg. Wir gerieten in riesige Eishaufen, die in alle möglichen Formen gepreßt und in jeder Richtung von Rissen durchzogen waren.
Wir schlitterten über Schneehänge und krochen Schneeverwehungen entlang, versuchten aber hartnäckig, in die Nähe der Klippen
zu gelangen. Und immer wieder kamen wir an die unmöglichsten
Stellen und mußten wieder zurückkriechen. Bill führte eine Seillänge, die vorn am Schlitten befestigt war. Birdie war in seinen
Gurten, die ebenfalls vorn am Schlitten angemacht waren, und ich
war in meinen Gurten am hinteren Ende des Schlittens angebunden, der uns sowohl als Brücke als auch als Leiter ausgezeichnet
diente.

Zwei-, dreimal versuchten wir, die Eishänge hinunter zu dem
vergleichsweise ebenen Weg unter den Klippen zu kommen, doch
es war immer zu steil. In dem schwachen Licht waren alle Propor-

tionen verzerrt. Einige Stellen, die wir tatsächlich mit Eispickeln und Seil passierten, sahen wie wahre Abgründe aus. Und wenn man ausrutschte, waren im Boden immer Spalten. Auf dem Rückweg rutschte ich tatsächlich in eine von ihnen und wurde von Bill und Birdie, die auf der Wand über mir standen, herausgezogen.

Dann bahnten wir uns einen Weg hinunter in das Tal zwischen dem ersten und dem zweiten Packeisrücken, und ich glaube, auf die Spitze des zweiten. Die Rücken waren hier zwischen 15 und 20 Metern hoch. Wie wir danach weitergingen, weiß ich nicht mehr. Unsere besten Orientierungspunkte waren Flecken von Spalten, manchmal drei oder vier innerhalb nur weniger Schritte. Die Temperaturen waren ziemlich niedrig (minus 38 Grad), deshalb war es mir nicht möglich, die Brille zu tragen, was für mich ein großes Handicap war und die ganze Mannschaft behinderte: Bill fand eine Spalte und zeigte sie uns, Birdie überquerte sie, und dann setzte ich immer wieder bei dem Versuch, darüberzusteigen oder auf dem Schlitten hinüberzuklettern, meine Füße genau mitten in die Spalten. An diesem Tag fiel ich mindestens sechsmal hinein. Einmal, als wir nahe am Meer waren, rollte ich in eine hinein und wieder heraus und dann einen steilen Hang hinab; Birdie und Bill zogen mich mit dem Seil wieder nach oben.

Wir stolperten weiter, bis wir in eine große Sackgasse gerieten, die wahrscheinlich das Ende der beiden Bergrücken bildete, wo sie an das Meereis stießen. Um uns herum erhoben sich hohe Wände zerschlagenen Eises mit steilen Schneehängen in der Mitte, auf denen wir umherschlitterten und in Spalten stolperten. Links ragte die riesige Klippe von Kap Crozier auf, doch wir konnten nicht sagen, ob zwischen uns und ihr noch zwei oder drei Packeisberge waren. Und obwohl wir mindestens vier verschiedene Wege probierten, war es unmöglich weiterzukommen.

Und dann hörten wir die Kaiserpinguine.

Ihre Schreie kamen vom Meereis zu uns, das wir nicht sehen konnten, aber chaotische 500 Meter von uns entfernt sein mußte. Ihr Echo hallte von den Klippen wider, während wir hilflos und gequält dastanden. Wir lauschten, und uns wurde klar, daß wir im Moment nichts anderes tun konnten als umzukehren, denn das bißchen Licht, das jetzt in der Mitte des Tages durchkam, hielt nicht lange an, und in absoluter Dunkelheit hier gefangen zu sein war ein schrecklicher Gedanke. Wir machten also kehrt und folgten unseren Fußspuren zurück. Unmittelbar darauf verlor ich den Halt und rollte einen Hang hinunter in eine Spalte. Birdie und Bill konnten ihr Gleichgewicht halten, und ich kletterte mühsam zu ihnen zurück. Die Spuren waren nur schwach zu sehen, und wir verloren sie bald. Birdie war der beste Spurensucher, der mir je begegnet ist, und er fand sie meistens immer wieder. Aber schließlich verlor auch er sie ganz und gar, und wir sagten uns, daß wir einfach nur weitergehen mußten. Tatsächlich fanden wir die Spuren wieder, nachdem wir aus dem Schlimmsten heraus waren. Aber wie froh waren wir, als wir das Zelt sahen.

Am nächsten Morgen (Donnerstag, 20. Juli) begannen wir um drei Uhr früh am Iglu zu arbeiten und schafften es, das Segeltuchdach trotz eines Windes, der uns den ganzen Tag über behinderte, anzubringen. Wir fixierten es mit Schneeblöcken und zogen es über unseren zweiten Schlitten, den wir quer über die Mitte der längeren Wände legten. Das Luvende (Süden) kam bis zum Boden herunter, und wir banden es an den Felsen fest, bevor wir es hineinstopften. Auf den drei anderen Seiten hatten wir ringsum gut 60 Zentimeter, wenn nicht gar mehr, loses Ende, und jedesmal befestigten wir es im Abstand von 60 Zentimetern mit Seilen an Felsen. Die eigentliche Schwierigkeit war der Eingang, und im Augenblick ließen wir den Stoff im Bogen über die Steine fallen, so daß er eine Art Säulenvorbau bildete. Das Ganze war rundum gut mit harten Schneeplatten gestopft, aber es gab keinen weichen Schnee, um die Lücken zwischen den Blöcken zu füllen. Dennoch hatten wir bereits das Gefühl, daß nichts dieses Dach aus seiner Verpackung herausreißen könne. Die kommenden Ereignisse gaben uns recht.

Es war eine öde Arbeit um drei Uhr morgens vor dem Frühstück, und wir waren froh, als wir ins Zelt zurück und etwas essen konnten, denn wir wollten heute noch einmal versuchen, zu den Kaiserpinguinen zu gelangen. Mit dem ersten Lichtstrahl brachen wir zu der Brutstätte auf.

Doch jetzt wußten wir ein, zwei Dinge über das Packeis, die wir 24 Stunden zuvor noch nicht gewußt hatten. Zum Beispiel, daß sich seit den Zeiten der *Discovery* offenbar vieles verändert hatte und daß das Packeis vermutlich größer geworden war. In der Tat ist inzwischen durch Luftaufnahmen bewiesen worden, daß seine Kanten jetzt 1200 Meter weiter ins Meer hineinreichten, als das zehn Jahre zuvor der Fall war. Wir wußten auch, daß wir, wenn wir das Packeis an derselben Stelle wie gestern betraten, nämlich an dem einzigen Punkt, an dem die Eisklippen bis hinunter zur Eisbarriere reichten, weder bis zur Brutstätte vordringen noch einen Weg unter die Klippen finden würden, wo vormals ein Weg gefunden worden war. Wir konnten nur eines tun – über die Klippen gehen.

Nun sind diese Eisklippen etwa 60 Meter hoch, und mir war unwohl, insbesondere im Dunkeln. Doch als wir am Tag zuvor zurückgekehrt waren, hatten wir an einer Stelle eine Unterbrechung in den Klippen bemerkt, von der eine Schneewehe herunterhing. *Vielleicht* könnten wir diese Schneewehe hinunterkommen.

Und so, alle an den Schlitten gegurtet, Bill an der langen Leine vorn, Birdie und ich am hinteren Schlitten, machten wir uns auf den Weg den Hang hinab, der in der Klippe endete, die wir natürlich nicht sehen konnten. Wir querten mehrere kleine Spalten, und bald wußten wir, daß wir fast da sein mußten. Zweimal krochen wir erfolglos hinauf zur Kante der Klippe, doch dann fanden wir den Hang. Und nicht nur das: Wir kamen ihn ohne große Schwierigkeiten herunter, und er brachte uns genau dorthin, wo wir hin wollten, nämlich zwischen die Landklippen und das Packeis.

Dann begann die aufregendste Kletterei in dem Packeis, die man sich vorstellen kann. Anfangs war alles so wie am Tag zuvor – wir zogen uns selbst und gegenseitig Bergrücken empor, rutschten

Hänge hinunter, purzelten in Spalten und alle möglichen Löcher
hinein, rappelten uns wieder heraus und bahnten uns einen Weg
unter den Klippen entlang, die immer höher vor uns aufragten, je
näher wir den schwarzen Lava-Abgründen kamen, die Kap Crozier bilden. Wir gingen mit gespreizten Beinen über einen Schnee-
grat, der einen messerscharfen Rand hatte, und balancierten den
Schlitten zwischen uns, während wir uns vorwärts hangelten.
Rechts von uns war ein tiefer Abgrund, dessen Grund von Spalten
durchzogen war, links von uns war ein kleinerer, ebenso rissiger
Abgrund. Wir krochen vorwärts; es war ein aufregendes Unterfangen in einer immerhin größeren Finsternis als bloß einem Halb-
dunkel. Am Ende kamen wir zu einer Reihe von Hängen voller
Spalten und schließlich genau unter den Fels und auf die Moräne,
und dort mußten wir den Schlitten stehenlassen.

Wir seilten uns an und begannen, uns mühsam unter den Klippen voranzuarbeiten, die sich nun von Eis in Fels verwandelten
und sich 250 Meter über uns erhoben. Das Wirrwarr des Packeises, das gegen sie anstieg, zeigte absolut keine Ordnung. 650 Kilometer Treibeis hinter ihm hatte diese riesigen Klippen nur so her-
umgewirbelt und verdreht, daß selbst Hiob keine Worte mehr
gefunden hätte, ihrem Erschaffer Vorwürfe zu machen. Wir krab-
belten mal drunter, mal drüber weg, klammerten uns an unsere
Äxte und schlugen Stufen, wo wir mit unseren Steigeisen keinen
Halt finden konnten. Dabei rückten wir den Kaiserpinguinen immer näher, und es sah wirklich so aus, als könnten wir es diesmal
schaffen. Doch dann kamen wir an eine Eiswand, von der wir auf
den ersten Blick wußten, daß wir sie niemals überwinden konnten.
Einer der größten Packeisberge war frontal gegen die Klippe geworfen worden. Unser Weg schien zu Ende zu sein, als Bill plötzlich ein schwarzes Loch, so etwas wie einen Fuchsbau, entdeckte,
das ins Innere des Eises führte. »Okay, hier geht's lang!« sagte er,
steckte seinen Kopf hinein und verschwand. Es war ein ziemlich
langer Weg, doch konnte man sich recht gut hindurchschlängeln.
Bald darauf schaute ich auf der anderen Seite hinaus, unter mir

eine tiefe Rinne, die Vorderseite des Felsens auf der einen Seite, das Eis auf der anderen. »Stell dich mit dem Rücken zum Eis, mit den Füßen an den Fels und stemm dich vorwärts«, sagte Bill, der bereits am anderen Ende in einem Schneeloch auf festem Eis stand. Wir schlugen etwa 15 Stufen, um aus diesem Loch herauszukommen. Mittlerweile sehr aufgeregt und überaus glücklich, fanden wir den Weg vor uns leichter, bis uns der Ruf der Pinguine wieder erreichte und wir über der Behausung der Kaiserpinguine standen. Sie waren wirklich da, und wir würden zu ihnen gelangen. Aber wo waren die Tausende, von denen wir gehört hatten?

Wir befanden uns auf einem Eisgürtel, der in Wirklichkeit eine winzige, etwa 3,50 Meter hohe Klippe war, und das Meereis, auf dem eine ganze Menge Eisblöcke verstreut lagen, war unter uns. Die Klippe fiel gerade nach unten mit einem kleinen Überhang, aber keinen Schneeverwehungen. Dies lag vielleicht daran, daß das Meer erst kürzlich zugefroren war. Was es immer auch für Ursachen hatte, es bedeutete, daß wir jede Menge Probleme bekommen würden, ohne Hilfe wieder nach oben zu gelangen. Wir beschloßen, daß einer mit dem Seil oben blieb. Natürlich sollte ich derjenige sein, denn mit meiner Kurzsichtigkeit und ohne Brille war ich für die Aufgabe, die vor uns lag, der Mannschaft am wenigsten nützlich. Hätten wir den Schlitten dagehabt, hätten wir ihn als Leiter benutzen können, doch den hatten wir ja am Anfang der Moräne stehenlassen.

Wir sahen die Kaiserpinguine, Hunderte von Metern entfernt, unter der Klippe der Eisbarriere zusammengedrängt stehen. Das wenige Licht verschwand schnell, und wir waren über das Anbrechen der totalen Dunkelheit und den Wind im Süden mehr aufgeregt als über unseren Triumph. Nach unbeschreiblichen Strapazen und Mühen wurden wir Zeugen eines Wunders der Natur, und wir waren die ersten und einzigen Menschen, denen dies jemals vergönnt war. Für uns zum Greifen nah lag Material, das sich für die Wissenschaft als äußerst wichtig erweisen könnte. Wir waren im Begriff, mit jeder Beobachtung, die wir machten, aus Theorien

Fakten zu machen – und wir hatten nur noch einen Augenblick Zeit.

Die aufgeschreckten Kaiserpinguine machten einen fürchterlichen Lärm und trompeteten mit ihren merkwürdig metallenen Stimmen. Zweifellos hatten sie Eier, denn sie versuchten vorwärts zu schlurfen, ohne die Füße zu heben. Doch als sie aufgescheucht wurden, ließen sie ziemlich viele Eier fallen, die auf dem Eis liegenblieben. Einige davon wurden schnell von Kaiserpinguinen aufgelesen, die keine Eier und vermutlich lange auf eine solche Gelegenheit gewartet hatten. Bei diesen armen Vögeln scheint der Mutterinstinkt notwendigerweise alle anderen Lebensfunktionen verschüttet zu haben. Ihr Existenzkampf ist so hart, daß sie nur durch ein Übermaß an Mutterschaft überleben können. Es wäre interessant zu wissen, ob ein solches Leben glücklich oder zufrieden macht.

Die Männer der *Discovery* hatten diesen Brutplatz gefunden, auf dem wir nun standen. Sie waren zu Beginn des Frühjahres gekommen, fanden aber nur Eltern und Küken. Sie schlossen daraus, daß der Kaiserpinguin ein unglaublicher Vogel sei, der aus irgendwelchen Gründen mitten im antarktischen Winter nistet, wenn die Temperaturen so unter minus 40 Grad liegen und Schneestürme ständig gegen seinen ergebenen Rücken wüten. Und sie fanden ihn, wie er sein wertvolles Küken auf seinem großen Fuß balancierte und es mütterlich oder väterlich (denn beide Geschlechter streiten sich um das Vorrecht) gegen einen kahlen Fleck auf seiner Brust drückte. Und wenn er schließlich mal gehen und etwas fressen muß, setzt er das Küken einfach auf dem Eis ab, und zwanzig kinderlose Kaiserpinguine stürzen sich darauf, um es in Pflege zu nehmen. Sie umkämpfen es so heftig und zerren an ihm, daß es manchmal dabei getötet wird. Wenn es kann, krabbelt es in eine Spalte im Eis, um einem solchen Übermaß an Zuneigung zu entgehen, und erfriert dort. Genauso wurden auch viele zerbrochene und verdorbene Eier gefunden, und es ist offensichtlich, daß die Sterblichkeit sehr hoch liegt. Doch einige überleben, und der Som-

mer kommt. Und wenn sich ein großer Schneesturm ankündigt
(sie kennen sich mit dem Wetter aus), bringen die Eltern ihre Jungen kilometerweit über das Meereis bis an die Schwelle zum offenen Meer. Dort bleiben sie sitzen, bis der Wind kommt, die Dünung sich erhebt und die Eisscholle wegbricht. Und weg sind sie
mit der Strömung, um sich zu dem Hauptpackeis zu gesellen, auf
einer privaten Yacht ganz für sich.

Ein solcher Vogel ist zweifellos ein interessantes Wesen. Als wir
vor sieben Monaten mit einem Boot unter diese großen schwarzen
Klippen ruderten und ein verzweifeltes Kaiserpinguinküken fanden, das noch im Daunenkleid war, wußten wir sicher, warum der
Kaiserpinguin mitten im Winter nisten mußte. Denn wenn ein
Juni-Geschlüpftes Anfang Januar noch immer ohne Federn war,
würde ein Ei, wenn es im Sommer gelegt würde, sein Produkt den
folgenden Winter über praktisch nackt lassen. Daher ist der Kaiserpinguin gezwungen, all diese Mühen in Kauf zu nehmen. Denn
seine Kinder entwickeln sich so langsam. Es ist interessant, daß ein
so primitiver Vogel eine solch lange Kindheit verbringt.

Doch wie interessant die Lebensgeschichte dieser Vögel auch
sein mochte, wir waren nicht drei Wochen unterwegs gewesen, um
ihnen zuzusehen, wie sie auf ihren Eiern sitzen. Wir wollten die
Embryonen, und zwar so jung wie möglich, frisch und nicht gefroren, so daß die Spezialisten zu Hause sie in mikroskopisch kleine
Teile zerlegen und aus ihnen die frühe Geschichte der Vögel durch
alle Evolutionsstadien hindurch studieren konnten. Also sammelten Bill und Birdie schnell fünf Eier, von denen wir hofften, daß wir
sie in unseren Pelzhandschuhen sicher in unser Iglu auf Mount
Terror bringen würden, wo wir sie in Alkohol einlegen konnten,
den wir zu diesem Zweck mitgebracht hatten. Wir brauchten auch
Öl für unseren Fettofen. Also töteten und häuteten Bill und Birdie
drei Vögel – ein Kaiserpinguin wiegt bis zu 40 Kilogramm.

Das Rossmeer war zugefroren, und es war kein Seehund in
Sicht. Es gab nur etwa 100 Kaiserpinguine im Vergleich zu 2000 in
den Jahren 1902 und 1903. Bill schätzte, daß jeder vierte oder

fünfte Vogel ein Ei hatte, doch war dies eine grobe Schätzung, denn wir wollten sie nicht unnötig stören. Es ist ein Geheimnis, warum es so wenige Vögel geben sollte, aber es sah natürlich so aus, als ob sich das Eis nicht lange zuvor gebildet hatte. Waren dies die ersten, die angekommen waren? War ein früherer Brutplatz hinaus aufs Meer getrieben worden, und war dies der Beginn eines zweiten Versuchs? Beginnt diese Meereisbucht, unsicher zu werden?

Die Männer, die die Kaiserpinguine mit ihren Küken entdeckt hatten, sahen, wie die Vögel tote und erfrorene Küken pflegten, wenn sie kein lebendes bekommen konnten. Sie fanden auch verfaulte Eier, die offenbar befruchtet worden waren, nachdem sie erfroren waren. Nun stellten wir fest, daß es diesen Vögeln so wichtig war, auf irgend etwas zu sitzen, daß sich einige von ihnen, die keine Eier hatten, einfach auf Eis setzten! Mehrmals lasen Bill und Birdie Eier auf, die sich als Eisklumpen entpuppten, rund und etwa entsprechend groß, schmutzig und hart. Einmal ließ ein Vogel, während sie ihn beobachteten, ein solches Eis-Ei fallen, und dann kehrte ein anderer Vogel zurück und nahm es unter sein Gefieder, hielt es offenbar auch für ein richtiges.

Inzwischen versammelte sich eine ganze Prozession von Kaiserpinguinen unter der Klippe, auf der ich stand. Das Licht war bereits sehr schlecht, und es war gut, daß meine Kameraden schnell zurückkehrten. Wir mußten uns beeilen. Ich steckte die Eier in ihre Handschuhe (die wir um unsere Hälse herum mit Schnüren befestigten), dann die Häute, doch gelang es mir nicht, Bill auf irgendeine Weise zu helfen. »Zieh!« schrie er von unten. »Ich ziehe ja«, sagte ich. »Das Seil ist hier unten aber schlaff«, rief er. Und als er nach oben gelangte, indem er auf Bowers Schultern stieg, und wir beide zogen, sahen wir: Birdies Seilende lag noch immer schlaff in seinen Händen. Sofort erkannten wir das Problem, das Seil hatte sich ins Eis eingeschnitten und dort verklemmt – eine Panne, die häufig vorkommt, wenn man sich zwischen Spalten befindet. Wir versuchten erfolglos, das Seil über einen Eispickel laufen zu lassen.

Die Lage begann ernst zu werden. Da fand Birdie, der herumgelaufen war, die Gegend untersucht und dabei ein Bein durch eine Spalte ins Meer getaucht hatte, eine Stelle, an der kein Überhang in der Klippe war. Er schlug Stufen hinein, wir zogen, und schließlich waren wir alle zusammen oben – sein Fuß war inzwischen von einer festen Eismasse eingeschlossen.

Wir gingen zurück, so schnell wir konnten: fünf Eier in unseren Pelzhandschuhen, Birdie mit zwei Häuten, die an ihn gebunden waren und die er hinter sich her zog, und ich mit einer. Wir waren angeseilt. Die Klippen zu ersteigen und durch die Löcher zu kommen war sehr schwierig. An einer Stelle, wo es steiles loses Packeis gab und der Schnee nach unten wegrutschte, ließ ich den Eispickel auf halbem Wege oben. An einer anderen Stelle war es zu dunkel, um unsere früheren mit dem Eispickel gehauenen Tritte zu erkennen. Ich konnte nichts sehen und ließ mich auf gut Glück einfach fallen. Mit unendlicher Geduld sagte Bill: »Cherry, du *mußt* einfach lernen, wie man einen Eispickel benutzt.« Für den Rest der Expedition bestand meine Wetterkleidung nur noch aus Lumpen.

Wir fanden den Schlitten, und das keine Sekunde zu früh. Wir hatten noch drei Eier übrig, die mehr oder weniger heil waren. Meine beiden waren in meinen Handschuhen zerbrochen. Das erste kippte ich aus, das zweite ließ ich in meinem Handschuh, um es in den Kocher zu tun. Dort gelangte es niemals hin, doch auf der Rücktour tauten meine Handschuhe um vieles leichter auf als Birdies (Bill hatte keine), ich glaube, das Fett im Ei hat ihnen gutgetan. Als wir in die Löcher unter dem Bergrücken kamen, den wir zu überqueren hatten, war es so dunkel, daß wir unseren Weg ertasten mußten. So kamen wir heil über viele Spalten, fanden den Bergrücken und krochen darüber. Weiter oben konnten wir mehr sehen, doch war es bald unmöglich, unseren Spuren zu folgen, und wir kämpften uns geradeaus vorwärts. Glücklicherweise fanden wir den Hang, den wir heruntergekommen waren. Den ganzen Tag über hatte ein häßlicher kalter Wind geweht bei Temperaturen zwischen minus 29 Grad und minus 35 Grad, was wir ordentlich spürten. Jetzt begann es, noch schlimmer zu werden. Es wurde neblig, und die Umstände sahen alles andere als günstig aus, als wir nach oben aufbrachen, um unser Zelt zu suchen. Bald blies es mit Windstärke 4, und wir verliefen uns völlig. Wir kamen genau oberhalb der Felsbrocken an, die unser Iglu begrenzten, und fanden das Zelt erst nach einer ganzen Weile.

Ich habe von einem englischen Offizier auf den Dardanellen gehört, der geblendet im Niemandsland zwischen den englischen und türkischen Schützengräben herumirrte und von Türken und Engländern gleichermaßen beschossen wurde. So verbrachte er Tage und Nächte, bis er eines Nachts auf die englischen Schützengräben zukroch und wie immer beschossen wurde. Plötzlich hörte ihn jemand sagen: »Mein Gott, was kann ich nur tun!«, und er war gerettet.

Solch extremes Leiden läßt sich nicht messen: Wahnsinn und Tod mögen Erleichterung bringen. Aber eines weiß ich: Wir begannen auf dieser Reise an den Tod schon als an einen Freund zu denken. Als wir in jener Nacht unseren Weg zurück suchten, vereist und hundemüde, schien uns eine Spalte fast schon als freundliches Geschenk.

»Es muß besser werden«, sagte Bill am nächsten Tag. »Ich glaube, in der letzten Nacht haben wir unseren Tiefpunkt erreicht.« Das hatten wir noch lange nicht.

Robert F. Scott
aus **Letzte Fahrt: Scotts Tagebuch**

Als Robert Falcon Scott (1868-1912) mit vier weiteren Männern im Januar 1912 auf Langlaufski den Südpol erreichte, mußte er feststellen, daß ihm der berühmte norwegische Polarforscher Roald Amundsen um 21 Tage zuvorgekommen war. Enttäuscht, ausgelaugt und mit knappen Vorräten spannten sich die Briten vor ihre Schlitten und traten den Rückmarsch an. Eine Reihe von Versorgungslagern, eingerichtet von Unterstützungstruppen, die kurz vor dem Pol zusammen mit den Schlittenhunden umgekehrt waren, sollte ihnen den Weg weisen. In diesem Auszug ist eines der Expeditionsmitglieder, Petty Officer Edgar Evans, bereits an Erschöpfung gestorben.

Sonntag, 18. Februar 1912

32. Tag des Rückwegs. Temperatur -5,5°C. Im Chaoslager. Nach der fürchterlichen Nacht gönnten wir uns beim unteren Gletscherdepot fünf Stunden Schlaf und trafen heute gegen drei Uhr hier im Lager ein, nachdem wir die Gletscherspalte ziemlich einfach überwunden hatten. Reichlich Pferdefleisch sorgte hier für ein ausgiebiges Abendessen, dem weitere folgen werden und uns so die recht fetten Zeiten erhalten, solange wir gut in Marsch bleiben. Die reichliche Nahrung scheint uns augenblicklich neue Lebenskraft einzuflößen, aber die Oberfläche der Barriere macht mir Sorge.

Montag, 19. Februar

Mittagstemperatur -16°C. Es war schon Nachmittag, als wir uns heute in Bewegung setzten, da ich fast acht Stunden Schlaf zugelassen hatte und viel Arbeit im Lager zu erledigen gewesen war. Beim Umtausch der Schlitten mußte der neue mit einem Mast usw. versehen, Pferdefleisch und allerlei persönliche Habe eingepackt werden. Die Oberfläche war so schlimm, wie ich befürchtet hatte: weicher lockerer Schnee, auf den die Sonne hell brannte. Gegen zwei Uhr stießen wir auf die alte Spur. Vielleicht ist es eine glückliche Fügung, daß wir einen so schönen Tag dafür und für unsere Arbeit im Lager erwischen, aber wir werden Wind brauchen oder bessere Bedingungen zum Schlittenfahren, um auf einer solchen Oberfläche, wie wir sie haben, irgend etwas auszurichten. Ich fürchte, die nächsten drei bis vier Tage über wird sich nicht viel ändern.

33. Tag des Rückwegs. Temperatur -17°C. Wir haben uns an einem kurzen Tag siebeneinhalb Kilometer über eine wirklich schreckliche Oberfläche gekämpft – als zögen wir die Schlitten über Wüstensand, sie wollten einfach nicht gleiten. Wenn das so weitergeht, steht uns Schlimmes bevor, aber ich vertraue aufrichtig darauf, es mit den Folgen dieser windstillen Gegend nahe der Küste zu tun zu haben, und da wir uns stetig davon absetzen, werden wir ihr auch bald entrinnnen. Vielleicht ist es verfrüht, sich über die zurückzulegende Strecke Sorgen zu machen. Sonst geht es in jeder Hinsicht aufwärts. Wir haben unsere Schlafsäcke auf dem Schlitten zum Trocknen ausgebreitet, vor allem aber gibt es wieder volle Essensrationen. Heute abend hatten wir eine Art Eintopf aus Pemmikan und Pferdefleisch und ihn zum besten Essen gekürt, das wir je auf einer Schlittenexpedition bekommen haben. Das Fehlen des armen Evans ist eine Hilfe für die Truppe, doch wenn er uns hier bei Kräften zur Seite gestanden hätte, wären wir womöglich schneller vorangekommen. Etwas besorgt über die fortgeschrittene Jahreszeit frage ich mich, was uns noch bevorsteht.

Dienstag, 20. Februar

34. Tag des Rückwegs. Mittagstemperatur -13°C; Abendtemperatur -15°C. Dieselbe schlimme Oberfläche; vier Stunden mühsame Schinderei den ganzen Morgen über brachten uns in unser Einödlager, wo wir vier Tage lang im Schneesturm gesteckt hatten. Wir sahen uns nach weiterem Ponyfleisch um, fanden aber keines. Nach dem Mittagessen griffen wir zu den Skiern, was unser Fortkommen etwas angenehmer machte. Heute insgesamt elf Kilometer zurückgelegt – die Skispuren sind recht deutlich, und wir konnten ihnen am Nachmittag leicht folgen. Wir haben eine weitere Wegmarke passiert. Furchtbar langsames Vorankommen, aber wir hoffen auf Besserung, je weiter wir diesen Landstrich hinter uns lassen. Drüben im Südosten neigt das Wetter heute abend zur Wolkenbildung, was uns zum Vorteil gereichen kann. Im Augenblick lassen unsere Skier und Schlittenkufen tiefe Spuren zurück, die sich kilometerweit hinter uns herschlängeln. Es ist eine Qual, aber die ist wie üblich vergessen, sobald wir lagern und gutes Essen unser Los ist. Ich bete zu Gott, daß wir besser vorankommen, da wir nicht mehr so leistungsfähig sind wie früher und die Jahreszeit immer weiter fortschreitet.

Mittwoch, 21. Februar

35. Tag des Rückwegs. Mittagstemperatur +9,5°C, Abendtemperatur -11°C. Es war düster und bewölkt, als wir aufbrachen, aber sehr viel wärmer. Das Marschieren fiel uns beinahe so schwer wie gestern. Den ganzen Tag über große Mühsal, zeitweise verfielen wir in trübe Gedanken. Tröstlich waren da die Fährten und Wegmarken, auf die wir stießen. Zur Mittagszeit schienen wir vom Weg abgekommen zu sein, doch ein oder zwei Stunden später zogen wir an den letzten Schutzwällen für die Ponys vorbei und sind seitdem auf einen Zeltkreis gestoßen, womit der Marsch tatsächlich auf unserer alten Ponyfährte endete. Hier wird es kritisch, denn die Wegmarken liegen weit auseinander. Wenn wir uns zu-

rechtfinden, kommen wir auf die durch Wegmarken ausgewiesene eigentliche Strecke zurück und werden mit etwas Glück darauf bleiben. Aber alles hängt vom Wetter ab. Auf noch keinem Marsch haben wir dreizehneinhalb Kilometer mit größeren Schwierigkeiten zurückgelegt als heute; so können wir nicht weitermachen. Wir verlassen diese Gegend und sind vielleicht in ein bis zwei Tagen besser dran. Ich hoffe es inständig.

Donnerstag, 22. Februar

36. Tag des Rückwegs. Abendtemperatur -2°C. Es besteht kaum ein Zweifel, daß wir uns eine verdammt gefährlichen Zeit zur Heimkehr eingebrockt haben, und das Ende der Jahreszeit kann das Ganze noch ernsthaft gefährden. Kurz nach unserem Aufbruch heute frischte der Wind von Südost her mächtig auf und verwehte stark den Schnee am Boden. Sofort verloren wir die schwache Spur aus den Augen, obgleich wir einigermaßen rasch vorankamen. Zur Mittagszeit noch immer keine Spur einer Wegmarke, an der wir vorbeizukommen hofften. Am Nachmittag war sich Bowers sicher, wir seien zu weit nach Westen gedriftet, und änderte die Marschrichtung. Die Folge war, daß wir ein weiteres Ponylager hinter uns ließen, ohne es zu sehen. Der Blick auf die Karte heute abend läßt keine Zweifel, daß wir viel zu weit östlich sind. Bei klarem Wetter sollten wir imstande sein, den Irrtum zu beheben, aber wird es aufklaren? Die Lage ist düster, insbesondere, da man absehen kann, daß sich dasselbe Versehen wiederholen kann, selbst wenn wir diesem Fehler abgeholfen haben. Abends flaut der Wind ab, und im Süden klart der Himmel auf, was zu hoffen gibt. Unterdessen kann man zufrieden festhalten, daß solche unglückseligen Vorfälle die Laune der Mannschaft nicht zu dämpfen vermögen. Heute abend hatten wir einen so ausgezeichneten und sättigenden Pony-Eintopf, daß man sich danach wieder richtig kräftig und belebt fühlt.

Freitag, 23. Februar

37. Tag des Rückwegs. Mittagstemperatur -9,8°C.; Abendtemperatur -12°C. Wir brachen bei Sonnenschein und beinahe Windstille auf. Zum Glück schlug Bowers eine Reihe Haken, und mit Hilfe der Seekarte dämmerte uns, daß wir eher innerhalb denn außerhalb der Fährte sein müssen. Die Daten waren so dürftig, daß der Abmarsch als große Verantwortung erschien, und keiner von uns war darüber froh. Doch als wir gerade beschlossen, zu Mittag zu essen, entdeckten Bowers' wunderbar scharfe Augen eine alte Wegmarke, was der Blick durch den Theodoliten bestätigte, und entsprechend hob sich unsere Stimmung. Am Nachmittag marschierten wir weiter und fanden unterwegs eine weitere Wegmarke; schließlich schlugen wir unser Lager nur vier Kilometer vom Depot entfernt auf. Sehen können wir es zwar noch nicht, dürften es aber bei gutem Wetter auch nicht verfehlen. Daher sind wir alle außerordentlich erleichtert. Wir legten in sieben Stunden dreizehn Kilometer zurück, könnten also auf dieser Oberfläche sechzehn bis neunzehn schaffen. Alles erscheint wieder in freundlicherem Licht, da wir auf die eigentliche Kette von Wegmarken gestoßen sind und es von hier bis nach Hause hoffentlich keine Lücken mehr gibt.

Samstag, 24. Februar

Mittagessen. Wunderschöner Tag – zu schön – eine Stunde nach dem Aufbruch verdarben angetaute Eiskristalle die Oberfläche. Wir erreichten das Depot am Vormittag und fanden die Vorräte wohlbehalten bis auf das Öl – wir werden *sehr* sparsam mit dem Brennstoff umgehen müssen – ansonsten haben wir von heute abend an für zehn volle Tage Proviant für weniger als hundertzehn Kilometer. Nachricht von Meares, der am 15. Dezember durchkam und schlechte Oberfläche meldet, und von Atkinson nach guter Marschleistung (brauchte zweieinviertel Tage vom Ponydepot), der mitteilt, daß Keohanes Zustand sich nach Krankheit gebessert habe. Kurze, nicht sonderlich heitere Notiz von Evans über schlechte Oberfläche und hohe Temperaturen. Er muß wohl ein wenig beunruhigt gewesen sein. Wir sind unsäglich erleichtert, dieses Depot gefunden zu haben, und im Augenblick sind die Befürchtungen beiseite geschoben. Zweifellos ging es mit uns beständig aufwärts, seit wir das Chaoslager verlassen haben. Die Küstenbarriere fällt ab, bis auf die Stellen, wo sich Gletscher ihren Weg bahnen. Das Gelände ist noch immer wellig, wird aber zusehends ebener. Die Oberfläche ist oben weich und darunter eigentümlich hart. Nunmehr herrscht großer Unterschied zwischen den Tages- und Nachttemperaturen. Während ich hier im Zelt schreibe, ist es ziemlich warm. Wir sind auf unserer Spur, vor uns liegt die Wegmarke für die halbe Strecke, und wir haben sieben Kilometer zurückgelegt. Der arme Wilson hat als Folge der gestrigen Anstrengungen einen fürchterlichen Anfall von Schneeblindheit. Hätten wir doch nur mehr Öl.

Nachtlager, 38. Tag des Rückwegs. -17°C. Wieder etwas entmutigt. Heute nachmittag hatten wir eine äußerst scheußliche Oberfläche und schafften bloß sechseinhalb Kilometer. Wir sind auf der Spur und gerade an einer Wegmarke vorbei. Es wird eine üble Plackerei werden, sollten wir uns die ganze Strecke über ins Geschirr stemmen müssen. Ich weiß nicht, was ich davon halten soll, aber das schnelle Zuendegehen der Jahreszeit ist ein böses Omen. Wir haben großes Glück, unseren Rationen das Pferdefleisch beifügen zu können. Heute abend hatten wir einen richtig leckeren Schmortopf. Es ist ein Wettlauf zwischen der Jahreszeit und den harten Bedingungen einerseits und unserer Leistungsfähigkeit und guter Kost andererseits.

Sonntag, 25. Februar

Mittagstemperatur -12°C. Haben heute morgen nur knapp zehn Kilometer geschafft. Sind einigermaßen verzagt aufgebrochen und nicht eben erleichtert gewesen, als das Ziehen keine Spur leichter zu werden schien. Allmählich gewann die Oberfläche, die Schneefahnen wurden seltener, das Gleiten lief besser, und zeitweilig gab es etwas Rückenwind. Dabei kamen wir etwas schneller vorwärts. Aber das Ziehen ist noch immer *sehr* schwer, zwar verschwinden die Bodenwellen, doch die Unregelmäßigkeiten bleiben.

Die Wälle von Lager 26 liegen etwa drei Kilometer voraus, wir haben alle Spuren im Blick – die von Evans ist sehr auffällig. Etwas arbeitet uns da zu, aber das Ziehen erschöpft uns, obwohl das Skilaufen nun wieder leichter fällt. Bowers hat den Bogen noch nicht ganz raus, und mein Tadel hat ihn ein bißchen gekränkt, aber sein aufrichtiges Bemühen habe ich nie angezweifelt. Bin sehr viel gelöster – schreibe das Tagebuch beim Mittagessen – ausgezeichnete Mahlzeit – jetzt ein Kännchen sehr starken Tee – vier Kekse und Butter.

Hoffe für diesen Nachmittag auf eine Wendung zum Besseren, scheint jedoch nicht in Sicht. Was gäbe ich für etwas Wind – Evans hatte offenbar jede Menge davon.

39. Tag des Rückwegs. Temperatur -20°C. Das Marschieren lief am Nachmittag besser. Der Tag erbrachte achtzehn Kilometer – nach langer Zeit die erste zweistellige Ziffer bei andauerndem Ziehen. Doch das bedeutete harte Arbeit und wird es weiter sein, solange uns kein Wind zu Hilfe kommen will. Evans hatte hier offensichtlich kräftigen Wind, aus Südost, nehme ich an. Nachts sinken die Temperaturen jetzt sehr tief, wenn der Himmel so klar ist wie derzeit. Eigentlich ist dies ein herrliches Wetter – einziges Hindernis sind die verdorbene Oberfläche und die Flaute. Die Spuren können wir alle sehr deutlich ausmachen, aber die Schutzwälle für die Ponys sind offensichtlich übel verweht worden. Irgendwelche netten Menschen hatten im letzten Lager 27 eine Wegmarke ausgewechselt. Die alten Wegmarken scheinen nicht groß gelitten zu haben.

Montag, 26. Februar

Mittagstemperatur -17°C. Beim Aufbruch bedeckter Himmel, konnten trotzdem die Spur und in weiter Ferne die Wegmarke deutlich erkennen. Sind etwas zügiger vorwärts gekommen, haben bis zur Stunde zehneinhalb Kilometer geschafft. Bowers und Wilson bilden nun die Spitze. Bin geradezu erleichtert, in zweiter Reihe zu ziehen und nicht auf die Spur achten zu müssen. Die Nächte sind jetzt sehr kalt, und wir haben beim Aufbruch kalte Füße, da unsere Laufschuhe überhaupt nicht mehr trocknen wollen. Mit unserem Proviant kommen wir gut aus, obwohl er noch reichlicher sein könnte. Hoffentlich finden wir im nur achtzig Kilometer entfernten nächsten Depot genug Vorräte, um mehr essen zu können. Der Brennstoffmangel ist weiterhin besorgniserregend.

40. Tag des Rückwegs. Temperatur -21°C. Neun Stunden strammer Marsch haben achtzehneinhalb Kilometer erbracht. Nur noch siebzig Kilometer bis zum nächsten Depot. Wunderschönes Wetter, aber kalt, sehr kalt. Trocknen tut überhaupt nichts mehr, und wir bekommen zu häufig kalte Füße. Wir brauchen noch mehr Nahrung, vor allem mehr Fett. Der Brennstoff ist jammervoll knapp. Es besteht kaum Hoffnung, in dieser Jahreszeit eine bessere Oberfläche zu bekommen, doch ich wünschte, wir hätten etwas Unterstützung durch den Wind, wenn er uns auch übel durchschütteln dürfte, sollten die Temperaturen nicht steigen.

Dienstag, 27. Februar

Haben eine entsetzlich kalte Nacht verbracht: beim Aufstehen -33°C bei -37°C Tiefsttemperatur. Einige leiden an unterkühlten Füßen, doch alle haben gut geschlafen. Wir *müssen* bald reichlicher zu essen haben. Aber wir haben heute morgen elf Kilometer geschafft und hoffen für den Nachmittag auf weitere acht. Bezogener Himmel und gute Oberfläche bis jetzt, da die Sonne sich nun wieder zeigt. Es tut gut, die Wegmarken abzulaufen, aber es ist auch noch einiges zu befürchten. Wir sprechen kaum noch von etwas anderem als vom Essen, außer nach den Mahlzeiten. Das Land verliert sich in zufriedenstellendem Maße aus unserem Blick. Gebe es Gott, daß wir keine weiteren Rückschläge erleiden. Natürlich erörtern wir ständig die Möglichkeit, die Hundestaffel zu treffen, das Wo und das Wann usw. Wir sind in einer gefährlichen Lage. Beim nächsten Depot sind wir vielleicht in Sicherheit, doch es bleibt ein schrecklicher Zweifel.

Lager. 41. Tag des Rückwegs. -32°C. Noch immer herrlich klarer Himmel, aber sehr kalt – heute nacht völlige Windstille. Wir sind für die letzten Tage ausgezeichnet marschiert (zwanzig Kilometer) und liegen viel früher als sonst in unseren Schlafsäcken. Fünfzig Kilometer bis zum nächsten Depot, ein Brennstoffminimum für drei und Proviant für sechs Tage. Es sieht langsam wieder etwas besser aus; ab morgen abend werden wir wohl etwas mehr essen können.

Sehr eigentümliche Oberfläche – weiche frische Schneefahnen, die unter dem Stiefel einsinken, dazwischen eine Art schuppige Kruste mit großen Kristallen darunter.

Mittwoch, 28. Februar

Mittag. Letzte Nacht sank das Thermometer unter -40°C; uns war entsetzlich kalt, aber wir hatten eine erträgliche Nacht. Ich beschloß, die Rationen leicht anzuheben; die Wirkung ist zweifellos günstig. Nahmen den Marsch bei -32°C und schwacher, nordwestlicher Brise auf – lähmende Kälte, viele unterkühlte Füße heute morgen und viel Zeit mit dem Schuhwerk verbracht, aber wir sind zeitiger aufgebrochen. Wir werden früher das Lager aufschlagen, so daß wir die Möglichkeit einer guten Nachtruhe haben, wenn schon nicht mehr. Solange wir das Depot nicht erreicht haben, wird es kritisch bleiben, und je mehr ich darüber nachdenke, desto deutlicher wird mir, daß es auch danach wohl noch so bleiben wird. Nur noch neununddreißigeinhalb Kilometer bis zum Depot. Strahlender Sonnenschein, der aber kaum wärmt. Eins steht fest: Die Mitte der Barriere ist ein grauenvoller Ort!

Lager. 42. Tag des Rückwegs. Legten uns nach köstlichem Pony-Schmortopf nieder und schliefen nach einem gräßlichen

Tag zufrieden ein, anhaltender Wind, haben achtzehneinhalb Kilometer geschafft. Die Temperaturen sind nicht mehr ganz so niedrig, aber ich erwarte, daß uns eine kalte Nacht bevorsteht (Temperatur -27°C.)

Donnerstag, 29. Februar

Mittag. Kalte Nacht. Tiefsttemperatur -37,5°C; -30°C bei Nordwestwind Stärke vier, als wir aufstanden. Aufbruch bei schrecklicher Kälte; zum Glück stecken Bowers und Oates in ihren letzten neuen Finnesko-Stiefeln; ich behalte noch meine alten an. Hatte mich auf einen scheußlichen Marsch gefaßt gemacht, und so kam es in der ersten Stunde auch. Danach ging es besser, und wir kampierten nach fünfeinhalb Stunden nahe einem Mittagslager. Das nächste Lager ist unser einundzwanzig Kilometer entferntes Depot. Länger als anderthalb Tage sollten wir nicht brauchen, und wir beten für einen weiteren schönen Tag. Bis dahin wird sich das Öl gerade noch strecken lassen, und wir werden mit Proviant für drei volle Tage eintreffen. Die Aufstockung der Rationen hatte eine außerordentlich aufbauende Wirkung. Die Berge wirken jetzt klein. Weiterhin sehr schwacher Westwind – diesen Wind begreife ich nicht.

Freitag, 1. März

Mittag. Die letzte Nacht war entsetzlich kalt. Tiefsttemperatur -41,5°C. Wie inzwischen üblich Eiseskälte auch beim Aufbruch. Sind um acht Uhr los und in Blickweite des Depots marschiert; die Fahne weht keine fünf Kilometer weit entfernt. Gestern legten wir achtzehneinhalb und heute morgen knapp zehn Kilometer zurück. Hatten gestern schwer und heute morgen *noch* schwerer zu ziehen. Vom Schlittenziehen abgesehen, ist das Wetter wunderschön. Tag und Nacht wolkenlos bei ganz schwachem Wind. Unser Pech, daß diese Luftzüge aus dem Norden kommen und uns gräßlich auskühlen. Diese Mittagsstunde bildet eine Ausnahme: strahlender und vergleichsweise wärmender Sonnenschein. Unsere ganze Ausrüstung liegt draußen zum Trocknen.

Samstag, 2. März

Mittag. Ein Unglück kommt selten allein. Gestern nachmittag marschierten wir ziemlich gemütlich zum Depot in Barrierenmitte, und haben seither drei heftige Schläge erlitten, die uns in eine üble Lage versetzten. Zunächst fanden wir zuwenig Öl vor; selbst bei strengster Sparsamkeit reicht es auf dieser Oberfläche kaum für die hundertfünfzehn Kilometer bis zum nächsten Depot. Zweitens zeigte Titus Oates seine Füße, seine Zehen sind offensichtlich bei den jüngsten Temperaturen erfroren, so schlimm sehen sie aus. Der dritte Schlag traf uns nachts, als der Wind, den wir freudig begrüßten, dunklen, bedeckten Himmel mit sich brachte. Über Nacht sackte die Temperatur auf unter -40°C, und heute morgen brauchten wir anderthalb Stunden zum Wechseln unseres Schuhwerks, sind dennoch vor acht Uhr aufgebrochen. Wir verloren sowohl die Wegmarken als auch die Spur aus den Augen und hielten uns so stetig wie möglich in nordnordwestlicher Richtung, haben aber nichts zu Gesicht bekommen. Es sollte noch schlimmer kommen: Die Oberfläche ist einfach grauenhaft! Trotz des starken Windes und gefüllten Segels haben wir bloß neun Kilometer zurückgelegt. Wir sitzen *tief* in der Tinte, da wir zweifellos die zusätzlichen Märsche nicht bewältigen können und die Kälte uns furchtbar zusetzt.

Sonntag, 3. März

Mittag. Gestern nahmen wir die Spur wieder auf und stellten fest, daß wir uns östlich davon befunden hatten. Schafften an die sechzehn Kilometer, womit alles etwas besser aussah; doch heute morgen sind die Aussichten schwärzer denn je. Kamen bei günstigem

Wind eine Stunde lang gut vorwärts; dann wurde die Oberfläche so schrecklich, daß einem die Worte fehlen. Der Wind kam nun von vorn, und alles war gegen uns. Nach viereinhalb Stunden und gut sieben Kilometern wurde es so schlimm, daß wir kampieren mußten. (46. Tag des Rückwegs) Wir haben keine Schuld daran – ganz gewiß legten wir uns heute morgen schwer ins Zeug –, zu mehr als drei Vierteln war es die Oberfläche, die uns aufhielt und bei stärkstem Gegenwind zuviel Kraft abforderte, um den Schlitten zu bewegen. Bei gutem Licht ist die Ursache leicht zu erkennen. Die vor kurzem noch sehr gute, harte Oberfläche ist mit einer dünnen Schicht diffuser Schneekristalle überzogen, die zweifellos durch die Sonneneinstrahlung entstanden sind. Sie haften aber zu fest, um vom Wind weggeweht zu werden und lösen eine unglaubliche Reibung unter den Kufen aus. Gott steh uns bei! Aber diesen Anstrengungen sind wir nicht gewachsen, soviel ist sicher. Miteinander sind wir unermüdlich gut gelaunt, aber ich kann mir denken, was ein jeder im Herzen fühlt. Das morgendliche Anlegen des Schuhwerks dauert immer länger und macht damit jeden Tag gefährlicher.

Montag, 4. März

Mittag. Es sieht wirklich sehr düster aus. Wie immer vergaßen wir letzte Nacht unsere Sorgen, krochen in unsere Schlafsäcke, schliefen nach dem guten Schmortopf ausgezeichnet, wachten auf, verspeisten einen weiteren und setzten uns in Marsch. Strahlender Sonnenschein, deutliche Fährte, aber die Oberfläche ist mit sandigem Rauhreif überzogen. Den ganzen Morgen über mußten wir mit aller Kraft ziehen und legten in viereinhalb Stunden fünfeinhalb Kilometer zurück. Gestern nacht war es bedeckt mit dicken Flocken und schlechte Oberfläche; heute morgen scheint die Sonne, und die Oberfläche ist genauso schlecht wie sonst. Es gibt wenig zu hoffen, außer vielleicht auf starken trockenen Wind – was zu dieser Jahreszeit ein unwahrscheinlicher Zufall wäre. Unter den unmittelbaren Oberflächenkristallen liegt ein harter Überzug aus

Schneefahnen, der vor ein oder zwei Wochen ausgezeichnet zum
Ziehen geeignet gewesen sein muß. Wir sind etwa achtundsechzig
Kilometer vom nächsten Depot entfernt und haben für eine Woche
Proviant, aber Brennstoff nur für drei bis vier Tage – mit letzterem
gehen wir so sparsam um wie nur möglich. Aber Nahrung zu sparen können wir uns nicht leisten, wenn wir so ziehen wie bisher.
Wir stecken allerdings tief in der Klemme, doch keiner von uns ist
entmutigt, zumindest bewahren wir uns jeden Anschein guter
Laune, aber der Mut sinkt einem, wenn der Schlitten in den
Schneefahnen steckenbleibt und dahinter der Pulverschnee in dikken Haufen auf der Oberfläche liegt. Im Augenblick liegt die Temperatur bei um die -20°C – eine Besserung, bei der wir uns sehr viel
wohler fühlen, aber ein Kälteeinbruch wird gewiß bald wieder eintreten. Ich fürchte, daß Oates eine solche Wendung nur sehr
schlecht überstehen wird. Möge uns die Vorsehung zu Hilfe kommen! Menschliche Hilfe ist kaum zu erwarten außer vielleicht in
Form zusätzlichen Proviants im nächsten Depot. Wirklich
schlimm wäre es, dort einzutreffen und denselben Ölmangel vor-
zufinden. Schaffen wir es bis dahin? Wie kurz uns die Entfernung
vom Gipfel aus erschienen wäre! Ich wüßte nicht mehr weiter, wären Wilson und Bowers bei allem nicht so guten Mutes.

                                                    Dienstag, 5. März
Mittag. Wir kommen vom Regen in die Traufe, muß ich zu meinem Bedauern feststellen. Gestern nachmittag erwischten wir etwas Rückenwind und wandelten unsere jämmerliche Vormittags-
etappe von fünfeinhalb Kilometern im Verlauf von fünf Stunden
Marsch in gut vierzehn Kilometer um. Mit einer Tasse Kakao und
hartem, angetautem Pemmikan gingen wir zu Bett. (47. Tag des
Rückwegs) Die Folgen sind jedem anzusehen, vor allem aber
Oates, dessen Füße in einem üblen Zustand sind. Einer ist letzte
Nacht ungeheuer angeschwollen, und Oates hinkt heute morgen
sehr. Wir nahmen den Marsch auf mit Tee und Pemmikan so wie

letzte Nacht – geben vor, den Pemmikan in der Form zu bevorzugen. Heute morgen marschierten wir fünf Stunden lang über eine etwas bessere, mit hügelartigen Schneefahnen bedeckte Oberfläche. Zweimal kippte der Schlitten um, während wir ihn zu Fuß etwa neun Kilometer weit zogen. Wir sind zwei Ponymärsche und ungefähr sechseinhalb Kilometer von unserem Depot entfernt. Der Brennstoff wird schrecklich knapp, und unser müder Krieger Oates ist fast am Ende. Kläglich genug, daß wir gar nichts für ihn tun können; reichlich warmes Essen könnte etwas ausrichten, aber nur ein wenig, fürchte ich. Keiner unter uns hat mit so gräßlich niedrigen Temperaturen gerechnet, und von uns anderen spürt Wilson sie am meisten, ich fürchte hauptsächlich deshalb, weil er sich aufopferungsvoll der Pflege von Oates' Füßen widmet. Wir können einander nicht beistehen, jeder hat genug mit sich selbst zu tun. Beim Marschieren wird uns kalt, sobald wir uns ins Geschirr stemmen müssen, und der Wind dringt durch unsere warme Kleidung. Im Zelt sind die anderen allesamt guten Mutes. Dieses Spiel wollen wir mit Anstand hinter uns bringen, aber es ist Schwerstarbeit, angestrengt wie nie zuvor in unserem Leben und über so viele Stunden zu ziehen und zu spüren, wie wenig Fortschritte wir machen. »Gott helfe uns!« kann man da nur sagen, und so schleppen wir uns mühselig weiter, frierend und niedergeschlagen, wenn auch äußerlich frohgemut. Im Zelt sprechen wir über alles mögliche, nur nicht mehr so oft vom Essen, seit wir beschlossen haben, es auf volle Rationen ankommen zu lassen. Wir konnten einfach nicht länger hungrig herumlaufen.

Mittwoch, 6. März

Mittag. Gestern nachmittag kamen wir bei Rückenwind etwas besser voran, legten als Tagesleistung fünfzehn Kilometer zurück und sind dreiundvierzig Kilometer vom Depot entfernt. (48. Tag des Rückwegs) Heute morgen war es unerträglich. Über Nacht blieb es warm, und ich verschlief zum ersten Mal auf der ganzen Reise um mehr als eine Stunde; dann kostete uns das Schuhwerk viel Zeit, bevor wir mit aller Kraft (um unser Leben) zogen, um gerade anderthalb Kilometer in der Stunde vorwärts zu kommen; dann fielen dikke Flocken, und wir mußten dreimal ausschirren, um die Spur zu suchen. Das Ergebnis für den Vormittag sind höchstens fünfeinhalb Kilometer. Jetzt scheint die Sonne, und der Wind ist abgeflaut. Der arme Oates ist zum Ziehen außerstande und sitzt auf dem Schlitten, während wir nach der Spur suchen – er ist sehr tapfer, da seine Füße ihm entsetzlich schmerzen müssen. Kein Wort der Klage kommt von ihm, aber seine Lebensgeister machen sich jetzt nur noch selten bemerkbar, und im Zelt wird er noch schweigsamer. Wir basteln uns eine Spirituslampe für den Versuch, den Primuskocher zu ersetzen, wenn uns das Öl ausgeht. Als Behelf wird sie nur wenig taugen, und wir haben nicht viel Spiritus. Hätten wir unsere Tagesleistung von fünfzehn Kilometern beibehalten können, würden wir womöglich in erträglicher Entfernung zum Depot sein, sitzen wir erst einmal auf dem Trockenen. Jetzt können uns nur noch kräftiger Wind und eine gute Oberfläche helfen, und gleichwohl heute früh eine recht kräftige Brise wehte, zog sich der Schlitten wie Blei. Wären wir alle bei Kräften, hätte ich noch Hoffnung für unser Durchkommen, aber der müde Krieger Oates ist zu einem fürchterlichen Klotz am Bein geworden, wenngleich er sein Äußerstes tut und sehr viel zu leiden hat, fürchte ich.

Donnerstag, 7. März

Es sieht noch ein wenig übler aus, fürchte ich. Um einen von Oates' Füßen steht es heute morgen *sehr* schlimm; aber sein Mut ist bewundernswert. Wir unterhalten uns noch darüber, was wir daheim alles zusammen unternehmen wollen.

Gestern legten wir bloß zehneinhalb Kilometer zurück. (49. Tag des Rückwegs) Heute morgen schafften wir in viereinhalb Stunden keine sieben Kilometer. Von unserem Depot sind wir sechsundzwanzig Kilometer entfernt. Wenn wir dort reichlich Proviant finden und diese Oberfläche anhält, könnten wir bis zum nächsten Depot (Mount Hooper, hundertsechzehn Kilometer weiter) gelangen, nicht aber zum Ein-Tonnen-Lager. Wider alle Aussicht hoffen wir, daß die Hunde in Mount Hooper gewesen sind; dann könnten wir durchkommen. Besteht erneut Ölknappheit, gibt es nur noch wenig Hoffnung für uns. Man spürt, daß der arme Oates der Krisis nahe ist, aber keinem von uns geht es einen Deut besser, obwohl wir in Anbetracht unserer schlimmen Plackerei wunderbar bei Kräften sind. Nur das gute Essen hält uns in Gang. Heute früh Windstille, bis ein frostiger Nordwind uns ins Gesicht blies. Strahlender Sonnenschein, und die Wegmarken sind gut sichtbar. Wie gern würde ich doch der Spur bis an ihr Ende folgen.

Freitag, 8. März

Mittag. Es wird morgens immer schlimmer; der linke Fuß des armen Oates steht das niemals durch, und die fürs Schuhwerk aufgebrachte Zeit ist schlichtweg schauerlich. Beinahe eine Stunde lang muß ich in den Nachtstiefeln ausharren, bevor es ans Wechseln geht, und dann bin ich gewöhnlich doch als erster fertig. Auch Wilsons Füße fangen zu schmerzen an, jedoch vorwiegend deshalb, weil er den anderen so oft hilft. Heute morgen haben wir gut sieben Kilometer geschafft und sind dreizehneinhalb Kilometer entfernt vom Depot – eine lächerlich geringe Entfernung, um dabei in der Klemme zu stecken; doch auf dieser Oberfläche wissen wir, daß wir nicht einmal an unsere halbe einstige Marschleistung heranreichen und für diese Anstrengung fast doppelt soviel Energie aufwenden. Die große Frage lautet: Was werden wir im Depot finden? Sollten die Hunde dagewesen sein, würde uns das wohl eine gute Strecke voranbringen, doch falls die Ölvorräte wieder so knapp ausfallen, dann sei Gott uns gnädig. Wirklich übel dran sind wir auf jeden Fall, fürchte ich.

Sonntag, 10. März

Alles geht zügig den Bach hinunter. Oates geht es mit seinem Fuß
noch dreckiger. Er beweist seltenen Mut und dürfte wissen, daß er
es niemals schaffen kann. Heute morgen fragte er Wilson, ob er
noch ein Chance hätte, und Bill mußte natürlich antworten, er
wüßte es nicht. Tatsächlich hat er keine. Von ihm einmal abgesehen, habe ich Zweifel, ob wir durchkommen. Bei größter Umsicht
könnten wir noch eine leise Chance haben, mehr jedoch nicht. Die
Wetterverhältnisse sind schrecklich, unsere Kleidung vereist zusehends und erschwert jede Bewegung. Zugleich ist der arme Titus
natürlich das größte Hindernis. Morgens hält er uns so lange auf,
daß die wärmende Wirkung unseres guten Frühstücks sich zum
Teil schon wieder verloren hat, wo dies doch das einzig Weise
wäre, sich umgehend auf und davon zu machen. Mittags ist es dasselbe. Der Ärmste! Sein Anblick ist gar zu herzergreifend, und dennoch muß man ihn immer wieder aufmuntern.

Gestern marschierten wir zum Mount-Hooper-Depot hinauf.
Ein kalter Trost. Es herrscht Mangel an allem. Ich könnte nicht sagen, wer Schuld daran hat. Die Hunde, die unsere Rettung gewesen wären, haben es offensichtlich nicht geschafft. Vermutlich hat
Meares eine schlechte Heimkehr gehabt.

Es war ruhig, als wir heute morgen frühstückten, doch beim Abbruch des Lagers kam Wind von Westnordwest auf, der schnell an
Stärke zunahm. Als wir eine halbe Stunde marschiert waren, wurde mir klar, daß niemand von uns angesichts solcher Bedingungen
weitergehen konnte. Wir waren gezwungen, wieder das Lager aufzuschlagen und den Rest des Tages bei Schneesturm und ziemlich
widrigen Winden da zu verbringen.

Montag, 11. März

Man spürt, daß Titus Oates seinem Ende sehr nahe ist. Was wir tun
werden oder er, weiß Gott allein. Nach dem Frühstück besprachen
wir die Sache; er ist ein guter, tapferer Kerl und begreift die Lage, bat

aber letztlich uns um Rat. Nichts anderes gab es da zu sagen, als darauf zu dringen, er möge mitmarschieren, so lange er irgend könne.
Ein befriedigendes Ergebnis hatte die Beratung; mehr oder minder
gab ich Wilson den Befehl, uns die Mittel zur Beendigung unseres
Leids auszuhändigen, so daß nun jeder von uns weiß, was er gegebe-
nenfalls zu tun hat. Wilson blieb keine Wahl, als Folge zu leisten,
oder wir hätten den Arzneikasten geplündert. Wir haben jeder dreißig Opiumtabletten, und ihm bleibt eine Ampulle Morphium. Soweit die tragische Seite unserer Geschichte. (53. Tag des Rückwegs)

Als wir heute morgen aufbrachen, war der Himmel stark bewölkt. Wir konnten überhaupt nichts sehen, verloren die Spur aus
den Augen und sind seither zweifellos um einiges vom Weg abgekommen – fünf Kilometer schafften wir am Vormittag – furchtbar
schweres Ziehen, wie zu erwarten. Zehn Kilometer etwa sind jetzt
die Grenze unserer Leistungsfähigkeit, sofern uns nicht Wind oder
Oberflächen zu Hilfe kommen. Wir haben Proviant für sieben
Tage und müßten heute abend knapp neunzig Kilometer vom Ein-
Tonnen-Lager entfernt sein, zehn mal sieben macht siebzig, also
bleiben wir um zwanzig Kilometer hinter der Strecke zurück,
selbst wenn sich die Lage nicht weiter zuspitzt. Unterdessen schrei-
tet die Jahreszeit zügig voran.

Dienstag, 12. März
Gestern haben wir elf Kilometer zurückgelegt, also weniger als
den erforderlichen Durchschnitt. Ansonsten ist alles weitgehend
wie gehabt, Oates vermag kaum zu ziehen und kann jetzt auch seine Hände fast nicht mehr gebrauchen. Heute morgen brachten wir
in vier Stunden und zwanzig Minuten sechseinhalb Kilometer hinter uns und können für den Nachmittag auf fünf weitere hoffen.
Auf sechs Tage umgerechnet ergibt das neunundsechzig Kilometer.
Wir dürften heute abend auf fünfundsiebzig Kilometer ans Depot
herangekommen sein. Ich zweifle langsam daran, daß wir es bis
dahin schaffen. Die Oberfläche bleibt gräßlich, die Kälte schnei-

dend, und körperlich bauen wir ab. Gott helfe uns! Seit mehr als einer Woche nicht der Hauch eines günstigen Windes, nur Gegenwind kann anscheinend jeden Augenblick aufkommen.

Donnerstag, 14. März

Keine Frage, daß wir auf dem absteigenden Ast sitzen, es läuft aber auch alles schief. Beim gestrigen Aufwachen herrschten starker Nordwind und eine Temperatur von -37°C. Es war nicht zu ertragen, also blieben wir bis zwei Uhr im Lager (54. Tag des Rückwegs) und legten dann achteinhalb Kilometer zurück. Wollten später weitermarschieren, aber die Mannschaft litt stark unter der Kälte, da der Nordwind nicht gänzlich abflaute, und mit der untergehenden Sonne sank die Temperatur. Wir brauchten im Dunkeln lange, bis das Abendessen fertig war. (55. Tag des Rückwegs)

Heute morgen wehte Wind von Süden, wir setzten Segel und zogen flott an einer weiteren Wegmarke vorbei; auf halber Strecke jedoch drehte der Wind, kam dann von West auf Süd oder Westsüdwest und drang unter unsere windfeste Kleidung und Fäustlinge bis auf die Haut. Der arme Wilson war so schrecklich durchfroren, daß er eine ganze Weile nicht mal mehr seine Skier abschnallen konnte. Bowers und ich schlugen das Lager praktisch allein auf, und als wir schließlich ins Zelt konnten, waren wir alle starr vor Kälte. Die Mittagstemperatur ist nun bei starkem Wind auf -43°C abgefallen. Wir müssen weiter, doch nun wird es mit jedem weiteren Lager schwieriger und gefährlicher. Es naht wohl das Ende, wenn auch ein ziemlich gnädiges. Den armen Oates hat's wieder am Fuß erwischt. Mich schüttelt es beim Gedanken, wie das morgen aussehen wird. Nur unter allergrößten Mühen halten wir anderen uns Erfrierungen vom Leib. Ich hatte ja keine Ahnung, daß es in dieser Jahreszeit solche Temperaturen und solchen Wind geben könnte. Draußen vorm Zelt geht es wahrhaft schrecklich zu. Das müssen wir nun bis zum letzten Keks ausfechten, aber die Rationen kann ich nicht reduzieren.

Samstag, 16. oder Sonntag, 17. März

Hab' den Überblick über das Datum verloren, halte aber das letztere für das richtige. Tragödie auf ganzer Linie. Vorgestern beim Mittagessen meinte der arme Titus, er könne nicht mehr weiter, und schlug uns vor, ihn in seinem Schlafsack zurückzulassen. Das stand außer Frage, und wir brachten ihn dazu, sich dem Nachmittagsmarsch anzuschließen. Trotz der Qualen kämpfte er sich vorwärts, und wir legten ein paar Kilometer zurück. Über Nacht verschlimmerte sich sein Zustand, und wir wußten, daß es mit ihm zu Ende ging.

Sollten diese Zeilen gefunden werden, wünsche ich die folgenden Tatsachen überliefert: Oates letzte Gedanken galten seiner Mutter, unmittelbar vorher aber sprach er mit Stolz davon, daß sein Regiment vom Mut angetan sein werde, mit dem er dem eigenen Tod entgegensähe. Wir können seine Tapferkeit bezeugen. Wochenlang hat er furchtbare Qualen geduldig ertragen und war bis zuletzt fähig und willens, Fragen außerhalb dessen zu erörtern. Bis zum Schluß wollte und konnte er die Hoffnung nicht aufgeben. Er war eine tapfere Seele. So nahm er sein Ende. Die vorletzte Nacht schlief er durch und hoffte, nicht mehr aufzuwachen, tat es aber gestern morgen. Draußen wütete ein Schneesturm. Er sagte: »Ich gehe mal nach draußen, kann aber eine Weile dauern.« Er ging in den Schneesturm hinaus, und wir haben ihn nicht mehr wiedergesehen.

Ich möchte bei dieser Gelegenheit zum Ausdruck bringen, daß wir unseren kranken Gefährten bis zuletzt beigestanden haben. Im Fall von Edgar Evans schien es notwendig, ihn zurückzulassen, da unser Proviant vollkommen erschöpft war und Evans bewußtlos dalag. Doch in diesem kritischen Augenblick nahm ihn die gnädige Vorsehung von uns. Er starb eines natürlichen Todes, und wir verließen ihn erst zwei Stunden nach seinem Ableben. Wir wußten, indes wir ihm davon abzuraten suchten, daß der arme Oates in den Tod ging, gleichwohl aber auch, daß es die Tat eines mutigen Mannes und eines englischen Gentlemans war. Alle hoffen wir, dem Ende in ähnlichem Geiste zu begegnen, und ein nahes Ende ist uns gewiß.

Ich vermag nur mehr mittags zu schreiben und dann auch nur gelegentlich. Es herrscht schneidende Kälte, mittags -40°C. Meine Gefährten sind in ihrer guten Laune unermüdlich, aber wie stehen alle kurz vor ernsthaften Erfrierungen, und wenn wir auch dauernd davon reden, uns irgendwie durchzuschlagen, glaubt wohl keiner mehr im Herzen daran.

Uns ist jetzt beim Marschieren ständig kalt, bis auf die Mahlzeiten. Gestern setzte uns ein Schneesturm außer Gefecht, und heute kommen wir furchtbar langsam vorwärts. Wir liegen im Ponylager Nr. 14, und es trennen uns nur zwei Ponymärsche vom Ein-Tonnen-Lager. Wir lassen hier unseren Theodoliten, eine Kamera und Oates' Schlafsäcke zurück. Die Tagebücher usw. und die auf Wilsons besonderen Wunsch mitgeführten Gesteinsproben wird man bei uns oder auf unserem Schlitten finden.

Montag, 18. März

Heute sind wir zur Mittagszeit vierunddreißig Kilometer vom Depot entfernt. Das Unglück hält weiter an, noch könnte es aber besser kommen. Gestern hatten wir weiteren Gegenwind und Schneetreiben; wir mußten den Marsch bei nordwestlichem Wind Stärke vier und -35°C Temperatur unterbrechen. Das könnte kein Mensch aushalten, und wir sind *fast* völlig ausgebrannt.

Mein rechter Fuß und fast alle Zehen sind abgestorben – zwei Tage zuvor war ich noch stolzer Besitzer der gesündesten Füße. Und so kam es zu meinem Niedergang: Ich Esel rührte einen kleinen Teelöffel voll Currypulver in meinen aufgetauten Pemmikan – und trug heftige Verdauungsbeschwerden davon. Die ganze Nacht lag ich mit Schmerzen wach, stand auf, und beim Marschieren war mir elend. Mein rechter Fuß starb ab, und ich merkte es nicht einmal. Eine kleine Nachlässigkeit, und schon hat man einen Fuß, dessen Anblick keine Freude aufkommen läßt. Bowers Kondition macht ihn jetzt zur Nummer eins, aber groß ist die Auswahl eh nicht. Die übrigen sind noch immer zuversichtlich, daß sie durch-

kommen werden – oder tun nur so – was weiß ich! Ein letztes Mal
haben wir den Primuskocher zur *Hälfte* mit Öl nachgefüllt und
noch einen ganz kleinen Rest Spiritus – mehr steht nicht mehr zwischen uns und dem Durst. Augenblicklich steht der Wind günstig;
vielleicht könnte uns dieser Umstand behilflich sein. Bei der Hin-
fahrt wäre uns unser jetziges Tempo lächerlich erschienen.

Dienstag, 19. März

Mittag. Letzte Nacht lagerten wir nur mit Mühe und waren
schrecklich durchfroren, bis wir unser Abendbrot aus kaltem
Pemmikan, Keksen und einem halben, über der Spirituslampe gekochten Kännchen Kakao verzehrt hatten. Dann wurde uns wider
Erwarten warm, und alle schliefen gut. Heute schleppten wir uns
in gewohnter Weise vorwärts. Der Schlitten ist entsetzlich schwer.
Wir sind fünfundzwanzig Kilometer vom Depot entfernt und sollten in drei Tagen dort eintreffen. Welch ein Vorankommen! Wir
haben noch für zwei Tage Proviant, aber Brennstoff kaum mehr
für einen. Die Füße erfrieren uns allmählich alle – Wilsons sind
noch die besten, mein rechter Fuß ist der schlimmste, der linke ist
in Ordnung. Es besteht keine Aussicht, unsere Füße zu verarzten,
bevor wir nicht warmes Essen zu uns nehmen können. Amputation ist das mindeste, was ich mir jetzt noch erhoffen kann, aber
wird sich die Unbill nicht ausbreiten? Das ist die unangenehme
Frage. Das Wetter gibt uns keine Chance – Wind von Nord bis
Nordwest und heute -40°C Temperatur.

Donnerstag, 21. März

Sind Montag nacht bis auf achtzehn Kilometer auf das Depot vor-
gerückt; mußten gestern den ganzen Tag in schwerem Schneesturm ausharren. (60. Tag des Rückwegs) Der heutige Tag bleibt
eine verlorene Hoffnung. Wilson und Bowers wollen Brennstoff
aus dem Depot holen gehen.

Freitag, 22. und Samstag, 23. März
Der Schneesturm tobt wie gehabt – Wilson und Bowers können
nicht aufbrechen – morgen ist die letzte Gelegenheit – kein Brennstoff und nur noch eine oder zwei Essensrationen. Das Ende ist da.
Wir haben uns auf einen natürlichen Tod geeinigt – wir wollen
zum Depot marschieren, mit oder ohne unsere Habe, und in den
eigenen Fußspuren sterben.

Freitag, 29. März
Seit dem 21. herrscht unaufhörlich Sturm aus Westsüdwest und
Südwest. Am 20. hatten wir Brennstoff für zwei Tassen Tee pro
Mann und Proviant für kaum zwei Tage. Täglich waren wir bereit,
zu unserem bloß achtzehn Kilometer entfernten Depot aufzubrechen, aber vorm Zelteingang spielt sich weiterhin ein einziges wir-
belndes Schneetreiben ab. Ich glaube nicht, daß wir noch auf Besserung hoffen können. Wir werden es bis zum Schluß durchstehen,
wir werden jedoch schwächer, und das Ende kann nicht mehr fern
sein.

Es ist ein Jammer, aber ich glaube, ich kann nicht mehr weiterschreiben.

R. Scott

Letzter Eintrag
Um Gottes willen, kümmert Euch um unsere Angehörigen.

Michael McRae
Eine einfache Suche

*Die meisten von uns können der mächtigen Anziehungs-
kraft der Antarktis widerstehen – vor allen Dingen wegen der
Schwierigkeit, überhaupt dorthin zu gelangen. Diejenigen,
die in das Land am Südpol reisen, tun dies meist als gespon-
serte Profis: Wissenschaftler, Entdecker, Journalisten. Warren
Pearsons Reise 1985 in den Süden fällt zum Teil aus dem Rahmen, weil sie nicht aus Karrieregründen unternommen wurde.
Michael McRae (geboren 1946) hat die Geschichte von Pearsons
Abenteuer aufgeschrieben: eine feine Fallstudie darüber, was
passiert, wenn dickköpfiges Wollen auf unversöhnliche Realität
trifft – wie das in den Polarregionen häufig der Fall ist.*

1981, im Alter von 47 Jahren, zog Warren Pearson Bilanz über
sein Leben. Er war verheiratet mit einer reizenden, begabten Frau.
Er hatte eine respektablen Job als Lehrer für Biologie an einem
College. Er lebte eine Stunde von San Francisco entfernt in einem
komfortablen Haus, das nicht der Bank gehörte. Er hatte enge
Freunde. Und er fühlte sich furchtbar unausgefüllt – als würde sein
Leben sich davonstehlen, ohne daß er je einmal etwas wahrhaftig
Gutes getan hätte.

Es gab nur eine Lösung: Er mußte allein eine Pilgerfahrt nach
Antarktika unternehmen und dort einen Winter verbringen, einsam und abgeschnitten vom Rest der Welt.

Sein erster Plan bestand darin, einen ramponierten C-47-Fracht-
flieger zu kaufen und damit auf einem Gletscher eine Bruchlandung
zu machen. Nach einiger Voruntersuchung stellte sich das als nicht

praktikabel heraus. Doch Plan B – die Reise übers Meer zu unternehmen und das Boot als festliegendes Basislager im Eis zu nutzen – schien eindeutig durchführbarer zu sein. Es spielte für ihn keine Rolle, daß er noch nie selbst ein Boot gesteuert hatte, daß er einen Herzschrittmacher trug, daß eine solche Fahrt noch keiner vor ihm gewagt hatte und daß es illegal ist, ohne offizielle Genehmigung in Antarktika zu überwintern. Pearson schmiedete seine Pläne in aller Heimlichkeit. Nicht einmal seine Frau sollte davon wissen.

Vier Jahre später, am 7. Januar 1985 – und noch immer hatte er keinen Tag seines Lebens ein Boot geführt –, verließ Warren Pearson den Hafen von Melbourne, Australien, unterwegs nach Kap Denison, einer Landspitze in der Nähe des magnetischen Südpols. Sein Traum begann Wirklichkeit zu werden.

Dies ist seine Geschichte – die Erzählung von einer geistigen Suche und einer wissenschaftlichen Expedition, eine Erprobung der eigenen Grenzen und eine politische Aussage im großen Stil – und vielleicht der Bericht über die Rettung eines Lebens vor stiller Verzweiflung. Warren Pearson würde sich freuen, wenn Sie diese Geschichte läsen. Schließlich unternahm er seine Reise für uns alle. Und wir alle, und dieser Gedanke hätte ihn gefreut, waren im Geiste mit ihm auf jener schrecklichen Fahrt.

Wenn man mit ihm in der Küche Kaffee trinkt, kann man sich kaum vorstellen, daß Warren Pearson der Typ ist, der allein in einer Elf-Meter-Ketsch nach Antarktika verschwindet. Obwohl er mit seinem athletischen Körperbau und dem flotten roten Bart immerhin 1,80 Meter groß ist, hat er etwas Gnomenhaftes an sich und eine schüchterne Zurückhaltung in der Stimme und in seiner ganzen Art. Warren Pearson ist der nette Herr von nebenan: ein etwas farbloser, äußerst genauer, vernünftiger, fleißiger Mensch, der nicht besonders geneigt scheint, sein Leben bei wagemutigen Unternehmungen aufs Spiel zu setzen. Doch wenn man seiner Geschichte aufmerksam zuhört, fügen sich die Teile des Puzzles sinnvoll ineinander.

Pearson und seine Frau Barbara leben ein ganz normales Leben in einem Vorort von Benicia. Er ist seit fast 20 Jahren Lehrer am nahegelegenen Diablo Valley College. Neben dem Biologie-Unterricht unterrichtet er Krankenschwestern in Anatomie und hat sich einen gewissen Ruf als geschickter Pathologe erworben. Seine Frau ist Psychologin und Künstlerin; sie arbeitet mit psychisch gestörten Erwachsenen. Ihr Haus, das er selbst in seiner Freizeit gebaut hat, ist eine Vision kalifornischen Lebensstils: ein beeindruckendes zweistöckiges Gebäude, ganz aus Holz, mit einem großen, höhlenartigen Bad, voller Mosaiken, mit Balkonen rundherum und einem großartigen Blick auf die Carquinez Straits, die östliche Einfahrt zur San Francisco Bay. Das Haus steckt voller Kunstwerke: Pearsons schrullige Schrottskulpturen aus Messingteilen, seine Pinguin-Sammlung, Navajo-Teppiche, Barbaras farbenprächtige surrealistische Bilder. Auf der Auffahrt stehen ein klappriger Chevrolet, Jahrgang 1955, und ein Chevy-Pickup von 1957, an dem er gerade herumschraubt.

Wenn die Reise nach Antarktika eine Entstehungsgeschichte hat, war es vielleicht Pearsons Herzanfall im Jahr 1979, der, wie er sagt, seine Ursache in der langen Auseinandersetzung mit dem College hatte. 1973 hatte er ein bezahltes Freijahr genommen, um an der Universität von Kalifornien in Berkeley Öffentliche Gesundheitsfürsorge zu studieren, doch als mehrere der Kurse abgesagt wurden, nahm er statt dessen an einem naturgeschichtlichen Plain-Air im Amazonasgebiet teil. Es war eine Zeit großer Abenteuer und intellektueller Anregungen: Er flog mit einem Team von Wissenschaftlern nach Leticia in Kolumbien, tief im Amazonasbecken, und dokumentierte die Expedition mit Hilfe einer 16-mm-Ariflex-Kamera deren Bedienung er sich selbst beigebracht hatte, professionell. Es dauerte zehn Jahre, ehe er die halbstündige Dokumentation fertiggestellt hatte, aber sie wurde von seinen Studenten sehr positiv aufgenommen. »Es war nicht irgendein Blödsinn«, sagt er.

Die Leitung des College war weniger beeindruckt von seinem Amazonas-Abenteuer und verklagte ihn wegen der 12 000 Dollar Gehalt, die er in seinem Forschungsjahr erhalten hatte. »Es war kafkaesk«, sagt er, »sechs Jahre dauerte der Rechtsstreit.« Der Streß führte zwar zum Herzanfall, aber Pearson ging aus der Nervenpro-

be des Rechtsstreits als neuer Mensch hervor: »Materielle Dinge
wurden weniger wichtig. Es war, als hätte ich eine neue, geistige
Phase meines Lebens erreicht. Die Begegnung mit einem Teil der
Natur, der im Sterben lag – dem Regenwald –, bewegte mich so, daß
sich meine Sicht auf das Leben völlig veränderte. Meine Aufmerksamkeit richtete sich auf Antarktika. Dies war ein reiner Ort, noch
nicht zerstört von den Menschen, anders als das Amazonasgebiet.«

Er verschlang die Literatur über Antarktika, und schließlich
drängte es ihn, dorthin zu reisen. Zum Jahreswechsel 1981/82
buchte er eine Passage auf dem Lindblad-Schiff *Explorer*. Er hätte
seine Frau gern mitgenommen, aber sie wollte die Feiertage mit ihrer Tochter aus einer früheren Ehe und einer Enkeltochter verbringen. Die dreiwöchige Kreuzfahrt nach Antarktika kostete 6000
Dollar, und weil das College die Reise nicht als Studienfahrt aner-
kannte, mußte er Ersatzlehrer für seine Klassen bezahlen.

Aber Antarktika war jeden Cent wert. Es war ein Märchenland,
neu und unbefleckt. Er nahm seine Ariflex-Kamera mit und konnte
gar nicht wieder aufhören, Bilder zu machen. Was ihn besonders beeindruckte, war die Luft – so klar, daß Berge in einer Entfernung von
Hunderten von Kilometern nur eine halbe Tageswanderung entfernt schienen. Und es gab andere erstaunliche und ungewöhnliche
Dinge. Weil keine Bakterien existierten, waren Nahrungsmittel, die
von Sir Douglas Mawsons Expedition offen in einer Hütte zurückgelassen worden waren, noch so erhalten, wie man sie 1914 hinge-
legt hatte. Die Eisberge waren gewaltiger, als er sich je hätte vorstellen können; die Sonne ging während des Südsommers nie unter.

Trotz all dieser Andersartigkeiten und der Abgeschiedenheit
fühlte Pearson sich eins mit der seltsamen neuen Umgebung. Die
reichhaltige Fauna zeigte eine anrührende Unschuld. »Es ist schon
eine verdammte Sache, auf einen Pinguin zuzugehen, der 1,20 Meter groß ist, und er hat kein bißchen Angst vor dir«, erinnert er
sich. »Es ist, als wäre man an einem urzeitlichen Ort, zu dem man
auf natürliche Weise gehört, aufgenommen in die Gemeinschaft
der Lebewesen.«

In dem Buch *Jenseits von Kap Hoorn* – einem Lieblingsbuch von
Pearson – diskutiert der Autor Charles Neider das Krankheitsbild
der Antarktika-Sucht, die eine Reihe von Entdeckern befallen hat,
darunter ihn selbst. Pearsons Aufenthalt scheint ihn in ähnlicher
Weise betroffen zu haben; er setzt sich in seinem Stuhl auf, wenn er
von dieser Reise erzählt: »Es schlägt einen in Bann; es ist verdammt
Klasse – als würde man in der Zeit zurückkreisen. Vor fünf Millionen
Jahren sah es dort genauso aus wie heute. Ihr redet von Wildniser-
fahrung – da habt ihr sie, im Übermaß. Es ist ein so sauberer, unschuldiger, idyllischer Ort, ein Symbol der Reinheit – wenn man ihn
verläßt und in die laute, schmutzige Stadt heimkommt, wenn man
die Lebensbedingungen der Menschen sieht und die Folgen menschlichen Daseins, dann würde man am liebsten allen den Rücken kehren und gleich wieder zurückfahren.« Dies ist die reine Übertreibung; Benicia ist eine von den typisch amerikanischen Städten, wo
ein Penner so wenig denkbar ist wie ein Marsmensch. Trotzdem war
Warren Pearsons Heimkehr von seiner Lindblad-Reise nicht besonders erfreulich. Und so begann er, seine Rückkehr zu planen.

Von Anfang an wußte Pearson, daß er seine Expedition selbst fi-
nanzieren mußte. Er hatte keine Chance, ein Forschungsstipendi-
um der *National Science Foundation* zu erhalten und damit die
Möglichkeit, mit Regierungsmitteln zu reisen. Selbst wenn er ein
passables Projekt vorzuweisen gehabt hätte, hätte sein Herzschrittmacher ihn höchstwahrscheinlich disqualifiziert. Nicht daß
er Hilfe haben wollte. Nach dem Antarktisvertrag von 1959 müssen alle Nationen mit Stimmrecht über Aktivitäten in Antarktika –
»der Club« – über jede Expedition im voraus informiert werden.
Das bedeutete, wie Pearson in seinem dreibändigen Expeditionsta-
gebuch schrieb, »diese Länder würden mich gegen meinen Willen
›retten‹. Meine Pläne sollen genau das verhindern, wenn das Geheimnis nicht vor der Zeit bekannt wird.«
Pearson deutete seiner Frau gegenüber nur vage an, was seine
Pläne anging. Er sagte nur, daß er ein Jahr Pause machen wolle, um

im Südpazifik zu segeln. So ließ er alle Möglichkeiten offen – er hätte die Reise nach Antarktika jederzeit abbrechen können – und ersparte ihr damit unnötige Sorge. Die beiden verstehen ihr Ehebündnis als freie Gemeinschaft, in der jeder ein Individuum bleiben kann. »Ich habe das Recht, ein Jahr frei zu nehmen, um verdammt noch mal genau das zu tun, was ich möchte«, sagt er, »und bei ihr ist es genauso.« Barbara Pearson reiste beispielsweise einmal nach Huautla in Mexiko, um eine Freundin zu besuchen, und landete in einer rituellen Zeremonie, zelebriert von einer Schamanin, bei der sie Pilze mit Zauberkräften aß.

Barbara Pearson ist fasziniert von der Jungschen Schule der Mytheninterpretation, die menschliches Verhalten mit Hilfe von mythologischen Archetypen erklärt, und sie sah in seinem vermeintlichen Inselaufenthalt eine »spirituelle Aufgabe, die Suche nach dem Heiligen Gral«. Sie und Pearson haben eine gemeinsame Sprache, die befrachtet ist mit der Symbolik mittelalterlicher Romanzen: Grale, Zauberer, Ritter auf weißen Pferden, Einhörner – die gleichen Zeichen, die Kalifornier von George Lucas bis zu den Computerhackern mit *Kerkern und Drachen* im Kopf inspirieren. Hätte sie seine tatsächlichen Pläne gekannt, wäre sie verzweifelt.

Nachdem er den absurden Plan einer Bruchlandung mit einer C-47 aufgegeben hatte, beschloß Pearson, einen Schleppnetzfischer mit Stahlrumpf zu bauen und mit Motorkraft von Melbourne seinen Weg nach Süden zu nehmen. Hätte er Erfolg, so schätzte er, wäre er als erster Mensch allein nach Antarktika gereist. (Von 1972 bis 1974 segelte David Lewis, ein Arzt im Ruhestand, der in Australien lebte, allein in einer Zehn-Meter-Schaluppe, der *Ice Bird*, auf die antarktische Halbinsel und zurück nach Südafrika. »Aber das war die Halbinsel«, erklärt Pearson. »Sie liegt weiter nördlich, und es ist dort viel wärmer. Zum Teufel, die auf dem Festland nennen die Gegend den ›Bananengürtel‹.« Lewis, dessen Boot öfter kenterte und den Mast in Wellen, die mehr als 18 Meter hoch waren, verlor, würde möglicherweise etwas beleidigt reagieren.)

In seinen Tagebüchern beschreibt Pearson die Expedition in

grandiosen und romantischen Worten, anders als sonst bei ihm üblich. Er bezeichnet Antarktika als »einen kaiserlichen Wildnispalast«, wo seine Seele zu erwachen begann, und als »ein Camelot«, wo Gutes geschieht und das Glück regiert.

Seine heldenhafte Suche sollte ein Ringen sein mit »der weißen Seele der Planeten. ... Es kann tödlich ausgehen, aber ich werde einmal in meinem Leben bis zum letzten kämpfen.« Der Kampf, dessen war er sich sicher, würde ihm »den Segen jedes Gottes, Königs, Retters und jeder spirituellen Kraft, die je in den Köpfen und Herzen wohlmeinender Menschen gewohnt hat« eintragen. Dieses Lob würde er sich durch das primäre Ziel seiner Reise verdienen, nämlich sein Wissen um den Wert Antarktikas öffentlich zu verbreiten. Es war dieses hochfliegende Motiv, das aus seiner Expedition mehr machen sollte als »die Flucht in eine private Phantasiewelt« und das, so hoffte er, die Behörden dazu bringen würde, seiner illegalen wissenschaftlichen Station gegenüber Nachsicht zu üben.

Bei unserem Gespräch in der Küche wurde Pearson ganz lebhaft, als er ausführlich sein höheres Ziel erläuterte: »Antarktika fördert das Beste im Menschen zutage, und sie ist ein höllisch gutes Beispiel für die kooperative Zusammenarbeit zwischen Menschen. Es ist so leicht, keine Hoffnung zu haben, was die internationalen Beziehungen angeht, aber die Argentinier und die Briten hätten dort unten das letzte Hemd miteinander geteilt. Ich wollte die Menschen wissen lassen, daß die Dinge dort unten zum allgemeinen Wohl funktionieren, und vielleicht gelingt es ja, diesen Zustand auch an anderen Orten zu erreichen. Ich wollte sagen, daß Antarktika eine unverdorbene Wildnis ist. Es ist wichtig zu wissen, daß es noch einen guten, sauberen, gesunden Platz gibt. Wenn Menschen sich traurig und hoffnungslos fühlen, ist allein schon dieses Wissen erhebend. Mein Job ist der eines Informanten. Meine Reise sollte eine anschauliche Lektion sein – für so viele Menschen wie möglich. Und die Message ist die: ›Antarktika ist eine gute Sache. Macht sie nicht kaputt. Klopft euch auf die Schultern. Ihr habt etwas Gutes geschafft. Wir alle haben das.‹ In einer Welt voll Negativismus war diese Message für mich bedeutungsvoll genug, um mein Leben zu riskieren.«

Schon bald nach seiner Rückkehr von der Lindblad-Reise begann Pearson, vierzehn Stunden am Tag zu arbeiten; er übernahm Vertretungsstunden und Abendkurse. Die Expedition würde teuer werden, und er wollte alle seine Schulden begleichen und seine Versicherungspolicen voll einzahlen, bevor er aufbrach. Zwischen den Unterrichtsstunden arbeitete er entweder an seinem Dokumentarfilm über Antarktika, oder er verschwand in die Bibliothek. Er las jedes Buch über Antarktika, das er finden konnte, und befaßte sich mit Navigation, Ozeanographie, Meteorologie – Themen, die ihm auf seiner Reise nützen würden.

Den ersten wirklich greifbaren Schritt tat er im Dezember 1982, als er 925 Stoffabzeichen bestellte, auf denen stand: »Zu Ehren des Geistes der internationalen Zusammenarbeit in Antarktika – Basislager Kap Denison 1985.« (Teams in Antarktika sammeln und tauschen solche Embleme wie Autogrammkarten.) Pearson ließ sie in allen vier offiziellen Sprachen des Antarktisvertrages drucken: Englisch, Französisch, Spanisch und Russisch. Bei allen Versionen wurde Denison falsch geschrieben: mit zwei »n«.

Er hatte Kap Denison aus gutem Grund gewählt. Obwohl sein Schiff einen Stahlrumpf haben würde, konnte das Packeis, das sich im Südwinter bildet, leicht das Boot zerdrücken, wie es mit Ernest Shackletons Schiff *Endurance* 1914 geschehen war. Eine Möglichkeit, dies zu verhindern, bestand darin, in einer schmalen Bucht zu ankern, wo sich kein so starker Eisdruck aufbauen konnte wie auf dem offenen Meer. Denison bietet einen solchen Ankerplatz, und es ist einer der wenigen Orte an der eisverstopften Küste, der sich überhaupt mit einem kleinen Boot erreichen läßt. Doch vielleicht noch wichtiger war, daß Pearson dort auf seiner Lindblad-Reise an Land gegangen war, um die Mawson-Hütte zu besichtigen und die Gegend zu erkunden. Daher hatte er eine tiefe gefühlsmäßige Beziehung zu dem Kap.

Leider gehören die Witterungsbedingungen an jenem speziellen Stück Küste zu den schlimmsten auf unserem ganzen Planeten. Eiskalte Luft, die von dem 3000 Meter hohen Zentralplateau des Kontinents herunterweht, läßt dort Winde mit Geschwindigkeiten von 300 Kilometern pro Stunde entstehen, die sogenannten katabatischen Winde. »Die wären schon ganz schön scheußlich gewesen«, sagt Pearson, »aber ich wäre damit fertig geworden.«

Hätte das Eis den Rumpf seines Bootes trotz allem zerquetscht, hätte Pearson vor der grausigen Winterkälte in der Mawson-Hütte Zuflucht suchen können. (Die niedrigste gemessene antarktische Temperatur liegt bei minus 88,3 Grad Celsius – ohne Wind.) Dann, im Frühjahr, hätte er nach Dumont d'Urville laufen können, dem französischen Stützpunkt in 130 Kilometern Entfernung, um von dort mit einem Versorgungsschiff nach Hause zu fahren. In jedem Fall legte er es darauf an, ein weiteres Mal der erste zu sein: der einzige Mann, der seit Byrd (1934) allein überwinterte (»und der hatte große Unterstützung von der Regierung und unterhielt eine regelmäßige Funkverbindung«).

Trotz all dieser Pläne entwickelte Pearson nie mehr als eine ausgesprochen vage Vorstellung davon, was er tun würde, hätte er Antarktika erst einmal erreicht. Er wollte noch einen Dokumentarfilm drehen, schreiben, bescheidene Forschungen durchführen (vielleicht Meteoriten sammeln oder Geschlechtsunterschiede in der Gehirnanatomie von toten oder verletzten Meeressäugetieren untersuchen). »Im einzelnen hatte ich kein bestimmtes Programm«, sagt er. »Ich wollte mich den Einwirkungen eines unerwarteten Natursprungs hinaus in den Strom des Lebens aussetzen, das Unbekannte erfahren. Warum wollte Hillary den Everest besteigen? Der Grund, weshalb ich nach Antarktika wollte, war der, festzustellen, was passierte, wenn ich nach Antarktika käme. Ich wollte auch innere Veränderungen erfahren, sie spüren. Hätte ich sterben müssen, wäre das ein Teil dieser Erfahrung gewesen. Ich hätte gehofft, daß meine Lektion trotzdem nach außen gedrungen wäre. Auch in jenem Fall hätte mein Leben eine Bedeutung gehabt.«

Im Sommer 1984 hatte Pearson mehr als 40 000 Dollar zusammen. Er war so überlegt dabei vorgegangen, seine Angelegenheiten in Ordnung zu bringen, daß er sogar Zeitungsanzeigen vorbereitete hatte, die seine Frau nur zu veröffentlichen brauchte, um seine Autos zu verkaufen, sollte er umkommen. Um sicherzustellen, daß seine Lektion an die Öffentlichkeit gelangte, bereitete er eine Schachtel vor, die er versiegelte und die sie am 31. März 1985 öffnen sollte, drei Monate nach seinem geplanten Abreisetag. Bis dahin, so rechnete er, würde er entweder im Eis festsitzen und unerreichbar sein oder Opfer eines Schiffbruchs und tot. In der Schachtel waren Briefe an die US-Botschafter der 16 Nationen, die »dem Club« angehören, und an wichtige Zeitungen in jenen Ländern. Jeder Umschlag enthielt auch eine Reihe von Stoffabzeichen. Barbara sollte sie zur Post von Benicia bringen und dort einwerfen, einen nach dem anderen: An den Ehrenwerten Anatoli F. Dobrinyn, *Prawda, Le Monde, The London Times, El Mercurio, The New Zealand Herald* ...

Ein anderer Umschlag enthielt einen Artikel – fertig gesetzt – für die Zeitschrift *Artwell*, einen Katalog zu der Kunstausstellung, die jedes Jahr im Frühling in Benicia stattfindet, und den vielleicht tausend Leute lesen würden. Die Zeitschrift sollte Ende März von seiner Frau herausgegeben und dieser Artikel die erste Information über sein tatsächliches Ziel werden.

Unter der Überschrift »Performance Peace« stellte er die Expedition als ein Stück Performance-Kunst dar, an dem der Leser sich beteiligen könne, indem er ihm schlicht gute Reise wünsche. Seine einzige Hoffnung auf Erfolg, schrieb er, liege darin, »mit den Kräften der Natur zu tanzen« und »die helfende geistige Kraft« zu nutzen, »die von der ganzen Menschheit ausgeht« – deren einer Stellvertreter er war. »Ohne diese Kraft oder meinen Glauben daran, würde ich niemals eine solche Odyssee unternehmen und bezweifeln, daß ich sie überleben könnte.«

Im späten Juli, in den Ferien zwischen zwei Semestern, flog Pearson nach Melbourne, um ein Boot zu suchen. Er wählte Melbourne wegen seiner Größe und wegen der Nähe zu Antarktika. Hobart in Tasmanien wäre noch näher gewesen, aber in einer so kleinen Stadt würde ein Mann, der ein Boot und tonnenweise Vorräte einkauft, Verdacht erwecken. In Melbourne konnte er sein Geheimnis wahren.

Auf der Südhalbkugel war Winter, und am Tag seiner Ankunft war es grau und stürmisch. Er mietete sich in einem bescheidenen Hotel in der Innenstadt ein, und während sein Zimmer für ihn zurechtgemacht wurde, unternahm er einen Spaziergang in der Hoffnung, einen ersten Blick auf das Südmeer werfen zu können. Sein Weg führte ihn an eine einsame Anlegestelle, und als er über den Rand schaute, tanzte zu seinen Füßen auf dem unruhigen grauen Wasser eine schmuddelige elf Meter lange Kreuzerketsch mit Stahlrumpf, die *Finegold*. Sie war genau das, was er suchte.

Obwohl die *Finegold* kein Verkaufsschild trug, war ihr Eigentümer bereit, sie für 16 840 Dollar zu verkaufen. »Als Aschenputtel den Fuß in den Schuh setzte, paßte er ihr nicht nur wie angegossen, sondern es war auch ein Moment der Freude, was ich jetzt nachempfinden kann«, schrieb Pearson in sein Tagebuch, als der Handel abgeschlossen war. Sein Gefühl der Vorbestimmtheit wurde noch dadurch verstärkt, daß der Name des Eigentümers Alan Pearson war; und daß er die gleichen Herzprobleme wie Pearson hatte. Alan Pearson hatte die Ketsch zusammen mit seinem Bruder gekauft, in der Absicht, um die Welt zu segeln, aber seine Herzrhythmusstörungen hatten diesen Plan zunichte gemacht. Neben ihrem Stahlrumpf hatte die *Finegold* einen fast neuen Sechs-Zylinder-Dieselmotor, eine isolierte, selbstlenzende Plicht und einen enormen Ballast, der sie am Kentern hindern oder sie wieder aufrichten würde, falls sie doch kentern sollte. Dazu kam noch die Möglichkeit der Besegelung.

»A. W. Pearson hätte fast einen zweiten Herzanfall bekommen, als J. W. Pearson auf ihn zutrat und sein Boot kaufte, ohne auch nur einen Fuß darauf gesetzt zu haben oder überhaupt zu wissen, ob es eine Maschine hatte«, schrieb Pearson begeistert, als er wieder im Hotel war.

In den nächsten zwei Wochen, während der Semesterbeginn immer näher rückte, arbeitete Pearson wie ein Besessener. Er rechnete sich aus, daß er den ganzen Weg nach Antarktika mit Motorkraft zurücklegen könnte, trotzdem beschloß er, die *Finegold* aufzutakeln – mit kleinen, strapazierfähigen Segeln, die einfach zu handhaben sein würden. Weil er wenig über das Takeln und das Segeln wußte, kaufte er sechs Bücher. (»So viel zu lernen.«) Wenn er nicht gerade lernte oder am Boot arbeitete, war er unterwegs, Ausrüstung zu besorgen: ein Funkgerät, Kompaß und Sextant, Seekarten, Leuchtkugeln, eine Seenotfunkboje, gebrauchte Segel, Beschläge. Er fuhr mit der Straßenbahn und kritzelte zwischen den Haltestellen noch Gedanken in sein Tagebuch. Die Fahrgäste um ihn herum ahnten nicht, daß das gelbbraune Buch eine Nachricht für sie enthielt: »Ich bin ein Streif Liebe, der durch dein Leben treibt, ein unbedeutendes Werkzeug, der Lohn deiner Güte. Mein Schicksal ist es, eine Fackel der Hoffnung in das weiße Königreich zu tragen – für dich. Deine göttlichen Kräfte werden mich unsere Reise durchstehen lassen, und ich verpfände mein Leben, daß ich ein würdiger Bote sein will.«

Während jener vier Wochen im August war Warren Pearson völlig in Anspruch genommen und zufrieden – ein unbekannter Mensch auf einer Top-Secret-Mission für die Menschheit. Endlich geschah etwas. Wieder zu Hause in Kalifornien, half Pearsons heimliche Erwartung, den Anker für das Magnum Opus seines Lebens zu lichten, ihm durch die Unterrichtsroutine des Herbstsemesters.

Im Dezember verließ er Benicia, ohne noch Weihnachten abzuwarten. Den Weihnachtsabend verbrachte er statt bei Weihnachtsliedern und einem gemütlichen Feuer vor dem heimeligen Kamin einsam an Bord der *Finegold* in Melbourne. Ohne Geld, da die Banken noch geschlossen hatten, und ohne seine persönlichen Sachen, die noch auf einem Frachter unterwegs waren, lebte er spartanisch, wusch er sich in einem Eimer mit Wasser, das er auf dem Ofen erwärmt hatte, verwendete als Seife irgendein Reinigungsmittel und trocknete sich mit einem alten Vorhang ab. Danach zog er los, um Lukendeckel aus Metall zu bestellen, wanderte in eine Kirche und hörte ganz allein für sich dem Chor und der Predigt zu. »Froh bin ich, froh. Meine Seele ist gesättigt«, schrieb er, bevor er in einer Koje ohne Laken einschlief.

Es war keine traurige Zeit. Er hatte Monate zuvor mit einer eigenartigen Logik für sich geschlußfolgert, daß er, indem er seinen Sinn für die eigene Wichtigkeit eliminierte, sich nicht einsam fühlen würde. »Ich werde in einem Zustand der Freude leben, wenn ich so unbedeutend bin wie ein Sandkorn auf einem sturmumtosten Strand«, rhapsodierte er in seinem Tagebuch. »Traurigkeit, Einsamkeit und Schmerz sollen mich an meine Bedeutungslosigkeit erinnern, und dann vermag ich vielleicht einen Schimmer von der flüchtigen Sache wahrzunehmen, die ich suche: eine transzendente Vereinigung mit mir selbst als einem allerwinzigsten Teil des Ganzen.« Pearson war betrübter über das Fehlen von Haarfestiger und Handtüchern als über den Mangel an Gesellschaft.

Am Weihnachtsmorgen öffnete er sein Geschenk von Barbara: ein winziger kristallener Kelch (»Mein Gral!«); ein Brieföffner mit einem Einhorn auf dem Griff, sein Schwert; eine Handharfe und ein Buch mit dem Titel *Wir*. Der dünne Band von einem Analytiker der Jungschen Schule erzählt die dramatische Geschichte von Tristan und Isolde nach und erkundet die Triebkräfte romantischer Liebe. Auf einer seiner beiden Reisen ist Tristan »krank bis zum Tode« und treibt dahin, nur mit seiner Harfe, im Vertrauen auf das Meer, das ihm Heilung bringen wird. Seine innere Reise bringt ihn schließlich zu Isolde, der Schönen. Beim Betrachten des Kelchs fühlte Pearson eine große Wärme in sich aufsteigen. Dann öffnete er eine Dose Bohnen zum Frühstück mit dem Brieföffner, ohne sich über dessen Symbolik im klaren zu sein, und machte sich daran, das Hauptsegel zu takeln.

Pearson trieb die Dinge in den nächsten beiden Wochen in Melbourne vehement voran und nahm seinen 14-Stunden-Tag wieder auf. Er fertigte eine Sicherheitsbespannung aus Baumwolle für seine Koje an, richtete die Pinne im achterlichen Cockpit so ein, daß er wahlweise von dort aus steuern konnte oder aus der Kajüte, studierte die Bücher über Navigation. Da er keine Propangasflaschen zu kaufen bekam (»Nur zu mieten, Kumpel«), erwarb er einen kleinen Holzofen. Darin wollte er die restliche Kohle von der Mawson-Expedition zum Heizen verwenden oder, falls notwendig, Robbenspeck.

Am 4. Januar brachte er die anderthalb Tonnen Ausrüstung, die er verschifft hatte, durch den Zoll und transportierte sie in einem geliehenen Kleinbus zu seinem Boot. Mitten im Durcheinander auf dem Boden sitzend, machte er eine Aufstellung. Zwar behauptete er, den Materialismus überwunden zu haben, doch die Inventarliste legt einen anderen Schluß nahe: Eiskletterausrüstung von Chouinard (zur Selbstrettung aus Gletscherspalten), ein Wilderness Experience Everest-Anzug, ein Kälteschutzanzug fürs Wasser, Ultra Extreme Bergstiefel von Koflach, imprägnierte Inlets für seine Schlafsäcke, ein Berg Polypropylen- und Wollkleidung, ein Jahresvorrat an Überlebensrationen, die 6000 Kalorien pro Tag liefern, Medikamente auf Vorrat, 2500 Meter Farbkinofilm, seine Ariflex, eine Großbild-Kamera, zwei Canon A-1, ein 650-Watt-Generator, ein vier Meter langes Schlauchboot mit Außenbordmotor, 800 Liter Diesel und 200 Liter Gas sowie zehn Propangasflaschen, die er doch noch aufgetrieben hatte. Er hatte keine Kosten gescheut – und auch nicht versucht, den Überblick zu behalten.

Als die Abfahrt immer näher rückte, gab seine Aufregung kurzzeitig der Sorge Raum: »Es war so viel zu tun, daß ich wenig Zeit hatte, mir über die Folgen dessen klar zu werden, was ich im Begriff stehe zu tun«, schrieb er. Doch der Zeitplan, den er selbst aufgestellt hatte, ließ keine Zeit zum Nachdenken, und er machte weiter, arbeitete jeden Tag bis zum Umfallen. Am 5. Januar füllte er Zollerklärungen aus, in denen er Bluff, Neuseeland, als seinen nächsten Hafen angab und den 24. Januar 1985 als seinen Ankunftstag. Er hatte ein schlechtes Gewissen wegen der Irreführung der Behörden, die er jedoch als Notlüge entschuldigte: »Wenn alles gutgeht, komme ich am 24. Januar 1986 in Bluff an.«

Sein tatsächlicher Plan aber war, eine Testfahrt in der Port-Phillip-Bucht unterhalb von Melbourne zu unternehmen und dann King Island nordwestlich von Tasmanien anzusteuern, normalerweise eine Drei-Tages-Seereise über die Bass Strait, die berüchtigt ist für ihr unberechenbares Wetter. Gerade eine Woche zuvor hatte das Rennen von Sydney nach Hobart über diesen Meeresarm ein katastrophales Ende gefunden. Nur 40 Boote aus einem Feld von 150 waren angekommen; der Rest trieb manövrierunfähig auf dem Wasser. Pearson wollte diesen Teil seiner Reise so schnell wie möglich hinter sich bringen. Denn nicht nur das Wetter ist im allgemeinen schlecht und die Dünung gewaltig – die Winde könnten ihn in der Furneaux-Gruppe auf Grund treiben, einer Gruppe Inseln vor der nordöstlichen Küste von Tasmanien. Hätte er Tasmanien erst einmal hinter sich, gäbe es auf den nächsten 1500 Meilen nichts mehr, was ihn aufhalten könnte. In den Brüllenden Vierzigern, den Wütenden Fünfzigern und den Kreischenden Sechzigern mußte er sich nur Gedanken über mörderische Stürme und Kaventsmänner machen – und dann natürlich über Eisberge. Aber die kämen später.

Aus dem Logbuch der *Finegold*:

»Montag, 7. Januar, 12.45. – Und jetzt segle ich! Leegierig, alle Segel gesetzt. Leichter Wind. Peilung 220 Grad. Wie aufregend!«

Die 60-Meilen-Probefahrt über die Bucht wurde nur beeinträchtigt durch eine gerissene Leine die schnell repariert war, und einen Navigationsfehler, der ihn an einer seichten Stelle auf Grund laufen ließ. »Blöd, blöd, blöd«, beschimpfte er sich selbst in seinem Tagebuch. Am Abend befreite ihn die steigende Flut, und er lief unter Motor weiter auf das Nadelöhr der Bucht zu, einen tückischen Ort, genannt The Rip (»Der Aufreißer«). Ein voller Mond stieg über Melbourne auf, und ein Delphin sprang in der Nähe des Bootes aus dem Wasser – günstige Vorzeichen. Der Abend war wunderschön, die Zeitung hatte gutes Wetter vorausgesagt, und Pearson beschloß, die Fahrt aus der Bucht hinaus zu wagen.

»Fehler. Großer Fehler«, lautete der nächste Eintrag im Logbuch. Gewaltige Wellen schlagen auf die *Finegold* ein und verwandeln die Kajüte in die Trommel eines Wäschetrockners – voll umherfliegender Ausrüstungsgegenstände. Nach zwanzig Meilen die Bass Strait hinunter, während die Dünung immer noch auf das Boot eindrosch, gab die Maschine den Geist auf. Pearson hatte große Angst, ans Ufer getrieben zu werden, zog sich aber dennoch in seine Koje zurück. »Das Boot tanzte die ganze Nacht wie verrückt herum. So was Blödes. Ich glaubte mich wirklich schon tot.«

Am Dienstag morgen lief die Maschine wieder, Pearson hatte einen Kaffee getrunken, und die Sonne schien – er fuhr weiter. Der Wind ließ nach, und er setzte das Hauptsegel. »Das geht jetzt aber ab, mit beiden Segeln und der Maschine!« schrieb er. Der Motor jedoch stotterte und ging zwischendurch immer wieder aus, den ganzen Tag lang. Der Wind wurde stärker, aber Pearson baute darauf, daß die *Finegold* stetig ihren Kurs hielt, ohne daß er überhaupt das Ruder berührte. Die Bilge lief allerdings voll Wasser, und die Motorpumpe funktionierte nicht. Er pumpte sie von Hand leer – 750mal pumpen, 45 Minuten –, wurde dann seekrank und ging unter Deck, um sich auszuruhen.

Bis zum Abend heulte der Wind mit einer Geschwindigkeit von 40 Knoten, und Pearson verließ seine Koje nur, um das Hauptsegel einzuholen. Als die Dunkelheit hereinbrach und das Schiff seinen stetigen Kurs beibehielt, nahm er sich vor, die ganze Nacht unten zu bleiben und nur alle Stunde an Deck zu gehen, um die Lage zu überprüfen. »Warum an etwas herumfummeln, das funktioniert?« schrieb er.

In jener Nacht – »einer Nacht des Schreckens« – kämpfte die *Finegold* sich schaukelnd voran, glitt hinunter in gähnende, fast quadratische Wellentäler mit sechs Meter hohen Wasserwänden auf allen Seiten. Kaventsmänner donnerten auf das Schiff herab und legten es 45 Grad auf die Seite. Pearson kämpfte sich an Deck, klinkte sich in die Sicherheitsleine ein und nahm die Fock ab. Er konnte das

Leuchtfeuer von Kap Wickham auf King Island ausmachen. Dadurch ermutigt, ging er unter Deck und pumpte erneut die Bilge aus. Beim nächstenmal war das Licht weiter weg, und am Morgen war kein Land in Sicht. Er wurde auf die Furneaux-Gruppe zu getrieben.

Aus dem Logbuch der *Finegold:*

»Donnerstag, 10. Januar, 9 Uhr früh. – Es ist immer noch stürmisch. Gigantische Brecher. Regen. Gestern gegen Mittag habe ich mein Ruder verloren. Keine Maschine, kein Ruder, keine Kontrolle. Um fünf Uhr am Nachmittag habe ich die Seenotfunkboje eingeschaltet. Keine Antwort. Funktioniert nur 48 Stunden. Muß alle paar Stunden die Bilge leer pumpen. Sieht gar nicht gut aus, weil ich in einer Wasserstraße bin und auf den Felsen auf Grund laufen könnte. Brauche dringend Hilfe.«

Während er sich an seiner Koje festhielt und allerlei Ausrüstungsgegenstände durch die Kajüte polterten, starrte er durch ein Bullauge hinaus, das er unbedeckt gelassen hatte. Dunkelgrünes Wasser schob sich zur Hälfte über das Glas – jedes Mal, wenn das Boot rollte. Er stellte sich das gräßliche Geräusch von Felsen vor, die gegen den Rumpf kratzten. Würde es in der nächsten Nacht passieren? In der nächsten Minute? Würde Barbara die Päckchen abschicken? Warum hatte er keine Antwort auf seinen Notruf bekommen? Er war sicher, sterben zu müssen, trotzdem war er überrascht, keine große Angst davor zu empfinden. Der einzige beunruhigende Gedanke, der ihn immer wieder beschäftigte, war der, daß er niemandem die Schuld geben konnte außer sich selbst. Einmal in seinem Leben gab es keinen Sündenbock für sein Scheitern. Auf diese Art von Einsamkeit war er nicht vorbereitet.

Die Dunkelheit brach herein. Pearson stand unter Schock, pumpte die Bilge automatisch immer wieder leer, trank ein Glas Wasser, aß einen Kräcker. Plötzlich hörte er über sich ein Brummen – ein Flugzeug. Er suchte in dem Durcheinander in der Kabine herum und fand seine Leuchtkugeln. Die Luke konnte er nicht schnell genug aufstoßen. Dann feuerte er zwei rote Leuchtkugeln ab, das internationale Notsignal. Der Pilot flog einen Kreis. Pearson winkte wie wild.

In den nächsten sieben Stunden lösten sich mehrere Flugzeuge bei der Verfolgung der *Finegold* ab. Hin und wieder traute sich Pearson aus der Koje heraus. Ungefähr um elf Uhr abends erspähte er durch das Bullauge einen Lichtschimmer. Er feuerte seine letzte rote Leuchtkugel ab. Das unheimliche, tiefrote Licht erhellte eine höllische Szenerie: haushohe schwarze Wellen, die in einem Übelkeit erregenden Rhythmus auf und ab wogten. Aus der Dunkelheit antwortete ihm eine weiße Leuchtkugel. Und dann wurde es auf dem ganzen Meer taghell. Ein Hubschrauber hatte hoch oben eine gleißend helle Lichtfackel gezündet, und in einiger Entfernung konnte Pearson seine Rettung sehen, die *M. S. Iron Prince*, einen gewaltigen schwarzen Frachter, der sich langsam auf ihn zu bewegte.

Pearson klinkte sich in seine Sicherheitsleine ein, die vom Bug zum Heck lief, und zündete immer wieder Handsignale an. Manchmal stand er bis zum Bauch im Wasser. Als der Frachter mit Hilfe seiner Bugstrahlruder längsseits kam, wurden die Flutlichter eingeschaltet. Der Erste Maat brüllte nach unten: »Sind Sie der Schiffsführer?«

»Ja!« entgegnete Pearson, fast Auge in Auge mit dem Maat. Die Wellen hatten die *Finegold* auf eine Höhe mit dem Deck des Frachters gehoben, in der nächsten Sekunde ließen sie die Ketsch zwölf Meter tief hinunter fallen.

»Wie können wir Ihnen helfen?«

»Mein Motor streikt, und ich habe kein Ruder mehr, und ich nehme Wasser über. Können Sie mich ins Schlepp nehmen?«

»Wir können es versuchen.«

Die einzigen Schleppleinen befanden sich am Heck des Frachters. Der schob sich langsam vorwärts, bis die *Finegold* unter dem vorstehenden Ende über der abgeschalteten Schraube lag. Der Seegang war hier genauso schlimm. Einmal griff Pearson nach oben und berührte kalten Stahl. Als sein Boot wieder abtauchte, schlug er auf

Deck. Bei der nächsten Woge krachten der Besanmast und die Wanten neben ihm herunter. Der starke Wellengang ließ die beiden Schiffe gegeneinander krachen, zerbeulte den Rumpf der *Finegold*.

Schließlich machte die *M. S. Iron Prince* langsam Fahrt, und jemand warf ihm eine Leine zu, die an eine sieben Zentimeter starke Trosse gebunden war. Pearson konnte gerade noch die schwere Schleppleine über die Wasserfläche zerren und an Bord hieven. Dehydriert und übernächtigt – fast vier Tage ohne Schlaf –, brach er danach ohnmächtig zusammen. Als er wieder zu sich kam, gelang es ihm, die Trosse an einer kleinen Heckklampe zu befestigen. Als nächstes wurde über die Reling der *M. S. Iron Prince* eine Strickleiter heruntergelassen, aber der Seegang war zu schwer, um davon Gebrauch zu machen. Dann wurde ihm eine einzelne Leine zugeworfen. Er stolperte zurück in die Kajüte, ergriff sein Logbuch, eine Seekarte von der Bass Strait und die Handharfe. Dann band er sich das Seil um den Bauch und wurde so in Sicherheit gezogen.

Die *Finegold* folgte ein kurzes Stück mit dem Heck voran im Kielwasser des Frachters, dann glitt sie hinab in die dunkle Tiefe des Meeres. Als die Besatzung die Trosse einholte, war die Klampe immer noch dran.

Weil er auf dem Heimflug die internationale Datumsgrenze überschritt, traf Warren Pearson noch am Tag seiner Rettung im Flughafen von San Francisco ein. »Es war, als hätte die gaaaanze Sache nicht stattgefunden«, sagt er in einem mißmutigen Falsett, das sich anhört wie die Stimme einer verrückten alte Frau. »Als wäre ich aus dem Theater gekommen und würde über den Parkplatz zu meinem Auto gehen und nach Hause fahren.«

Zu Hause grübelte er wochenlang über das Geschehen nach. Der Sturm hatte ihn 120 Meilen von King Island nach Südosten getrieben, nur die halbe Strecke bis zu der Küstenlinie, die seine Phantasie so beherrschte. Wenn er ihn nur überstanden hätte. Wenn er es bloß nach King Island geschafft hätte. Wenn nur ...

Das Unternehmen hatte ihn 80 000 Dollar gekostet, 40 000 für

das Boot und die Ausrüstung und 40 000 an Gehalt, das er durch
das eine Jahr Urlaub einbüßte. Alles, was er als Gegenwert für seine Investitionen vorzuzeigen hatte, waren ein paar Erinnerungsstücke: die Kleider, die er in der Nacht getragen hatte, als er gerettet wurde, sein Logbuch, die Handharfe, die verknitterte Seekarte,
die Decksklampe. Doch der Verlust der *Finegold* bekümmerte ihn
am meisten. Er kam sich vor, als habe er einen Freund im Stich gelassen. »Ich hatte eine tiefe Beziehung zu dem Boot. Es war mein
Leben, und was habe ich getan? Bin von Bord gesprungen und ließ
es untergehen.«

Einige seiner engsten Freunde sind nicht bereit, sich mit ihm
über die Reise zu unterhalten. »Eine ganze Menge Leute betrachten sie als eine ganz furchtbare Sache für mich, in materieller Hinsicht«, sagt er. »Andere glauben, ich muß einen entsetzlichen Preis
dafür bezahlt haben – emotional. Manche Leute reagieren ärgerlich: Wer zum Teufel glaubt er denn, daß er ist ... sich eine solche
Sache vorzunehmen? Sie meinten, mich alle genau zu kennen, und
dann dieses Unternehmen. Meine Mutter und meine Familie glauben, ich sei zutiefst enttäuscht.« Barbara jedoch sieht die Reise immer noch als eine visionäre Suche und ist gerührt, daß er die Harfe
mit zurückgebracht hat, ein Symbol für das Herz.

Pearson betrachtet lieber »auch die andere Seite der Bilanz«. Er
hat einige Publicity für Antarktika bewirkt – einen Bericht in der
Lokalzeitung, in dem er als naiver Dummkopf dargestellt wurde,
einen großen Beitrag im *San Francisco Chronicle*, diesen Artikel.
»Es war auch eine Grenzerfahrung im Hinblick auf meine seeli-
sche Entwicklung«, sagt er. »Ich weiß, ich habe es probiert; ich
habe nicht vor dem Fernseher vor mich hin gemodert. Ich bin meinem Herzen gefolgt, habe etwas gewagt und habe viel gewonnen.«

»Und«, fügt er noch hinzu, während er mit der Decksklampe
spielt, »ihr habt von Warren Pearson und Antarktika nicht zum
letzten Mal gehört.«

Dezember 1985

Richard E. Byrd
aus **Aufbruch ins Eis**

Richard E. Byrd (1888-1957), einer der großen amerikanischen Polarforscher, verbrachte fast einen ganzen Winter in einer unterirdischen Station in der Antarktis. Daß er dabei eine nahezu tödliche Kohlenmonoxydvergiftung erlitt, ist nur eine von vielen Pannen, die in Aufbruch ins Eis *beschrieben werden. Am interessantesten liest sich der Bericht als scharf beobachtete Begegnung eines Mannes mit seinen eigenen menschlichen Bedürfnissen – an einem Ort, der manche davon stillen kann, andere jedoch um so weniger.*

Die ersten Maitage waren wunderschön. Noch gab es keinerlei Anzeichen für die Katastrophe, die zum Monatsende über mich hereinbrechen sollte. Die Stürme zogen fort, Kälte strömte vom Südpol herein, und dem Mond gegenüber loderte das von der versunkenen Sonne aufgeworfene Licht auf dem kohlrabenschwarzen Himmel wie ein Freudenfeuer. Während der ersten sechs Tage lag die Durchschnittstemperatur bei minus 43,91° C; die meiste Zeit bewegte sie sich tief in den minus 40ern. Während ein schwacher Wind wehte, legte sich eine so vollkommene Lautlosigkeit auf die Eisbarriere, wie ich sie nie zuvor erlebt hatte. Manchmal hatte diese Stille eine ähnlich beruhigende und hypnotisierende Wirkung auf mich wie das gleichmäßige Rauschen eines Wasserfalles. Ein andermal wieder sprang sie mir so harsch ins Bewußtsein wie ein plötzlicher Knall. Sie erinnerte mich an die tödliche Leere, die entsteht, wenn ein Flugzeugmotor abrupt im Flug aussetzt. Die angespannte Stille, die draußen auf der Eisbarriere herrschte, ließ mich unwillkürlich nach den kleinsten Lauten lauschen, doch es war einfach nichts zu hören. Diese Stille durchdrang auch meinen Raum, und manchmal schreckte ich alarmiert mit geschärften Sinnen von irgendeiner Tätigkeit hoch wie ein Hausherr, der sich einbildet, einen Einbrecher zu hören. Dann nahm ich die kleinen, gehetzt wirkenden Geräusche in der Baracke wahr, die plötzlich gegen die Lautlosigkeit anzukämpfen schienen – das Zischen des Herdes, das Rattern der Instrumente, das Ticken der Chronometer. Einmal schreckte ich, ohne zu wissen warum, nach einem großen Sturm aus tiefem Schlaf hoch. Doch dann wurde mir klar, daß die plötzliche Ruhe mein Unterbewußtsein verwirrt hatte, das mittlerweile an das Klappern des Herdrohres und das brandungsähnliche, rhythmische Tosen des Sturmes gewöhnt war.

Es war seltsam. Ich fühlte mich, als wäre ich auf einem dem Menschen völlig unbekannten Planeten ausgesetzt worden. Doch ich hielt diese Erfahrung für gut, da ich etwas lernte, von dem die Philosophen dauernd reden – nämlich daß der Mensch auch mit bescheidenen Mitteln ein sinnvolles Leben führen kann. Obwohl ich ein sehr sachlicher und skeptischer Mensch bin, erfüllte mich dieses erhebende und mystische Gefühl, eine Einheit mit der äußeren Welt zu bilden. Auf einmal hatte ich den Eindruck, zu begreifen, was Thoreau damit gemeint hatte, als er sagte: »Mein Körper ist jetzt wirklich empfindungsfähig.« Es gab Momente, in denen ich mich *lebendiger* fühlte als je zuvor in meinem Leben. Meine Sinne, die nun von materialistischen Ablenkungen befreit waren, schärften sich für Neues, so daß ich das ganz alltägliche Geschehen am Himmel, auf der Erde und in meinem Innern, das ich normalerweise wahrscheinlich überhaupt nicht wahrgenommen oder aber ignoriert hätte, aufregend und wunderbar fand.

1. Mai

Heute nachmittag habe ich im Windschatten der im letzten
Sturm entstandenen Sastrugi besonders lockeren Schnee entdeckt. Die Kristalle waren von einer solchen Zartheit und Zer-
brechlichkeit, daß schon der Lufthauch meines Atems sie wie
Steppenläufer umherwirbeln ließ. Die meisten von ihnen waren
nicht größer als ein Vierteldollar, einige so klein wie Murmeln
und wieder andere besaßen die Größe von Gänseeiern. Anscheinend waren sie am Morgen mit dem leichten Westwind angetrie-
ben worden. Ich schaufelte so viel zusammen, daß ich einen Kar-
ton füllen konnte, aber es war beileibe keine einfache Aufgabe,
da schon die Bewegung meiner Hände die Kristalle davonfliegen
ließ. Der Behälter war etwa halb so groß wie ein Schuhkarton,
und trotzdem ergab sein geschmolzener Inhalt nicht einmal eine
halbe Tasse Wasser...

Als ich später meinen Spaziergang unternahm, sah ich zum ersten Mal in diesem Jahr einen Lichthof um den Mond. Mir war
bereits vorher aufgefallen, daß er fast unnatürlich hell strahlte,
ich hatte jedoch nicht weiter darüber nachgedacht, bis etwas –
vielleicht eine leichte Veränderung des Lichts – meine Aufmerksamkeit zum Himmel zurücklenkte. Als ich aufblickte, breitete
sich gerade ein Schleier über dem Antlitz des Mondes aus, und
allmählich bildeten sich anmutige, strahlende Ringe darum. Sie
verwandelten sich in farbige Bänder, so daß es aussah, als hätte
sich ein Regenbogen um eine riesige Silbermünze geschlungen.
Der große äußere Ring, dessen Durchmesser ich auf das 19fache
des Mondes selbst schätzte, war von apfelgrüner Farbe. Doch
das Lichtspiel dauerte nur etwa fünf Minuten, dann verblaßten
die Farben, und ein Dutzend breiter, dunkel gesäumter, karme-
sinroter Bänder schien direkt aus dem Mond geschleudert zu
werden. Schließlich verschwanden auch sie, und alles war wie
zuvor.

3. Mai

Ich habe im Südosten, dicht über dem Horizont, erneut diesen ver-
blüffend hellen Stern gesehen. Als ich ihn vor einigen Wochen das
erste Mal entdeckte, gab ich mich einen Moment lang der fantasti-
schen Idee hin, jemand gebe mir Zeichen. Auch heute nachmittag
kam mir dieser Gedanke wieder. Es ist ein seltsamer Stern, der wie
ein flackerndes Licht in unregelmäßigen Abständen verschwindet
und wieder auftaucht.

Die Wetterfahne hat mir in letzter Zeit einige Probleme bereitet.
Ich mußte täglich ein- bis zweimal den Mast hinaufklettern, um
die Kontakte freizukratzen. Da sich die Temperatur recht konstant
zwischen 45° C und 50° C unter Null hält, fiel diese Arbeit immer
frostiger aus, als ich erwartet hatte. Es ist nichts Neues mehr, daß
mir jedesmal, wenn ich den Mast hochklettere, entweder die Hände, die Nase oder die Wangen einfrieren – oder aber alles zusammen. Heute traf es zur Abwechslung einmal das Kinn. Aber das ist
gar nicht so schlimm, wie es sich anhört ...

5. Mai

Heute war ein schöner Tag. Trotz des fast wolkenlosen Himmels
hing ein äußerst feiner Schleier in der Luft, der zweifelsohne von
fallenden Eiskristallen herrührte. Er löste sich am Nachmittag auf.
Im Norden wurde die Barriere von einem ungewöhnlich zarten,
beinahe pastellfarbenen, blaßroten Licht überflutet. Der Horizont
sah aus wie ein langer, blutroter Schlitz. Über ihm wogte ein stroh-
gelber Ozean an eine Küste aus dem endlosen Blau der Nacht.
Nachdem ich lange zu diesem Himmel aufgeschaut hatte, kam ich
zu dem Schluß, daß es eine derartige Schönheit nur an sehr entlegenen und gefährlichen Orten gibt. Ich glaube, die Natur hat gute
Gründe dafür, ganz besondere Opfer von denjenigen zu verlangen,
die so Wunderbares unbedingt sehen wollen. Dieser Gedanke
machte mir meine eigene Isolation bewußt, denn dieser kalte, aber
lebendige Nachmittag war mein Ausgleich dafür, daß ich auf die

Sonne verzichten mußte, deren Wärme und Licht die Welt hinter dem Horizont bereicherte.

Ich beschloß, zur Abwechslung einmal an der Funkantenne entlang spazierenzugehen, die von der Baracke aus in Richtung Osten führte. Es war nicht übermäßig kalt – die Temperatur lag irgendwo zwischen minus 45° C und 50° C –, aber ich war überrascht, wieviel Rauhfrost sich auf dem Draht gesammelt hatte. Er war um ein Vielfaches angeschwollen, so daß ich ihn gerade noch mit den Fingern umspannen konnte. Das Gewicht des Eises hatte ihn in großen Bögen zwischen den Masten absacken lassen. Etwa einen Tag, bevor die Sonne endgültig versunken war, hatte ich ungefähr 18 Meter hinter dem letzten Antennenmast einen Bambusstock in das Eis als Orientierungspunkt getrieben, falls ich jemals im Nebel oder Sturm den Mast aus den Augen verlor. Aber an diesem Tag fand ich ihn ohne Schwierigkeiten.

Dort stand ich ein Weilchen und dachte über etwas nach, als mir plötzlich einfiel, daß ich den Ofen angelassen hatte. Ich drehte mich also um und nahm Kurs auf den letzten Antennenmast, dessen schattenhaften, schlanken Umriß ich gerade noch erkennen konnte. Den Kopf tief in der Kapuze verborgen, ging ich über das Eis und achtete nicht darauf, wohin ich trat. Plötzlich hatte ich das schreckliche Gefühl, zu fallen und gleichzeitig auf die Seite geworfen zu werden. Als mein Verstand nach einer Schreckensminute wieder einsetzte, fand ich mich in voller Länge im Schnee wieder, und mein Bein hing über den Rand einer offenen Gletscherspalte.

Regungslos lag ich da und wagte nicht, mich zu bewegen, damit die überstehende Kante, die mich trug, nicht einbrach. Schließlich kroch ich langsam Zentimeter für Zentimeter von dem Loch weg. Erst als ich einen Abstand von etwa zwei Metern gewonnen hatte, richtete ich mich vorsichtig auf. Zitternd blieb ich in dem Bewußtsein stehen, daß ich nur um Haaresbreite dem Tod entkommen war.

Ich war durch eine Schneebrücke gebrochen, die über einer verborgenen Gletscherspalte lag – einer von denen, die durch nichts an der Oberfläche sichtbar werden. Ich schob mich also vorsichtig mit der Taschenlampe in der Hand zurück und sah sie mir an. Das Loch, das ich verursacht hatte, maß in der Breite kaum 60 Zentimeter. Ich konnte sehen, daß die Schneedecke etwa 18 Zentimeter dick war. Auf dem Bauch liegend, schlug ich das Dach mit Hilfe eines Bambusstabes einen Meter weit ein und leuchtete dann mit der Taschenlampe in die Spalte. Da der Boden nicht zu erkennen war, schätzte ich, daß sie annähernd 100 Meter tief war. An der Oberfläche war sie nicht mehr als 90 Zentimeter breit, aber schon ein wenig tiefer wölbte sie sich aus und bildete eine riesige Höhle. Die Wände changierten zwischen blau und smaragdgrün, der Farbe von See-Eis. Da sie nicht mit den üblichen Eiskristallen geschmückt waren, die durch die Ausdünstung aus den wärmeren Tiefen entstehen, schloß ich, daß die Spalte noch recht jung sein mußte.

Ich war froh, diesen Ort zu verlassen. Nur ein glücklicher Zufall hatte mich im rechten Winkel über die Spalte geführt. Wenn ich irgendeine andere Richtung gewählt hätte, wäre ich wahrscheinlich bis auf ihren Grund gestürzt. Es verwunderte mich, daß die Decke nicht schon auf meinem Hinweg nachgegeben hatte, aber wahrscheinlich hatte ich erst beim zweiten Mal ihren schwachen Punkt getroffen. Damit mir das Gleiche nicht noch einmal passierte, holte ich zwei Bambusstäbe und steckte sie vor der gähnenden Öffnung in den Boden.

6. Mai

Heute habe ich das Thermometer in der Baracke zerbrochen. Das ist eigentlich nicht von Bedeutung, da die Innentemperaturmessung kein Bestandteil meiner meteorologischen Aufgaben ist, doch es hat mich immer persönlich interessiert, wie kalt es nachts in der Baracke wird, wenn das Feuer erloschen ist.

Die Neugierde hat mich dazu verleitet, in Little America nachzufragen, wie es an der Börse steht. Das war ein schrecklicher Fehler, denn nun mache ich mir Sorgen, die sinnlos sind, da ich überhaupt keinen Einfluß auf die Situation nehmen kann. Bevor ich zu

Hause abgereist bin, habe ich in der Hoffnung, etwas Geld zu verdienen und dadurch die Schulden der Expedition zu verringern, mein persönliches Vermögen investiert – und wie ich fand, mit Bedacht. Nun habe ich erfahren, daß ich Verlust gemacht habe, was sehr verhängnisvoll sein könnte, wie man sieht, wenn man diesen Betrag auf die ständig steigenden, laufenden Kosten rechnet. Das Klügste wird wohl sein, mich vor den unangenehmen Details der Außenwelt zu verschließen.

Es ist eine Sache, dem Verstand eine gewisse Selbstkontrolle aufzuerlegen, diese Selbstkontrolle aber ständig zu wahren, eine ganz andere. Diese Unterscheidung wurde zu einem wichtigen Thema während meines Aufenthaltes auf der Advance Base, wie ein Tagebucheintrag aus jener Zeit bezeugt: »Irgend etwas – ich weiß nicht, was – bedrückt mich«, steht dort. »Den ganzen Tag über war ich eigenartig unruhig. Und seit dem Abendessen bin ich sehr niedergeschlagen ... [Das] wäre nicht weiter wichtig, wenn ich wüßte, warum das so ist, aber ich kann nicht einen einzigen Grund finden, der meine Stimmung erklärt. Und doch ist sie da. Heute abend muß ich zugeben, daß es mir zum ersten Mal seit meiner Ankunft riesige Probleme bereitet, ruhig und ausgeglichen zu bleiben ...«
  Der recht umfangreiche Eintrag jenes Tages liegt gerade vor mir. Ich kann mich noch ziemlich gut daran erinnern, unter welchen Umständen ich ihn verfaßt habe. Ich hatte zu Abend gegessen und das Geschirr gespült, die Wetterbeobachtung um 20 Uhr lag hinter mir. Jetzt hatte ich mich zum Lesen hingesetzt. Doch das Thema des Buches, die Klassengesellschaft, hatte so gar keinen Bezug zu meiner Alleinherrschaft auf der Advance Base. Deshalb legte ich es beiseite und ging zu *Heloise und Abélard* über. Obwohl ich diese Geschichte immer geliebt habe, verschwammen schon nach kurzer Zeit die Worte vor den seltsamerweise brennenden Augen. Darüber hinaus hatte ein leichter Kopfschmerz eingesetzt, aber da er nicht so stark war, beunruhigte er mich nicht.
  Also drehte ich die Lampe weiter auf, weil ich hoffte, daß mir

mehr Licht guttun würde, und versuchte mich dann an einigen Partien Solitär. Aber das brachte keine Linderung – ebensowenig wie eine Augenspülung mit Borsäure. Ich konnte mich einfach nicht konzentrieren, fühlte mich nervös und irgendwie beunruhigt. Deshalb stand ich auf und lief mit beinahe mechanischen Bewegungen im Zimmer auf und ab. Zwei Schritte, unter der Lampe wegducken, mit einem Schritt zur Seite dem Ofen ausweichen, noch ein Schritt, eine Drehung am Bett, wieder zurück, drei Schritte von der Tür bis zur Funkausrüstung, drei zurück – und so weiter, immer auf der Bahn eines sich endlos wiederholenden Ls. Noch Monate später, als ich die Advance Base schon lange hinter mir gelassen hatte und die Erinnerung an den Schmerz bereits in die Vergessenheit geriet, durchschritt ich mein Zimmer auf diese Weise. Meine Schritte wurden unbewußt von den Ausmaßen der Baracke bestimmt; mein Kopf zuckte regelmäßig unter einer imaginären Laterne weg.

In dieser Nacht wollte sich kein innerer Frieden einstellen. Ich war wie eine Uhr, die man aufgezogen hatte, um in einem leeren Haus die Stunde zu schlagen. Nichts von dem, was ich tat, schien durchdacht oder hatte einen Bezug zu den unergründlichen Wünschen, die mir durch den Kopf gingen. Mir schien, daß sich die Sinnlosigkeit und Leere meiner Existenz bereits ausdrückte, wenn ich mich vom Stuhl erhob. Schließlich gibt es keine alltägliche Gewohnheit im Leben eines Menschen, in der mehr Zielbewußtsein stecken könnte. Normalerweise erhebt man sich vom Stuhl, um eine von unzähligen Erledigungen zu machen, aber wenn ich aufstand, gelangte ich lediglich vor leere Wände.

Mein Tagebuch bestätigt, daß ich mich darum bemühte, vernünftig nachzudenken. Ich studierte meinen Gemütszustand so genau, wie ich es mit einem defekten Gerät getan hätte. War während des Tages irgend etwas schiefgelaufen? Nein, der Tag war angenehm gewesen, und ich hatte trotz einer Kälte von minus 45° C schwer gearbeitet und dann gut zu Abend gegessen: Hühnersuppe, Bohnen, Kartoffeln, Spinat und Dosenpfirsiche. Gab es einen Grund, warum ich mir wegen möglicher Probleme in der

Außenwelt Sorgen machen müßte? Im Gegenteil, während des letzten Funkkontaktes hatte man mir nur Beruhigendes berichtet: Meiner Familie ging es gut, und in Little America war alles in Ordnung. Natürlich waren die Schulden ein Problem, aber ich war daran gewöhnt, Schulden zu haben, und würde sie irgendwie abbezahlen, wie ich das immer getan hatte. Mein Gesundheitszustand? Ich fühlte mich gut, bis auf den dumpfen Schmerz in Kopf und Augen, der aber ohnehin nur abends auftrat und vor dem Einschlafen schon wieder verschwunden war. Vielleicht war er auf die Ofenabgase zurückzuführen? In dem Fall wäre es besser, tagsüber, während der Ofen brannte, die Tür einen Spalt breit zu öffnen und mehr Zeit im Freien zu verbringen. Daß meine Ernährung zu meinen Schwierigkeiten beitrug, bezweifelte ich, da ich immer auf eine ausreichende Vitaminaufnahme geachtet hatte.

In jener Nacht kam ich zu folgendem Schluß: »Die naheliegendste Erklärung ist die, daß das Problem in mir selbst liegt. Ich werde sicherlich Frieden finden, wenn es mir gelingt, mich besser in die Umgebung einzufügen und die verschiedenen Dinge, die vielleicht in mir im Widerstreit liegen, zu harmonisieren. Vielleicht sind diese Gleichförmigkeit, die Dunkelheit und das Fehlen anderer Lebewesen zu viel für mich, und ich kann nicht auf alles gleichzeitig verzichten. Doch mit diesem Gedanken will ich mich nicht abfinden, schließlich bin ich erst seit 43 Tagen hier und muß noch viele Monate bleiben. Wenn ich überleben – oder zumindest mein inneres Gleichgewicht behalten will –, muß ich meine Gedanken kontrollieren und lenken. Das sollte nicht allzu schwer sein. Jeder intelligente Mensch müßte fähig sein, Kraft aus sich selbst zu schöpfen ...«

Selbst aus dem heutigen Abstand heraus bin ich noch der Meinung, daß meine Haltung vernünftig war. Ihr einziger Fehler lag in ihrer Oberflächlichkeit, meine Argumentation war allzu glatt. Jetzt weiß ich das, aber damals fehlte mir die nötige Weitsicht. Was ich in jener Mainacht geschrieben hatte, war richtig: die Probleme der Außenwelt hatten mein Leben nicht aufgewühlt, schließlich hatte ich über Wochen ausgeglichen und ruhig gelebt. Und da ich

meine Gedanken kontrollierte und zensierte, drang auch nichts so
weit zu mir durch, daß es mich beunruhigte. Doch ich hatte in jener Nacht nicht erkennen können, daß das komplexe Muskel- und
Nervensystem meines Körpers wie mit angehaltenem Atem darauf
wartete, daß bekannte Reize aus der Außenwelt eindrangen, und
nicht verstehen konnte, warum sie ihm verwehrt blieben. Und das
war das eigentliche Problem.

Der Mensch kann sich zwar von seinen Gewohnheiten und seinem Komfort isolieren – freiwillig, wie ich es getan habe, oder un-
freiwillig wie ein Schiffbrüchiger –, und er kann seinen Verstand
zum Vergessen zwingen, aber der Körper läßt sich nicht so leicht in
die Irre führen. Die Gewohnheiten haben ein kompliziertes System
automatischer, physio-chemischer Aktionen und Reaktionen entstehen lassen, das auf neue Reize wartet, und ich denke, daß an diesem
Punkt die Schwierigkeiten entstehen. Ich glaube, daß ein Mensch
ebensowenig auf Geräusche und Gerüche oder Stimmen und Berührungen verzichten kann wie auf Phosphor und Kalzium. Das ist eines der Dinge, die ich auf dem 80. Breitengrad gelernt habe.

Es war ein erhebendes Gefühl, auf der Eisbarriere zu stehen, in
den Himmel zu blicken und in einer Schönheit zu schwelgen, die
ich nicht besitzen wollte. Es war wunderbar, sich der Illusion hin-
zugeben, daß sich der Geist vom Körper befreien könnte, und zu
merken, wie er ruhig und zufrieden durch den Raum glitt. Der
Körper stand still, doch der Geist war frei. Er konnte mit der un-
eingeschränkten Beweglichkeit einer Wellsschen Zeitmaschine
durch das Universum reisen.

Sowohl die Sinne wie auch der Geist waren in lautloser Dunkelheit isoliert, doch während die Sinne an den Körper gefesselt waren, konnte sich der Geist wie ein Falke in die Luft erheben. Die
freie Wahl des einen ließ die Armut des anderen nur um so deutlicher werden, und manchmal stieg tief in mir das heftige Verlangen
auf, in die lebendige Wärme katapultiert zu werden, die meine Erinnerungen heraufbeschworen. Ich sehnte mich nicht nach etwas
ganz Bestimmtem, es stiegen vielmehr ganz alltägliche Bilder in

mir auf – meine Familie am Mittagstisch, Stimmen aus dem Erdge-
schoß, die Empfindung von kühlem Regen.

Natürlich waren das nur Kleinigkeiten, doch überfielen mich
nachts Tausende ähnlicher Erinnerungen, die ihre beruhigende Wirkung verloren hatten. Sie waren bitter und provozierend, als seien
sie Teile von etwas Unfaßbarem, das ich nun für immer verloren hatte. Von diesen Gedanken wurde meine Stimmung in jener Mainacht
beeinträchtigt. Nervös und rastlos hasteten sie durch die Tage und
Nächte eines Lebens, das unwiderruflich der Vergangenheit anzuge-
hören schien. Natürlich war das nicht das erste Mal, daß ich in einer
solchen Stimmung war, und es würde sicherlich auch nicht das letzte
Mal bleiben. Die ruhige Gelassenheit, die ich nachmittags verspürte,
wurde so ausgelöscht wie ein abgebrannter Feuerwerkskörper.

Trotz dieser Schwierigkeiten bemühte ich mich, meinen Verstand
zu disziplinieren. Vielleicht ist Disziplin nicht ganz das richtige
Wort. Ich versuchte vielmehr, mein Denken auf gesunde, positive
Bilder und Ideen zu konzentrieren und damit die belastenden weg-
zuschieben. Ich errichtete eine Mauer zwischen mir und meiner
Vergangenheit und versuchte, jedes bißchen Ablenkung und
schöpferische Kraft aus meiner unmittelbaren Umgebung herauszuholen. Jeden Tag dachte ich mir etwas Neues aus, um meine
Stunden sinnvoller zu gestalten, denn wenn meine Umwelt auch
tückisch und schwierig war, sah ich doch Möglichkeiten, wie ich
mein Leben angenehmer und befriedigender einrichten konnte.
Ich versuchte, schneller zu kochen, die Wetter- und Südlichtbeob-
achtungen sachverständiger durchzuführen und Routineaufgaben
systematischer zu erledigen. Mein Ziel war, den Augenblick ganz
zu beherrschen, damit er einen Sinn bekam. Ich dehnte meine Spaziergänge aus, las mehr und konzentrierte meine Gedanken auf
Unpersönliches. Mit anderen Worten: Ich bemühte mich darum,
mich jeder Aufgabe mit Leib und Seele zu widmen.

Während dieser Zeit experimentierte ich auch mit warmer Kleidung. In der Baracke trug ich gewöhnlich ein dickes Wollhemd,

Kniebundhosen und Unterwäsche (von mittlerer Dicke), zwei Paar Wollsocken (ein dickes und ein etwas dünneres) und ein Paar selbstgenähte Leinenstiefel. Sie waren mit dünnen Streifen glatten Seehundleders besohlt und hatten einen anderthalb Zentimeter dicken Innenschuh aus Filz. An den Sohlen waren Lederriemen befestigt, mit denen man sie an den Knöcheln festband. Da Füße äußerst kälteempfindlich sind, werden sie viel schneller als irgendein anderer Körperteil kalt und sie brauchen auch recht lange, bis sie sich wieder erwärmt haben. Das liegt zum Teil daran, daß die Blutzirkulation der Füße nicht so gut ist wie im übrigen Körper, zum anderen, daß sich die Kälte des Schnees überträgt und Kondensation verursacht. Die Luftdurchlässigkeit des Sackleinen verminderte dieses Problem, außerdem waren die Stiefel länger und breiter als notwendig, um den Blutkreislauf zu unterstützen. Dadurch erhielten die Stiefel zwar die Schönheit von Kartoffelsäcken, doch sie erfüllten ihren Zweck sehr gut. Jedesmal nachdem ich mich längere Zeit in der Kälte aufgehalten hatte, wechselte ich Socken und Innenschuhe, damit die nassen auf dem Ofen trocknen konnten. Trotzdem waren die Innensohlen meiner Stiefel ständig von einer Eisschicht bedeckt, die niemals taute.

Doch ich war an Kälte gewöhnt und wußte aus Erfahrung, daß es weniger auf die Menge oder das Gewicht der Kleidung ankommt, als auf ihre Größe, Qualität und vor allem darauf, wie man sie trägt und pflegt. Nachdem ich einige Zeit in der Advance Base verbracht hatte, konnte ich durch einen Blick auf den Thermographen genau feststellen, was ich zu welcher Gelegenheit tragen mußte. Wollte ich nur schnell nach dem Wetter sehen, zog ich meine sackleinene Windjacke, Handschuhe und eine Wollmütze mit Ohrenklappen an. Mußte ich längere Zeit draußen verbringen, um Schnee zu schaufeln, ersetzte ich die Mütze durch einen Helm und zog winddichte Strümpfe, Hosen und einen Parka an. Zum Spazierengehen trug ich einen Wollparka unter der winddichten Oberbekleidung sowie Hemden und Hosen aus ungebleichter, fein gesponnener Baumwolle, einem Material, das nicht

schwerer ist als Bettuchstoff. Aus Erfahrung weiß ich, daß der
Wind einfach durch anderthalb Zentimeter dicke Wolle schneidet,
aber nur selten durch papierdünne, winddichte Oberbekleidung
dringt, die an Knöcheln, Kinn und Taille mit Gummibändern zu-
sammengeschnürt ist. Der ideale Kleiderstoff ist nicht vollkommen winddicht, sondern läßt ausreichend Luft durch, um zu verhindern, daß sich Feuchtigkeit darunter ansammelt. Bei minus
54° C trug ich im allgemeinen eine Gesichtsmaske, eine einfache
Konstruktion aus einem mit winddichtem Tuch bedeckten Draht-
gestell, in das ovale Schlitze für die Augen geschnitten waren. Die
Gesichtsmaske hatte einen Nasen- und einen Mundtrichter, durch
die ich ein- und ausatmen konnte. Wenn der gefrorene Atem den
Mundtrichter verstopft hatte, was meist innerhalb kürzester Zeit
geschah, ließ er sich mit einem Handschuh auswischen. Mußte ich
mich an sehr kalten Tagen mehr als zwei Stunden draußen aufhalten, trug ich gewöhnlich Pelz (Hosen, Parka, Handschuhe und
Mukluks). Diese Kleidungsstücke bestanden aus Rentierfell, dem
leichtesten und geschmeidigsten unter den warmen Pelzen. Mit
diesem Schutz konnte ich mich so sicher durch meine unwirtliche
Umwelt bewegen, wie ein gut isolierter Taucher durch das Meer.

Ich litt also auch im Mai nie wirklich an einem Mangel an Beschäftigung. Trotz der Stille, der Gleichförmigkeit und des langsa-
men Pulsschlags der Winternacht war mein Leben alles andere als
langweilig. Ich war der Aufseher über die Schneestürme und das
Südlicht, ich war Nachtwächter, und ich war mein eigener Beichtva-
ter. Es passierte immer etwas, mal Gutes, mal Schlechtes. Beispielsweise strichen wir die dienstäglichen Funktermine mit Little America, um Benzin zu sparen, und obwohl dadurch zunächst eine
gewisse Leere entstand, wurden die Gespräche während der beiden
verbliebenen Termine um so lebhafter. Ich erhielt jedesmal eine in
unserem Privatcode verschlüsselte Nachricht von meiner Familie,
die Dyer mit unermüdlicher, freundlicher Höflichkeit vorlas: »A wie
in Arthur, L wie in Lachen, C wie in Celia ...« Ich kann es noch heute
hören. Manchmal schickten mir auch Freunde Nachrichten. Mein

alter Freund Franklin D. Roosevelt aus dem Weißen Haus ließ mir
ausrichten, er hoffe, daß »die Nacht nicht zu kalt oder stürmisch ist,
um gelegentlich einen Spaziergang im Dunkeln zu unternehmen«.
Und fast immer nahmen Poulter, Rawson (der mittlerweile vollständig genesen war), Siple, Noville, Haines oder Innes-Taylor an der
Unterhaltung teil, um ein Expeditionsproblem zu besprechen oder
sich einfach die Zeit zu vertreiben.

Doch es war ein ständiges Auf und Ab: Kaum gratulierte ich mir
dazu, meine Aufgabe als Wetterbeobachter zu beherrschen, begann der Außenthermograph verrücktzuspielen. Der teuflische
Apparat befand sich draußen in der Instrumentenhütte, wo sich
Rauhreif auf die Aufzeichnungen, den Stift, die Trommel und sogar in die Mechanik setzte. Als ich einmal das Gerät in die Baracke
brachte, um das Papier auszuwechseln und eine kleine Reparatur
vorzunehmen, führten die Temperaturunterschiede dazu, daß sich
das Metall mit Reif überzog und der Thermograph einfach stehenblieb. Daraufhin blieb mir keine andere Wahl, als die Arbeiten
fortan in dem kälteren Tunnel durchzuführen. Dort mußte ich jedoch Gebrauch von den dünnen Seidenhandschuhen machen, die
meinen Händen nur wenig Schutz vor der Kälte boten, meine Finger aber furchtbar ungeschickt werden ließen, insbesondere wenn
ich an dem Geschwindigkeitsregler herumbastelte, der eigens zu
dem Zweck erfunden worden sein muß, Meteorologen zu plagen.

Es gab also selbst im Herzen der Großen Eisbarriere genug, mit
dem sich ein einsamer Mann beschäftigen konnte. Im Tagebuch
stand: »... Heute abend sind zwei Patiencen aufgegangen – außergewöhnlich! Zumal das die einzigen Spiele waren, die ich heute gelegt
habe.« Und weiter: »... Eine meiner Lieblingsschallplatten ist
›Home of the Range‹. Nach ›Carry Me Back to Old Virginny‹ ist es
das zweite Lied, das ich singen kann. Früher habe ich mich, außer
im Cockpit eines Flugzeugs, wo mich niemand hören kann, nie getraut, es zu versuchen. Doch heute habe ich während des Abwa-
schens gesungen. Die Einsamkeit hat meine Stimme zwar überhaupt
nicht sanfter werden lassen, aber es hat mir sehr viel Spaß gemacht.

Ich würde den Abend für mich sogar als Galaabend bezeichnen.« In jener Zeit diente mir das Tagebuch nicht mehr allein dazu, Ereignisse festzuhalten, sondern bot mir die Möglichkeit, laut zu denken. Es half mir dabei, meine Lebensphilosophie zu festigen – eine angenehme Beschäftigung in den letzten Stunden des Tages.

9. Mai

... Ich bemühe mich nach wie vor, die Niedergeschlagenheit zu überwinden, die meist nach dem Abendessen auftritt. Meine Stimmung ist heute bis zum Abendessen immer besser geworden, doch jetzt fühle ich mich wieder mutlos und verzagt. Eigentlich habe ich kein Recht dazu, bedrückt zu sein, denn es ist mir weit besser gelungen, mit den undefinierbaren Irritationen fertig zu werden, als ich erwartet hatte. Es scheint so, als wüßte ich immer besser, was ich tun muß, um ausgeglichen zu bleiben, denn ich bin mir keiner übermäßigen Unruhe bewußt geworden. Ich nehme deshalb an, daß diese Verstimmung eine körperliche Ursache hat – möglicherweise wird sie von den ganzen Abgasen verursacht. Wenn das der Fall sein sollte, hat mir vielleicht die Kontrolle meiner Gedanken dabei geholfen, einen Ausgleich für die Auswirkungen der Vergiftung zu schaffen.

Ich muß mir dringend über meine Situation Klarheit verschaffen, denn mein Feind ist subtil. Das heißt nicht, daß ich mich selbst zu ernst nehme oder mich nur noch um mich selbst kümmere, ich denke weiterhin objektiv über dieses Problem nach. Sollte mich jedoch etwas vergiften oder anderweitig beeinflussen, welche Auswirkung hat das dann auf meinen geistigen Frieden? Gewisse körperliche Erkrankungen haben zweifellos einen deprimierenden Effekt auf das Gemüt. Es stellt sich demnach die Frage, ob diese Auswirkungen dadurch abgeschwächt werden können, indem ich verleugne, daß sie existieren, oder indem ich sie nicht beachte. Angenommen, meine Niedergeschlagenheit hat eine organische Ursache und ist auf ein chronisches Leiden zurückzuführen. Angenommen, ihr Ursprung liegt in verdorbener Nahrung, Bakterien oder in den Ofenabgasen. Kann ich dann meine körperliche Widerstandskraft erhöhen, indem ich meine Gedanken sinnvoll lenke?

Möglicherweise schadet mir etwas körperlich, und ich verschlimmere alles durch meine negativen Gefühle. Das würde bedeuten, daß sowohl mein Geist als auch mein Körper krank sind und ich einen Teufelskreis durchbrechen muß. Sind Körper und Geist voneinander unabhängig? Wie eng sind sie miteinander verbunden oder voneinander getrennt? In welchem Ausmaß kontrolliert der Geist den Körper? Das Gehirn ist ein Teil des Körpers, und doch kann ich mein Gehirn nicht bewußt wahrnehmen. Der Geist scheint das wahre »Ich« zu sein ...

Was bereitet mir diese Probleme, mein Geist, mein Körper oder beides? Es ist von entscheidender Bedeutung, daß ich die Wahrheit herausfinde. Ich bin mir keiner Verschlechterung meines Gesundheitszustandes bewußt, wenn man einmal von meinen Augenproblemen und meinen noch sehr kälteempfindlichen Lungen absieht. Auch meine Ernährung hat sicherlich nichts mit der Niedergeschlagenheit zu tun. Also fragt sich, ob die Abgase Schuld an ihr sind. Die Augen- und die Kopfschmerzen treten immer erst am frühen Abend auf, nachdem der Ofen also bereits lange gebrannt hat. Wenn der Benzinmotor während des Funkens geraume Zeit an war, ist die Luft im Tunnel manchmal zum Schneiden. Aber es fällt mir schwer zu glauben, daß die Abgase wirklich so schädlich sind, und solange ich dafür sorge, daß die Rohre eisfrei sind, scheint auch die Belüftung auszureichen ...

Ich erinnere mich, daß ich nach dem Schreiben des vorangegangenen Eintrags aufstand und den Ofen überprüfte. Ich wanderte einmal um ihn herum und inspizierte dabei verstohlen die simple Konstruktion wie einen Freund, dessen Motiven ich zu mißtrauen begann. Doch mein Gesichtsausdruck muß alles andere als ernst gewesen sein, denn der Ofen sah eher lächerlich als bedrohlich aus. Er war in diesem Moment mit der bescheidenen Pflicht betraut, den Wassereimer zu erhitzen, in dem meine Unterwäsche eingeweicht war, und selbst das sanfte Zischen des Brenners wirkte wenig eindrucksvoll. Der Kontrast zwischen dem winzigen, kniehohen Ofen und dem dünnen, langen Stück Rohr war einfach lachhaft. Es gab nur zwei Dinge an ihm auszusetzen: Zum einen zischte und dampfte der Brenner, wenn während des Eistauens Wasser von dem Eimer heruntertropfte. Zum anderen verstopfte das Rohr schnell mit Eis, das nach dem Erwärmen direkt in den Ofen floß. Ich hatte zur Abhilfe in eines der rechtwinkligen Verbindungsstücke ein Loch gebohrt, um dort das Wasser aufzufangen, bevor es den Brenner erreichte. Falls das nicht funktionierte, wollte ich das Verbindungsstück zu einem V biegen, so daß eine Art Auffang entstand, den ich leicht leeren konnte.

Mir fielen keine weiteren Verbesserungsmöglichkeiten ein. Meine bisherigen Maßnahmen schienen eigentlich auszureichen, und wenn man bedachte, unter welchen Umständen die Lüftungsrohre ihre Arbeit verrichten mußten, zogen sie doch recht gut. Ich konnte mich wirklich nicht über einen Mangel an Frischluft beklagen – zumal ich die Türe gelegentlich einen Spalt breit öffnete, bis der Raum so kalt wurde, daß meine Nase zu schmerzen begann. Um die entlegenen Zimmerecken attraktiver zu gestalten, hatte ich die eine »Palm Beach« und die andere »Malibu« getauft, doch wenn die Türe offenstand, war es ohne Pelzhosen in beiden viel zu kalt. Mehr als einmal war das Wasserglas, das ich vor dem Funken neben dem Taster abgestellt hatte, bereits von einem Eisfilm überzogen, bevor ich noch Gelegenheit gehabt hatte, daraus zu trinken.

Ich entnehme meinem Tagebuch, daß ich damals der Meinung war, genügend Vitamine zu mir zu nehmen. Ich hatte meinen Gürtel zwar bereits um zwei Löcher enger schnallen müssen und war sicher, noch vor dem Monatsende ein drittes Loch zu brauchen, aber das hatte ich auch nicht anders erwartet. Da ich mich während der Vorbereitung auf die Expedition auch intensiv mit Ernährungslehre, insbesondere den Vitaminen, beschäftigt hatte, glaubte ich nicht, etwas falsch zu machen. Ich wollte mich jedoch absichern und beschloß, noch einmal in einem Buch nachzuschlagen, das mir mein Freund John H. Kellogg geschenkt hatte. Da ich es nicht finden konnte, obwohl ich jeden Winkel durchsuchte, bat ich schließlich Dyer während eines Funktermins, bei Siple nachzufragen, wo man es verstaut hatte. Dieser ließ zehn Minuten später ausrichten, daß er das Buch zuletzt in einer Kiste auf der Veranda gesichtet hatte. Dort fand ich es dann. Ich brauchte nur einen kurzen Blick in das Buch zu werfen, um bestätigt zu bekommen, was ich bereits glaubte: Meine Ernährung war, was die Auswahl der Nahrungsmittel anbelangte, sehr ausgewogen. Zur Sicherheit bat ich Little America trotzdem darum, bei einem national renommierten Lebensmittellabor in Rochester, New York, Erkundigungen einzuholen, ob ich mich gut genug ernährte, was mir die Experten auch umgehend bestätigten. Damit war also eine Frage geklärt.

                                                          11. Mai

00.15 Uhr. Es ist schon spät, aber ich habe gerade etwas erlebt, das ich unbedingt aufschreiben möchte. Ich bin kurz vor Mitternacht nach oben gestiegen, um einen letzten Blick auf das Südlicht zu werfen, doch am Horizont im Nordosten war nur ein fleckiger Schimmer zu entdecken. Während ich darauf wartete, daß es 12 Uhr würde, ließ ich das Grammophon laufen. Ich hatte den Wiederholmechanismus eingeschaltet, und hörte Beethovens Fünfte. Es war eine ruhige, klare Nacht, und ich ließ sowohl die Barackenwie auch die Schwingtür offen, damit die Musik zu mir herausdringen konnte. Dann stand ich in der Dunkelheit und betrachtete die Sternbilder, die heller als je zuvor erstrahlten.

Auf einmal hatte ich das Gefühl, daß das, was ich sah, und das, was ich hörte, eins wären, so perfekt verschmolz die Musik mit dem Geschehen am Himmel. Denn als die Töne anschwollen, begann das zuvor glanzlose Südlicht lebhaft zu pulsieren; fächerförmige Lichtbögen begannen sich über dem Himmel auszubreiten. Dann erreichte das Schauspiel genau über mir sein Crescendo. Die

Musik und der Himmel verschmolzen miteinander, und mir wurde bewußt, daß alle Schönheit einander verwandt ist und derselben Quelle entspringt.

22 Uhr. Die Einsamkeit bietet die besten Bedingungen, um zu beobachten, in welchem Ausmaß das eigene Benehmen von anderen Menschen abhängig ist. Meine Tischmanieren sind ungeheuerlich – in dieser Beziehung habe ich mich hunderte von Jahren zurückentwickelt –, und wenn ich ehrlich bin, muß ich zugeben, daß ich überhaupt keine Manieren mehr habe. Wenn mir danach ist, esse ich mit den Fingern, aus der Dose oder im Stehen – anders ausgedrückt, was immer gerade das Bequemste ist. Die Essensreste werfe ich einfach in den Abfallkübel in meiner Nähe. Wenn ich so darüber nachdenke, sehe ich auch keinen Grund, warum ich das nicht tun sollte, denn diese Art zu essen ist sehr praktisch. Ich meine, mich daran zu erinnern, bei Epikur gelesen zu haben, daß ein allein lebender Mensch das Leben eines Wolfes lebe.

Das Alleinleben läßt das Bedürfnis nach äußerlicher Selbstdarstellung beinahe vollständig versiegen. Mittlerweile fluche ich nur noch selten, obwohl ich anfangs recht schnell das Feuer gegen alles eröffnet habe, was meine Geduld auf die Probe gestellt hat. Wenn ich mich jetzt dem Windmesser widme, ist es zwar nicht weniger kalt als zuvor, doch ich arbeite nun in lautloser Qual, weil ich weiß, daß die Nacht endlos ist und die Flüche nur mich selbst schockieren können.

Ich habe meinen Sinn für Humor noch nicht verloren, auch wenn die Quellen der Heiterkeit begrenzt sind. Außer mir selbst und meinen Büchern gibt es nichts weiter; und letztlich ist auch meine Lesezeit begrenzt. Als ich heute mit dem Wassereimer in der einen und der Lampe in der anderen Hand die Baracke betrat, stellte ich die Lampe auf dem Ofen ab und hängte den Eimer an die Wand. Darüber mußte ich sehr lachen, wenn auch nur innerlich, denn ich scheine vergessen zu haben, wie man laut lacht. Ich glaube, lautes Lachen dient hauptsächlich dazu, seine Freude mit anderen zu teilen.

Mir ist auch aufgefallen, daß ich durch den Mangel an Gesprächen nicht mehr so gut in Worten denken kann. Manchmal rede ich während der Spaziergänge mit mir selbst und lausche den Worten nach, die aus meinem Mund kommen, doch sie klingen hohl und fremd. Heute habe ich beispielsweise darüber nachgedacht, was für eine erstaunliche Auswirkung das Fehlen von Zerstreuungen hat, aber ich konnte diesen Umstand nicht in Worten ausdrücken. Obwohl ich fühlen konnte, wo der Unterschied zwischen dem Leben auf der Advance Base und einem normalen Leben liegt, und ihn sogar vor meinem inneren Auge sehen konnte, war es mir trotzdem nicht möglich, dies richtig in Worte zu fassen. Das liegt vielleicht daran, daß sich mein Leben bereits viel stärker nach innen verlagert hat; es ist unnötig, meine Gefühle genauer zu bezeichnen und zu definieren, denn die Sinne sind intuitiv und exakt ...

Mein Haar ist seit Monaten nicht mehr geschnitten worden. Ich habe es wachsen lassen, damit es meinen Hals bedeckt und wärmt. Ich rasiere mich nach wie vor einmal in der Woche – allerdings nur, weil ein Bart in der Kälte zu einer gräßlichen Plage wird, da ihn jeder Atemzug vereisen läßt und schließlich das Gesicht erstarrt. Als ich heute morgen in den Spiegel blickte, stellte ich fest, daß ein Mann seine Eitelkeit verliert, sobald er nicht mehr von Frauen umgeben ist: Meine Wangen sind voller Blasen, und die vielen Erfrierungen haben meine Nase rot und wulstig werden lassen. Doch es ist wirklich nicht mehr wichtig, wie ich aussehe, denn es zählt nur, wie ich mich fühle. Trotzdem halte ich mich ebenso sauber, wie ich es zu Hause tun würde. Aber Sauberkeit hat auch nichts mit Etikette oder Koketterie zu tun. Das abendliche Bad erfreut meine Sinne, während die Berührung von schmutziger Wäsche mir Unbehagen bereitet.

Ich habe versucht, zu analysieren, wie sich Isolation auf den Menschen auswirkt, doch es fällt mir schwer, das Ergebnis in Worte zu fassen. Ich kann lediglich wahrnehmen, daß ich manches sehr vermisse. In der Zivilisation hatte mich mein notwendigerweise geselliges Leben mit seinen unzähligen Ablenkungen und Unterhaltungen nicht erkennen lassen, was tatsächlich überaus wichtig ist. Jetzt fehlt mir vor allem, ab und zu beleidigt zu werden. Das ist wahrscheinlich der Virginier in mir.

12. Mai

... Die Stille dieses Ortes wirkt auf mich ebenso wirklich und greifbar wie Laute. Sie ist sogar realer als das gelegentliche Knarren der Eisbarriere oder die schwereren Erschütterungen durch die Eisbeben.

... Die Stille verschmilzt genauso mit dieser unbeschreiblichen *Gleichförmigkeit* wie die Kälte, die Dunkelheit und das unablässige Ticken der Uhrwerke. Sie ist immer präsent: Sie sitzt mir am Tisch gegenüber und folgt mir nachts ins Bett. Selbst wenn ich meine Gedanken schweifen lasse, werden sie immer wieder von ihr zurückgeholt. Die Stille führt zu dem Gefühl, außerhalb der Zeit zu leben. Es gelingt mir trotzdem häufig, mich über diesen Umstand hinwegzusetzen, aber dann bemerke ich wieder, wie sehr ich mich nach einer Veränderung sehne – nach einem Blick auf Bäume, nach einem Felsen, nach einer Handvoll Erde, nach dem Ton eines Nebelhorns, nach irgend etwas, das der Welt der Bewegung, der Zeit und der Lebewesen angehört.

Aber ich merke, daß ich mich einfach nicht aus der Fassung bringen lassen will, und das ist eine großartige Erfahrung. Die Mutlosigkeit, die regelmäßig nach dem Abendessen aufgetreten ist – wahrscheinlich, weil das die Zeit ist, in der man Geselligkeit erwartet –, scheint verschwunden zu sein. Außerdem gelingt es mir wieder, mich morgens selbst aufzuwecken; meine Gabe ist auf ebenso geheimnisvolle Weise zurückgekehrt, wie sie verschwunden war. In den letzten 14 Tagen bin ich bis auf fünf Minuten genau dann aufgewacht, wann ich es wollte.

Ich werde zerstreut. Gestern abend habe ich Zucker in die Suppe gestreut, und heute abend habe ich einen Löffel Maismehlbrei auf die Stelle des Tisches geklatscht, an der eigentlich der Teller hätte stehen sollen. Ich habe damit angefangen, die Fortsetzungsgeschichten in verschiedenen alten englischen Zeitschriften zu lesen, konnte dann aber die zwei entscheidenden Folgen des Krimis nicht finden. Deshalb blieb mir nichts anderes übrig, als es mit den Liebesgeschichten zu versuchen. Es ist seltsam, sich vorzustellen, daß hinter dem Horizont die erfreulichen Dinge des Lebens weitergehen. Nun, dies ist der einzige Kontinent, auf den bislang noch nie eine Frau ihren Fuß gesetzt hat: Ich kann nicht behaupten, daß er davon profitiert. Diese Annahme scheint sich durch den Massenansturm auf den Altar zu erhärten, der nach der Rückkehr von unserer letzten Expedition stattgefunden hat. Von den 41 Männern, die mit mir in Little America gelebt hatten, waren 30 Junggesellen. Einige heirateten das erste Mädchen, das sie in Neuseeland kennenlernten, die anderen sind beinahe sofort nach der Rückkehr in die Vereinigten Staaten in den Stand der Ehe getreten – sogar die beiden 50jährigen. Es sind lediglich noch ein paar Unverheiratete übrig.

16. Mai

Seit knapp einer Woche habe ich nicht mehr unter dieser abendlichen Niedergeschlagenheit gelitten. Ich möchte ja nicht zu selbstbewußt sein, aber ich glaube, ich habe das Problem bewältigt ...

17. Mai

... Mir steht mehr Freizeit zur Verfügung, als mir wahrscheinlich jemals wieder vergönnt sein wird. Da ich alle Arbeiten mittlerweile sehr routiniert erledige, habe ich fast unbegrenzt Gelegenheit, meine geistigen Fähigkeiten zu trainieren. Wenn ich möchte, kann ich mich stundenlang mit einer einzigen Seite eines Buches beschäftigen. Heute abend fand ich, daß ich zwar ein sehr einfaches, aber ausgefülltes Leben führe.

Ich habe mir, zu meiner Unterhaltung, Gedanken über das Wesen der Harmonie gemacht. Wenn der Mensch, wie ich glaube, ein integraler Bestandteil des Universums ist, in dem sich das meiste anmutig und reibungslos bewegt – so wie die Elektronen und Protonen im Atom, die Planeten im Sonnensystem und die Sterne in den Galaxien – dann sollte der Verstand ähnlich harmonisch funktionieren.

Diese Zeit war einfach großartig, denn mein Geist war so ruhig und ausgeglichen. Es war, als treibe er auf den sanften Wellen der Vorstellungskraft wie ein Schiff, das sich der Strömung des Meeres anvertraut. Der Mensch verspürt in seinem Leben nur wenige Momente ruhiger Gelassenheit, aber einige dieser Momente können so intensiv sein, daß er davon ein ganzes Leben lang zehren kann. Ich fand damals mein persönliches Maß an innerem Frieden, und das Gefühl kehrte über lange Zeit hinweg immer wieder zu mir zurück.

Manchmal glaube ich, daß ich in jener Zeit nur etwas spürte, was ich bereits in meiner Jugendzeit erfahren hatte. Damals stahl ich mich nachts gewöhnlich aus dem Haus und unternahm Spaziergänge im Wald der Familie Glass, der ein kleines Stück die Straße hinauf lag. Die Dunkelheit in den Schatten der Shenandoah-Valley-Berge ängstigte mich zwar wie alle Jungen, aber wenn ich stehenblieb und zum Himmel aufschaute, ergriff mich ein Gefühl, das irgendwo zwischen Frieden und unbeschreiblicher Freude lag. Ich habe dieses Gefühl niemals richtig verstanden, nicht einmal als Marineoffizier, wenn ich auf hoher See Nachtwache hielt, oder als Forscher, wenn ich den Blick auf Länder und Gebirge warf, die nie zuvor jemand erblickt hatte. Dieses Gefühl, das mich als Kind und auch jetzt wieder erfüllte, war teilweise animalischer Natur. Zum einen bestand es aus der überwältigenden Entdeckung, lebendig zu sein, zu wachsen und keine Angst mehr zu haben. Zum anderen spürte ich, daß ich mich mit einer unbegreiflichen Ordnung identifizierte. In mir lag eine Vorahnung des Schicksals, wie sie in jedem Menschen verborgen ist. Es war, als wartete ich auf eine Offenbahrung die jeden Augenblick eintreten konnte.

George W. DeLong
aus **Die Reise der *Jeannette***

*US-Marineleutnant George W. DeLong (1844–1881) brach
1879 in Richtung Nordpol auf, in der Hoffnung, über eine
von ihm neu entdeckte Route über Alaska und Sibirien dorthin zu gelangen. Sein Schiff, die* Jeannette, *war zwei Winter
lang 1200 Kilometer weit vom Nordpol eingefroren und sank
am 12. Juni 1881. Die zwanzigköpfige Besatzung machte sich
auf, Festland zu erreichen. Dabei ging ein Boot mit sieben Männern an Bord verloren. Die vierzehn Überlebenden erreichten
schließlich die sibirische Wildnis im September desselben Jahres.*

Samstag, 1. Oktober. – Einhundertundelfter Tag und Beginn eines neuen Monats. Rief alle zusammen, als der Koch mitteilte,
daß das Wasser kochte. Um 6.45 Uhr nahmen wir das Frühstück
ein: ein halbes Pfund Rentierfleisch und Tee. Schickte Nindemann und Alexej los, um den Hauptfluß zu untersuchen, die anderen Männer, um Brennholz zu sammeln. Der Arzt machte sich
heute morgen wieder daran, Ericksens Zehen zu entfernen.
Zweifellos wird das weitergehen, bis auch die Hälfte seiner Füße
fehlt, es sei denn, der Tod ist schneller, oder wir erreichen eine
Siedlung. Jetzt ist nur noch ein Zeh übrig. Die Temperatur beträgt 8 Grad unter Null.
   Um 7.30 Uhr sahen wir, wie Nindemann und Alexej den Fluß
durchquerten. Sofort bestimmte ich Männer, die eine erste Ladung
ans andere Ufer bringen sollten.
   Lieferten folgenden Bericht: –

Samstag, 1. Oktober 1881

Vierzehn Offiziere und Besatzungsmitglieder des US-amerikanischen Polarschiffs *Jeannette* kamen am Mittwoch, dem 28. September, in dieser Hütte an. Da sie gezwungen sind zu warten, bis der Fluß zufriert, werden sie an diesem Morgen auf ihrer Reise nach einer Siedlung an der Lena zur Westseite aufbrechen. Unsere Verpflegung reicht für zwei Tage, und da wir bisher in der glücklichen Lage waren, im Notfall auf Wild zu stoßen, machen wir uns auch für die Zeit darüber hinaus keine Sorgen.

Alle Männer sind wohlauf, außer einem Mann, Ericksen, dessen Zehen abgefroren sind und amputiert werden mußten. Weitere Berichte sind in den Hütten auf der Ostseite des Flusses hinterlegt, wo wir aus nördlicher Richtung entlanggingen. (Liste der Teilnehmer der Expedition)

George W. DeLong,
Leutnant der US-Marine, Expeditionsleiter

Um 8.30 Uhr setzten wir zum letzten Mal über und brachten unseren Kranken sicher ans andere Ufer. Von dort aus marschierten wir weiter bis 11.20 Uhr. Den Kranken zogen wir auf dem Schlitten. Hielten zum Essen an; für jeden ein halbes Pfund Fleisch und Tee. Um eins ging es wieder weiter bis 5.05 Uhr.

Tatsächlich waren wir unterwegs von: 8.30 Uhr bis 9.15 Uhr; 9.30 Uhr bis 10.20 Uhr, 10.30 Uhr bis 11.20 Uhr, 1.00 Uhr bis 1.40 Uhr, 1.50 Uhr bis 2.10 Uhr, 2.20 Uhr bis 2.40 Uhr, 3.00 Uhr bis 3.25 Uhr, 3.35 Uhr bis 4.00 Uhr, 4.15 Uhr bis 4.35 Uhr, 4.45 Uhr bis 5.05 Uhr. Gesamtzeit: 5 Stunden, 15 Minuten. Mindestens drei Kilometer pro Stunde. Die zurückgelegte Strecke betrug gut 16 bis 19 Kilometer.

Und wo sind wir nun? Ich glaube, daß wir endlich die Mündung der Lena erreicht haben. »Sagastyr« kam uns wie eine Fiktion vor. Wir sahen aus einiger Entfernung zwei alte Hütten – das war alles. Die Hütten waren jedoch außerhalb unserer Reichweite und der Tag noch nicht einmal zur Hälfte vorüber. Wir hielten uns die ganze Zeit auf Eis auf, weshalb ich denke, daß unter uns Wasser gewesen sein muß. Der Fluß war jedoch so schmal und gewunden, daß er niemals schiffbar gemacht werden könnte. Meine Karte ist schlichtweg unbrauchbar. Ich muß mich weiter Richtung Süden vorwärtskämpfen und kann nur hoffen, daß Gott mich zu einer Siedlung führt, denn ich habe längst erkannt, daß wir außerstande sind, uns selbst zu helfen.

Ein heller, ruhiger und schöner Tag: Sonnenschein zu unserer Ermutigung, eine eisige Wegstrecke und noch Vorräte für einen Tag. Unsere Stiefel sind natürlich gefroren, die Füße geschwollen. Keine Hütte in Sicht, wo wir spontan haltmachen könnten, um eine kalte, unbequeme Nacht dort zu verbringen. Das Abendessen bestand aus einem halben Pfund Fleisch und Tee. Machte ein großes Feuer, baute ein Holzbett und teilte eine Wache (für je zwei Stunden) ein, um das Feuer in Gang zu halten. Um 8 Uhr abends krochen wir in unsere Schlafsäcke.

Sonntag, 2. Oktober. – Ich habe den Eindruck, daß alle bis Mitternacht ganz gut schlafen konnten. Doch dann wurde es so ungemütlich kalt, daß Schlafen außer Frage stand. Um 4.30 Uhr, als es gerade anfing zu dämmern, waren wir alle auf den Beinen und standen vor dem Feuer. Ericksen hatte die ganze Nacht im Schlaf geredet und dadurch auch diejenigen geweckt, die noch nicht von der Kälte aufgewacht waren.

Frühstück um 5 Uhr früh. Ein halbes Pfund Fleisch und Tee. Heller, wolkenloser Morgen. Leichter Wind aus nördlicher Richtung. Um sieben machten wir uns auf den Weg und folgten gefrorenen Wasserläufen, wann immer möglich. Um 9.20 Uhr war ich mir ziemlich sicher, eine bestimmte Strecke auf dem Hauptfluß zurückgelegt zu haben. Meiner Einschätzung nach gingen wir mit weniger als drei Kilometer pro Stunde und waren bereits zwei Stunden und vier Minuten unterwegs. Die am Vormittag zurückgelegte Strecke betrug mindestens neun Kilometer: Von 7.00 Uhr bis 7.35 Uhr, 7.45 Uhr bis 8.05 Uhr, 8.15 Uhr bis 8.30 Uhr, 8.40 Uhr bis 8.50 Uhr, 9.20 Uhr bis 9.40 Uhr, 9.50 Uhr bis 10.12 Uhr, 10.22 Uhr bis 10.40 Uhr,

10.55 Uhr bis 11.15 Uhr. Von 1.00 Uhr bis 1.30 machten wir Mittagspause. 1.00 Uhr bis 1.30 Uhr, 1.40 Uhr bis 2.00 Uhr, 2.15 Uhr bis 2.35 Uhr, 2.45 Uhr bis 3.00 Uhr, 3.20 Uhr bis 3.40 Uhr, 3.50 Uhr bis 4.05 Uhr, 4.15 Uhr bis 4.20 Uhr.

Andacht vor dem Mittagessen. Zum Essen ein halbes Pfund Fleisch und Tee. Gingen um ein Uhr weiter, hatten um 4.15 Uhr zwei Wegstunden und sechs Kilometer zurückgelegt. Mich verwunderte sehr, daß der Fluß sich an vielen Stellen zu einem dünnen zugefrorenen Wasserlauf verengte und daß er so unregelmäßig und gewunden verlief. Oft führte er uns auf eine Sandbank oder in tiefen Schnee. Dieses Herumtapsen war sowohl kräfte- als auch zeitraubend. Wir müssen zugeben, daß wir ziemlich schwach sind. Unsere Lebensmittelvorräte reichen nicht aus, um unsere Kraft zu erhalten, und wenn wir nachts nicht schlafen können, macht sich das stark bemerkbar. Ich bin heute nachmittag auf dem Eis mehrmals böse hingefallen und davon ziemlich mitgenommen. Ein frischer Wind aus nordöstlicher Richtung hat die Schneeschicht auf dem Eis weggeweht und glatte, spiegelblanke Stellen zurückgelassen. Gefrorene Stiefel sind nur unzureichendes Schuhwerk. Abgesehen davon, daß die Füße darin verkrampfen, fühlen sie sich beim Gehen wie Eisenstiefel an. Man rutscht, gleitet aus, und ehe man sich versieht, liegt man auf dem Rücken.

Um 4.05 Uhr nachmittags kamen mehr Bäume in Sicht, als wir seit der Mittagspause gesehen hatten, und schienen gar nicht mehr so weit entfernt. Ich ließ deshalb anhalten und ein »Lager« einrichten, das heißt, wir setzten uns, machten ein Lagerfeuer und bereiteten das Abendessen. Dann verbrachten wir eine zweite elend kalte Nacht in Bereitschaft. Der Wind war so stark, daß wir unsere Zelte zur Hälfte als Abschirmung aufschlagen mußten und vor Kälte zitternd, dürftig in unsere Decken gehüllt, davor saßen.

Montag, 3. Oktober. – Einhundertunddreizehnter Tag. Um Mitternacht wurde es so schrecklich, so erbärmlich kalt, daß ich an alle Mann Tee verteilte, wodurch es uns mit einiger Mühe gelang, bis 5 Uhr früh durchzuhalten. Dann aßen wir unsere letztes Rentierfleisch auf und tranken wieder Tee. Die uns verbleibenden Lebensmittel bestehen nun aus vier Portionen Pemmikan zu circa 30 Gramm für jeden und einem halb verhungerten Hund. Möge Gott sich uns wieder helfend zuwenden. Er allein weiß, wie weit wir noch gehen müssen, bevor wir zu einem Unterschlupf oder einer Siedlung gelangen.

Frische Brise. Der Zustand von Ericksen verschlechtert sich zusehends. Er ist schwach, hat Zuckungen und plappert fortwährend in Dänisch, Deutsch oder Englisch, sobald er die Augen schließt. Selbst wenn die anderen Umstände es zuließen, könnte so keiner schlafen.

Aus irgendeinem Grund blieb meine Uhr um 10.45 Uhr letzte Nacht stehen, als einer von der Nachtwache haltenden Männer sie hatte. Ich stellte sie so genau wie nur möglich auf die vermutete Zeit ein. Wir müssen uns nun danach richten, bis ich sie nachstellen kann. Laut meiner Uhr, nachdem sie ich sie neu eingestellt hatte, ging die Sonne gestern um 6.40 Uhr auf und demnach erzielten wir folgende Zeiten: 7.05 Uhr bis 7.40 Uhr (35 Minuten), 7.50 Uhr bis 8.20 Uhr (30 Minuten), 8.30 Uhr bis 9.00 Uhr (30 Minuten), 9.15 Uhr bis 9.35 Uhr (20 Minuten), 9.50 Uhr bis 10.10 Uhr (20 Minuten), 10.25 Uhr bis 10.40 Uhr (15 Minuten), 11.00 bis 11.20 Uhr, 11.30 Uhr bis 11.50 Uhr, 11.50 Uhr Mittagessen – 1 Stunde 55 Minuten – 2 Stunden 35 Minuten, schätzungsweise acht Kilometer.

Unseren Marsch am Vormittag habe ich, wie oben beschrieben, auf acht Kilometer angesetzt. Wir verloren an Zeit und kamen nicht so weit, wie möglich gewesen wäre, weil wir den Fluß überquerten, nachdem wir mehrere Fuchsfallen entdeckt hatten. Die Fußspuren eines Mannes waren ebenfalls im Schnee erkennbar. Sie führten Richtung Süden, und wir folgten ihnen, bis sie uns wieder über den Fluß ans westliche Ufer brachten. Dort waren wir gezwungen, unsere eigene Spur aufzunehmen, da die Flußoberfläche stellenweise durchbrochen war und wir so nicht direkt der Spur des Mannes folgen konnten. Wegen eines Dutzend weiterer Untiefen, die den Fluß durchsetzten, kamen wir außerdem in östliche

Richtung ab. Ich drängte darauf, wieder ans westliche Ufer zu gelangen, wo wir um 11.50 zum Mittagessen ankamen. Aßen die letzte 30-Gramm-Portion Pemmikan.

Um 1.40 Uhr waren wir wieder unterwegs und bildeten einen langen Zug bis um 2.20 Uhr. Alexej sagte, er habe auf der anderen Seite des Flusses eine Hütte gesichtet, die er erneut sah, als wir zum Mittagessen haltmachten. Angesichts der Umstände, in denen wir uns befanden, bestand mein Wunsch darin, so schnell wie möglich dorthin zu gelangen. Wie Alexej gesagt hatte, mußte sich die Hütte am linken Flußufer befinden, wobei wir auf der rechten Seite in südlicher Richtung waren. Dank einer Sandbank kamen wir einen Kilometer weit sehr gut voran, bis wir auf Treibeis im Fluß stießen und schräg übersetzen mußten. Am anderen Ufer ordnete ich eine Pause an, während Alexej auf eine Klippe kletterte, um nochmals nach der Hütte Ausschau zu halten. Er verkündete nun, eine zweite Hütte etwa zwei Kilometer vom Ufer landeinwärts zu sehen; die erste Hütte sei etwa gleich weit in südlicher Richtung am Klippenrand gelegen. Ich neigte dazu, die Hütte am Ufer anzusteuern, da das Ziehen des Schlittens mit unserem kranken Mann landeinwärts sehr mühsam wäre. Außerdem war die Entfernung in etwa die gleiche, konnte jedoch auf Eis in einem Drittel der Zeit zurückgelegt werden. Nindemann, der auch auf die Klippe stieg, erkannte den zweiten Punkt landeinwärts als Hütte, war aber nicht so überzeugt, daß es sich um eine Hütte handelte. Alexej war sich jedoch ziemlich sicher, und da ich selbst nicht so gut sehen kann, vertraute ich unglücklicherweise darauf, daß er den besseren Blick hatte und ordnete an, am Fluß in Richtung Süden weiterzumarschieren. Wir zogen also mit Nindemann und Alexej an der Spitze weiter. Als wir etwa einen Kilometer weit gekommen waren – platsch! –, brach ich im Eis ein und versank bis zu den Schultern, bis mein Tornister mich wieder nach oben zog. Etwa fünfzig Meter hinter mir brach Görtz bis zum Hals und hinter ihm Mr. Collins bis zur Taille ein. Ein totaler Schlamassel! In dem Moment, als wir aus dem Wasser stiegen, froren wir zu einem einzigen Eisklotz und

waren äußerst gefährdet, Erfrierungen zu erleiden. Dennoch hum-
pelten wir weiter, bis wir um 3.45 Uhr auf gleiche Höhe mit dem
Punkt kamen, wo die Hütte gesichtet worden war. Nindemann
kletterte an dieser Stelle, gefolgt vom Arzt, auf die Klippe. Zuerst
riefen beide: »Alles in Ordnung, kommt nach«, doch kaum waren
wir oben, rief Nindemann: »Hier gibt es keine Hütte.« Zu meiner
Bestürzung und zu meinem großen Schrecken war nichts als ein
riesiger Erdhügel zu sehen, dessen regelmäßige Form und ungewöhnliche Lage darauf schließen ließen, daß er künstlich angelegt
worden war, um von dort ein Leuchtsignal aussenden zu können.
Nindemann war sich aber so sicher, daß es sich um eine Hütte handeln mußte, ging also um den Hügel herum auf der Suche nach einer Tür und kletterte schließlich hinauf, um nach einem Loch oben
im Hügel zu schauen. Doch vergebens! Es war nichts als ein Erdhügel. Geknickt ordnete ich an, daß ein Lager in einem Loch auf
der Stirnseite der Klippe aufgeschlagen würde. Bald schon trockneten (und versengten) wir unsere Kleider vor einem lodernden
Feuer, während ein eisiger Wind an unseren Rücken nagte.

Und nun zum Abendessen! Außer dem Hund war nichts mehr
übrig. Ich gab Iversen daher Anweisung, ihn zu schlachten und zuzubereiten. Schon bald danach wurde aus seinen nicht transpor-
tierfähigen Teilen eine Art Suppe gekocht, von der alle kräftig
aßen, mit Ausnahme des Arztes und von mir. Für uns beide war es
eine ekelerregende Brühe und –, doch weshalb bei einem derart
unangenehmen Thema verweilen. Ich ließ die übrigen Teile wiegen
und bin ziemlich sicher, daß wir auf siebenundzwanzig Pfund kamen. Das Tier hatte viel Fett, da es mit Pemmikan ernährt wurde
und war vorgeblich sauber. Aber trotzdem ...

Als wir haltmachten, schickte ich sofort Alexej mit seinem Gewehr in Richtung Hütte landeinwärts los, um festzustellen, ob es
sich wieder um einen Wunschtraum handelte. Alexej kehrte bei
Einbruch der Dunkelheit zurück. Er war sich sicher, daß es eine
große Hütte war, denn er hatte sie betreten und etwas Rentierfleisch, Reste und Knochen gefunden. Einen Augenblick lang war

ich versucht, jedermann dorthin aufbrechen zu lassen, doch war sich Alexej keinesfalls sicher, die Hütte auch im Dunkeln finden zu können. Wenn wir uns dann verirrten, wären wir noch schlimmer dran als zuvor. So lagerten wir uns so gut wie möglich an Ort und Stelle.

Wir drei Männer, die naß geworden waren, standen schmorend und dampfend vor dem Feuer. Collins und Görtz hatten etwas Alkohol zu sich genommen, doch ich konnte das Zeug nicht schlucken. Wir froren, waren naß und einem unmöglich auszuweichenden Nordwestwind ausgeliefert, vor dem wir uns auch nicht schützen konnten. Unsere Zukunft lag in Form einer elenden, trostlosen Nacht vor uns. Ericksen verfiel schon bald in eine Fieberphantasie; sein Geplapper war ein schrecklicher Begleitumstand inmitten der Trostlosigkeit unserer Umgebung. Warm zu werden war nicht möglich und trocken zu werden stand vollkommen außer Frage. Fast alle waren benommen und wie betäubt. Ich hatte Angst, daß einige von uns während der Nacht sterben würden. Ich weiß nicht, wie kalt es genau war, denn mein letztes Thermometer war bei einem meiner zahlreichen Stürze auf dem Eis zerbrochen. Ich denke jedoch, daß es bestimmt an die 20 Grad minus waren. Eine Wache wurde für das Feuer eingeteilt. Wir kauerten uns um das Feuer herum und verbrachten so unsere dritte schlaflose Nacht. Wenn Alexej nicht sein Robbenfell um mich gewickelt und sich nicht neben mich gesetzt hätte, um mich zu wärmen, wäre ich bestimmt erfroren. Nun dampfte mein zitternder, vor Schüttelfrost zuckender Körper. Ericksens Stöhnen und wirres Gerede hallte in der Nachtluft. Ich hoffe, eine derart trostlose, elende Nacht nie mehr erleben zu müssen.

Dienstag, 4. Oktober. – Einhundertundvierzehnter Tag. Beim ersten Anbruch der Morgendämmerung begannen sich alle zu regen. Dem Koch wurde gesagt, er solle Tee kochen. Der Arzt machte dann eine unliebsame Entdeckung: Ericksen hatte sich in der Nacht seine Handschuhe abgestreift; seine Hände waren gefroren. Ein paar Männer wurden sofort beauftragt, sie zu reiben. Um 6 Uhr war

Ericksens Zirkulation so weit wiederhergestellt, daß wir den Weitertransport riskieren konnten. Jeder hatte hastig eine Tasse Tee hinuntergekippt und seine Ladung gerichtet. Ericksen war nahezu bewußtlos, als wir ihn auf den Schlitten schnürten. Wegen des stürmischen Windes aus Südwest spürten wir die Kälte noch intensiver, doch brachen wir um 6 Uhr auf und legten einen Gewaltmarsch zurück. Um 8 Uhr morgens waren wir dann, Gott sei Dank, mit dem Kranken in den Schutz der Hütte gelangt, die für uns alle groß genug war. Hier machten wir sofort ein Feuer und konnten uns zum ersten Mal seit dem letzten Samstag wieder aufwärmen.

Der Arzt untersuchte Ericksen umgehend und fand seinen Zustand äußerst bedenklich. Der Puls war sehr schwach; Ericksen war nahezu bewußtlos, und sein Zustand verschlechterte sich nach dem Kälteschock der vergangenen Nacht rapide. Wir befürchteten, daß er höchstens noch ein paar Stunden zu leben hatte. Daraufhin rief ich alle zusammen, um im Beisein aller die Gebete für den Kranken zu verlesen, bevor wir uns selbst ausruhten. Die Gebete wurden auf eine stille, ehrwürdige Weise vorgetragen, obwohl ich fürchte, daß aufgrund meines stockenden Sprechens nur wenig von der Andacht hörbar war. Danach stellten wir die Uhr und legten uns alle schlafen, mit Ausnahme von Alexej, der auf Jagd ging. Um Mittag kehrte er jedoch naß zurück, da er in das Eis eingebrochen und in den Fluß gefallen war.

Um 6 Uhr abends wurden alle wach, und ich hielt es für notwendig, an das Essen für meine Männer zu denken. Jeder bekam ein halbes Pfund gebratenen Hund und eine Tasse Tee. Darin bestand unsere ganze Tagesration, doch waren wir so dankbar, nicht dem erbarmungslosen Südwestwind ausgesetzt zu sein, daß uns die gekürzte Ration nichts ausmachte.

Mittwoch, 5. Oktober. – Einhundertundfünfzehnter Tag. Der Koch fing um 7.30 Uhr an, Tee aus den Blättern vom Vortag zu kochen. Zu essen gibt bis abends nichts. Ein halbes Pfund Hund pro Tag ist alles, was jeder zu essen bekommt, bis sich die Versorgungslage entspannt. Alexej begab sich um neun wieder auf Jagd.

Ich schickte die anderen Männer los, genug dünne Zweige zu sammeln, um den Boden des Hauses damit abzudecken, da alle durch das Auftauen des gefrorenen Bodens feucht oder gar naß geworden und um viel Schlaf gebracht worden waren.

Es weht immer noch ein kräftiger Wind aus Südwest. Ericksens Bein fängt an abzusterben, und sein Zustand verschlechtert sich. Eine Amputation wäre sinnlos, da er die Operation wahrscheinlich nicht überleben würde. Zeitweilig ist er bei Bewußtsein. Um 12 Uhr kehrte Alexej zurück, ohne etwas gesichtet zu haben. Diesmal hatte er den Fluß überquert, hatte es jedoch aufgrund des eisigen Windes nicht länger ausgehalten und war so zur Umkehr gezwungen worden.

Ich bin der Meinung, daß wir uns auf Tit Ary Island befinden, und zwar an der Ostseite, etwa 40 Kilometer von Ku Mark Surka, das eine Siedlung sein dürfte. Dies ist unsere letzte Hoffnung, denn Sagastyr zu erreichen, haben wir längst aufgegeben. Die Hütte, in der wir uns befinden, ist noch ziemlich neu, und eindeutig nicht die auf meiner Karte eingezeichnete Sternwarte. Diese Hütte ist noch nicht mal fertig gebaut; sie hat keine Tür und keinen Vorbau. Es könnte sein, daß sie als Sommerhütte dienen soll, doch lassen die zahlreichen Fuchsfallen mich darauf schließen, daß sie auch zu anderen Zeiten gelegentlich benutzt wird. In dieser und der anderen Möglichkeit, nach Ku Mark Surka zu gelangen, liegen nun all unsere Hoffnungen begründet, doch noch zu entkommen. Ich wüßte nicht, was sonst noch getan werden könnte. Sobald der Sturm nachläßt werde ich Nindemann und einen weiteren Mann auf einen Eilmarsch nach Ku Mark Surka schicken, um Hilfe zu holen. Um 6 Uhr abends gab es ein halbes Pfund Hundefleisch und eine Tasse Tee, der zum zweiten Mal aufgebrüht worden war. Dann legten wir uns schlafen.

Donnerstag, 6. Oktober. – Einhundertundsechzehnter Tag. Rief alle Mann um 7.30 zusammen. Es gab eine zum dritten Mal aufgebrühte Tasse Tee mit einem Löffel Alkohol. Alle sind ziemlich schwach. Der Sturm läßt etwas nach. Schickte Alexej jagen. Werde

Nindemann und Noros um die Mittagsstunde auf den Eilmarsch nach Ku Mark Surka losschicken. Um 8.45 Uhr morgens entschlief unser Kamerad Ericksen. Ich richtete einige Worte der Ermutigung und des Trostes an die übrigen Männer. Alexej kam mit leeren Händen zurück. Zu starkes Schneetreiben. Was soll in Gottes Namen bloß aus uns werden? – Wir haben nur 14 Pfund Hundefleisch und müssen noch 40 Kilometer zu einer eventuell bestehenden Siedlung zurücklegen. Was Ericksens Beisetzung angeht, ist es unmöglich ein Grab zu schaufeln, denn der Boden ist gefroren, und wir haben nichts, womit wir graben könnten. Uns bleibt nichts anderes übrig, als ihn im Fluß beizusetzen. Wir nähten ihn in Zeltplanen und bedeckten ihn mit meiner Fahne. Machten Tee mit einem Löffel Alkohol und werden versuchen, ihn beizusetzen. Jedoch wir sind allesamt so schwach, daß ich nicht weiß, wie wir uns fortbewegen sollen.

Um 12.40 Uhr verlas ich die Beisetzungsworte; dann schleppten wir den Leichnam unseres Kameraden zum Fluß hinunter, wo er in einem Loch im Eis begraben wurde. Drei Schüsse wurden aus zwei unserer Remingtons abgefeuert, um ihm die letzte Ehre zu erweisen.

Auf eine Tafel wurde folgende Inschrift eingeritzt:

> Zum Gedenken an
> H. H. Ericksen,
> gest. 6. Oktober 1881
> U.S.S. *Jeannette*

Wir werden sie am Flußufer auf gleicher Höhe mit der Stelle, wo er beigesetzt wurde, aufstellen.

Seine Kleidung wurde unter den Kameraden aufgeteilt. Iversen bekam seine Bibel und eine Haarlocke. Auch Kaack hat eine Locke.

Abendessen um 5 Uhr – ein halbes Pfund Hundefleisch und Tee.

Freitag, 7. Oktober. – Einhundertundsiebzehnter Tag. Frühstück bestehend aus einem letzten halben Pfund Hundefleisch und

Tee. Heute morgen taten wir unser letztes Körnchen Tee in den Kessel und begeben uns nun mit ein paar alten Teeblättern und knapp zwei Litern Alkohol auf eine Reise von 40 Kilometern. Dennoch vertraue ich auf Gott und glaube, daß er, der uns bis hierher gebracht hat, uns nicht jetzt verhungern lassen wird.

Wir trafen die Vorbereitungen für unseren Aufbruch um 7.10 Uhr. Da unsere Winchester-Flinte kaputt ist, lassen wir sie mit 161 Schuß Munition zurück. Wir nehmen zwei Remington und 243 Schuß Munition mit. Hinterließ folgenden Bericht in der Hütte:

Freitag, 7. Oktober 1881

Die unten gezeichneten Offiziere und Besatzungsmitglieder des gesunkenen US-Dampfers *Jeannette* brechen an diesem Morgen zu einem Gewaltmarsch nach Ku Mark Surka beziehungsweise einer anderen existierenen Siedlung an der Lena auf. Wir kamen hier am Dienstag, dem 4. Oktober, mit unserem schwerkranken Kameraden H. H. Ericksen (Seemann) an, der gestern morgen verschied und um die Mittagsstunde im Fluß beigesetzt wurde. Der Tod war die Folge von Erfrierungen und Erschöpfung aufgrund dauerhafter Unterkühlung. Dem Rest geht es gut, doch haben wir keine Vorräte mehr – die letzten wurden heute morgen aufgebraucht.

Um 8.30 Uhr waren wir unterwegs und marschierten bis 11.20 Uhr. Zu dem Zeitpunkt hatten wir etwa fünf Kilometer zurückgelegt. Wir waren alle ziemlich erschöpft und liefen obendrein allem Augenschein nach in einem Labyrinth herum. Ein großes, von einer Stromschnelle angeschwemmtes Stück Holz deutete auf eine Stelle, wo wir Wasser zum Kochen finden konnten. Ich ließ die Mannschaft anhalten. Zum Mittagessen gab es einen Kübel Tee mit einem Schuß Alkohol versetzt. Dann gingen wir weiter und bald schon sah es aus, als seien wir wieder an den Fluß gelangt. Hier unternahmen vier von uns einen Versuch, ans andere Ufer zu kommen, und brachen im Eis ein. Um Erfrierungen vorzubeugen, wurde am Westufer ein Feuer gemacht, damit wir uns trocknen konnten. Ich schickte Alexej zwischenzeitlich los, um nach etwas Eßbarem Ausschau zu halten, gebot ihm aber, sich nicht zu weit zu entfernen und nicht zu lange fortzubleiben. Um 3.30 Uhr war er immer noch nicht zurück und auch nicht in Sichtweite. Eine leichte Brise aus Südwest, verhangen; in südlicher Richtung ein Gebirge erkennbar.

Um 5.30 Uhr kam Alexej mit einem Schneehuhn zurück, von dem wir eine Suppe kochten und einen Löffel Alkohol zum Abendessen hinzugaben. Dann krochen wir zum Schlafen unter unsere Decken. Leichte westliche Brise; Vollmond; sternenklarer Himmel. Nicht allzu kalt; Alexej hatte den Fluß einen Kilometer breit nicht zugefroren gesehen.

Samstag, 8. Oktober. – Einhundertundachtzehnter Tag. Weckte alle Mann um 5.30 Uhr. Frühstück, bestehend aus einem Löffel Alkohol mit heißem Wasser. Der Arzt meint: Alkohol ist sehr nützlich, unterbindet das Hungergefühl, verhindert Magenknurren und hält die Männer bei Kräften. Jedem wurden pro Tag schätzungsweise drei Eßlöffel verabreicht, in Übereinstimmung mit den von Dr. Anstie durchgeführten Experimenten.

Wir marschierten bis 10.30 Uhr. Ein Löffel Alkohol von 6.30 Uhr bis 10.30 Uhr; acht Kilometer; stießen auf großen Fluß; 11.30 Uhr wieder unterwegs; Sandbank. Stießen auf schmalen Fluß. Müssen umkehren. Halt um 5 Uhr. Kamen nur anderthalb Kilometer weiter. Pech. Schnee; Wind aus südsüdöstlicher Richtung. Kaltes Nachtlager; wenig Holz; einen Löffel Alkohol.

Sonntag, 9. Oktober. – Einhundertundneunzehnter Tag. Für alle einen Löffel Alkohol um 4.30 Uhr. Verlas einen Gottesdienst. Schickte Nindemann und Noros voraus, um Hilfe zu suchen. Haben ihre Decken, ein Gewehr, 40 Schuß Munition und einen halben Liter Alkohol dabei. Anordnung, sich am Westufer zu halten, bis sie die Siedlung erreichen. Sie brachen um 7 Uhr auf; machte ihnen Mut. Wir waren um 8 Uhr unterwegs. Überquerten den Fluß. Brachen im Eis ein. Alle naß bis zu den Knien. Machten halt und Feuer. Trockneten unsere Kleider. Wieder unterwegs um 10.30 Uhr. Lee bricht zusammen. Erreichen plötzlich Flußufer. Machen halt zum Essen – einen Löffel Alkohol. Alexej erlegte drei Schneehühner. Kochten Suppe. Wir folgen Nindemanns Spur, obwohl er längst außer Sichtweite ist. Wieder unterwegs um 3.30 Uhr. Hohe Klippe. Eis treibt im Fluß schnell nordwärts. Halt um 4.40 Uhr, als wir Wald erreichen. Finden ein Kanu. Legen uns dagegen und schlafen ein; ein Löffel Alkohol zum Abendessen.

Montag, 10. Oktober. – Einhundertundzwanzigster Tag. Letzter Löffel Alkohol um 5.30; schicke Alexej um 6.30 los, um Schneehühner zu suchen. Essen: Fetzen von Wildleder. Gestern morgen aß ich meine Ledergamaschen. Leichter Wind aus südsüdöstlicher Richtung. Nicht sehr kalt. Unterwegs um acht. Beim Überqueren des Flusses wurden drei von uns naß. Machten ein Feuer und trockneten uns. Gingen weiter bis 11 Uhr. Erschöpft. Zündeten ein Feuer an. Kochten mit den Teeblättern in der Alkoholflasche etwas zu trinken. Weiter um die Mittagszeit. Frischer Wind aus Südwest, Schneetreiben, schweres Vorwärtskommen. Lee bat darum, zurückgelassen zu werden. Ein kleiner Strand, und dann lange, hohe Uferböschungen. Zahlreiche Schneehuhnspuren. Folgen Nindemanns Spuren. Um drei hielten wir an, erschöpft; krochen in ein Loch in der Böschung, sammelten Holz und machten ein Feuer. Alexej unterwegs auf der Suche nach Wild. Nichts zum Abendessen außer einem Löffel Glyzerin. Alle schwach und kraftlos, doch guten Mutes. Möge Gott uns helfen!

Dienstag, 11. Oktober. – Einhundertundeinundzwanzigster Tag. Kräftiger Wind aus Südwest mit Schnee. Können nicht weiter. Kein Wild. Ein Löffel Glyzerin und heißes Wasser statt Nahrung. Kein Holz mehr in unserer Umgebung.

Mittwoch, 12. Oktober. – Einhundertundzweiundzwanzigster Tag. Frühstück: letzter Löffel Glyzerin und heißes Wasser. Zu Mittag versuchten wir es in einem Topf Wasser mit ein paar Handvoll Polarweide als Tee. Alle werden zunehmend schwächer. Kaum

noch Kraft, um Holz fürs Feuer zu sammeln. Kräftiger Südwestwind mit Schnee.

Donnerstag, 13. Oktober. – Einhundertunddreiundzwanzigster
Tag. Weidentee. Starker Wind aus Südwest. Kein Lebenszeichen
von Nindemann. Wir sind in Gottes Hand; wenn er nicht eingreift,
sind wir verloren. Wir können nicht gegen den Wind angehen, und
hier zu bleiben, bedeutet zu verhungern. Am Nachmittag gingen
wir wieder anderthalb Kilometer und überquerten einen weiteren
Fluß oder eine Biegung des großen Flusses. Nach dem Überqueren
vermißten wir Lee. Lagerten uns in einer Ausbuchtung der Böschung. Ließ nach Lee suchen. Er war umgekehrt, hatte sich hinge-
legt und wartete darauf zu sterben. Nach dem Abendessen beteten
wir das Vaterunser und sagten das Glaubensbekenntnis auf. Lebhafter, stürmischer Wind. Schreckliche Nacht.

Freitag, 14. Oktober. – Einhundertundvierundzwanzigster Tag.
Frühstück: Weidentee. Essen: ein halber Teelöffel Glyzerin und
Weidentee. Alexej erlegte ein Schneehuhn. Kochten Suppe. Wind
aus Südwest, nachlassend.

Samstag, 15. Oktober. – Einhundertundfünfundzwanzigster
Tag. Frühstück: Weidentee und zwei alte Stiefel. Beschließen, bei
Sonnenaufgang weiterzugehen. Alexej bricht zusammen und Lee
auch. Erreichen leeren Getreidespeicher. Machen halt und lagern.
Rauchzeichen bei Dämmerung in südlicher Richtung erkennbar.

Sonntag, 16. Oktober. – Einhundertundsechsundzwanzigster
Tag. Alexej zusammengebrochen. Gottesdienst.

Montag,17. Oktober. – Einhundertundsiebenundzwanzigster
Tag. Alexej im Sterben. Arzt taufte ihn. Verlas Gebete für die
Kranken. Mr. Collins' Geburtstag – vierzig Jahre alt. Bei Sonnenuntergang starb Alexej. Erschöpfung vor Hunger. Bedeckten ihn
mit einer Fahne und legten ihn in den Speichertrog.

Dienstag, 18. Oktober. – Einhundertundachtundzwanzigster
Tag. Ruhig und mild; Schneefall. Setzten Alexej am Nachmittag bei.
Legten ihn auf das Eis im Fluß und bedeckten ihn mit Eistafeln.

Mittwoch, 19. Oktober. – Einhundertundneunundzwanzigster

Tag. Zerschneiden Zelt für Schuhwerk. Arzt ging voraus, um neues Lager zu finden. Siedelten bei Einbruch der Dunkelheit ins Lager über.

Donnerstag, 20. Oktober. – Einhundertunddreißigster Tag. Hell und sonnig, aber sehr kalt. Lee und Kaack total erschöpft.

Freitag, 21. Oktober. – Einhundertundeinunddreißigster Tag. Kaack wurde um Mitternacht tot zwischen dem Arzt und mir vorgefunden. Lee starb um die Mittagszeit. Verlasen Gebete für den Kranken, als wir merkten, daß er im Sterben lag.

Samstag, 22. Oktober. – Einhundertundzweiunddreißigster Tag. Zu schwach, um die Leichname von Kaack und Lee aufs Eis zu tragen. Der Arzt, Collins und ich schleppten sie um die Ecke, so daß wir sie nicht mehr sehen konnten. Dann fielen mir die Augen zu.

Sonntag, 23. Oktober. – Einhundertunddreiunddreißigster Tag. Alle ziemlich geschwächt. Schliefen und ruhten den ganzen Tag. Schafften es dann, genug Holz vor Einbruch der Dunkelheit zu sammeln. Las einen Auszug aus den Worten für den Gottesdienst. Schmerzen in den Füßen. Keine Schuhe mehr.

Montag, 24. Oktober. – Einhundertundvierunddreißigster Tag. Schwere Nacht.

Dienstag, 25. Oktober. – Einhundertundfünfunddreißigster Tag.

Mittwoch, 26. Oktober. – Einhundertundsechsunddreißigster Tag.

Donnerstag, 27. Oktober. – Einhundertundsiebenunddreißigster Tag. Iversen zusammengebrochen.

Freitag, 28. Oktober. – Einhundertundachtunddreißigster Tag. Iversen starb in den frühen Morgenstunden.

Samstag, 29. Oktober. – Einhundertundneununddreißigster Tag. Dressler starb während der Nacht.

Sonntag, 30. Oktober. – Einhundertundvierzigster Tag. Boyd und Görtz starben in der Nacht. Mr. Collins im Sterben.

Barry Lopez
aus **Arktische Träume: Leben in der letzten Wildnis**

Barry H. Lopez (geboren 1945) schreibt traumartige Prosa. Die Erkenntnis tritt dort auf unvorhersehbare Weise zutage. Sein Werk ist durchdrungen von der Leidenschaft für jene, die in arktische Gegenden reisen, für die Tiere, die dort leben und für die Landschaft selbst. Lopez frönt seiner Leidenschaft in diesem Auszug aus Arktische Träume, *in dem er ausführlich über seine Reisen in den Norden philosophiert.*

Am 7. April 1909 brach Robert Peary aus der Nähe des geographischen Nordpols auf, zurück nach Kap Columbia auf der Ellesmere-Insel und zu seinem Schiff, der *Roosevelt*, die weiter unten bei Kap Sheridan lag. Er war am Tag zuvor angekommen, mit fünf Männern, fünf Schlitten und 38 Hunden. In einem späteren Kreuzverhör wurde Peary kritisiert, weil er keinen Mann mitgehabt hatte, der seine Sonnenmessung bestätigen, die Breite bezeugen konnte. Peary antwortete, daß ihm nicht daran gelegen sei, den Ruhm mit jemandem zu teilen, der sich nicht wie er selbst das Recht erworben hatte, dort zu sein – und in seinen Augen hatte das niemand.

Die Männer, die an jenem Tag bei ihm waren, betrachtete er nicht als Bedrohung für seinen Ruhm. Auf einem Foto sieht man sie zu fünft auf einer Kuppe vor einem Stück Meereis stehen, auf dem Peary die amerikanische Flagge aufgepflanzt hat. Ooqueah hält die Flagge des Flottenvereins, Ootah die Farben von Pearys College-Verbindung in den Händen. Egingwah hält die Flagge der »Töchter der amerikanischen Revolution« und Seegloo eine Rote-

Kreuz-Flagge. Matthew Henson, Pearys schwarzer Diener, hält die Flagge, die Peary wahrscheinlich am meisten bedeutete – eine selbstgemachte Polarflagge, von der er in den vorangegangenen neun Jahren schon Teile an vier anderen seiner Vorstöße »am weitesten nach Norden« hinterlassen hatte.

Der blauäugige Mann mit den kastanienbraunen Haaren und dem Walroß-Schnauzbart war am Pol 53 Jahre alt und gesund und kräftig. Aus der Nähe betrachtet, zeigten die zusammengekniffenen Augen und das wettergegerbte Gesicht die Erschöpfung durch 23 Jahre im Norden. Er hatte sich sein ganzes Leben lang gewünscht, eine Leistung zu vollbringen, durch die er sich von anderen Menschen abheben würde, eine ehrfurchteinflößende, nicht zu überbietende Tat. Das hatte er jetzt erreicht. Aber dieser Mensch, der den Glanz der Bedeutung so genoß, der gern beneidet werden wollte, wollte auch geliebt werden. Als er sein Studium in Bowdoin beendet hatte, schrieb er an die Frau, die er liebte: »Ich möchte gern eine so anziehende Persönlichkeit werden, daß, wenn ich mit jemandem zusammen bin, diese Person mich gern haben müßte, ob sie wollte oder nicht.« Aber das sollte nicht sein.

Als Peary älter wurde, als er auf all seinen Reisen anhaltendes Pech mit dem Wetter hatte, wurde er unnachgiebiger und unangenehmer. Er zeigte die Reizbarkeit eingebildeter Menschen, die insgeheim glauben, sie hätten vielleicht doch versagt. Gegen Ende seines Lebens, als er durch Frederick Cooks Behauptung, er sei zwölf Monate vor ihm am Pol gewesen, so tief verletzt war, wie es niemals jemand wird ermessen können, wurde Peary rücksichtslos anmaßend und despotisch.

Die wenigen Auszüge aus Pearys privaten Tagebüchern, die veröffentlicht worden sind, zeigen den Menschen hinter dem nach Ruhm strebenden Mann, jemanden hinter der Hochnäsigkeit, einen Mann mit liebevoller Achtung für seine Frau und – früher – einem gewissen Feingefühl und Mitleid. Er wußte, daß, wenn er dauernd seine Familie im Stich ließ und seinem Streben nach dem Pol folgte, wenn er gewisse menschliche Pflichten und Verpflich-

tungen vernachlässigte, man ihn vielleicht für »sträflich dumm«
halten würde, wie er es nannte. Er war von Selbstzweifeln beunruhigt und scheint zumindest bei einer Gelegenheit mit dem Gedanken an Selbstmord gespielt zu haben, so trostlos schien ihm die
Aussicht, sich einen Namen machen zu können.

Wie alle großen Männer wurde Peary von Spinnern belästigt
und von Unzufriedenen verfolgt. Er begann diese Parodie von sich
selbst zu hassen, die sich aus endlosen öffentlichen Reden und In-
terviews herausschälte. Bei all seiner Geringschätzung und Unnah-
barkeit, seinen Begünstigungen und seinen Manipulationen war er
doch auch einsam. Und schon ist man geneigt, sein Leben weniger
kritisch zu sehen. In ihm ging etwas vor, das niemand sonst begriff,
außer vielleicht seiner Frau. Ab 1902, als ihm nach Erfrierungen
schon Gelenke an jedem seiner Zehen fehlten, ging er die Korrido-
re des Senats und die Straßen von Washington DC mit einem eigentümlich gleitenden Schlurfen entlang. Die Entschiedenheit, mit
der er den Erfolg suchte, die Tiefe und Kraft der Besessenheit dieses Mannes, bringt die Vorstellungskraft eines jeden zum Schweigen, der die Landschaft gesehen hat, die er durchquerte.

In mancher Beziehung waren sich Peary und Vilhjalmur Stefansson,
der auffallendste unter den Arktisforschern des 20. Jahrhunderts,
ähnlich. Beide waren Individualisten, die aus ihren Arktisforschun-
gen lebenslangen Ruhm ziehen wollten. Beide vertraten ihre eigenen
Unternehmungen und Leistungen eifrig, manchmal sogar skrupel-
los. Beide kümmerte das Abschlachten von Tieren als Nahrung für
ihre Arktisexpeditionen nicht. Beide wurden verfolgt von kleinlichen Kränkungen. Als sie sich an ihren Ruhm gewöhnt hatten, wurden sie beide zu Menschen, die lieber selbst redeten als zuhörten, die
die anderen vergaßen oder verleugneten, die mit ihrem Leben und
ihrer Plackerei ihren Ruhm begründet hatten. Und wie so viele Forscher priesen sie das, was in Wahrheit Glück gewesen war, als das
Ergebnis ihrer eigenen Klugheit und der sorgfältigen Planung.

Stefansson hatte nur mangelhafte Kenntnisse von arktischer

Biologie und arktischem Klima, vertrat seine fehlerharten Ansichten aber beharrlich und doktrinär. Am deutlichsten sagt er das in seinem Buch *Arktische Träume*, in dem er behauptete, daß Menschen, besonders Weiße, überall in der Arktis reisen könnten, das Land würde sie ernähren. Nachdem das Buch mit großem öffentlichen Beifall aufgenommen worden war, wurde er so von seiner Idee eingenommen, daß er das Land nie als Widerlegung akzeptieren konnte. Um das auch den Leuten zu beweisen, die ihm nicht glaubten, tötete er Tiere, wo immer er sie traf, und ließ alles, was zu transportieren lästig war, zurück.

Stefansson war außerdem Sozialdarwinist; er glaubte an eine rassische Überlegenheit und ökonomische Prädestination. Auf dem Weg in die Arktis 1908 war er gefesselt von dem Anblick natürlicher Gasfackeln am Lauf des Athabasca. »Das ist die Fackel der Wissenschaft«, schrieb Stefansson, »die der Zivilisation und der wirtschaftlichen Entwicklung den Weg ins Reich des unbekannten Nordens erleuchtet.« Die Tundra war ihm eine Erweiterung der amerikanischen Prärien, und er beklagte die Tatsache, daß »Milliarden Tonnen eßbarer Vegetation«, mit der man Rinder ernähren könnte, alle Jahre auf den nördlichen Prärien verkamen. Er fand, daß manche wilden Tiere, wie das Karibu, »das Land behindern« und deshalb fortmüßten, weil sie die Entwicklung von Viehzucht und Ackerbau hemmten. Wie Theodore Roosevelt, der nur darum kämpfte, Beutetiere zu retten, und über Raubtiere schimpfte, hätte Stefansson gern die Natur neu geschaffen, damit sie seinen Vorstellungen über menschliche Bestimmung entsprach. Seine Kenntnis des Landes war, trotz seiner großen Popularität, selektiv und eigennützig.

Stefansson war ein Forscher von ungewöhnlicher Entschlossenheit, aber kein mitreißender Anführer. Er war ein schlechter Menschenkenner, wie er offen zugab; manche von den Leuten, die er beschäftigte, brachte er nicht so weit, daß sie an seine Arbeit glaubten, und er kannte wichtige Details nicht bei seinen Plänen. Trotzdem war er ein echter Visionär. Zwischen 1913 und 1918 gelang es ihm, trotz ernsthafter Krankheit, entsetzlicher Einsamkeit (er bekam in einem Jahr nur einen einzigen Privatbrief mit dem Postsack), körperlicher Strapazen und auch der Grobheit und Verachtung mancher seiner Gefährten, die Expeditionsaufgaben zu erfüllen, die er sich selbst gesetzt hatte. (Er entdeckte in jenen Jahren die Brock-Insel und die Borden-Insel in der westlichen Hocharktis und die Meighen-Insel im Norden, legte die bis dahin wirre Geographie der König-Christian-Insel und der Findlay-Gruppe fest und unternahm umfangreiche erste Lotungen in der Beaufort-See.)

Als Stefansson 1919 aus der Arktis zurückkehrte, war er überzeugter als je zuvor, daß Kanadas wirtschaftliche Zukunft im Norden läge und daß das Polarmeer dazu bestimmt war, ein »polares Mittelmeer« zu werden, mit großen Seehäfen, U-Boot-Verkehr unter dem Eis und einem Netz von transpolaren Flugrouten. Um Skeptiker zu überzeugen, ließ er sich auf einen Plan ein, Rentiere auf der südlichen Baffin-Insel zu züchten, ein schlecht durchdachtes Projekt, das in der Katastrophe endete und mehr als alles andere zeigte, wie illusorisch Stefanssons Verständnis der Arktis war.

Er verschliß sich ziemlich in diesem Abschnitt seines Lebens durch Vorlesungsreisen und durch die Verpflichtung, Bücher und Artikel zu schreiben, und er verkalkulierte sich ernsthaft, als er darauf bestand, daß Kanada die Wrangel-Insel, die in russischem Besitz war, als zukünftige Basis für den arktischen Frachtverkehr für sich beanspruchen müßte. Kanada behandelte das Geschäft auf eine Weise, die es schließlich internationaler Peinlichkeit preisgab, und die Verwirrung endete in einer Tragödie, die allzu viele Menschen an die *Karluk* erinnerte: Stefansson schickte eine eigene Expedition auf die Wrangel-Insel, um sie zu besetzen – vier College-Studenten und eine Eskimofrau (die ihre Fellkleidung herstellen und in Ordnung halten sollte). Die vier Männer, die nach Stefanssons Anweisung vom Land zu leben versuchten, starben. Die Frau überlebte.

In Ottawa wurde Stefansson, bevor er in Kanada nicht mehr willkommen war, hinter seinem Rücken »Windjammer« genannt, wegen der geschwätzigen und unüberlegten Art, mit der er seine

Ideen vertrat. Stefanssons leidenschaftliches Beharren auf arktischer Entwicklung beruhte auf einer verzerrten Auffassung von dem Land, was in Anbetracht seiner ausgedehnten Reisen absurd erscheint. Er wurde zum Anachronismus und schließlich zu einer Art Held für die Männer, die Ölbohrungen, Erzabbau, Moschusochsenzucht und andere Projekte der wirtschaftlichen Entwicklung im Norden befürworteten.

Trotz seines anmaßenden Wesens war Stefansson ein zugänglicher und nachdenklicher Mensch. Er teilte seine Augenblicke geographischer Entdeckung gern mit anderen. Er rühmte auch die Fähigkeiten anderer. Und er war bereit, eigene Versäumnisse an Takt und Planung zuzugeben. Sein Erbarmen mit Schlittenhunden ist einmalig unter Arktisforschern. (Er verachtete Nansens und Pearys Gewohnheit, einzelne Schlittenhunde an die anderen zu verfüttern, um auf langen Reisen Gewicht einzusparen. Und in einer bewegenden und erschütternden Stelle in *Arktische Träume*, die die Einsamkeit so deutlich macht, bewertet Stefansson den Charakter eines Hundes namens Lindy großherzig und einfühlend und schließt: »Als er starb, verlor ich den besten Freund, den ich auf der Welt hatte; ich werde ihn niemals vergessen.«)

In späteren Jahren wurde Stefansson das Idol junger Männer, weil er eingebildete und aufgeblasene Menschen irritierte und weil er entschlossen zu seinen Theorien stand. Es war ihm ein Vergnügen, mitzuteilen, was er wußte, und Bücher aus seiner riesigen Bibliothek zu empfehlen; er hatte »eine furchtlose Weltanschauung von ewiger Jugend, einschließlich Revolte und Optimismus«, schrieb ein Freund. Stefansson mochte junge Männer aus dem gleichen Grund wie Peary – sie glaubten an seine Ziele, und sie gaben sich der zu erledigenden Arbeit bedingungslos und tatkräftig hin. Und sie waren loyal.

Stefansson wurde sehr alt. Seine Energie und Unabhängigkeit waren für viele eine Inspiration. Pearys Leben endete 1920 in Verbitterung. Sein Anspruch auf den Pol wurde von mächtigen Feinden, die er öffentlich lächerlich gemacht hatte, bestritten – von

Greely in den Vereinigten Staaten, und von Sverdrup und Nansen in Norwegen. Das unklare Bild von ihm in der Öffentlichkeit ist zum Teil darauf zurückzuführen, daß er sich ganz der Erreichung eines Ziels gewidmet hat, dessen Bedeutung viele gar nicht ganz begriffen. Bei einer Rede im Sitzungssaal des Repräsentantenhauses 1910 verteidigte der Kongreßabgeordnete J. Hampton Moore aus Pennsylvania Pearys Anspruch, als erster den Pol erreicht zu haben, und sorgte dafür, daß eine Reihe von Glückwunschtelegrammen an Peary ins Protokoll aufgenommen wurde. Sie reichen von Präsident Tafts gewissermaßen spöttischem Schulterklopfen bis zur Theodore Roosevelts Depesche von einer Safari in Afrika, die von amerikanischem Stolz und Übertreibungen trieft.

Peary und Stefansson rangen beide ihren Ruf der Arktis ab. Die Kluft zwischen dem wirklichen Land und Stefanssons Vorstellung von ihm oder zwischen dem nicht besitzbaren Land und Pearys Aneignung (in beiden Fällen wurde der Graben wirkungsvoll überbrückt durch kluge PR-Kampagnen) ist ein typisches Problem auch unserer Tage. Die Landschaft bekommt ein Etikett und kann dann manipuliert werden. Es ist möglich, mit hartnäckiger und unpersönlicher Technologie ihr jede ihr selbst innewohnende Würde abzusprechen.

Peary und Stefansson waren auch Persönlichkeiten des öffentlichen Lebens, die wegen ihrer Energie und visionären Kraft bewundert wurden. Die persönliche Unsicherheit und Einsamkeit, die sie bedrückte und die sie in der Arktis zu umgehen versuchten, fordert zur Berücksichtigung von verschiedenen Dilemmas heraus. Wo liegt der Punkt, an dem die »tragische« Einsamkeit eines einzelnen, die ihn zur Leistung antreibt, das Wohl einer größeren Gesellschaft nicht mehr befördert, sondern in Unordnung bringt? Und was ist mit der Landschaft? Wird sie immer benutzt werden, wie wir es bestimmen, oder wird man ihr eines Tages eine eigene Würde zuerkennen? Und schließlich: Zu was wird Heroismus wenn die Landschaft bedroht ist?

1918 kam der amerikanische Malerund Illustrator Rockwell Kent auf der Fox-Insel vor der Halbinsel Kenai an der Südküste Alaskas an, zusammen mit seinem neunjährigen Sohn Rockwell junior. »Wir kamen, ein Mann und ein Junge, in dieses neue Land ausschließlich als suchende Träumer«, schrieb er. »Wir hatten eine Vision von einem nördlichen Paradies gehabt, nun wollten wir es entdecken.« Er wollte sich selbst irgendwie läutern, und er wollte seinen Sohn kennenlernen. Er glaubte, daß das Land ihm dabei helfen und für sie beide sorgen würde.

Kent war ein bemerkenswerter Amerikaner. Er war Sozialist und bekannte sich selbst zu dem »Arbeitsreichen Leben Theodore Roosevelts«. Es machte ihm Spaß, sich über gesellschaftliche Konventionen lustig zu machen. Er identifizierte sich mit dem Geschehen und den Personen der isländischen Sagas und war von kalten, rauhen, entbehrungsreichen Lebensbedingungen fasziniert. Er war kantig, selbstgerecht und gelegentlich grausam Menschen gegenüber, denen er sich überlegen fühlte, aber er war auch ein Romantiker und ein idealistischer Mensch. Und trotz des offensichtlichen Widerspruchs zwischen seinen sozialistischen Überzeugungen und seinem Erfolg als Künstler und Geschäftsmann war er integer. In seiner Kunst und in heroischer Prosa vertrat er die Würde des Menschen und die Existenz seiner gottähnlichen Eigenschaften. Seine leidenschaftliche Bewunderung des Lebens war echt und unbeschränkt, und er war voller Hingabe für die Arbeit, die seine Ansichten spiegelte.

Auf der Fox-Insel machte er sich begeistert daran, das Land zu roden und eine parkähnliche Anordnung zu schaffen. Er war (roh, von der »verwirrenden Kompliziertheit der modernen Gesellschaft« weg zu sein. Seine Illusionen über die Wildnis vertrugen sich nie so recht mit den Forderungen des täglichen Lebens auf der Insel, was ihn veranlaßte, sich darüber Gedanken zu machen, daß das »Märchen dieses Abenteuers an einem dünnen Faden hängt«. Kent wurde sich klar darüber, daß das, was ihn an dieser nördlichen Landschaft so belebte, nicht so sehr das Land war, sondern das, was er aus dem Land machte – was seine Vorstellungskraft aus Farben, Formen, Schattierungen schuf. Seine Zuneigung zu der Landschaft war leidenschaftlich; er reagierte schwärmerisch auf die Schönheit im Land, in Alaska und auch bei Reisen nach Grönland. Aber seine Zuneigung war fast ausschließlich metaphorisch, und sie wurde erhalten durch die Neigung zur Zivilisation, auf die Kent nicht verzichten wollte – die Post, die Ausflüge ins Dorf Seward wegen seiner vegetarischen Diät, die nachbarliche Hilfe des Besitzers der Insel, der in einem Haus wenige Meter von Kents Blockhaus entfernt wohnte.

Als er und sein Sohn nach sechs Monaten wieder abreisten, sagte sein Nachbar: »Ihr hättet ebensogut ein paar Monate in den Bergen des Staates New York verbringen können, so wenig, wie ihr von Alaska gesehen habt.« Aber Kent hatte nicht das Bedürfnis, weiter zu reisen. Die Belebung, die er fühlte, das neu erwachte Gefühl von Wildnis, das ihn jetzt zur künstlerischen Betätigung zwang, ermöglichten es ihm, zu den Belastungen in Ehe und Beruf zurückzukehren, die ihm in New York bevorstanden.

Kents metaphorische Erfahrungen mit dem Land, die Art, wie seine Phantasie sich mit ihm auseinandersetzte, unterscheidet sich deutlich von Stefanssons und Pearys bekannt mühsamen Begegnungen. Aber sie waren deshalb nicht weniger wirklich. Und diese Erfahrung Kents – sich selbst in dem Land zu suchen, eine wahrhaftige, überwältigend gesunde Ordnung darin zu spüren und an dieser Ordnung teilzuhaben – ist das Ziel vieler Menschen des 20. Jahrhunderts, die in so ferne Regionen reisen. Stark metaphorische Beziehungen zum Land, wie die von Kent, sind eine großartige Errungenschaft der menschlichen Seele. Sie sind eine intellektuelle Reaktion, wie die Herstellung von Landkarten oder die Entwicklung einer Sprache, die sich aus einer bestimmten Landschaft ergibt. Die Seele kann Schönheit ersinnen und Vertrautheit beschwören. Sie kann Tröstung finden, wo die nüchterne Analyse nur Bäume und Felsen und Gras sieht.

Im Juli 1929, elf Jahre nach seinem Aufenthalt auf der Fox-Insel, erlitten Kent und zwei Gefährten am Karajak-Fjord an der gebirgigen Westküste Grönlands Schiffbruch. Sie gingen landeinwärts und kamen zu einem See, der »rund wie der Mond« war. Der Sturm, der sie hatte scheitern lassen, blies noch immer. Kent schrieb von dem See, daß »sein Strand voller Kiesel sich glatt und rein und hell von dem tiefgrünen Wasser abhebt. Wir steigen hinunter und schauen von dort zu den Bergwänden hinüber, die es begrenzen. Die dunklen Klippen steigen fast senkrecht vom See zum Himmel auf. Von ihrem oberen Rand ergießt sich ein Sturzbach. Und der Sturm, der das Wasser mitten in der Luft packt, zerstäubt es zu Dampf. Wir stehen da und sehen das alles an: die Berge, den dampfenden Wasserfall, den dunkelgrünen See, dessen Oberfläche von Windstößen versilbert wird, und die Blumen, die den Strand voller Kiesel säumen und die Ufer schmücken.«

Und dann sagt einer von ihnen: »Vielleicht haben wir nur gelebt, damit wir jetzt hier sind.«

Ein auffallendes Element in Pearys Berichten über seine Arktisreisen erinnert mich an diese Szene stiller Schönheit nach einem gewaltsamen Schiffbruch. Soweit ich weiß, stimmt es mit den Erfahrungen und Empfindungen der meisten anderen Arktisforscher überein. Die erste Reise in diese weit im Norden gelegene Landschaft wird von dem Forscher als etwas begriffen, mit dem man Prestige, Geld, gesellschaftliche Vorteile oder bemerkenswerte Ehrungen und Anerkennungen gewinnen kann. Obwohl diese Absichten auf folgenden Reisen nicht aus den Augen verloren werden, sind sie nie mehr so ausschließlich und so hoch geachtet wie vor dem Beginn der ersten Reise. Sie werden relativiert durch ein zunehmendes Gefühl von Bestürzung und ehrfurchtsvoller Scheu. Es ist, als arbeitete sich das Land langsam in den Menschen hinein und stellte diese Motive kraft ihrer Würde in den Schatten. Das Land wird groß und lebendig wie ein Tier; es macht ihn bescheiden auf eine Weise, die er nicht definieren kann. Das Land ist nicht einfach nur schön, es ist auch mächtig. Seine Macht stammt aus der Spannung zwischen seiner offensichtlichen Schönheit und seiner

Fähigkeit, Leben zu nehmen. Diese Macht strömt aus der Vergegenwärtigung dessen, wie Dunkelheit und Licht in ihm miteinander verbunden sind, in die Seele, in dem Gefühl, daß dies der Urgrund der Schöpfung ist.

Zu dritt fuhren wir an der Transalaska-Pipeline-Fahrstraße nach
Norden, in einem Kleinlaster mit Bootsanhänger. Zeitweise war er
auf Meilen das einzige Fahrzeug, bis vielleicht ein Lastzug – rücksichtslos und ungezähmt – vorbeidrängte und uns mit Kies über-
schüttete. Von Fairbanks bis zur Prudhoe-Bay läuft die Straße parallel zu der hochgelegten, glänzenden Pipeline. Beide Strecken in
diesem Korridor haben eine künstliche, unnatürliche Stille an sich,
wie weißgestrichene Zäune auf Sommerweiden im Bergland. Eines Abends kamen wir an einer einsamen Saat- und Dünge-Ma-
schine vorbei, einer Maschine, die Grassamen und Nährstoffe auf
Böschungen und Bankette der Straße sprühte, um die Erosion zu
verhindern. Hier würde es keine widerspenstige Tundra geben. Es
war Saat von gepflegtem Kentucky-Gras.

   Einmal hatten wir eine Reifenpanne. Zwei von uns wechselten
den Reifen, während der dritte mit einem geladenen .308-Gewehr
danebenstand und eine Grizzlybärin mit ihrem einjährigen Jungen
genau im Auge behielt, die 30 Meter entfernt in einer weidenbe-
wachsenen Senke nach Wurzeln grub. Wir sahen auch einen einzelnen Wolf – Biologen in Fairbanks hatten uns gebeten, auf Wölfe
zu achten. Die Lkw-Fahrer, sagten sie, hätten die meisten an dieser
Straße abgeschossen, vielleicht kamen jetzt, wo der Verkehr so abgenommen hätte, wieder ein paar hierher. Sumpfohreulen flogen
auf, wenn wir vorbeikamen. Einzelne Karibubullen trabten auf
ihre leichtfüßige Art weg wie scheue Wasservögel. Elche standen
im Weidendickicht am Sagavanirktok-Fluß und schliefen. Und
Rotfüchse tänzelten auf ihren schwarzen Beinen vor uns die Straße
hinunter und schauten uns über die Schulter an. An jenem Abend
dachte ich über die Tiere nach und wie sich die Straße zwischen sie
geschoben hatte.

Wir kamen an einem Nachmittag bei den Ölfeldern an der Prudhoe-Bay an, als das Licht strahlend auf der Tundra lag und Schwä-
ne friedlich auf den rechteckigen Wasserflecken zwischen den
Straßendämmen dahinglitten. Aber diese Landschaft war abwei-
sender als irgendeine, die ich je in der Arktis gesehen hatte. Kleine
Häuser standen am Horizont, einzeln oder zu zweit. Das erinnerte
mich an Westtexas, ein Land, das bei der Suche nach Wasser und
Öl erstickt wurde. Schwere Maschinen hockten untätig wie schlaf-
fe Fäuste auf ölfleckigen Höfen. Es ging mich nichts an. Ich wollte
nur über Nacht hierbleiben. Am Morgen würden wir das Boot zu
Wasser bringen und nach Westen zu den Jones-Inseln fahren.

Das Bungalowlager, in dem wir blieben, war jämmerlich in seiner Hoffnung auf billigen Reichtum: unangenehm das bleiche weiche Fleisch und die dicken Bäuche der Leitenden mit den Schirm-
mützen, unangenehm das Verlangen junger Männer nach Frauen
mit unglaublichen Formen, einem siegreichen Pokerblatt, einer
Nacht mit einer eingeschmuggelten Flasche. Ältere Männer, die allein in der Cafeteria, über ihre Schulden murrend, im Müll ihrer
Verzweiflung wühlten, hätten die jungen Männer lieber nicht von
Reichtum reden hören, den nur ein Trottel sich entgehen lassen
würde.

Wir brachen morgens auf in eine völlig andere Welt, die Welt der
Wissenschaft, des Sammelns von Daten für Berechnungen und
Überlegungen, die diese Männer an wieder andere Orte schicken
würde bei weiterhin perfekter Täuschung.

Monate später kam ich an einem kalten Märzmorgen zu einem
offiziellen Besuch nach Prudhoe-Bay. Ich wurde von einem zuvor-
kommenden jungen PR-Angestellten vom Flugplatz abgeholt, der
mir ernsthaft die Hand schüttelte und mir das erste von verschiedenen Abzeichen gab, die ich tragen mußte, während wir durch
den Komplex fuhren. Die Polizisten an den Straßenkontrollpunk-
ten und Gebäudeeingängen prüften diese Ausweise und lächelten
dann, aber ohne Herzlichkeit. Es war das bekannte Frösteln, wenn
die eigene Würde einen Augenblick in den Händen einer Autorität

vorgetäuschter Größe ruht, wo man ahnt, daß sie möglicherweise
wie ein kleiner Stein für eine weitere Überprüfung beiseite gelegt
wird, sobald man Ungeduld oder Unsicherheit zeigt. Industrie-
spionage, so wird entschuldigend erklärt, oder verstimmte ehema-
lige Angestellte, möglicher Drogenhandel oder Umwelt-Saboteu-
re.

Wir fuhren an der Meereiskante entlang und prüften eine kü-
stennahe Bohranlage von weitem; zu kalt, um hinzugehen, meinte
mein Gastgeber, als ob wir mit diesem Blick aus der Ferne seiner
oder meiner Verantwortung Genüge getan hätten.

Wir nahmen unseren Lunch in der Cafeteria im Hauptgebäude
der Ölgesellschaft ein; es war ein glasüberdachtes Atrium der ari-
stokratischen Stille, der Leinenhosen und Duftwässer und der
wohlerzogenen Menschen, der ehrerbietig gepflegten Pflanzen.
Die Speisen waren perfekt zubereitet. (Ich erinnerte mich an die
niedrigen Cafeterias mit ihren fadenscheinigen, fleckigen Teppi-
chen, den Tischen mit den Brandlöchern von Zigaretten, der flau-
en Kost und dem Klappern von Melmac, in denen die anderen
aßen.)

Auf dem Weg zur Sammelstation Nr. 1 müssen wir Platz machen, damit der riesigste Lastzug, den ich je gesehen habe, vorbei-
kann: ein Haus auf einem Anhänger mit Ziel Kuparuk-Fluß. Im
Graben neben der Straße liegt ein eben umgekippter Kran; die Rä-
der des Fahrerhauses drehen sich noch in der Sonne. Der Mann
neben mir lächelt. Wir haben -33° C.

An der Sammelstation Nr. 1 wird das Öl aus vier Ölquellen ge-
kühlt. Das Wasser wird entfernt. Das Gas wird abgetrennt. Die ursprüngliche Flüssigkeit, die jetzt zum ersten Mal über der Erde ist,
fließt schnell und in rechten Winkeln durch Röhren und wird in
Tanks mit glänzenden Meßuhren unter Druck gesetzt. Die gemal-
ten Betonböden sind fleckenlos. Es liegt nicht ein einziges Werkzeug oder ein Putzlappen herum. Was gefährlich werden oder auch
nur Kleidung zerreißen könnte, ist verkleidet, verdeckt. Die heller-
leuchteten, pastellfarbenen Räume sind warm von der Temperatur

tief aus der Erde; sie gehen ineinander über wie eine Serie von Luft-
schleusen oder Kesselräumen im Bauch eines riesigen Schiffes. Ich
sehe niemanden. Menschliche Gegenwart steckt nur im Funktionieren der Maschinerie, der Kontrolle des Rohöls, der unbändigen
Flüssigkeit in dem Gitterwerk von Röhren. Das Öl kann nichts anderes tun als den Anordnungen gehorchen.

Gemäßigt fließt es zur Pumpstation Nr. 1.

Der Pavillon außerhalb des Zauns an der Pumpstation ist von
treibendem Schnee fast zugeweht. Hier kommt niemand her, nicht
zu dieser Jahreszeit. Ich klettere über die Schneewehen und wische
verkrusteten Schnee von den plexiglasgeschützten Tafeln, die die
hiesigen Pflanzen und Tiere aufzählen. Der Text ist liebenswürdig,
es soll ja niemand gekränkt werden. Bei allem – Tieren, Öl, Schicksal – wird der Anschein erweckt, als paßten sie irgendwie auf natürliche Weise zusammen. Menschen werden nicht erwähnt. Ich
sehe zur Pumpstation Nr. 1 hinauf, an Maschendraht und Stachel-
draht vorbei. Stampfende Pumpen, in isolierten Gebäuden auf der
Tundra eingeschlossen, ganze Felder voller Röhren, rücksichtslose
Lastwagen, all die schweren Maschinen, das Viking-Gebläse, das
da saugt und sammelt und lenkt –, daß dies alles dem Kopf dieser
scheinbar unschuldigen Pipeline zuarbeitet, die wie ein rostfreier
Stahlfaden auf die gleichgültige Brooks-Kette zuläuft, daß das alles für die Reise nach Süden auf die 120-cm-Röhre reduziert wird,
scheint unmöglich.

Keine Mühe, keine Wildheit sichtbar. Es könnte dem behüteten
Besucher nicht ruhiger, harmloser, zivilisierter vorkommen.

Die Proportionen sind alle nicht vertraut. Ich stehe an dem zugi-
gen Pavillon und betrachte die näher und ferner liegenden Gebäude.
Ich erinnere mich an einen ähnlichen Anblick auf der Startanlage
bei Cape Canaveral. Es ist nicht nur die Übergröße der Ausrüstung, die auf den Straßen hierher rumpelt, sondern die starke Präsenz von Bedrohung, von verborgenen Feinden. Mein Gesicht
fängt an zu frieren. Der Mann in dem blauen Chevrolet-Lieferwa-
gen mit der voll aufgedrehten Heizung lächelt. Kein Führer könnte

angenehmer sein. Es ist Zeit, wieder etwas zu essen – ich glaube, das ist es, was er sagt. Ich schaue wieder auf die Pipeline, dieses Endstück polierter Preßformen. Wie wenig Menschen hier sind, muß ich immer denken. Tief in den Lagern all dieser unpersönlichen Gebäude ist das einzig Biologische die dunkle Flüssigkeit aus dem Devon in den Röhren.

Auf dem Weg zurück zur Cafeteria fragt mich der Mann, wie ich über die Ölindustrie denke. Er hat versucht, nicht neugierig zu wirken, aber er fragt das jetzt zum dritten Mal. Ich spreche langsam. »Ich weiß nichts über die Ölindustrie. Ich bin vor allem an der Landschaft interessiert. Warum wir herkommen und was wir sehen. Ich bin kein Wirtschaftsforscher oder -fachmann oder Sozialplaner. Die Technik hier ist umwerfend. Die wahren Kosten, glaube ich, kann man gar nicht wissen.«

Während des Essens erzählt er mir eine Geschichte. Vor ein paar Jahren standen drei Birken in einem Atrium in der Wandelhalle. Im September wurden ihre Blätter gelb und rollten sich zusammen. Dann hingen sie einfach da, denn die Luft in dem umschlossenen Raum war einfach zu still. Kein Wind. Der Herbst kam, als ein Mann von der Hausmeisterei hineinging und die Bäume schüttelte.

Bevor wir die paar Meilen nach Deadhorse, dem Flugplatz von Prudhoe-Bay fuhren, sagte mein Gastgeber, er würde mir gern auch den Rest des Betriebszentrums zeigen. Ein Kino mit plüschroten Velourssitzen. Räume für Elektronikspiele. Breitwand-Fernseh-Nischen. Billardtische. Gewichtheberraum. Schwimmbad. Squash-Courts. Rennbahn. Noch mehr Fernseh-Nischen. Whirlpools und Druckdüsenmassage. Die Temperaturen in den Räumen sind wunderbar unterschiedlich. Alles ist gepolstert, ausgelegt, unterfüttert. Es gibt keine unangenehmen Geräusche. Keine Häßlichkeiten. Man muß für nichts bezahlen. Er zeigt mir seine Zimmer.

Später stehen wir an einem Geländer und schauen durch Isolierglas in den blauen Abend auf der Tundra hinaus. Ich danke ihm für den Rundgang. Wir haben Gefallen aneinander gefunden. Ich staune über den Aufwand, all die Annehmlichkeiten, die da geboten werden. Er sieht auf den Schnee hinaus: »Goldene Handschellen.« Das ist alles, was er mit einem schiefen Lächeln sagt.

Man kann kaum durch die Arktis reisen, ohne auf Industrie zu stoßen. Zu viele Strecken für Versorgung, Transport und Kommunikation laufen durch das Gelände. Ich bin im Laufe mehrerer Jahre vier- oder fünfmal durch Prudhoe-Bay gekommen und habe beide Blei-Zink-Minen im Kanadischen Archipel besucht, die Nanisivik-Mine am Strathcona-Sund auf der Baffin-Insel und die Polaris-Mine auf der Kleinen Cornwallis-Insel. Und in einem Winter habe ich die Anlagen der Panarctic am Rae-Point auf der Melville-Insel und ihre Bohranlagen auf dem Meereis vor der Mackenzie-King-Insel und der Lougheed-Insel bereist.

Diese Orte zogen mich an, ohne daß ich genau sagen könnte, warum. Zu einem großen Teil glichen meine Gefühle denen in Prudhoe-Bay – eine Mischung von Faszination angesichts der Großartigkeit der Technologie und von Trauer über die Trostlosigkeit des Lebens für viele der hier beschäftigten Männer (auch der schönste rote Velours, die frei zugänglichen Elektronikspiele und offenen Snackbars können das nicht wettmachen) und von Befürchtungen wegen der feindseligen, abweisenden Haltung dem Land gegenüber, der gewaltsamen Art der Annäherung. Wegen der Vorspiegelung einer Kenntnis der Arktis, die aus der Lektüre einer Werbebroschüre und aus den Seiten von Schundromanen stammt. Ein leitender Angestellter eines abgelegenen Bohrturms lächelte bitter, als ich ihn fragte, ob die Männer in ihrer Freizeit sich jemals von den Gebäuden entfernten. »Sie können die Leute, die sich für das interessieren, was dort draußen los ist, an den Fingern einer Hand abzählen.« Diese Bemerkung trifft die Situation in den meisten militärischen und industriellen Niederlassungen in der Arktis ziemlich genau.

Abseits der sorgfältig gepflegten Umgebung einer Schaukastenoperationsbasis einer Gesellschaft ist das Bild der Industrie wesent-

lich trüber. In den abgelegenen Camps gab es, jedenfalls für mein
Gefühl, einige der traurigsten Existenzen, denen ich je begegnet bin.
Es sind nur Männer dort. Die ermüdende Formelhaftigkeit wird nie
unterbrochen. Drogen und Alkohol werden eingeschmuggelt. Por-
nohefte gibt es in Hülle und Fülle, was sinnlos scheint, bis einem
klar wird, daß sie eigentlich unausweichlich sind und daß sie eine
vorwurfsvolle Haltung gegenüber den Verpflichtungen des Famili-
enlebens zum Ausdruck bringen. Das Mißtrauen gegenüber Frauen,
das Lästern über sie sind beunruhigend. Von Frauen, Maschinen
und dem Land wird in der gleichen Art und Weise gesprochen – Ver-
führung, Zähmung, Beherrschung, Kontrolle. Diese Beobachtung
bringt natürlich keine neuen Einsichten in die Psychologie der Er-
schließung in der westlichen Zivilisation. Aber sie ist nicht akade-
misch. Sie ist so wirklich wie die Spuren in den Gesichtern von Flug-
begleiterinnen, die ich in Alaska interviewte und die physisch und
sexuell mißhandelt worden waren von frustrierten Arbeitern auf
dem Flug von und nach Prudhoe-Bay.

Die Atmosphäre in einigen dieser Camps unterscheidet sich wenig von der in einem kleinen Zuchthaus, bis hin zur Bildung ras-
sisch getrennter Gruppen. Das gehört zum Fabrikalltag in Amerika, eine häßliche Art, die das Land sich selbst aufgebaut hat, ein
übler Zustand, von dem Wirtschafts- und Polit-Visionäre uns gern
befreien möchten. Es gibt einen latenten Argwohn unter den Arbeitern, mit denen ich gesprochen habe, daß sie trotz ihrer guten
Löhne irgendwie betrogen werden, daß jede Chance zu einem
Fortschritt aus ihrer untergeordneten Stellung heraus für die meisten von ihnen nur eine Illusion wäre. Und sie waren überzeugt,
daß irgend jemand irgendwo die Schuld daran trüge. Ihre Frustra-
tion richtete sich selbstverständlich gegen ihre Arbeitgeber, gegen
sachlich überlegene Ingenieure oder Petroleum-Geologen und gegen irgendwelche politischen und ethnischen Gruppen, die sie als
wirre und unnütze Kritiker von Wachstum und Fortschritt ansa-
hen. Manche dieser Männer hatten das Gefühl, daß die Arktis in
Wirklichkeit nur eine riesige Wüstenei wäre, »mit ein paar dämli-

chen Vögeln«, zu groß, um verletzbar zu sein. Was immer starke
Männer an einem solchen Ort gegen die Elemente ausrichten
konnten, war von Natur aus richtig, meinten sie. Häufig waren die
letzten Worte in diesen Diskussionen – egal, ob in spöttischem
oder zynischem oder ungläubigem Ton vorgebracht – kurz und
bündig: Wozu sonst sollte sie gut sein?

Die meisten arktischen Ölarbeiter oder Bergleute würden kaum
erklären können und wären auch im allgemeinen gar nicht daran interessiert, wozu die Arktis gut ist, außer wegen dessen, was im
Boden steckt. Sie würden nicht sagen können, wie ihre Zukunft aussehen wird oder welches Schicksal auf ihre Menschen und Tiere
wartet. »Technologie ist unausweichlich«, sagte eines Tages ein
Bohringenieur mit Entschiedenheit zu mir. »Die Leute müssen das
endlich begreifen.« Die Empfindungen vieler Vorarbeiter und Werk-
führer sind, um das Extrem deutlich zu machen, kolonial. Ihre Stimme klingt ungeduldig, und das Vokabular ist nüchtern. Die Denk-
weise: überwiegend ohne Ahnung von Geschichte und Ökologie der
Arktis, anmaßend gegenüber den psychologischen Bedürfnissen des
Menschen und manipulierend. Und die Haltung des Fanatikers sik-
kert, zumindest in dieser Hinsicht, durch. Die Gedanken werden
nachgeplappert von anderen Arbeitern, die das Bedürfnis nach Ver-
teidigung haben oder von Kritikern aufgestachelt wurden. Männer,
die so extreme Behauptungen aufstellen, machen oft den Eindruck,
als hätten sie nicht durchdacht, was sie da sagen. Sie wollen nur ihre
Jobs behalten und sich aus jeder Ungewißheit herausreden.

Natürlich gab es in den Minen und auf den Ölfeldern auch ganz
andere Männer, die im privaten Gespräch das kritisierten, was da
»wegen des Geldes« getan wurde. Als Gruppe fühlten sie Verantwortung für das, was sie taten. Sie betrachteten ihre Arbeit nicht
ausschließlich als Quelle des Einkommens. Viele erzählten mir,
daß sie zwar zunächst Geld verdienen und dann zur Schule gehen
wollten, später aber wieder in die Arktis zurückkehren würden.
Sie wollten durch die Arktis reisen und mehr über sie lesen. Sie
meinten es nicht böse; sie waren beunruhigt wegen des Schadens,

den sie anzurichten in der Lage waren. In Kanada fürchteten sie
das, was die in heimlichem Einverständnis handelnde geballte
Macht von Regierung und Industrie zu tun fähig war, und daß die
Sicherungen dagegen zu schwach seien. Das waren überwiegend
jüngere Männer, und dies Gefühl war gar nicht selten.

Bemerkenswerter und letzten Endes befriedigender waren die
Überlegungen mehrerer älterer Männer, die bei verschiedenen Gelegenheiten über ihre Arbeitsbedingungen sprachen. (Einer von ihnen war es auch, der die Parallele mit dem Gefängnisleben gezogen
hatte.) Es waren Männer in den vierziger oder fünfziger Jahren,
die Art von Leuten, für die man sofort Achtung empfindet, ganz
unabhängig von den Umständen. Sie brachten ihre Bemerkungen
weder hartnäckig noch doktrinär vor; das machte es leichter, in ihrer Gegenwart nachzudenken, und sie machten den Eindruck von
Behutsamkeit und Selbstkenntnis.

Sie schüttelten den Kopf über Mißwirtschaft in der Industrie,
über die humorlose Ignoranz der Schreibtischtäter, die Menschen
und Land auf eine Weise zusammenspannt, daß sowohl das Land
als auch die Leute leiden. Sie sagten ohne jede Herablassung, daß
die Gesellschaften, bei denen sie angestellt waren, manchmal eindeutig Fehler machten, und daß sie willkürlich und gelegentlich illegal handelten. Aber es war mehr die Beschreibung eines Zustands als Kritik. Sie sprachen ebensoviel von ihren Familien, von
ihren Frauen und Kindern. Sie sprachen liebevoll von ihnen und
mit unbewußter Bewunderung. Auf die Anständigkeit solcher
Männer konnte man jederzeit bauen.

Unmittelbar nach solchen Unterhaltungen schien mir die Welt
im Gleichgewicht zu sein oder doch jedenfalls wohlgesinnt. Zum
Teil waren diese Männer so anziehend, weil ihre Sorge um das
Wohl des Landes und die um das Schicksal der Menschen keine
getrennten Probleme waren. Auch für mich waren sie das nicht.
Und eines Abends, als ich in meiner Koje lag, wurde mir klar, daß
das Schicksal aller von derselben Sache abhing, von der Quelle ihrer Würde, davon, ob sie angeboren war oder nicht.

Die Quelle ihrer Würde – nicht untereinander, sondern in einem größeren gesellschaftlichen Zusammenhang – war die Anerkennung ihrer Vorgesetzten, eine Bewertung durch Menschen, die nicht ihresgleichen waren. (Obwohl sie im allgemeinen mit dem Leben der modernen Eskimos nicht vertraut waren, hatten diese Männer doch ein intuitives verständnisvolles Mitgefühl für die Lage der Eskimos, die dauernd von Außenseitern erforscht und beurteilt wurden.) Ihre Würde als Arbeiter und damit ihre Selbstachtung waren nicht ungebrochen. Für einen außenstehenden Beobachter waren sie, wie das Land, der Manipulation unterworfen. Sie hatten ihre Würde empfangen. Sie war abhängig davon, wie gut sie Anweisungen ausführten.

Nach meiner Erfahrung arbeiten die meisten Leute in der Arktis, die die Tätigkeit von Angestellten leiten oder den Prozeß der Rohstoffgewinnung zu rationalisieren versuchen, ohne Rücksicht auf die Schäden, die dem Land dabei zugefügt werden könnten, mit der Vorstellung, daß ihre Ziele wünschbar und bewundernswert sind und von allen geteilt werden. Die Quelle ihrer eigenen Würde leitet sich tatsächlich aus der Annahme her, daß sie sich auf diese Weise für das »Allgemeinwohl« einsetzten. Nach ihrer Auffassung muß der Mensch freudigen Herzens arbeiten, pünktlich sein und der Auffassung von einem höheren Ortes eingerichteten größeren Zweck Ergebenheit beweisen. Der Eskimo seinerseits mußte sich entweder als nüchterner und strebsamer Mittelklasse-Lohnempfänger aufführen oder aber als »echter, traditioneller Eskimo«, nämlich einer idealisierten, unrealistischen Karikatur entsprechend, die von Außenstehenden geschaffen worden ist. Das Land, der Boden selbst, Pflanzen und Tiere, müssen auch etwas produzieren – Petroleum, Medizin, Nahrung, den Hintergrund für einen Film –, wenn sie irgendeine Art von Würde erringen wollen. Wenn das Land das nicht tut, ist es Verschwendung. Tundra-Wüste. Zeitverschwendung.

Ohne Würde sind die Leute natürlich machtlos. Nimm einem Menschen oder dem Land die Würde, und du kannst jeden Plan, den du willst, gegen ihn oder es durchführen, ungestraft und mit

den besten Beweggründen. Für manche ist diese Art von Effizienz
schlicht eine moderne Technik, beklagenswert, aber nicht böse.
Für andere ist sie eine kräftezehrende Herabsetzung, ein Verlust an
Integrität und Geist, den keine Form von wirtschaftlichem Wohl-
stand je rechtfertigen kann.

Die Lösung für diese sehr alte und beunruhigende Situation, die
die Männer anboten, mit denen ich sprach, war utopisch. Sie
glaubten an das Streben anständiger Menschen. Sie meinten, es
müßte sich ein Weg finden lassen, den unwissenden, korrupten
und phantasielosen Menschen die lebensbedrohenden Entscheidungen abzunehmen. Ja, sagten sie, eine angeborene und nicht ge-
züchtete Würde versetzte die einzelnen am besten in die Lage zu
handeln, die größten Probleme zu durchdenken: was man wegen
der Technologien unternehmen sollte, die die Menschen wie das
Land verstümmelten. Aber sie wüßten nicht, wo anfangen, wo die
ersten, bitteren Veränderungen gemacht werden müßten.

Einmal reiste ich mit einem Freund durch die nördliche Baffin-
Insel. Wir waren zusammen mit rund 30 Eskimos in einem Jägerlager an der Meereiskante. Es war feucht und windig – unangenehm-
mes Wetter. Eines Tages tauchte am Himmel – wir hatten uns lange
genug in dieser Atmosphäre aufgehalten, um das Geschehen zunächst als etwas verwirrend zu empfinden – ein Hubschrauber
auf, der am Lager landete. Ein Mann stieg aus und kam zu dem
Zelt, in dem wir untergebracht waren. Er war der Direktor einer
Reederei. Er machte sich Sorgen, weil ein Eisbrecher-Erzfrachter,
der kürzlich im Admiralty-Inlet gewesen war, die Jagd für die Eskimos vielleicht beeinträchtigt oder die Reise über das Meereis für
sie erschwert hätte. (Die Fahrspur des Schiffes hatte den Druck im
Eis abgebaut, so daß es beim Vordringen des Frühlings in einem
ungewohnten Muster zerbrechen würde. Die Spur konnte möglicherweise Narwale in einen tödlichen Savssat locken. Oder das
Geräusch der Schiffsmaschinen konnte Narwale von der Eiskante
vertreiben, an der die Eskimos jagten.)

Der Besuch dieses Mannes hatte mehrere ungewöhnliche Aspekte. Erstens haben Eskimos praktisch nie die Gelegenheit, direkt mit dem »Obersten« zu reden, dem Menschen, dessen Entscheidungen ihr Leben wesentlich beeinflussen. Im allgemeinen schirmen ihn Dutzende von Mittelsmännern ab. Zweitens haben wichtige Männer oft drängende Terminkalender und ein Gefolge, das eine längere oder ernsthafte Unterhaltung ausschließt. Drittens ist es ungewöhnlich, daß irgend jemand so präzise und kenntnisreiche Besorgnis zeigt. Der Mann bot an, mit mehreren Jägern die 40 Meilen Schiffsspur im Hubschrauber abzufliegen, damit sie sie selbst inspizieren konnten. Er würde landen, wo immer sie wollten. Die Jäger flogen mit ihm und waren froh, daß sie die Gelegenheit hatten, die Lage aus der Luft zu überprüfen.

Nachdem das erledigt war, hätte der Mann aufbrechen können, mit dem Gefühl, daß eine Welle echter Dankbarkeit von den Eskimos für seine Rücksichtnahme ihm folgte. Aber er blieb noch. Er saß in einem Zelt in dem Jägerlager und aß »die Früchte des Landes«, die ihm angeboten wurden, und dazu Hafermehlfladen und Tee. Er versuchte nicht, eine Zusammenfassung zu geben oder etwas zu erklären. Er stellte nicht eine Menge Fragen, um sein Interesse zu zeigen. Er saß ganz ruhig da und aß. Er reichte einem ihn unentwegt ansehenden Kind ein Stück Hafermehlkuchen und sagte irgendwas über das Wetter. Durch seine schlichte Anerkennung dieser Menschen, durch seine Hinnahme dieser unvertrauten Verhältnisse erreichte er, daß sich alle im Zelt wohl fühlten. Die Würde dieses Augenblicks entstand aus einer Atmosphäre von Liebenswürdigkeit, die nur er hatte herstellen können.

Er blieb länger als eine Stunde sitzen. Dann sagte er auf Wiedersehen und ging. Ein Ereignis in der Unermeßlichkeit. Aber es war ein schöner Augenblick, eine Gebärde, die man mit sich nahm.

An einem strahlenden Julimorgen flog ich von Resolute auf der Cornwallis-Insel zur kanadischen Wetterstation bei Eureka auf der nördlichen Ellesmere-Insel. Auf meinem Schoß lag eine Luftfahrtkarte. Aus dieser Höhe und mit der Karte fand ich das bestätigt, was ich von dem Land wußte, aus historischen Werken, weil ich selbst dort gewesen war, weil ich mit Menschen gesprochen hatte, die schon lange dort wohnten, weil ich das gegessen hatte, was das Land bot, weil ich mit Menschen durch das Land gereist war, die sich mit ihm identifizierten. Im oberen Teil des Wellington-Kanals waren Walrosse. Wir flogen über die Grinnell-Halbinsel, die lange für eine Insel gehalten worden ist, benannt nach dem großzügigen Henry Grinnell. Weit im Westen sah ich das dunkle Wasser eines ganzjährigen Polynyas im Eis der Penny-Straße und im Osten Land, das ich, wenn es eine Möglichkeit dazu gäbe, irgendwann mal vom Boden aus sehen wollte, am Anfang des Jones-Sunds, am Südende der Simmons-Halbinsel. Im Winter.

Wir überflogen die Südostecke der Axel-Heiberg-Insel, die Otto Sverdrup erforscht hat. Good-Friday-(Karfreitags-)Bucht. Surprise-(Überraschungs-)Fjord. Wolf-Fjord. An der Spitze dieser Fjorde gab es Gletscher, die nicht bis ans Meer reichten – riesiges Zögern auf der braunen Erde der Täler. In dem östlichen Licht wurde ich an die Bergketten von Arizona erinnert, an die Farben der Canyons im Colorado-Plateau, Ocker, verwaschenes Lohbraun, stumpfes Gelb. Ich war wie gebannt von dem Anblick der Axel-Heiberg-Insel: ferne Berge in einem Himmel voll klarer Luft, steile Hänge aus grauem Geröll, das auf den Rücken von weißen Gletschern herabgerollt war, die gelbgrünen Zungen der Vegetation, die sich so scharf abheben gegen die dunkleren Berge, daß es im Morgenlicht aussah, als fände das alles hinter geschliffenem Glas statt. Mir wurde deutlich, daß diese Insel so abgelegen war, wie man es sich nur vorstellen kann, und zum ersten Mal in all den Monaten, die ich im Norden verbracht hatte, kam es mir vor, als überschritte ich eine Grenze zum hohen Norden. Als hätte ich eine von den Druckbarrieren durchbrochen, die man manchmal vom Gebirge herunterkommen fühlt. Ich fühlte eine Klarheit des Geistes, die die Karte auf meinem Schoß mit ihren Annäherungen zugleich wunderbar und sonderbar scheinen ließ. Ich sah nach Westen in den Mokka-Fjord, auf eine Kette von Seen zwischen zwei weißlichen Gipskuppeln. Dahinter lag der strukturierte Boden mittelfeuchter Tundra. Die braunen und schwarzen und weißen Farben waren so satt, daß ich sie fühlen konnte. Die Schönheit hier ist eine Schönheit, die man körperlich fühlt. Man fühlt sie physisch, und darum ist es manchmal beängstigend, wenn man sich ihr nähert. Andere Schönheit spricht nur das Herz an oder den Geist.

Ich verlor für eine ganze Weile das Zeitgefühl und meine Zielbewußtheit. In den Bergwänden der Axel-Heiberg-Insel fand ich, was ich als Kind von den Bergen gewußt hatte: daß von ihnen ein Wissen ausging, das authentisch war, für das es keine Worte gibt, sondern nur – ganz unbestimmt – Gebete. Was ich als Mann liebte, diese Liebe zu Eltern und Frau und Kindern und Freunden, das durchflutete mich in diesem Augenblick, das ließ mein Gesicht glühen. Das leidenschaftliche Testament des Lebens in Ungewißheit auf der Wintertundra, der herbe Geschmack von *Irok* bei abendlichen Spaziergängen auf der Baffin-Insel, das quälende Geräusch von Eisenten im Eis, *ahaalik, ahaalik*. Beim plötzlichen Weiß einer Schneewehe auf der braunen Erde am Mokka-Fjord erinnerte ich mich lebhaft an Schneehasen, 90 Zentimeter groß, wie sie zu Hunderten auf den Hinterbeinen über die Seward-Halbinsel rannten. In der Stille der Axel-Heiberg-Insel spürte ich zum ersten Mal die Grenzen einer noch nicht betretenen Landschaft.

Der intensive Tagtraum hatte mich wegen des Lichtes gepackt, der Klarheit der Luft und sicherlich dem Wunsch nach Verstehen, der immer da war, auch wenn ich versuchte, ihn fortzuschieben. Ich fand in Hinweisen des Landes, in Andeutungen der Landschaft und all dessen, was sie enthält, die Verfahren, mit denen das menschliche Leben sich ordnet und überlebt. Das Land anzusehen hieß, nie die Menschen zu vergessen, die in ihm leben.

Wenn die Beziehung zu einer Landschaft dauerhaft sein soll, muß sie auf Wechselseitigkeit beruhen. Auf dem Niveau, wo uns das Land mit Nahrung versorgt, ist das nicht schwer zu verstehen, und die Gegenseitigkeit wird oft in Tischgebeten beschworen. Auf dem Niveau, wo die Landschaft uns schön oder erschreckend er-

scheint und uns betroffen macht, oder auf dem Niveau, wo sie uns
Metaphern und Symbole liefert, mit denen wir in Geheimnisvolles
einzudringen versuchen, ist das Wesen der Wechselseitigkeit
schwerer zu bestimmen. Wenn man sich dem Land in der Haltung
der Verbundenheit nähert, bereit, eine Höflichkeit zu wahren, die
man kaum formulieren kann – vielleicht nur als eine Geste der
Hände –, erweist man eine Achtung, aus der sich Würde entwik-
keln kann. Aus dieser würdigen Beziehung zum Land heraus ist es
möglich, sich eine Ausweitung würdiger Beziehungen das ganze
Leben hindurch vorzustellen. Jede Beziehung entwickelt sich aus
derselben Ganzheit, die anfangs den Geist sagen läßt: Die Dinge
im Land passen vollkommen zueinander, obwohl sie sich dauernd
verändern. Ich möchte, daß mein Leben auf die gleiche Weise geordnet ist wie das Licht, das leichte Wehen des Windes, die Stimme
des Vogels, die Bewegung einer Samenkapsel vor mir. Diese ein-
wandfreie und unbestreitbare Ganzheit wünsche ich mir auch für
mich selbst.

Zu den ältesten Träumen der Menschheit gehört es, eine Würde
zu finden, die alle Lebewesen einschließt. Und zum größten
menschlichen Verlangen muß es gehören, solche Würde in die eigenen Träume einzubringen, damit jeder sein oder ihr Leben auf
irgendeine Weise als exemplarisch betrachten kann. Das Ringen
darum ist ein Ringen, weil ein Erwachsenen-Bewußtsein einen
Weg suchen muß, alle die dunklen Fäden des Lebens einzubezie-
hen. Eine Art, das zu tun, ist, aufmerksam zu beobachten, was in
einem Land geschieht, das noch nicht von menschlichen Projekten
berührt ist, wo noch eine ursprüngliche Ordnung herrscht.

Die Würde, die wir suchen, liegt jenseits der von den Philosophen
der Aufklärung formulierten. Eine radikalere Aufklärung ist nötig,
in der die Würde als eine innewohnende Eigenschaft verstanden
wird, nicht als etwas von jemandem außerhalb Geliefertes. Und diese allgemeine Würde muß das Land mitsamt seinen Pflanzen und
Tieren einschließen. Sonst ist das nur eine Erfindung und nicht, was
es sein sollte, eine Perzeption des Wesens lebender Dinge.

Das Flugzeug, eins von diesen so großartig konstruierten, zuverlässigen und allgegenwärtigen Arbeitspferden der kanadischen Arktis, ein Twin Otter, schwenkte bei seinem Anflug auf die Eureka-Landebahn über der Fosheim-Halbinsel ein, einem hochgelegenen Hügelland, einer Oase im hohen Norden. Weiter im Norden sah ich Moschusochsen grasen.

Im südlichen Baffinland gibt es eine Halbinsel, die von Königin Elizabeth I. Meta Incognita genannt worden ist. Der Name wird oft übersetzt als »Unbekanntes Ende« oder »Geheimnisvolles Land«. (Frobisher hielt es für die Küste von Nordamerika.) Es ist jedoch möglich, daß Elizabeth an eine andere Bedeutung dachte. Das Wort *meta* heißt im Wortsinne Konus. Im klassischen Rom wurden die Türme an den beiden Enden einer Rennbahn im Colosseum, um die die Wagen wenden mußten, *metae* genannt. Vielleicht wollte Elizabeth damit auf eine ähnliche Bahn anspielen, bei der London die *meta cognita* war, der bekannte Pfeiler, und das von Frobisher gefundene Land der unbekannte Pfeiler, die *meta incognita*. Nordamerika war dann die Wendemarke am anderen Ende der Rennbahn, etwas, nach dem das England in der eigenen Vorstellung die Hände ausstreckte und um das es irgendwann eine Wende von unbekannter Bedeutung machen würde, bevor es heimkehrte.

Die europäische Kultur, aus der die Vorfahren so vieler von uns stammen, muß diese Wendung noch vollziehen, glaube ich. Sie muß die in Nordamerika erhaltene Weisheit erst noch verstehen, die in dem Reichtum und der Unverletzlichkeit einer ungezähmten Landschaft steckt, und was sie für die Entfaltung des menschlichen Lebens, für die Widerstandskraft eines beunruhigten menschlichen Geistes bedeuten kann.

Der andere Ausspruch, der mir in den Sinn kommt, ist dunkler. Es ist das lateinische Motto aus dem Kopf der *North Georgia Gazette: per freta hactenus negata*, was bedeutet, daß man Durchfahrten befährt, deren Existenz bis dahin bestritten wurde. Aber es läßt auch an eine fortdauernde Bewegung durch unbekannte Gewässer denken. Es ist zugleich ein Ausdruck der Angst und der Vollendung, ein Scheitelpunkt, an dem das menschliche Leben seinen stärksten Ausdruck findet.

Das Flugzeug landete. Licht spielte auf dem Wasser des Slidre-Fjords. Von der Wetterstation kamen sechs Hunde auf uns zu, schwerfällig wie Wölfe, mit Bewegungen, die einen glauben ließen, sie könnten Büffel zu Fall bringen. Ich streckte eine Hand aus und tätschelte einem von ihnen vorsichtig den Kopf.

Edward Abbey
Das letzte Kotelett

Edward Abbey (1927-1989) hat über viele Landschaften ge-
schrieben. Dieser Text von 1984 für die Zeitschrift Outside *han-*
delt von einer Schlauchbootfahrt in der Arktis: Er wollte einen
Grizzlybären sehen. Abbey ist gegenwärtig in all seinen Texten.
Er war ein aufmerksamer Beobachter und großer Bewunderer
der Welt und ihrer Geheimnisse, ein leidenschaftlicher Kritiker,
ein Phantast.

In medias res, Alaska, 24. Juni

Wir sehen zu, wie die kleine Cessna, auf dem Rückweg, den Kiesstreifen auf den Fluß zu hinunterdonnert. Mit Vollgas, gegen den
Wind, für Pilot und Flugzeug gibt es kein Zurück – sie müssen abheben, oder sie werden sterben. Einmal mehr ereignet sich das
Wunder, die scheinbar zerbrechliche Maschine löst sich vom Boden und steigt auf, lärmend wie eine Hummel, grazil wie ein
Schmetterling. Funktion der Tragfläche, vorwärts gezogen von einer wirbelnden Schraube. Und ich bin ein weiteres Mal begeistert
vom Wagemut meiner Spezies, von der Kühnheit unserer fliegenden Maschinen. Poesie und Musik liegen in unserer Technologie,
eine Schönheit, so erhaben wie die des Adlers, des stengellosen
Leimkrauts, des Raben oder jenes Kalksteinfelsens dort, der im
Licht der arktischen Sonne leuchtet.

Das Flugzeug wird den Fluß hinunter kleiner, legt sich in die
Kurve, fliegt durch einen Paß in den Bergen und ist verschwunden,
außer Sicht, plötzlich still, vergänglich und wunderschön wie ein
Traum.

Jetzt wird mir bewußt, daß wir zurückgelassen worden sind. Wir zwei, ich und Dana Van Burgh the Third, ein gutaussehender, kerniger Flußführer, der ein bißchen Paul McCartney ähnelt oder vielleicht einem von Elvis Presleys möglichen Söhnen. Die Cessna steuert ein Eskimo-Dorf namens Kaktovik an (»Wo man Fische mit dem Schlagnetz fängt«), ungefähr 160 Kilometer entfernt auf dem trostlosesten, schrecklichsten und miesesten Rattenloch der Welt – Barter Island. Wenn alles gutgeht, wird das Flugzeug in zwei Stunden wiederkommen, mit noch mehr Ausrüstung und zwei oder drei weiteren Angehörigen unserer Gruppe. Unserer Expedition. »Mark Jensen's Alaska River Expeditions«, Haines, Alaska.

Der Fluß, an dem wir uns befinden, eher kristallen als golden, heißt Kongakut, und unser Plan – wenn alles klappt – besteht darin, diesen Fluß mit zwei Schlauchbooten hinunterzutreiben bis zu einem anderen geraden Kiesstreifen am Ufer, in 120 Kilometern Entfernung. Dort holt uns das Flugzeug in zehn Tagen ab und bringt uns zurück – nach Kaktovik und Barter Island. Der Fluß ist voll von arktischen Rotforellen und Äschen, ein erstklassiges, unberührtes Fischgewässer, und im Tal und an den baumlosen Berghängen leben Karibus[1], Wölfe und Dallschafe (nahe Verwandte des Bighorns oder Dickhornschafs), Elche und natürlich der hypothetische Grizzlybär. Er selbst, *ursus arctos horribilis*. So sagt man.

Wenn ich skeptisch erscheine, was den Bären angeht, so liegt das daran, daß ich trotz mehrerer Versuche noch keinen wildlebenden Grizzly mit eigenen Augen gesehen habe. Ich habe einen Sommer als Waldwächter im Glacier National Park in Montana verbracht und dabei ein paar Schwarzbären gesehen, aber keinen einzigen Grizzly. Selbst wenn ich nach Einbruch der Dunkelheit allein auf einem Bergpfad durch Erlendickicht wanderte, gelang es mir nicht, einen *Griz* (die Mehrzahl ist *Grizz*) hervorzulocken. Ich kämpfte mich schwitzend einen anderen Bergweg hinauf – hinter Douglas Pea-

---

[1] Unterart des Ren (Anm. d. Übers.)

cock, der selbst ein halber Grizzly ist – zu einem geheimen Platz, den er das »Grizzly-Hilton« nennt, wo er vielen Grizzlies begegnet ist, sie gefilmt und mit ihnen *gesprochen hat*, aber wir haben nichts gesehen außer Fliegen, Moskitos und dem Teufelskolben, einer niederträchtigen, häßlichen Pflanze mit haarigen Blättern, stacheligen Stielen und einer Faust giftiger gelber Beeren obenauf. Zehn Tage auf dem Tatshenshini River in der Yukon-Wildnis und in Südostalaska reichten wieder, einen echten Grizzly zu Gesicht zu bekommen. Ich habe es sogar einmal im Zoo von Tucson versucht, aber der angeblich vorhandene Grizzly (wenn es denn einen gab) kam einfach nicht aus seiner Behausung im hinteren Käfigbereich hervor. Ich konnte eine einzelne dunkle Tatze mit schartigen Krallen sehen, eine Unmenge herumlungernder Fliegen – weiter nichts.

Der Grizzlybär ist ein Tier, dessen Existenz man folgern muß.

Natürlich habe ich die Indizienbeweise gesehen – die Fotos und Filme, die breiten Fährten im Sand, die tiefen Krallenspuren an einer Fichte, höher, als ich greifen konnte, den frischen Bärenkot, der auf dem Weg wie heißer Kaviar dampfte. Und ich habe die Berichte vieler anderer gehört und gelesen. Was ergibt das? Die Folgerung. Wenn »p«, dann »q«. »Was ist wahrscheinlicher?«, fragte Mark Twain (ich paraphrasiere): »Daß das Einhorn existiert oder daß die Menschen Lügen erzählen?«

Der Grizzlybär ist ein Mythos.

Die hohen Gipfel der Brooks Range ragen hinter uns auf, im Süden kahl und ohne Baumbewuchs, gefleckt mit Schneefeldern und ein paar kleinen Gletschern. Im Osten liegt Kanada, vielleicht 160 Kilometer entfernt. Die nächste Stadt in der Richtung ist Murmansk. Murmansk, Rußland. Die nächste Stadt in Richtung Westen ist ebenfalls Murmansk. Die nächste Stadt ist Fairbanks, ungefähr 1000 Kilometer im Südwesten. (Wenn Sie bereit sind, Fairbanks überhaupt zu den Städten zu zählen. Aber warum nicht? Wir sind ein großzügiges Volk.) Der nächste ständig bewohnte oder wieder bewohnte Ort, nach Kaktovik dort oben im Beaufort-Meer, ist eine athabaskische Indianersiedlung, genannt

Arctic Village, 300 Kilometer entfernt auf der anderen, der südlichen, feuchteren Seite der Brooks Range.

Nach dem australischen Outback ist dies hier der entlegenste Fleck, an dem ich mich bisher wiedergefunden habe. Aber es scheint ein guter Fleck zu sein, dieser hier, besonders mit dem Fluß, der neben uns fließt: Sein Wasser ist so sauber, daß man es trinken kann, ohne Abkochen oder Entkeimen. Man stelle sich die seltene, fast vergessene Freude vor, einen Becher in einen Fluß zu tunken – nicht in einen Bach, sondern in einen Fluß – und das Wasser sofort zu trinken, ohne Zögern, ohne Angst. Es gibt keine Biber in den Brooks, keine Viehherden, keine Menschen, die sich ständig hier aufhalten, und ganz wenige Menschen, die hier durchkommen – und daher keine Kolibakterien. Bis jetzt.

Und die Sonne scheint und scheint, kreist und scheint, nicht so intensiv wie in der Wüste oder in großen Höhenlagen (wir sind nur 760 Meter über dem Meeresspiegel), aber ausdauernder. Mit einer hartnäckigen Ausdauer – die Mittsommersonne dort oben wird nie untergehen.

Wir sammeln Feuerholz. Die Baumgrenze liegt auf der Nordseite der Brooks-Range-Wasserscheide auf Meereshöhe, doch es gibt einen kümmerlichen Weidenbewuchs, schulterhoch, an dem kristallklaren Fluß entlang, und armselige Haine von kleinen, schlanken amerikanischen Pappeln – wie Mini-Zitterpappeln –, versteckt in geschützten Winkeln. Wir tragen von der Kiesbank einen Treibholzvorrat zusammen, genug für ein paar Tage.

Dana hält inne, hört ein Geräusch im Weidengebüsch flußabwärts. Ein Geräusch wie das Aufsetzen von schweren Füßen. Er dreht sich um in die Richtung, schaut aufmerksam. Das Geräusch verstummt. Ich blicke in die andere Richtung, flußaufwärts, beobachte beide Seiten, aus Angst vor etwas *Wildem*, das sich hinterrücks anschleichen könnte.

»Es ist keine Wildnis«, sagt mein Freund Doug Peacock, »es sei denn, da ist eine Kreatur, die dich töten und fressen kann.«

Zwei halbautomatische kurzläufige Flinten liegen auf unserer

Ausrüstung 30 Meter entfernt, geladen mit Kugeln Kaliber zwölf. Auf der Landebahn von Barter Island hatte Dana den Gebrauch der Flinten einem unserer Passagiere so erklärt:

»Den ersten Schuß feuert man vor den *Griz*, in den Boden, um ihn zu verscheuchen. Wenn er sich nicht verscheuchen läßt, sondern näher kommt, warten Sie, bis Sie es nicht mehr aushalten können, dann feuern Sie direkt auf ihn. Erst einen Schuß, um ihn umzulegen, dann einen Schuß, um ihm dem Rest zu geben.«

Danas Redewendung gefällt mir: »... bis Sie es nicht mehr aushalten können.« Durch und durch subjektiv, aber dennoch bewundernswert rational.

Das Geräusch, das wir hörten, wiederholt sich nicht; Dana und ich nehmen an, daß es von einem einzelnen Karibu herrührte, das Weidenblätter fraß. Wir beenden unsere Arbeit. Während ich mein Zelt auf der Kiesbank nah am Fluß aufbaue, wo die Luft luftiger ist und die Moskitos seltener sind, blicke ich zufällig auf und sehe eine Reihe Karibus, zwölf oder fünfzehn Tiere, die sich schnell den offenen Berghang drüben auf der anderen Seite des Kongakut-Tales hinunterbewegen. Sie scheinen auf eine große Flur aus Überschwemmungseis zuzuhalten, das einen Großteil des Landes am Talboden einen Kilometer nördlich von uns bedeckt. Ich beobachte sie eine Weile durch mein Fernglas. Hellbraun oder gelblich in der Farbe sind sie, so groß wie Elche. Jedes Tier trägt ein beeindruckendes Geweih (keine Hörner) auf dem Kopf, Kühe und Jährlinge ebenso wie Bullen. Ich finde, sie sehen aus wie Rentiere aus dem Märchenbuch, genau die Art, die der Weihnachtsmann früher vor den Schlitten spannte. Die Karibus versammeln sich auf dem Eis und bleiben dort, vielleicht um eine Zeitlang den fliegenden Schwärmen der Bestien zu entkommen, die das Gras, die Blumen, die Sträucher, die Heide und das Farnkraut der Tundra-gepolsterten Hänge verseuchen.

Die Cessna kehrt zurück, kreist einmal, kommt herabgeschwebt auf den groben Schotter der Kiesbank, schlingert aus zu einem weiteren haarsträubenden Halt in einer Wolke von Staub. Eine

Tür öffnet sich, und heraus steigt der Leiter unserer Reisegruppe, Mark Jensen; dazu eine halbe Tonne Gepäck, der Pilot und eine Anwältin. Eine Rechtsanwältin am Kongakut River? Jeder muß an einem Ort sein, sagte der Philosoph Parmenides, um seine Theorie vom ausgefüllten Raum zu erklären. Ihr Name ist Ginger Fletcher, und sie kommt aus Salt Lake City, wo sie als Pflichtverteidigerin arbeitet. Sie ist dieser gewisse Typ von Anwältin, engagiert, und eine elegante, lebhafte und gutaussehende junge Frau obendrein. Später, als sie eine Flasche Schnaps aus der Tasche zieht und öffnet, nennen wir sie Ginger Schnaps.

Mark Jensen ist – wie so viele Menschen, die beruflich draußen unterwegs sind – einer von den frustrierend jugendlichen Typen (34 Jahre alt) mit dem Körper eines durchtrainierten Sportlers, Händen wie Schraubstöcken und einem wachen Verstand, voller Ideen und Enthusiasmus für jedes Vorhaben, das schwierig zu sein verspricht. Er verfügt über das übliche Repertoire elementarer Fähigkeiten, ist ein erstklassiger Mann im Boot, ein hervorragender Angler, Jäger, Lagerkoch, Bergsteiger und so weiter und so fort. Er hat Haare wie Robert Redford und eine Nase ähnlich wie Robert Mitchum, mit hohem Nasenrücken, die ihm im Profil den klassischen Homer-Look gibt. Das Leben ist nicht gerecht. Zum Ausgleich spricht er jeden mit »Kumpel« oder »Partner« an, worauf aber keiner hereinfällt. Genug von diesem »Übermenschen«. Ich wünschte, Fran Lebowitz oder Nora Ephron wären hier. Leute wie ich.

Jensen lächelt, öffnet eine große Thermosflasche und schenkt jedem von uns eine Tasse heißen, dampfenden Kaffee ein. Unser Pilot, der junge Gil Zemansky, Doktor der Biologie, schlürft seinen schnell hinunter; wir drehen sein Flugzeug per Hand herum, mit der Nase in den Wind, und schon donnert es wieder los, jagt mit 80 Stundenkilometern über die Steine und den Kies, hält auf das Weidendickicht zu, die Felsblöcke, den Fluß, hebt vom Erdboden ab wie zuvor, im letztmöglichen Moment. Er muß noch einmal hin- und herfliegen und drei weitere Passagiere zu uns bringen, bevor sein Tag endet. Aber natürlich, erinnere ich mich, es ist Ende

Juni in der Arktis; dieser Tag wird nicht enden, nicht für uns. Für uns wird die Sonne nie untergehen.

Wir tragen das Gepäck von der Landebahn weg, entzünden ein Feuer, setzen einen 8-Liter-Topf Kaffee auf und nehmen einen Imbiß vor dem Abendbrot zu uns. Oder ist es das Mittagessen? Ginger stellt ihr Zelt hinten in den Weiden auf, wo die Karibus äsen. Wir sehen, wie immer mehr Karibus über den Berg kommen, um sich zu ihren Freunden auf dem Eisfeld zu gesellen. Ein Steinadler segelt über unseren Köpfen, und Möwen flattern heran und wieder weg, hoffen, daß jemand einen Fisch fängt und ausnimmt.

Mir fällt auf, daß ich alle diese Leute, selbst den Piloten, als jung beschrieben habe. Im Vergleich zu mir sind sie es. Überall, wo ich auch bin dieser Tage, finde ich mich allem Anschein nach von jüngeren Menschen umgeben. Wenn einer, wie ich, sich nach wie vor herumtreibt, dann erweitert sich der zeitliche Horizont, die nachfolgenden Generationen werden immer jünger. Aber was kümmert mich das? Gegen Ende meines mittleren Lebensalters deutlich nachlassend, habe ich einen klaren Trost für meinen steifen Rücken gefunden (Ich konnte sowieso nie meine Zehen berühren, und warum sollte ich das wollen?), für meine kranke Bauchspeicheldrüse, meine fehlende Gallenblase, meine *panza de cerveza*, meine verschrobenen und arthritischen angelsächsischen Einstellungen. Und dieser Trost ist, daß ich mich mit meinen Grenzen abgefunden habe.

Ohne Argwohn kommen die Karibus näher, eine Herde von etwa 25 Tieren. Als ängstliche und von Insekten verfolgte Kreaturen bleiben sie normalerweise ständig in Bewegung. Sie traben an uns vorbei, ihre großen hufförmigen Füße verursachen ein klickendes Geräusch, dann bleiben sie stehen, drehen sich um, gehen in die andere Richtung, aufeinander in Bewegungen und Emotionen abgestimmt wie bei einem Schwarm Elritzen. Wenn ich sie so aus der Nähe betrachte, kann ich den samtigen Überzug auf ihren Geweihen sehen, die großen glühenden Augäpfel, die geschmeidigen Muskeln, die Elastizität und Spannung in ihrem Schritt. Jedes Tier bewegt sich in einer Wolke von Stechmücken, Fliegen, Moskitos, und jedes Insekt sucht in ein Auge, ein Nasenloch, ein Ohr, einen Mund, eine Vagina, einen Fiesel, einen Anus oder eine Wunde einzudringen. Ich beneide die Karibus nicht. Nördlich von hier, dort, wo sie ihre Kälber gebären, greifen zu dieser Stunde Bären und Wölfe ihre Neugeborenen an. Die Einheimischen hetzen sie mit Schneemobilen (oder Schneemaschinen, wie die Alaskaner sagen), schießen sie zu Tausenden ab mit modernen Gewehren mit Zielfernrohr (»Jagd zur Sicherung des Lebensunterhalts«). Selbst der Steinadler soll, einigen alaskanischen Beamten der Fisch- und Jagdaufsicht zufolge, ein Karibu-Kalb angreifen und töten. Niemand beneidet die Karibus. Aber wie Obstfliegen, Kaninchen, streunende Katzen, Ratten und die menschliche Rasse besitzen die Karibus ein großes Talent zum Überleben: nicht Intelligenz oder die Macht der Vernunft, sondern Fruchtbarkeit – eine hohe Fortpflanzungsrate.

Noch einmal kehrt unser Lufttaxi zurück und lädt den Rest der Kongakut-Expedition von 1983 aus: John Feeley, einen Lehrer aus einer kleinen Stadt namens Whittier im südlichen Alaska; Maurine Bachman, eine Justizangestellte aus Anchorage; und Mike Bladyka, einen Anästhesisten aus Los Angeles. Gute Leute, die glücklich sind, hier zu sein. Alle von uns, außer John, sind schon einmal mit Mark Jensen auf einer Flußfahrt gewesen. Dem Nestbautrieb folgend, stellt jeder als erstes sein Zelt auf. Maurine gesellt sich zu Ginger. John holt seine Angelrute aus dem Futteral und geht angeln. Mike schließt sich der Gruppe im Kochzelt an, geschützt vor dem Wind, um den Salat für unser erstes Abendessen in der Wildnis zu bereiten. Auch ich tue mein Teil: Ich sitze auf der Munitionskiste und aktiviere meinen Textverarbeiter. Der ist wirklich hervorragend. Benutzerfreundlich, billig, leise, ohne Vibrationen oder Strahlung, ohne bewegliche Teile, benötigt er weder Wartung noch Stromquelle, ist leicht zu ersetzen und komplett tragbar: Er besteht aus einem Notizbuch und einem Kugelschreiber.

Zum Abendessen geben wir uns mit Suppe, Salat, Spaghetti und Sauce mit Fleischbällchen zufrieden. Auf dieser Reise trinken wir kein Bier. Wenn die Luftfracht einen Dollar pro Pfund kostet, ist

Bier nicht gerade billig; statt dessen überdauern wir mit Hilfe von Wein, Whiskey, Schnaps und – am besten von allem – fünf Grad kaltem Wasser aus dem Kongakut River.

Die Sonne steht seitlich in einem flachen Winkel hinter irgendwelchen westlichen Gipfeln. Aber es gibt keinen Sonnenuntergang, keinen Abend. Nicht einmal eine Dämmerung. Das Licht scheint unverblümt weiter auf die Berghänge östlich des Flusses. Keiner in der Gruppe schaut auf die Armbanduhr. Es scheint kein Sinn darin zu liegen. Schließlich lassen wir uns widerstrebend, einer nach dem anderen, vom Wind, den Moskitos oder der Müdigkeit bewegen, die Zelte aufzusuchen – es war ein langer Tag.

Das Licht in meiner durchscheinenden Nylonkuppel ist hell genug, um ein Buch zu lesen. Die Moskitos versammeln sich vor dem Netz in meinem Zelteingang, stecken ihre Pinocchio-Nasen durch die Zwischenräume und schnüffeln nach mir wie Bluthunde. Ein paar sind mir ins Innere gefolgt. Ich bringe sie zur Strecke, zwicke ihnen die kleinen Köpfe ab. Für so hartnäckige, bösartige, blutdürstige Kleinlebewesen sind sie überraschend zerbrechlich. Als Individuen. In der Gruppe können sie einen Elch zum Wahnsinn treiben. Ich habe kein schlechtes Gewissen dabei, ihre jämmerlichen Leben auszulöschen. Ich bin ein kaltes flammendes Herz. Dennoch weiß ich, daß selbst die Moskitos im großen Zusammenspiel des Lebens eine Funktion haben, man könnte sagen einen Zweck. Ihre Larven beispielsweise tragen zur Ernährung von kleinen Fischen bei. Manche ihrer Weibchen helfen, Viren und parasitäre Einzeller zu verbreiten, von denen wir zum Beispiel Denguefieber, Malaria und Gelbfieber bekommen – so halten sie die menschliche Bevölkerung an Orten wie Borneo, Angola und Italien unter Kontrolle. Kein Organismus kann als völlig nutzlos verurteilt werden.

Trotzdem ist man nicht gut auf sie zu sprechen.

Wir schlafen. Ich träume, daß ich Rotkehlchen höre – 500 Kilometer nördlich vom Polarkreis. Träume von zu Hause, von Pennsylvania.

25. Juni

Heute besteigen wir einen Berg. Wir folgen einem Bachlauf eine tiefe Schlucht hinauf, über die Felsen und einen dicken Tundra – Teppich aus Lupinen, Hahnenfuß, Vergißmeinnicht, Feuernelken, Bergnelkenwurz, Rhododendron, achtblättrigem Silberwurz, Bärentraube, Steinbrech, wolligem Läusekraut (einer Lieblingspflanze von mir), Grönländer Porst, trunkenen Hummeln, Haufen von Karibukot (die an schokoladeüberzogene Mandeln erinnern), malerischen Flechten auf Kalkstein und vielen kleinen gelben Korbblütern. »Was ist das?« fragt Ginger. »Keine Ahnung«, sagt Mark. Wasser gurgelt unter den Steinen. »Nenn's einen Virus«, sagt Dana, »das ist es doch, was die Ärzte sagen, wenn sie nicht weiter wissen. Stimmt's, Doc?« Doktor Mike grinst; er zuckelt mit mir am hinteren Ende der Gruppe. Abgesehen von mir, ist er hier der einzige über fünfunddreißig.

Wir klettern einen Geröllhang hinauf und nehmen unser Mittagessen auf dem Gipfel, 750 Meter über dem Fluß, 1500 Meter über dem Meeresspiegel zu uns. Schneebedeckte Gipfel erheben altersgrau ihr Haupt (wie John Muir sagen würde) in fast allen Richtungen. Wir sind in jenem Teil der Brooks Range, der Romanzof Mountains genannt wird – eine Erinnerung an die früheren Kolonisatoren des Alaskanischen Territoriums. Den Russen muß Alaska einfach vorgekommen sein wie ein unbedeutendes Anhängsel von Sibirien. Äußerstes Ost-Slobbovien. Kein Wunder, daß sie sich so billig davon trennten.

Amerikaner glauben, Alaska sei groß. Die kanadischen Northwest Territories sind größer. Sibirien ist anderthalb mal größer als beide zusammen. Soviel zum Thema Oberflächenausdehnung. Wenn der Staat Utah – der größtenteils aus Bergen, Plateaus, Mesas, Spitzkuppen, Felsnadeln, Mulden, Falten, Sattelfalten, Klippen, Canyons und senkrechten Schluchtwänden besteht – flach ausgebügelt würde, nähme er auf einer Karte mehr Platz ein als Texas. Was beweist das? Es kommt darauf an, was da ist – oder hier, jetzt.

Soviel zum Thema Chauvinismus. Die meisten der Berge, die

uns umgeben, sind, soweit wir wissen, nie von jemandem bestiegen worden, außer den Dall-Bighorns. Die Mehrzahl hat noch nicht einmal einen Namen, mit Ausnahme der besonders hohen wie Michelson (2816 Meter) und Chamberlin (2749 Meter).

Wir kehren auf einem anderen Weg ins Lager zurück und finden unterwegs frische Bärenspuren: herausgerissene Grassoden, wo der Bär nach Murmeltieren und Erdhörnchen gegraben hat; einen ausgetretenen Bärenpfad; einen Haufen Bärenkot. Dana trägt sein Gewehr über der Schulter, doch wir bleiben aufmerksam, während wir weitermarschieren. Hier draußen ist ein Tier, das größer ist als wir.

Am Fuß der Berge stapfen wir einen guten Kilometer durch Moor. Tundramoor besteht aus büschelweise zusammengeballtem Gras, jedes Büschel so groß wie ein Menschenkopf, und alle wurzeln im Sumpf. Es ist schwierig, in dem weichen Matsch zu laufen. Wir schlittern und rutschen durch den Schlamm; bei unserem Waten durch das Moor erheben sich begeistert schimmernde Wolken von Moskitos aus den Gräsern, um uns zu begrüßen. Alaska ist nicht nur der größte der 50 Staaten, sondern auch der sumpfigste und insektenreichste. Tropfend von Schweiß und fettigem, öligem Insektenabwehrmittel, kämpfen wir uns weiter. Man muß schon Mumm haben, um in Alaska zu leben, kein Zweifel. Wieder einmal bin ich beeindruckt vom Mut und vom Durchhaltevermögen der Menschen, die hier leben. Manchmal wundere ich mich jedoch über ihre angeborene Intelligenz.

Wir erreichen das Lager, den frischen Wind, den angenehmen harten Boden des Kiesstrandes und waten in das eisige Wasser, um zu trinken, dann die Haare zu waschen und zu baden – die Damen flußaufwärts, die Herren flußabwärts.

Zitternd im Wind, trockne ich mich mit meinem saubersten schmutzigen Hemd ab. Habe vergessen, ein Handtuch einzupakken. Der Wind kommt den Fluß herauf, wie immer von Norden und dem gefrorenen Eismeer; seine eisige Bösartigkeit spüre ich bis ins Mark. Eilig ziehe ich mich an, ein Hemd, ein Sweatshirt mit Kapuze und einen Parka. Als mir wieder warm ist, läßt der Wind nach.

Und *sie* kommen wieder heraus. Ein Schlag auf den Arm tötet neun. Ich habe vergessen, Zigarren mitzunehmen; greife nach dem Insektenabwehrmittel.

Zum Abendbrot gibt es mexikanisches Essen, vorweg einen Becher Margaritas, geeist mit Schnee, den Mike, ein aufmerksamer und vorausschauender Mann, in seinem Tagesrucksack vom Berg mitgebracht hat. Wir trinken auf seine Gesundheit. Das Leben ist hart an der Letzten Grenze. Fühle mich selbst nicht ganz in Ordnung, aber das ist wahrscheinlich nur eine Frage der Eingewöhnung: Als ich Tucson vor drei Tagen verließ, herrschten dort Temperaturen von 41 Grad im Schatten; in Salt Lake City, wo wir einen Zwischenstopp von einem Tag und einer Nacht einlegten, waren es 18 Grad bei stürmischem Wetter; in Fairbanks (Höhe über dem Meeresspiegel 136 Meter), wo ich zwei Nächte blieb, war die Luft feucht, schwül und fast 32 Grad warm – und noch heißer in meiner kleinen »Zelle« im El-Sleazo-Hotel am Ufer des Chena River. Von Fairbanks gelangten wir mit einer DC-3 nach Barter Island am Rand des arktischen Packeises und fanden uns im Herzen der »Windabkühlungsfaktorei« wieder – selbst die Eskimos trugen ihre Parkas. Jetzt auf dem Fluß, wo der Wind kommt und geht, scheint die Temperatur von unter Null bis 27 Grad zu schwanken. Niemand beklagt sich über das Wetter außer mir, und ich tue das nur im stillen; die anderen dürfen einfach nicht wissen, daß der empfindlichste kernige Outdoorler des Westens jetzt unter ihnen auf der Munitionskiste hockt, eingehüllt in lange Thermo-Unterhosen, wollene Hosen, ein wollenes Hemd, ein Sweatshirt, eine wollene Skimütze und einen Parka mit Kapuze und Flanellfutter.

Bevor ich mich in der sonnenhellen Nacht schlafen lege, requiriere ich eine Handvoll Aspirin aus der Krankenapotheke. Mark verpaßt mir auch noch 10 000 Milligramm Vitamin C und riesige Geleekapseln, zum Teil mit verzögerter Wirkung, sowie Zäpfchen. »Du kannst uns nicht krank werden, Mann«, sagt er. »Wußtest du nicht, daß es nördlich des Polarkreises keine Keime gibt?«

»Natürlich nicht«, stimme ich zu. »Aber einer kann sich immer mal hierher verirren.« Als ich in mein geodätisches Zelt krieche und in meinen antiken, abgegriffenen, mit Isolierband reparierten Mumienschlafsack rutsche, sage ich zu mir: Keine Keime, was? Nun, wenn ich ein Keim wäre, würde ich hier auch nicht leben wollen.

Die Sonne scheint die ganze Nacht lang.

26. Juni

Ich wache nach und nach auf, zum Gesang von Rotkehlchen in den Kirschbäumen zu Hause in Pennsylvania. Unmöglich. Aber als ich aus meinem Kokon hervorkrieche, ist das erste, was ich sehe, ein dickes Rotkehlchen mit roter Brust, das über den Kiesstreifen hopst. Wie konnte so ein kleiner, harmloser, unschuldiger Vogel so weit fliegen? Oder wie Jensen sagt, wie viele fpm (Flügelschläge pro Minute) waren nötig, um 4800 Kilometer zurückzulegen?

Mark hat eine 45 Zentimeter lange Rotforelle zum Frühstück gefangen. Sechs oder sieben Pfund. Er füllt sie mit Zitrone, Paprika und Butter, wickelt sie in Alufolie und gart sie auf einem Grill über dem heruntergebrannten Treibholzfeuer. Das Fleisch ist fest, süß, rosa, so ähnlich wie frischer Lachs, nur besser, nicht so ölig, mehr wie das Dolly-Varden-Fleisch, das wir aßen, früher, vor Jahren – aus jenem kleinen See (Akakola) unterhalb des Numa-Ridge-Feuerwachturms im Glacier Park. Der Dolly Varden ist tatsächlich eine Art Forelle.

Heute beginnen wir unsere Fahrt auf dem Kongakut. Wir blasen die beiden Neopren-Schlauchboote auf, takeln sie auf und beladen sie. Dann packen wir die Zelte ein und gehen den Lagerplatz noch einmal ab. Wie alle guten professionellen Ausrüster praktiziert Mark Jensen das Zelten, ohne Spuren zu hinterlassen. Alles, was nicht brennbar ist, wird mit einem Stein flachgeklopft und zusammengepackt. Die Asche vom Feuer wird in den Fluß geschüttet, wo sie ihre Existenz im Eismeer beenden wird. Selbst unsere Fußspuren werden vom nächsten Hochwasser weggespült sein – weil wir im Überschwemmungsbereich gezeltet haben.

Wir brechen auf. Überprüfen die Zeit mit Maurines Quarzarm-
banduhr: 14 Uhr in Fairbanks. Wieder haben wir es nicht geschafft, die High-Noon-Mittagsgrenze zu unterschreiten. Doch
hier, wo die Mittagsstunde stundenlang dauert, macht das nichts.

Wir treiben flußabwärts zwischen baumlosen Hügeln hindurch,
umgeben von den goldenen Tundrabergen. Es ähnelt den Boots-
fahrten in Colorado auf einer Höhe von 4000 Metern. Wir sehen
Goldregenpfeifer in Flußnähe, einen Steinadler über unseren Köpfen. Und die Möwen. Und die Rotkehlchen. Und einen Raben.

»Mein Lieblingsvogel«, sagt Mark. »Schlau, begabt, gutausse-
hend ...«

»Wie du«, sagt Ginger.

»Wie ich. Wenn ich ...« Er zeigt auf den hohen Berghang zu unserer Linken. »Schafe.«

Eine Herde von Dall-Bighorns grast dort oben, ein Dutzend Tiere, Mutterschafe, Lämmer, Widder mit gedrehten Hörnern. Zufrieden, unbeweglich, beobachten sie uns – die Phantomwesen aus
dem Nirgendwo –, wie wir durch ihre Welt treiben.

»Wenn ich wieder geboren werde«, fährt Mark fort, »will ich
als Rabe zurückkehren.«

»Voller Läuse«, bemerkt Ginger. »Mit einem Geruch wie ein toter Fisch.«

»Und mit einem Schnabel, der noch größer ist als der Schnabel,
den du jetzt hast«, sagt Maurine. »Proportional gesehen.«

Lächelnd stellt Mark sich zwischen den Rudern hin, um den
Flußarm vor uns zu überblicken. Wie die meisten alaskanischen
Flüsse ist der Kongakut flach, breit und verzweigt, schwer zu lesen. Er zwingt den Steuermann ständig, nach dem einen befahrba-
ren Arm unter vielen falschen Möglichkeiten zu suchen. Dana, der
uns in dem zweiten Boot folgt, blickt sich aufmerksam um. Nur
Mark hat diesen Fluß schon einmal gesehen.

Alles klappt gut heute. Am Abend schlagen wir das Lager auf einer anderen Kiesbank auf, an einem schönen Platz mit Kalkstein-
klippen, die über den Fluß ragen, mit einem Hain kleiner, nur drei

Meter hoher Pappeln am anderen Ufer und mit einer Aussicht flußaufwärts auf das Tal, durch das wir gekommen sind, und auf die großartigen, zerklüfteten, schneebedeckten Berge dahinter. Eine klassische alpine Szenerie – fotogen, fundamental, perfekt.

Warum gibt es auf dem North Slope der Brooks fast keine Bäume? Der Grund ist der Permafrost, 60 Zentimeter unter der Erdoberfläche, eine Unterschicht aus Eis, hart wie Fels, die die Bäume daran hindert, ihre Wurzeln ins Erdreich zu senken. Nur nahe am Fluß, wo der Boden wärmer ist, können die Zwergweiden und Miniaturpappeln Halt finden.

Vor Jahren war ich kurzzeitig bei der Western Electric Company in New York City als technischer Redakteur angestellt. Die Gesellschaft hatte einen Vertrag mit dem Kriegsministerium, Ausbildungsunterlagen für die Arbeiter zu erstellen, die die Radarstationen und Luftwaffenbasen des Langstreckenfrühwarnsystems in der Arktis bauen sollten. Etwa hundert saßen an Schreibtischen in einem riesigen Büro zehn Stockwerke über der Barclay Street in Lower Manhattan. Fluoreszierende Lampen leuchteten grell hinunter auf unsere weißen, gebeugten Rücken. (Alle technischen Redakteure mußten weiße Hemden tragen. Mit Krawatte.) Weil meine Sicherheitsüberprüfung noch nicht erfolgt war, wurde mir die schnöde Aufgabe zugewiesen, das Handbuch mit dem Titel *Wie man im Permafrost menschliche Fäkalien beseitigt* zu bearbeiten. Ich sagte dem Chef, ich würde mich gern in die Arktis schicken lassen, um vor Ort Studien aus erster Hand durchzuführen. Er antwortete mir, mein Job seien Rechtschreibung, Grammatik und Zeichensetzung, nicht Fäkalien-Forschung. Ich wandte mich wieder meinem Schreibtisch zu, zwischen den anderen gestärkten, gebeugten Weißhemden – wir saßen alle mit dem Gesicht in die gleiche Richtung –, starrte zwei Wochen lang mißlaunig aus dem Fenster und sah der Sonne beim Untergehen über Hoboken, New Jersey, zu.

Dann kam der Chef zu mir. »Abbey«, sagte er, »wollen Sie wirklich für Western Electric arbeiten?« – »Nein, Sir«, sagte ich, »nicht wirklich.« – »Das dachte ich mir«, sagte er. »Wir lassen Sie gehen, heute um 17.00 Uhr.« Ich hätte ihn küssen mögen – und weil wir in New York waren, hätte ich es vielleicht tun sollen. »Das ist schon in Ordnung, Sir«, sagte ich. »Ich gehe jetzt gleich, um 13.30 Uhr.« Und das tat ich. Verbrachte den Nachmittag in der White Horse Tavern an der Hudson Street, dann mit Kumpels in Minsky's Burlesque in Newark. Meldete mich bei meiner Frau, betrunken und glücklich, um 22.00 Uhr mit dem, was von meinem ersten und letzten Western-Electric-Gehaltsscheck noch übrig war. Ich wendete um 23.00 Uhr den alten Chevy-Pickup gen Süden und Westen und brach nach Arizona auf. Habe nie gelernt, wie man menschliche Fäkalien (gibt es andere?) im Permafrost beseitigt.

Aber ich weiß es jetzt. Auf Barter Island zumindest machen sie es so: Sie leiten das Ganze in eine Abwasser-Lagune, 60 Zentimeter tief, versetzen das Wasser mit Chlor und trinken es dann. Und wie werden sie im allgemeinen ihren Abfall los, auf dem North Slope? Sie lassen ihn auf der Erdoberfläche liegen, wo er zum höchsten und sehenswertesten Merkmal der Landschaft wird.

Zum Abendbrot gibt es Beef Stroganoff. Der russische Einfluß wirkt spürbar nach in Alaska, wo man die Nostalgie liebt.

Vollgestopft mit Aspirin und noch mehr von Jensens Pferdemedizin, ziehe ich mich früh in mein Zelt zurück – fühle mich immer noch lausig. Habe das Handtuch vergessen, habe die Zigarren vergessen, habe vergessen, ein Buch mitzunehmen. Daher leihe ich mir ein Taschenbuch von Maurine, etwas mit dem Titel *Stilleben mit Specht*. Oder so ähnlich. Ich werfe einen Blick auf die Klappentexte, die Zusammenfassung auf der Rückseite. »Hast du nichts mit für Erwachsene?« Hat sie nicht. »Irgend jemand sonst?« frage ich in die Runde.

Dana bietet mir ein Buch an: *Die tanzenden Wu-Li-Meister* von einem Mr. Gary Zukav. »Wir wär's mit einer Gideons Bibel oder einem Wörterbuch?« Mark hält mir seine Munitionskisten-Ausgabe des Merriam-Webster hin. »Habe ich schon gelesen«, wehre ich ab. Ich leihe mir also die ersten beiden, undankbarer Bastard, der ich bin, und verziehe mich schmollend. Der Wind hat sich gelegt; eine Reihe tanzender »Wu-Li-Meister« folgt mir in mein Zelt. Ich schlachte sie ab und gehe ins Bett mit Tom Robbins und Mr. Gary Zukav. *Ménage à trois ... de poupée ... entente ...*

27. Juni

Das Frühstück vergeht wie in einem Nebel. Wir beladen die Boote, stoßen ab, gleiten mit der Strömung den Fluß hinunter zwischen türkisfarbenen Eiswänden. Gehörnte weiße Schafe kriechen auf den Berghängen in der Ferne herum wie wollige Maden. Wolken verdecken die Sonne; der arktische Wind kommt den Fluß heraufgefegt. Dana legt sich an den Rudern ins Zeug, strengt sich gewaltig an, um mit Mark mitzuhalten, während ich im Bug gekauert dasitze, in Lagen Pendleton, Polyester und Selbstmitleid gewickelt. »Sag mir Bescheid, wenn du einen *Griz* siehst«, knurre ich und döse ein. Er nickt.

Stunden gleiten vorüber, ebenso Kiesbänke, ein paar Weidendikkichte, Eiswände. Dies ist eins von den Dingen, sage ich mir, die niemand wirklich gern tut. Nicht einmal hinterher ist man froh darüber, daß man es getan hat. Anders als bei der Infanterie, beim Selbstmord oder Operationen zu Forschungszwecken. Ich spüre, daß vor uns etwas los ist. Schwierigkeiten: Hoffnungsvoll blicke ich auf.

Mark hat sein Schlauchboot an einer höchst ungünstigen, rauhen, kritischen Stelle an Land gesetzt. Nachdrücklich signalisiert er Dana, er solle sein Boot längsseits bringen. »Bereitmachen für eine schnelle Landung«, sagt Dana und hält hart auf das Ufer zu. Ich hole die aufgerollte Vorleine unter meinen Gummistiefeln hervor und nehme sie in die Hand. Wir knirschen über Eis und Kies. Ich taumle mit dem Seil aus dem Boot und halte es gegen die kräftige Strömung fest. Dana springt heraus, und wir hieven das Schlauchboot höher auf den Kies. Hier ist nichts, woran man es festbinden könnte. Alle Hände werden gebraucht, um die Boote aus dem Fluß zu ziehen.

Mark spricht leise mit Dana. Gefolgt von John, entfernen sie sich, um weiter vorn etwas zu untersuchen. Alles, was ich von unserer Landungsstelle sehen kann, ist, daß der Fluß sich zu einer schmalen Durchfahrt zwischen senkrechten Wänden aus blauem Eis von zwei bis drei Metern Höhe verengt. 50 Meter weiter vorn macht er eine Biegung und verschwindet dann zwischen den Eiswänden. Wir haben an dem letztmöglichen Aussetzpunkt angehalten – kurz bevor es in der eisigen Schlucht kein Zurück mehr gegeben hätte.

»Was ist denn hier los?« frage ich und halte meinen GI-Feldbecher hin. Ginger gießt heißen Kaffee aus der Thermoskanne hinein. Meine Hände zittern vor Kälte; ich brauche beide, um die Tasse ruhig zu halten.

»Keine Ahnung«, antwortet sie. »Mark sagte, ihm gefällt es nicht, wie der Fluß hier aussieht.«

»Scheint mir immer noch der gleiche alte Styx zu sein«, läßt sich Mike aus der Tiefe seiner Parkamütze heraus vernehmen. Ich freue mich zu sehen, daß auch ihm kalt ist. Los Angeles. Er und ich, die einzigen Südwestler in der Gruppe, sind beide kälteempfindlich.

Mark, Dana und John kommen zurück. Mark blickt düster drein, ein ungewohnter Ausdruck auf seinem üblicherweise fröhlichen Gesicht. »Wir werden hier zelten, Kumpel.«

»Hier? Auf dem Eis?«

Er zeigt auf das linke Ufer, jenseits des Eises. »Da drüben.« Wir laden die Boote aus und tragen die Ausrüstung und das Gepäck auf trockenen Boden, dann holen wir die Boote. Inzwischen haben wir gesehen, wo das Problem liegt. Nicht weit hinter der Kurve strömt der Fluß *unter* das Eis und kommt 30 Meter weiter flußabwärts wieder heraus. Wären wir in den Booten weitergefahren, hätten wir in der Falle gesessen und wären unter dem Eis ertrunken. Selbst wenn die Strömung uns hindurchgespült hätte, wären wir vermutlich an Unterkühlung gestorben, ehe wir trockene Streichhölzer und genug Holz gefunden hätten, um ein großes Feuer zu entfachen.

»Ich hatte so ein Gefühl«, sagt Mark.

28. Juni

Ich wanke den Hügel vor meinem Zelt hinunter und geselle mich zu der fröhlichen Runde ums Frühstücksfeuer. Stumm und traurig halte ich meinen Blechbecher hin; jemand gießt mir Kaffee ein.

»Wie geht's, Partner?« fragt unser Anführer.

»Großartig«, murmle ich, »großartig.«

Ich trinke meinen Kaffee und beobachte, wie Ginger und Mike höflich um Marks letzten Blaubeerpfannkuchen streiten. »Nimm du ihn«, sagt sie. »Nein, nimm du ihn«, sagt Mike. In meinem Grippe-Delirium erinnern sie mich an meinen Freund Kevin Briggs, auch so eine Wasserratte, und an seine

Parabel vom letzten Kotelett

Mein Freund Kevin ist ein stämmiger, kräftiger Kerl, und als graduierter Student der Philosophie und der Literatur ist er ständig hungrig. Eines Tages wurde er mit fünf Kommilitonen von seiner Dozentin, Ms. Professor Doktor H., zum Mittagessen eingeladen. Als freundliche, wohlmeinende, aber sparsame Frau setzte Professor H. ihre sechs Gäste an den Eßtisch in ihrem Haus und stellte eine Platte mit genau sieben Koteletts an die Stirnseite des Tisches. Kevin, der zu ihrer Rechten rechten saß und zu hungrig war, um Zeit damit zu verschwenden, die Koteletts zu zählen, nahm sich zwei von oben und reichte den Teller weiter. Professor H. war inzwischen in ihre Küche zurückgegangen. Sie kam mit dem Kartoffelbrei und der Sauce wieder, gerade als die Platte fast ihre Runde um den Tisch vollendet hatte. Ein Kotelett war noch übrig. Sie setzte sich. Der junge Mann zu ihrer Linken, der sich noch nicht genommen hatte, blickte auf das letzte Kotelett, dann auf seine Gastgeberin. Sie sah ihn an. Beide lachten, peinlich berührt. »Nehmen Sie es«, sagte er. »O nein«, sagte sie, »nehmen Sie es.« – »Ich bin wirklich nicht hungrig«, versetzte er. »Ich auch nicht,

wirklich«, entgegnete sie. Kevin hatte inzwischen alles verschlungen; er langte mit seiner Gabel quer über den Tisch und
stach in das letzte Kotelett. »Ich werde es essen«, sagte er. Und
das tat er.

Moral? Wer zögert, verliert. Nein, erklärte Kevin mir, überhaupt
nicht. Denk an die Worte unseres Herrn und Retters: »Denn wer
da hat, dem wird gegeben, daß er die Fülle habe; wer aber nicht
hat, von dem wird genommen, was er hat« (Matthäus 13, Vers 12)

Mark Jensen sieht mich an und sagt: »Wir werden hier ein paar
Tage bleiben. Wer möchte noch auf einen Berg?«

Ich krieche in mein Zelt zurück, lese die geliehenen Bücher.

Stunden später werde ich von Mark aus einer tiefen Benommen-
heit geweckt, der mir eigenhändig eine Schüssel heiße Sellerie-
suppe bringt und einen Teller mit Fischstücken, Nudeln und Kartoffelbrei. Das sieht gut aus, und ich bin hungrig.

»Wie geht's, Partner?«

»Gut, Mark, gut. Sag mal, das ist ja ein verdammt guter Fisch.
Hast du noch eine Rotforelle gefangen?«

»Das ist Truthahnfleisch. Aus der Dose.«

»Verdammt gut. Irgendeinen *Griz* gesehen?«

»Nur einen Moment lang einen, der über den nächsten Hügel
ging. Nur eine Minute lang. Ein echter *Silvertip* – wir konnten das
Fell auf den Schultern schimmern sehen. Du hättest dabei sein sollen, Kumpel.«

»Ich weiß. Noch etwas?«

»Jede Menge Schafe. Ein Wolf. Ein einzelner Karibu-Bulle.«

»Tut mir echt leid, daß ich den Bären verpaßt habe.«

»Wir haben an dich gedacht, Kumpel. Hätte ich ein vernünfti-
ges Seil dabeigehabt, hätte ich den alten Schweinehund mit dem
Lasso eingefangen und hierher zurückgezerrt. Aber nimm lieber
noch ein paar von diesen Medikamenten.«

30. Juni

Wieder so ein prächtiger, sonniger, frischer, windiger arktischer
Morgen. Wir tragen die Boote an den Fluß und fahren weiter wie
zuvor, flußabwärts. Meine Grippe hat das Endstadium erreicht,
und ich bin bereit, meinem Schöpfer gegenüberzutreten, Auge in
Auge, hier oben, am obersten Ende Welt, wie wir sagen.

Das oberste Ende der Welt. Aber natürlich ist die schwindelerre-
gende Wahrheit, daß die Worte oben und unten, aus planetari-
scher Sicht, keine Bedeutung haben. Von hier draußen, tief im
Weltall, wo ich meine Kreise ziehe, gibt es kein Oben, kein Unten,
keinen Boden, keine Zimmerdecke, gar nichts. Wir trudeln durch
eine unendliche Leere, folgen unserem gekrümmten Pfad um die
Sonne, die ebenso orientierungslos ist wie wir. Einstein hat etwas
anderes behauptet, ich weiß, aber Einstein war auch nur ein Sterb-
licher wie wir. Keine Decke, kein Boden, keine Wände ... Wir sind
560 Kilometer nördlich vom Polarkreis, und wir treiben, indem
wir uns vorwärts bewegen, wie Schaum auf der Welle, wie Styro-
porkügelchen durch die Ausläufer von dem, was nach Mark die
nördlichsten Berge der Welt sind, soll heißen: auf der Erde. Werden wir je wieder hinunter nach Kaktovik gelangen?

Ich denke an die Eskimos dort, die den ganzen Tag eingeschlossen sind in ihren 250 000 Dollar teuren, per Luftfracht heran-
transportierten, vorgefertigten Modulhäusern (bezahlt von Öltan-
tiemen), wie sie in ihren brandneuen Farbfernsehern *Mr. Rogers'
Neighborhood* sehen. Ein paar Kids jagen zwischen schmelzenden
Schneeverwehungen auf ihren Honda-ATCs die Sandwege herauf
und hinunter. Was wir zu Hause im Südwesten »Straßenläuse«
nennen. (Mädchen lieben Pferde, kleine Jungen lieben Motorrä-
der. Erwachsene Männer und Frauen gehen gern zu Fuß.) Die Kids
scheinen nichts anderes zu tun zu haben. Ein toter Grönlandwal –
eine seltene Art – liegt verrottend am Rand des Meeres, teilweise
zerlegt. Dicke Scheiben von weißem Walspeck – Muktuk – sind im
Hof jedes Hauses aufgestapelt, neben den leeren Sperrholzkisten,
den Dieselpfützen, den Ölfässern, den Ersatzteilen für den Motor-

schlitten, den Karibu-Geweihen, den Moschusochsen-Knochen, den Wolfspelzen, den Elchköpfen, den abgetragenen Gummistiefeln, den Blechdosen, den Schnapsflaschen und losem Papier und Plastikmüll. In jedem Hof liegt ein heulender, arthritischer Husky, symbolträchtige Erinnerung an frühere Tage, mit kurzer Kette an einen Pfahl gebunden, damit er nicht an den Walspeck herankommt. Die Hunde werden nie von der Kette gelassen.

Und der Wind bläst Tag und Nacht aus dem Norden, von jenseits des toten Wales am Strand, von jenseits der zerstückelten Eisschollen, aus den unendlichen Einöden, aus jenem blassen, kalten Niemandsland, jener endlosen gefrorenen *Weiße*, die, so weit das Auge sehen kann, hinausreicht über das Beaufort-Meer und in das Eismeer. Zum Pol.

Was wird mit diesen Menschen geschehen, wenn es kein North-Slope-Öl mehr gibt? Die Eskimos und die anderen einheimischen Alaskaner gehen immer noch gern jagen, genauso oder noch mehr als früher, und wenn sie jagen gehen, auf ihren kreischenden Schneemaschinen, töten sie alles, was sich bewegt, zumindest hat man mir das erzählt. Doch diese Form der Jagd, egal ob auf Land- oder Meerestiere, ist abhängig von der Technik und vom Zugang zu Geldmitteln. (Der Moschusochse beispielsweise mußte wieder aus Kanada im Arctic National Wildlife Refuge ausgesiedelt werden, weil die Einheimischen, ausgestattet mit den Maschinen des weißen Mannes und ausgerüstet mit seinen Waffen, die Herden im Reservat ausgerottet hatten.) Unvorstellbar sei es inzwischen, so sagte man mir, daß die jungen Menschen zur traditionellen nomadischen Lebensweise zurückkehren könnten, mit primitiven Waffen dem Wild auf seinen Wanderungen mit den Jahreszeiten von Alaska nach Kanada und zurück folgend, überlebend in Zelten aus Tierfellen und Hütten aus Erdsoden unter dem Schnee, wie ihre Vorfahren – ihre noch lebenden Großeltern – es taten. Unvorstellbar. Wenn das Ölgeld verbraucht ist, werden sie alle in die Elendsviertel von Fairbanks, Anchorage und Seattle umziehen, dort lieber von der öffentlichen Sozialfürsorge leben, als sich mit einer solchen romantisch verbrämten Erniedrigung des Nomadenlebens einverstanden zu erklären. Ich kann es ihnen nicht verdenken: Bis der weiße Mann kam, verbrachten die Eingeborenen die Hälfte ihres Lebens am Rand des Verhungerns. Hungersnöte waren an der Tagesordnung. Heute wächst die Bevölkerung – trotz Alkoholismus, Gewalt und Selbstmord –, und das schnell.

Was passiert mit diesen Menschen, wenn sie in die Stadt ziehen? Ich denke an »Two Street« (Second Avenue) in Fairbanks, eine Straße, die dem Zentrum von Flagstaff oder Gallup an einem Samstagabend ähnelt. Es gibt dort sogar einen »Navajo Taco Stand« an einer Ecke, der echte athabaskische Tacos verkauft (geröstetes Brot, geraspelten Salat und Hamburger), und die Straße ist gesäumt von düsteren kleinen Bars, rappelvoll mit grölenden Indianern und Eskimos. Genau wie zu Hause: der »Club 66« in Flag, das »Eagle« in Gallup, oder der »Silver Dollar« in Bluff am Rand des Navajo-Reservats.

Wir zelten heute auf einem weiten, offenen Platz, den Mark »Velvet Valley« getauft hat, unter einem spitzen, purpurnen Berg mit Zinnen und Zacken, der aussieht wie Mordor, wie die Festhalle des Bergkönigs, wie Darth Vaders Laufstall aus Kinderzeiten, wie die Heimat der bösen Hexe aus dem Norden. In seinem Schatten erstreckt sich ein schönes Tal, goldene Tundra, bedeckt mit einer Million blühender Blumen, getaucht in das sanft erglühende Licht der Mitternachtssonne. (Ich mag den Ausdruck »sanft erglühend« nicht, aber er muß hier verwendet werden.) Ein milder, gütiger Schein, könnte man sagen, der über das Smaragdgrün hinstreicht, über die jungfräulichen Mulden von Gras, Moos und Heide und Schwedenköpfen.

Der arktische Wind bläst fröhlich: Zu viert müssen wir das große Kochzelt aufstellen, unsere einzige gemeinsame Unterkunft. Ich suche mit den anderen nach Feuerholz, und bald brennt ein feines kleines Feuer neben dem Zelteingang, während drinnen ein großes Essen vorbereitet wird.

Zeit ist vergangen. Wir haben unser Mittagsmahl um fünf Uhr nachmittags gegessen, jetzt essen wir das Abendbrot um 23 Uhr. Zeit, sagt Einstein, ist eine Funktion des Raumes. Oder, sagte ein anderer Philosoph, Zeit ist nichts anderes als der Geist des Raumes. Wie wahr! Und ist nicht schließlich alles nur relativ? Nein. Das Licht ist unveränderlich und absolut. Besonders das arktische Licht. Wir werden unser Abendbrot um 23 Uhr essen und einen Mitternachtsimbiß in Seward's Icebox um vier Uhr morgens einnehmen, wenn uns verdammt noch mal danach ist. Wer sollte uns daran hindern?

Die Sonne scheint die ganze Nacht lang.

3. Juli

John und Mark fangen eine große Rotforelle und eine kleine Äsche zum Frühstück. Eine schöne fischige Bescherung.

Wir unternehmen eine Wanderung das Velvet Valley hinauf, durch die Weiden, durch das Moor, hinauf in die Tundra, tief hinein ins Tal. Blumen überall, und jede Blume verbirgt einen Klumpen Moskitos, aber wir haben uns inzwischen an die Biester gewöhnt – sie kümmern uns nicht mehr. Wir reiben uns mit Insektenabwehrmittel ein und lassen die lieben Kleinen tanzen und schwirren – Muster sichtbar gewordener organischer Energie – auf zwecklosen molekularen Umlaufbahnen einen Zentimeter von unserer Haut entfernt. Wie die Fliegen in Australien werden die Moskitos hier einfach sozusagen Teil der Atmosphäre, der Dekoration, des Ambientes. Wir ignorieren sie.

Ein Widder beobachtet uns von einem hohen Felsvorsprung aus; seine Herde grast weiter oben. Mark kniet neben einem Bergbach und versucht, die kreuzschraffierten Riffel einander überlagernder Strömungen zu fotografieren. Dana sucht die Bergrücken mit dem Fernglas nach Bären ab, das Gewehr an der Seite. John angelt unten im Fluß. Mike, Maurine und Ginger knabbern Käse und Kräcker und identifizieren die vielen Blumen mit Hilfe eines

Handbuchs, das ich noch nicht erwähnt habe. Ich sitze im Gras und kritzle meine Notizen; ein Büschel sibirischer Astern schwankt an meinem Ellbogen im Wind.

Ich schreibe also:

Alaska ist nicht, wie auf den Nummernschildern des Staates behauptet wird, die Letzte Grenze. Alaska ist der letzte große Bissen auf dem amerikanischen Tisch, wo es nie ausreichend für alle gibt. »Wir sind hier wegen der Megadollar«, sagt ein Bauarbeiter im »Bunkhouse« in Kaktovik, »und aus keinem anderen Grund.« Im »Bunkhouse« kostet ein Zimmer mit Vollpension 150 Dollar am Tag, wenn man es für einen Monat mietet, aber ein Koch kann 10 000 Dollar im Monat verdienen. Andere noch mehr. Alaska ist der Ort, wo ein Mann sich frei fühlt, ein ganzes Tal durch Goldwaschen zu zerstören, wie ich aus der Luft über Fairbanks sehen konnte, um ein Erdnußbutterglas voll Goldstaub zu gewinnen. Auf dem Flug von Barter Island nach Kongakut zeigte Gil Zemansky mir die gewaltige Fläche der unberührten Küstenebene, wo Arco, Chevron und andere in naher Zukunft die Ausbeutung von Öl- und Gasvorkommen planen. Sie verwenden D-7-Bulldozer zum Ziehen von Schlitten, dringen so in die Kalbgründe der Karibus vor und zerstören die Tundra und die Ausläufer des Arctic National Wildlife Refuge, des letzten echten großen Wildnisgebiets, das in den 50 US-Staaten noch übrig ist. In Südostalaska gestatten die Behörden den Gesellschaften der Holzfäller, gewaltige Gebiete abzuholzen – im Tongass National Forest, der Heimat unseres Nationalvogels, der angeblich offiziell im legalen Besitz der amerikanischen Öffentlichkeit ist, das heißt von uns allen.

Letzte Grenze? Genaugenommen nicht: Anchorage, Fairbanks und Vorposten wie Barter Island mit ihren Bürogebäuden aus Glas und Aluminium, ihren eingeflogenen, vorgefertigten Bruchbuden aus Holzfaserplatten für die Einheimischen und die Arbeiter, ihren Parks hochentwickelter und zerstörerischer Maschinen – sie stellen lediglich die letzte Phase einer Entwicklung dar: bis sich die

Schäbigkeit des Weltraumzeitalters über den ganzen Planeten aus-
gedehnt hat – keine Grenze, sondern lediglich ein weiterer High-
Tech-Slum. Eine weitere Kolonie für die Amerikaner. Alaska ist
das letzte Kotelett.

Den Fluß hinunter durch das Portal in den Bergen in die Vorberge
und immer näher an die Küstenebene heran treiben wir nordwärts
in unseren kleinen luftgefüllten Booten. Weil sie sehen, daß ich
wieder unter den Lebenden weile, plagen mich die literarischen
Wilden an Bord mit Fragen zum Thema Bücher. Ich stehe ihnen
gern zur Verfügung.

   Welches ist das beste Buch über Alaska? Das beste Buch über
den Norden, sage ich, ist *Der Ruf der Wildnis*. In der Sprache der
Kritiker: Jack London gelingt es, die Essenz des Mythos Wildnis
einzufangen. Nein, sagen meine Gefährten, das beste Buch über
Alaska. *Winter News*, sage ich, von John Haines – reine Lyrik; und
mit »rein« meine ich Lyrik über ganz gewöhnliche Dinge, über das
großartige Wetter, über tägliche Lebenserfahrungen, im Unterschied zu technischer Lyrik, deren Hauptanliegen das Versmaß ist –
die Technik. (Ein Lieblingsthema von mir.) Halt keine Vorträge,
sagen sie; wie ist es mit Prosa–Büchern in Prosa? (Ich habe das Gefühl, daß eine Falle zuschnappen wird.) Ich mache eine kurze Pause, tue so, als würde ich nachdenken, und sage *Going to Extremes*
von Joe McGinnis. Ein brillantes Buch. Ein absolutes Muß für jeden, der einen Eindruck davon bekommen möchte, wie man heutzutage in Alaska lebt. Meine Meinung kommt bei den Einheimischen nicht gut an. Nein, sagen sie, McGinnis schreibt nur über
Sensationelles. Alaska ist ein sensationeller Ort, entgegne ich. Er
verbreitet Skandalgeschichten, sagen sie. Alaska ist ein skandalö-
ser Ort, erwidere ich, McGinnis berichtet die Wahrheit. Wieviel
Zeit hast du in Alaska verbracht? wollen sie wissen. Ungefähr vier
Wochen, alles in allem, antworte ich. Sie lächeln verächtlich. Vier
Wochen gründliche Beobachtung sind besser, erkläre ich, als Tagträume ein Leben lang. Was ist mit *Coming Into the Country*?

fragt jemand. Ich muß zugeben, daß ich das Buch angefangen, aber nie zu Ende gelesen habe. McPhee, erkläre ich, ist ein erstklassiger Reporter, aber zu behutsam, zu zurückhaltend, zu vorsichtig – kein Standpunkt. Mehr Fragen. Magst du Robert Service? Ich liebe ihn. Aber, sagt ein Inquisitor, ich glaube nicht, daß du Alaska wirklich liebst, oder? Der attraktivste Charakterzug Alaskas, sage ich, ist die winzig kleine, unbedeutende Bevölkerung – dank des miserablen Klimas. Ich mag die Berge, die Gletscher, die wilden Tiere und den vielen Platz, füge ich eilig hinzu – oder hätte es getan, wenn die Spinner aufhören würden, mich zu bedrängen.

»Ich glaube, du bist geographisch ein Chauvinist«, sagt sie, »absolut intolerant in Fragen des örtlichen Aufenthalts.«

»Nun«, gestehe ich ein, »ich will zugeben, daß ich zu lange im Südwesten gelebt habe; ich hätte mir das für den Schluß aufheben sollen.«

»Was machst du dann in Alaska?« fragt sie.

»Ich?«

»Du.«

»Primitive Lebensverhältnisse studieren«, erkläre ich.

»Still«, flüstert Mark und stützt sich auf die Ruder. »Guckt mal da drüben.«

Wir sehen in die Richtung, in die er zeigt. Drei Wölfe beobachten uns von einem Kiesstreifen neben dem Fluß, weniger als 30 Meter entfernt. Drei große graue zottige Wölfe, von hinten angestrahlt von der tiefstehenden Sonne, starren uns an. Leise treiben wir näher. Sanft läßt Mark das Boot auf den Kies gleiten, wo es liegenbleibt. »Nicht aussteigen«, flüstert Mark. Die Wölfe gucken, die Kameras werden gezückt, die Wölfe ziehen sich langsam zurück, in das Weidendickicht und auf die offene Tundra zu. Ein Pfiff läßt den letzten innehalten, als er das Ufer hinaufklettert. Ich starre den Wolf durch mein Fernglas an, der Wolf starrt mich an; einen Moment lang sehe ich das wilde grüne Feuer in seinen Augen. Dann dreht er sich um, geht weiter, ist verschwunden.

Wir treiben schweigend das klare graue Wasser hinunter. Nach einer Weile sagt meine Freundin zu mir: »Wann hast du so etwas das letzte Mal in Arizona gesehen? In deinem überbevölkerten, verdreckten, stinkenden Südwesten?«

»Ich?«

»Du.«

»*Moi?*«

»*Vous.*«

Wieder ein Pause. »Hab ich nie«, sage ich.

»Du solltest dich schämen.«

»Tue ich.«

»Du solltest alles zurücknehmen, was du gesagt hast.«

»Ich nehme alles zurück.« (*Aber*, denke ich, trotzdem ...)

Jetzt verzweigt sich der Fluß wieder in ein Dutzend verschiedener Arme, alle flach. Der Hauptarm führt geradewegs in einen Weidendschungel hinein. Wir laden die Boote aus, tragen sie und unsere Ausrüstung um das Hindernis herum. Während ich zwei 45-Liter-Munitionskisten über den feuchten Sand schleppe, sehe ich eine Fährte. Große Füße mit Krallenabdrücken, länger als meine Finger. Die Füße sind nicht so lang wie meine, aber doppelt so breit. Größe 44, extra breit. Ich bleibe stehen und sehe mich um – in der Stille und der Leere.

Alter Ephraim, wo bist du?

Er taucht nicht auf.

Wir fahren weiter. Den Tag über und während der Tagnacht zelten wir an einem Ort, den Mark »Buena Vista« nennt – mit einem großartigen Blick flußaufwärts auf das Portal, Wicked Witch Mountain, die hängenden Gletscher der hohen Gipfel dahinter. Auf Holzkohle gegarte Rotforelle zum Abendbrot.

John und ich unternehmen eine ausgedehnte Wanderung in die Berge, über die schwammige Tundra; ein Gewehr haben wir mit. Peacock stellt sich seinen Bären nur mit der Kamera; ich brauche Feuerkraft. Als wir der Sonne entgegen laufen, sehen wir die Moskitos auf uns warten; ganze Schwaden schweben in der Luft über dem Gras, die kleinen Flügel und Körper glühen im Sonnenlicht. »Sieht aus wie Raumdeckung«, sagt John. Aber sie teilen sich vor uns. Unentschlossene Atome, die sie sind, nicht in der Lage, ihre stecknadelkopfgroßen Gehirne zu einer Entscheidung zu bringen, weichen sie unserem Geruch aus, unseren konzentrierteren Knoten organischer Energie, wie Alan Watts sagen würde. John ist ein ruhiger Typ, sympathisch, angenehm, trotz seines Jasir-Arafat-Barts. Er erzählt mir ein bißchen über das Leben in Whittier, Alaska. Um im Winter in seinen Klassenraum zu kommen, geht er von seinem Junggesellen-Appartement im Schlafsaalgebäude durch einen unterirdischen Tunnel in das angrenzende Schulgebäude. Der Wind draußen, sagt er, würde ihn glatt umwerfen; und wenn kein Wind weht, reicht einem der Schnee bis unter die Achseln. Dabei liegt Whittier im äußersten Süden Zentral-Alaskas, dem balsamischen Teil. (Man muß balsamisch einen in der Birne haben, um dort zu leben.) Wenn die eine Straße, die aus der Stadt hinausführt, gesperrt ist, schnallt er Langlaufski an und läuft die acht Kilometer über den Paß zum Bahnhof, um eine Fahrt ins Zentrum von Anchorage zu unternehmen. Er mag sein Leben in Whittier. (Sagt er.) Wie seine Schüler, die aufgeweckten und lebhaften Indianerkinder. Die Abgeschiedenheit macht ihm nichts aus – er liest gern Bücher. Mag Schnee, Eis, Wind, Berge, den milden Sommer – Insekten und Eiszapfen, beides. »Wie lange willst du da bleiben?« frage ich ihn. »Oh, noch ein Jahr, vielleicht zwei.« – »Und dann? Wohin?« – »Oh ... zurück in die andere Welt.«

4. Juli

Mark feiert: Vier Schüsse aus dem Gewehr zerreißen die morgendliche Stille. Weil ich denke, ein *Griz* überfällt das Lager, komme ich angerannt, nur um unseren Anführer und die anderen beim Kaffeetrinken ums Feuer versammelt zu finden. Mark trinkt ständig Kaffee, und er macht starken Kaffee, nachhaltig wirksam. »Hör mal, Kumpel«, sagt er und verrät sein Geheimrezept, »um Kaffee zu kochen, braucht man nicht annähernd soviel Wasser, wie manche Leute meinen.«

John steht mit der Kamera am Fluß und fotografiert noch einen erlegten Fisch. Den Großteil seiner Rute hat er vor Tagen an den Kongakut verloren, ließ sich davon aber nicht aufhalten; er brachte die Rolle und eine neue Schnur am Angelfutteral an und angelt nun weiter. Allmählich hängen uns Rotforellen und Äschen zum Hals heraus, obwohl es guter Fisch ist und Bohnen und Schinken um Längen schlägt. Und ich *mag* Bohnen und Schinken.

Letzter Halt. Wir zelten an dem Ort, der als Karibu-Paß bekannt ist, in der Nähe eines anderen geraden Kiesstreifens, auf dem Gil Zemansky landen will, um uns zum Flug nach Barter Island abzuholen. Von dort nehmen wir die Air-North-DC-3 zur Reise über die Brooks Range nach Fairbanks und Orten im Süden.

Karibu-Paß – aber wo sind die Karibus? Sie sollen sich massenweise an der Küste versammeln, zu Zehntausenden. Bis jetzt bestand die größte Gruppe, die wir gesehen haben, aus vielleicht 25 Tieren. Doch sie sollen hier durchkommen, über diese niedrigen Hügel, auf ihrem jährlichen Zug ins Yukon und weiter südlich bis an den Rand des Waldes, wo sie den dunklen, sechs Monate dauernden Yukon-Winter verbringen, irgendwie die Zeit überstehen.

Auf dem Hang über uns, einen Kilometer entfernt, steht ein weißwandiges Zelt, und ein wenig unterhalb davon befinden sich vier kleine Biwakzelte: Bear Camp. Eine Studentengruppe von der University of Alaska, die das Leben der Tiere in der Wildnis untersucht, haust dort oben, fängt (lebend) und identifiziert die Nagetiere der Tundra, hält Ausschau nach den Karibu-Herden, den Wölfen, den *Griz*. Mark hat ihnen von meinem Grizzly-Problem erzählt, und als ein junger, blondhaariger, braunhäutiger Mann namens Mike Phillips den Hügel herab kommt, klettere ich den Berg hinauf, um ihm entgegenzugehen. Er berichtet von einem männlichen Grizzly, gut einen Kilometer östlich von Bear Camp. Er läuft voraus; ich stapfe mühsam den Berg hinauf. Als ich auf dem höchsten Punkt ankomme, ist der Bär verschwunden. »Unten in dem Weidendickicht neben dem Bachlauf«, sagt Mike und zeigt in die Richtung. Wir suchen die Gegend eine Stunde lang mit dem

Fernglas ab, aber der Bär bleibt verschwunden. »Hat sich vielleicht über den Kamm davongemacht«, erklärt Mike, »über die Wasserscheide.« Natürlich hat er das getan, denke ich, er wußte ja, daß ich komme. Der Grizzlybär, erkläre ich Mike, ist eine Legende, wie der Greif, der Zentaur und der Yeti. »Das würden Sie nicht meinen«, entgegnet er, »wenn Sie vor zwei Tagen mit mir unterwegs gewesen wären.« Und er erzählt von einer Szene in den Kalbgründen der Karibus, von den trägen, arroganten Grizzlies, die er beobachtet hat, wie sie die große Herde umkreisen, die Kühe jagten und einige der neugeborenen Kälber verschlangen.

Wir halten eine weitere Stunde Ausschau, aber der Grizzly zeigt sich nicht. Ich kehre an den Fluß zurück. Dort finde ich meine Gruppe vor, wie sie auf ein Schauspiel starrt, das sich, drei Kilometer entfernt, am Berghang westlich des Flusses abspielt. Eine große Karibu-Herde, zwei- oder dreitausend Stück, eine kompakte Masse von Tieren, zieht stetig immer weiter nach Süden vor. Wenn sie das Seitental dort drüben hinaufgehen, werden sie von den Bergen aufgehalten; wenn sie in unsere Richtung kommen, müssen sie etwa 400 Meter von uns entfernt vorbei, von dem Ort, wo wir stehen, warten und hoffen.

Aber etwas, das wir nicht sehen können, verschreckt die Herde, und nachdem sie ein paar Minuten verwirrt durcheinander gelaufen sind, einigen sich die Karibus und drehen um, kehren nordwärts den Weg zurück, den sie gekommen sind, traben in recht flottem Tempo dahin. Innerhalb von zehn Minuten ist die gesamte Herde verschwunden. Das Karibu ist, wie der Grizzly, ein unberechenbares Tier. Es läßt sich nicht von Erfahrung leiten, von der Vernunft oder von allgemeinen praktischen Erwägungen – schon gar nicht von den Wünschen einer Abordnung Touristen.

Ein Albino-Moskito landet auf meinem Unterarm. Nervös wandert er auf meiner nackten Haut vor und zurück und sucht nach der idealen Pore, um nach Blut zu stechen. Ich warte. Er wählt; die nadelförmige Nase, wie die hängende Schnauze eines Überschalljets, senkt sich und dringt ein. Leichtes Prickeln. Ein hörbares, schnorchelndes Geräusch – doch nein, das muß ich mir einbilden. Ich bin drauf und dran, das kleine Ding in die Ewigkeit zu klatschen, in den nächsten Zyklus des Fleischrades des Lebens, als etwas meine Hand zurückhält. »Laß ihn leben«, sagt eine innere Stimme in meinem inneren Ohr, »nur einmal, sei gnädig.« Ich zögere. Eine andere Stimme sagt: »Laß das buddhistische Karma nicht dein darwinistisches Dogma überstimmen: Zerquetsch das Biest.« Doch immer noch zögere ich, und während ich das tue, zieht der winzige Albino seinen Dildo zurück, schüttelt seine Flügel und schwebt davon, zurück in den Mob. Gott allein weiß, was für eine schreckliche Seuche ich möglicherweise auf die Menschheit und das Karibu losgelassen habe, indem ich diesen einen ziehen ließ. Aber ich habe ein gutes Gefühl dabei.

Wir lassen die Luft aus den Schlauchbooten, rollen sie zu ordentlichen Bündeln zusammen, stapeln Boote, Ruder, Rudergestelle, Munitionskisten, Gummibeutel, die Kühltasche, Zelte und anderes Gepäck am windabgewandten Ende der sogenannten Landebahn auf.

Die Cessna kommt, und der etappenweise Transport nach Barter Island beginnt. Mark weist mich dem dritten und letzten Flug zu, was mir vier zusätzliche Stunden an den Ufern des Kongakut gibt. Letzte Chance. Letzte Chance wofür? Ich weiß, wofür, wage es aber nicht, die Götter herauszufordern, nicht einmal, indem ich daran denke. Letzte Chance für eine Verständigung mit dem Geist der Arktis, das ist es.

Wir warten. Das Flugzeug kommt und fliegt wieder ab mit Gepäck und Passagieren außer Maurine, John und mir. Zwei weitere Stunden.

John schläft. Maurine liest in einem Buch und betrachtet versunken die Berge. Ich gehe zu einem Spaziergang an den Fluß über die Kiesbänke und durch die Weiden Richtung Norden. Das kalte grüne Wasser rauscht an mir vorbei, bricht sich an den Felsen mit brandungsartigem Ungestüm auf dem Weg zum Nordmeer. Einen guten Kilometer hinter der Landebahn schneidet ein Felsvorsprung mir den Weg ab. Ich halte ein und blicke zurück. Der glänzende Fluß kommt auf mich zugerast. Samtbedeckte Hügel erheben sich zu beiden Seiten; die große zerklüftete Wand der Brooks erstreckt sich am südlichen Horizont – 1100 Kilometer größtenteils unbekannte Bergwelt, die quer durch Alaska reichen, vom Yukon bis zum Beringmeer. Das Ende der Rockies. Die ultimative amerikanische Wildnis.

Wo ist er?

Die Weidenblätter lassen ihre silbernen Unterseiten im Wind aufblitzen; McCone-Mohnblumen, purpurne Lupinen, roter Rhododendron und gelbe Korbblüter tanzen auf den Berghängen. Wordsworth würde dieser Anblick Freude machen. Glaube ich. Aber ihm wäre vielleicht das egal, worauf ich warte. Erwartungsvoll. Beide Gewehre lehnen am letzten Stapel Ausrüstung, wo John schläft, außer Sicht, außer Hörweite. Ich bin unbewaffnet, bereit, offen. Laß ihn kommen.

Zwei Würger beobachten mich aus den Weiden. Drei kreischende Möwen verfolgen einen Steinadler hoch über dem Fluß, stürzen auf ihn hinunter und hacken nach seinem Kopf, versuchen, ihn in einen kahlen Adler zu verwandeln. Ich wünsche mir zu sehen, wie der Adler sich mitten in der Luft auf den Rücken wirft, eine der Möwen mit seinen tödlichen Fängen ergreift und – *ihr den Kopf abreißt!* Doch der Adler segelt weiter in einer geraden Luftlinie auf die Hügel zu, und die Möwen lassen ab, gelangweilt.

Mein Bär kommt nicht.

Als das Flugzeug abhebt, sagt Gil Zemansky: »Ich will euch etwas zeigen.« Er legt die Maschine schräg und verläßt seinen Kurs, fliegt hinein in einen Paß durch die Vorberge westlich vom Fluß. Wir fliegen 300 Meter über der löwenfarbenen Tundra. Kleine Teiche und Sumpflöcher zwinkern, funkeln und glitzern im Licht.

Wir überqueren einen anderen Höhenzug. Und dort unter uns, plötzlich, scheinen die Hügel in Bewegung zu geraten, lebendig, als habe die Haut der Erde begonnen, über ihre felsigen Knochen

zu kriechen. Ein breiter Fluß von Karibus strömt in Wellen west-
südwestlich über Höhenzüge und durch Täler. Es dauert einen
Moment, bis ich begreife, daß ich auf die größte Massenbewegung
ungezähmter Vierhufer hinunterblicke, die ich je sehen werde. Es
ist wie die *Stampede* der Weißschwanzgnus in der Serengeti.

»Mein Gott«, sage ich, »wie viele?«

Gil geht in die Kurve, kreist und blickt hinunter. »Schwer zu sagen. Es ist nur ein Teil der Porcupine-River-Herde. Vielleicht
40 000, vielleicht 50 000.«

John und Maurine machen eifrig Bilder. Ich bin zu aufgeregt,
um mein Fernglas zu zücken. »Sind *Grizz* da unten?«

Gil guckt noch einmal. »Ein paar müßten da sein«, sagt er.
»Aber sie sind so gut getarnt, wir würden sie nie sehen.«

Er fliegt noch eine letzte Schleife, dann nimmt er Kurs nach
Nordwesten auf Barter Island und Kaktovik, über die letzten Ausläufer der Berge hinweg, 600 Meter über der Küstenebene. Schön,
denke ich, jetzt bin ich zufrieden. Jetzt habe ich gesehen, was den
rätselhaften Geist der Arktis ausmacht – das Erblühen des Lebens,
eines wilden, freien und überreichlichen Lebens, mitten in dem
härtesten, grausamsten Land auf der nördlichen Erdhalbkugel.

Und als wir uns der Küste nähern und der flachen, kleinen, vor-
gelagerten Insel, erscheint wieder das zugefrorene Meer, jener ge-
bogene Rand kühler, stiller *Weiße*, der sich weiter und weiter erstreckt, ununterbrochen bis zur absoluten Stille des polaren
Höhepunkts – und darüber hinaus. Und ich weiß am Ende, daß ich
nur wenig vom echten Norden gesehen und von dem Wenigen
noch weniger verstanden habe.

Wir wissen nicht, was es bedeutet.

Marie Herbert
aus **Die Schneeleute**

Marie Herbert (geboren 1941) heiratete im Jahr 1969 den Po-
larforscher Wally Herbert. Zwei Jahre später zogen die beiden
mit ihrer kleinen Tochter Kari für sechzehn Monate in ein abge-
legenes Inuit-Dorf im Nordwesten Grönlands. In dieser Zeit
lernte Marie manche ihrer Inuit-Nachbarn lieben und bewun-
dern, auch wenn sie vor deren schweren Lebensbedingungen zu-
rückschreckte, die durch neue Einflüsse wie den Alkohol noch ver-
schlimmert wurden.

Eines der größten Übel, das die sogenannte »Zivilisation« den Eskimos gebracht hat, ist wohl der Alkohol – was ihnen selbst durchaus klar ist.

In Thule hat diese »Krankheit« zwar noch nicht solche Ausma-
ße angenommen wie in anderen Teilen Grönlands, aber dennoch
kommt es jeden Monat zu Tragödien, die immer neue Narben im
Antlitz dieser sonst so friedlichen Gesellschaft hinterlassen. Um
die Trunkenheitsexzesse in den Griff zu bekommen, hat die Ver-
waltung von Thule den Alkoholkonsum der Erwachsenen (Eskimos wie Ausländer) auf dreißig Einheiten pro Person im Monat
begrenzt. Der Betreffende hat die Wahl zwischen dreißig Flaschen
Bier, anderthalb Flaschen Hochprozentigem oder drei großen Flaschen Wein bzw. einer Mischung aus allen dreien. In der Regel
wird diese Ration gleich in den ersten Tagen des Monats in einem
wüsten Gelage vertrunken. Dabei verwandeln sich die normalerweise ausgesucht höflichen und freundlichen Eskimos über Nacht
in zügellose, abstoßende Rowdies.

Eines Abends platzten die Kinder ins Haus und erzählten, daß drei alte Männer im Dorf alte Trommel-Lieder sängen. Früher hatten die Eskimos verschiedene Formen von Trommel-Liedern. Es gab Lieder zur Unterhaltung, rituelle Lieder und Kampflieder. Die rituellen Lieder wurden gewöhnlich von einem Angakok oder einem Schamanen bei einem Exorzismus gesungen. Dabei bat der Angakok in seinem Lied die Geister, ihm zu helfen. Die ersten Herrnhuter und lutherischen Missionare sorgten jedoch dafür, daß diese Liedform unterging, ebenso wie das Trommel-Kampflied, das in der alten Inuit-Gesellschaft die Funktion einer Gerichtsverhandlung hatte. Im Falle einer Klage rief der Kläger die gesamte Gemeinschaft als Schiedsrichter zwischen ihm und seinem Gegner an. Dann kämpften die beiden miteinander, und zwar nicht mit Waffen, sondern mit Liedern, in die sie die denkbar sarkastischsten und boshaftesten Beschimpfungen einflochten. Der Sieger wurde durch den Applaus bestimmt. Das Ganze mündete schließlich in einem gemeinsamen Gesang und Tanz der Kontrahenten.

Heutzutage werden Lieder in Thule nur noch zur Unterhaltung gesungen. Trommeln gibt es nicht mehr, an ihrer Stelle werden irgendwelche alten Teller oder Töpfe und Stöcke benutzt. Der Sänger gibt einen regelmäßigen Dreier-Rhythmus vor und wiegt seinen Körper beim Singen hin und her, als tanze er auf der Stelle.

Ich wollte versuchen, die Lieder aufzunehmen, falls die Sänger nichts dagegen hatten. Zu diesem Zweck borgte ich mir Wallys bestes Tonbandgerät. Leider war es zu groß, um es unauffällig aufzustellen, und ich hoffte zudem, daß ich die Sänger dadurch nicht völlig aus dem Konzept bringen würde. Die Lustbarkeit fand im Haus von Piuatok, ganz oben im Dorf, statt. Als ich den Hang hinaufkeuchte, sah ich Aima aus dem Haus treten und sich auf den Steinen vor dem Haus hinsetzen. Sie machte einen schön berauschten und überaus leutseligen Eindruck. »Sie singen alle da drin«, sagte sie und deutete auf das Haus. Das strahlende Lächeln, das mich an ihr stets so entzückte, hatte sich in ein zahnloses Grinsen verwandelt, das sie hinter ihrer Hand zu verbergen versuchte.

Lachend erzählte sie mir, daß sie nur rasch hinausgegangen sei, um ein wenig Luft zu schnappen. Mich befiel eine böse Vorahnung, aber es war zu spät umzukehren. Kari war bei Maria. Wally war unten in der anderen Hütte außerhalb des Dorfes und konnte mir im Notfall nicht beistehen. Dennoch folgte ich Aima die hölzernen Stufen hinauf.

Drinnen befanden sich zwei alte Frauen. Die eine hing quer über dem Tisch, die andere lag auf der Bank an der Wand. Ihr Kopf war seltsam verdreht, ihr Mund stand weit offen. Sie war alt und sehr häßlich. Ein paar Zahnstummel staken aus dem geschwollenen Zahnfleisch hervor und machten ihr Gesicht zur Grimasse, die Augen starrten glasig unter halbgeschlossenen Lidern. Sie gehörte nicht zur Dorfgemeinschaft, sondern war nur zu Besuch hier. Ihr Mann, mit einem Schopf grauen Haars und zum Skelett abgemagert, torkelte im Zimmer herum und umklammerte eine fast leere Flasche Aquavit. Beim Sprechen versprühte er ganze Wolken von Speichel, und ein dicker Spuckefaden lief ihm über das stopplige Kinn.

Der andere Mann im Raum war Taitsiankuaraitsiak. Er stand auf, als ich eintrat, kam mir entgegen und reichte mir die Hand. »Ich glaube, ich bin ein bißchen betrunken«, entschuldigte er sich. Aber er lächelte und nötigte mich, Platz zu nehmen. »Wir haben gesungen«, erklärte er, »aber meine Kehle ist ganz rauh von diesem schrecklichen Zeug.« Er deutete auf die Flasche in der Hand des anderen Mannes. »Es ist kein Bier da«, meinte er. Ich fragte ihn, ob er etwas dagegen habe, wenn ich die Lieder aufnahm. »Ajungilak, ajungilak asorssuak«, »nicht im geringsten«, antwortete er.

Taitsianguaraitsiak setzte mehrmals falsch an, aber schließlich fing er sich, und mit einem Mal steckte er mitten in einem schwermütigen Lied über seinen Sohn, der auf Walfang war. Es sah zutiefst anrührend aus, wie er sich so hin und her wiegte, ganz dem Gesang hingegeben, das Gesicht leuchtend vor Freude.

Plötzlich hielt er inne und setzte sich neben mich. Er ließ die

Kohlenschaufel und den Rechen, die er statt einer Trommel be-
nutzte, fallen, brachte sein Gesicht ganz nah an meines und raunte
mir vertraulich zu, daß er zutiefst unglücklich sei. Jedesmal, wenn
er Wally sehe, habe er das Gefühl, daß an dem Tag, an dem Wally
Grönland verließe, sich ein riesiger Stein auf sein Herz wälzen
würde. Er liebe uns wie seine eigenen Kinder, und wenn wir gingen, hätte seine Familie keinen einzigen Freund mehr. Es war ein
trauriger Anblick, den alten Mann weinen zu sehen. Die ganze
Szene war irgendwie widersinnig. Der im Zimmer umhertorkeln-
de, betrunkene alte Jäger stolperte unsicher zu Aima hinüber. Sie
entwand sich seiner unbeholfenen Umarmung. Der schwere Atem
der schlafenden Frauen war das einzige Geräusch in der Stille.
Taitsiankuaraitsiak wischte sich die Tränen vom Gesicht. »Kari ist
eine richtige kleine Inuk«, fuhr er fort. »Sie spricht Eskimo wie
Wally und du.« Er versuchte sich zu fassen und rappelte sich hoch.
»Dies ist ein Lied, das ich von meinem Vater, Kaerngak, geliehen
habe«, sagte er, den Namen stolz betonend. Er schlug einen leisen,
schnellen Rhythmus auf dem Teller an, den Aima ihm gereicht hatte. »Aya ya ya, Aya ja yai«, begann er, das Trommeltempo ständig
steigernd. Während er sang, zeigte sein Gesicht wieder jenes wunderbare Lächeln. Der Gesang stieg und fiel wie die Wellen des
Meeres. Selbst der Betrunkene schien von dem Rhythmus besänftigt und brachte es fertig, ein oder zwei Minuten ruhig zu sein.

Es schien ewig so weitergehen zu können. Da plötzlich flog die
Tür auf, und die torkelnde Gestalt Piuatoks, gestützt von einem
halben Dutzend Kinder, erschien im Eingang. Er plumpste auf einen Stuhl, den ich ihm hinschob. Die Muskeln seines Gesichts waren schlaff, und seine Augen wirkten doppelt so groß wie sonst,
umrandet von einem breiten weißen Streifen. Das Singen erstarb,
und Taitsianguaraitsiak setzte sich hin. Ich drehte mich zu Piuatok
um. Sein leerer Blick fiel auf mich, und er versuchte mühsam, ihm
etwas Festigkeit zu verleihen. Dann sank sein Kopf wieder schwer
nach vorn. Schließlich nahm er alle Kraft zusammen, hievte sich
hoch und schlurfte zu mir herüber.

Sein Kopf schoß vor, und er spuckte: »Kasdluna huna piumavok?« – »Weiße Frau, was willst du?« Ich sagte nichts, sondern stand auf. Aima kam herüber und sagte etwas zu ihm, aber er stieß sie beiseite und packte die Kapuze meines Anoraks. Ich versuchte, das Tonbandgerät zu greifen, aber er zerrte so heftig, daß ich es fallenließ und mich freikämpfte. Er sprang auf mich zu, als ich zur Tür hechtete, und ich hörte, wie er schwer gegen die Stühle krachte und mir etwas nachschrie. Hinter mehreren rennenden, schreienden Kindern stolperte ich die Stufen hinunter.

»Könntest du mir das Tonband herausholen?« bat ich eines der älteren.

»Nein, ich habe Angst«, sagte das Mädchen und drückte sich an die anderen.

Bei dem Gedanken, wie ich Wally den Verlust des Tonbands erklären sollte, brach mir der kalte Schweiß aus. Ich wollte die Stufen wieder hochgehen, in der Hoffnung, eines der Kinder, die noch drinnen waren, zu überreden, es mir herauszureichen. Ich war schon halb oben, da hörte ich einen Wutschrei, und der Eskimo stürzte durch die Tür auf mich zu. »Lauf, Maria«, schrien die Kinder. Der Mann landete auf der untersten Stufe und brüllte vor Zorn und Schmerz. Ich raste um die Hausecke, und er schrie mir irgend etwas Obszönes nach.

»Wo ist sie?« fragte er die Kinder.

»Wissen wir nicht«, antworteten sie aus sicherer Entfernung, aber zu neugierig, um ganz wegzulaufen. Ich versteckte mich im Schatten des Hauses. Ich hatte von einem Eskimo in Qanaq gehört, der vor einigen Monaten Leute mit einer Axt gejagt hatte, und rührte mich nicht.

Weiteres Gebrüll trieb mich auf die Hügel hinter dem Haus. Dann hörte ich eine leise Stimme: »Hier lang, hier lang.« Ein Junge kam hinter der Kirche hervor. Er trug Wallys Tonband. Er bedeutete mir, mich im Schatten zu halten, und gemeinsam liefen wir um die Kirche und von hinten her um das Dorf herum zurück zu unserem Haus. Ich hätte dem kleinen Burschen um den Hals fallen mögen, als er mir das Tonband mit der Verstohlenheit eines Verschwörers übergab. Wir waren alle beide völlig außer Atem, als ich die Tür abschloß. Aber ich mußte trotzdem lachen, als ich die betroffenen Gesichter der Kinder sah.

»Wenn ich ein Gewehr hätte, würde ich Piuatok erschießen«, sagte der vierjährige Eto heftig.

»Er ist sehr schlecht«, stimmten die anderen Kinder zu. »Wir haben solche Angst!« Alle drückten die Hände auf ihre Herzen, um mir zu zeigen, daß sie noch immer wild klopften. Ich mußte zugeben, daß auch meines noch raste.

Sie hingen allesamt am Fenster, um hinauszuschauen, und sahen Taitsianguaraitsiak langsam den Hügel herab auf das Haus zukommen. Ich ließ ihn ein und schickte eines der Kinder fort, Wally holen. Es war schon fast Mitternacht. Der alte Mann setzte sich in die Küche. Anfangs schien er nicht so recht zu wissen, was er sagen sollte, und als er schließlich sprach, brach seine Stimme. »Es tut mir leid. Ich hatte nicht die Kraft, ihn aufzuhalten.« Als Wally kam, holte ich Kari.

Als der Alte sie sah, brach er völlig zusammen. Er war sonst immer so würdevoll, aber auf einmal war er wie ein Kind. »Ajor, Wally. Irgendwann wirst du fortgehen – es wird sein, als verliere ich einen Sohn. Ich bin hergekommen, um für dich zu singen, Wally, aber ein andermal – mein Herz ist zu schwer.« Er erhob sich schwerfällig, etwas unsicher auf den Beinen, aber mit großer Haltung. Er war der letzte der Inuit. Für mich verkörperte er das Beste seines Volkes.

Über das nebelgraue Meer drang das leise Tuckern eines Motors. Durch den Nebelvorhang erkannte ich das Boot. Inugssuak und Nauja kehrten offenbar aus dem Sommerlager zurück. Doch irgend etwas am Kurs des Bootes irritierte mich. Es schien viel zu schnell zu sein und direkt auf die Felsen zuzuhalten. Plötzlich drehte es ab und hielt wieder auf die offene See zu. Eine Frauenstimme schrie etwas zu der Gestalt am Steuer hinüber. Ich konnte kaum glauben, daß es Nauja war – obwohl irgend etwas am Klang mich an die erste gewalttätige Szene nach unserer Ankunft im Dorf erinnerte. Das Boot machte kehrt, drosselte die Geschwindigkeit und ging vor Anker. Die rauhe Stimme der zornigen Frau schimpfte weiter. Dann begann sie zu kreischen, als Inugssuak sie am Haar packte und ihr ins Gesicht schlug. Er stieß sie brutal in die Kabine zurück. Im Innern des Bootes weinte ein Kind: »Anana, Anana.« Ich wandte mich ab.

Kari war fast den ganzen Tag draußen gewesen, und ich ging hinüber zu Maria, um nach ihr zu sehen. Als ich das Zimmer betrat, lag Avatak mit weit offenen, glasigen Augen auf dem Boden. Maria saß über ihm auf der Bank und sprach mit einer der älteren Frauen. Sie wandte sich zu mir und lächelte freundlich. Ihre Wangen waren rosig angehaucht, und ihre Augen leuchteten.

»Avatak, du hast Besuch«, sagte sie. Ich stellte einen Stuhl in die Mitte des Zimmers und setzte mich. »Ich bin froh, daß du gekommen bist«, fuhr Maria fort. »Gerade habe ich an dich gedacht. Möchtest du vielleicht einen kleinen Drink?« Ich sagte ihr, daß mir im Augenblick wirklich nicht danach zumute sei. »Gut«, antwortete sie großzügig. »Ich dränge dich nicht.«

In diesem Augenblick kam Avatak auf die Füße. »Oh, mir geht es schlecht«, sagte er. »Ich denke an den Tag, an dem ihr alle fortgeht, und es geht mir schlecht. Ich glaube, mein Herz wird brechen, wenn ich sehe, wie Kari fortgeht. Ich liebe sie wie meinen kleinen Eto.«

Er kniete neben meinem Stuhl nieder und legte seinen Kopf an meine Brust. Tränen liefen ihm über die Wangen. Ich war zutiefst verlegen. Seine Frau saß direkt daneben. Und was sollte ich sagen, wenn Wally hereinkam? »Wir werden sicherlich irgendwann wiederkommen«, sagte ich leichthin, entwand mich ihm und setzte mich neben Maria.

»Warum hast du Angst vor ihm?« fragte Maria. »Ich bin doch da – kein Grund zur Sorge.«

Ich machte Avatak Platz, damit er sich zwischen uns setzen konnte.

»Letzte Nacht konnte ich nicht schlafen«, sagte sie. »Ich habe die ganze Zeit daran denken müssen, daß du fortgehst, und mein Herz war schwer. Ich habe geweint. Da haben auch die Kinder geweint. Wir werden keine Freunde mehr haben, wenn ihr geht. Keiner besucht uns. Und sie gehören doch zu unserem eigenen Volk! Wie sollen wir nur weiterleben?« Ihr Stimme wurde lauter, sie barg das Gesicht in den Händen, wie ein Mensch in großem Leid. Mir war elend. Auch ich war traurig. Aber die Atmosphäre war schon leicht hysterisch aufgeladen, und ich durfte mich dieser Stimmung nicht auch noch hingeben. So rief ich mich barsch zur Ordnung und verbot mir zu weinen, doch sosehr ich mich auch bemühte, konnte ich doch nicht verhindern, daß mir ein paar Tränen über den Nasenrücken liefen.

Als die Kinder hereinkamen, gewann ich meine Fassung wieder, und bald hörten auch die anderen auf zu weinen. Beide sprachen noch lange mit mir.

Die Quintessenz des langen Gesprächs war, daß sie uns sehr liebgewonnen hatten. Sie waren recht traurig, daß Wally so selten zu Besuch kam, und es war nicht nett von ihm gewesen, sich das Boot von jemand anderem für den Sommer zu borgen, statt sich ihres auszuleihen, schließlich waren sie unsere Freunde. Sie sprachen viel von Kari und gaben am Schluß ihrer Hoffnung Ausdruck, daß sie doch noch einmal nach Grönland kommen würde, bevor sie starben. Als Zeichen ihrer Freundschaft nahmen sie ein Bild von der Wand, das ich schon immer bewundert hatte. Es war ein Foto von Avatak als kleinem Jungen; er stand zusammen mit seinen Eltern vor einem der alten Zelte aus Tierhäuten. Ich spürte, daß meine Anwesenheit ihnen eine Herzenssache war, und versprach, sie in Zukunft nach Möglichkeit öfter zu besuchen.

An diesem Abend beschlossen wir, früh schlafen zu gehen. Doch bevor ich die Tür abschließen konnte, kam eines von Naujas Kindern und bat mich, nach der Mutter zu sehen, der es »ajorpok«, »schlecht«, ginge. Ich nahm meine kleine Notfallapotheke mit. Meine Freundin war allein im Zimmer. Ihr Gesicht war vom Weinen verschwollen, und an ihrer Schläfe leuchtete dunkel ein großer Bluterguß. An ihrem Mund klebte ein Faden geronnenes Blut. Sie nahm mich kaum wahr. Ihre Augen waren in tiefster Verzweiflung nach innen gerichtet. Ich setzte mich neben sie und berührte ihre Hand, um ihr mein Mitgefühl zu zeigen und ein wenig Wärme zu geben. Dabei fiel mir eine Wunde an einem der Finger auf. Ich nahm ihre Hand, untersuchte den Schnitt und verband ihn. Plötzlich ergriff sie meine Hand und weinte jämmerlich, das Gesicht in der Armbeuge verborgen. Ich saß etwa eine Viertelstunde bei ihr, bis Inugssuak hereinstolperte. Sein Anblick erschreckte mich. Ich wollte keinen Streit bekommen, deshalb flüsterte ich Nauja ein Abschiedswort zu und schlüpfte hinaus.

Am nächsten Morgen schien das ganze Dorf wie tot. Alles lag unter einer dicken Nebeldecke. Es war gegen sechzehn Uhr, als ich unter der Fußmatte vor der Haustür eine hastig hingekritzelte Nachricht in Eskimo fand. Es war reiner Zufall, daß ich sie bemerkte; ich hatte die Matte hochgenommen, um einen Riß zu flikken. Die Nachricht war von Nauja. Sie lautete: »Meine liebe Freundin Marie. Ich gehe von zu Hause fort, bleibe aber auf Herbert Island. Ich habe eine Wunde im Gesicht, die Inugssuak mir zugefügt hat. Vielleicht treffe ich dich einmal, wenn du mit Kari spazierengehst. Auch meine kleinen Mädchen würde ich gerne einmal sehen. Lebwohl.« Eine Skizze sollte mir zeigen, wo sie sich aufhielt. Sie war sehr ungenau und schwer zu entziffern. Beim ersten Lesen begriff ich noch gar nicht, daß sie wirklich weggelaufen war. Erst als ich die Kinder sah, wurde mir klar, daß sie fort war. Sie hatten keine Ahnung, wo sie steckte. Sie hatte das Haus verlassen, als alle schliefen. Soweit sie wußten, hatte niemand nach ihr gesucht.

Ich konnte nicht so recht erkennen, wie den Kindern wirklich zumute war. Sie wirkten gefaßt, als sie mir die Einzelheiten der vergangenen Nacht erzählten. Ihr Vater war sehr schlecht zu Nauja gewesen, sagten sie. Er hatte sie geschlagen und mit einem zerbrochenen Glas ein tiefes Loch in ihr Gesicht geschnitten. Auf einer

Seite war ihr Gesicht ganz geschwollen, und ihre Nase war zertrümmert. Wir haben geweint, sagten sie. Ich fragte, wo ihr Vater den Alkohol her hätte; er stand eigentlich auf der schwarzen Liste. Sie sagten mir, er habe Spiritus (vergällten Spiritus) getrunken. Er schläft noch, sagten sie. Sie schienen ernster als gewöhnlich, aber sonst nicht anders.

Ich machte heißen Tee, füllte ihn in eine Thermosflasche, suchte etwas zu essen zusammen und stopfte alles in den Eimer, mit dem ich Wasser holte. Während die Kinder mit Kari spielten, schlich ich aus dem Haus. Es war inzwischen zweiundzwanzig Uhr. Es war noch immer neblig, aber nicht sehr kalt. Ich hatte einen dick gefütterten, winddichten Parka angezogen, den ich Nauja dalassen konnte, wenn ich sie fand. Ich wußte nicht, was und wieviel sie mitgenommen hatte.

Ich ging durchs Dorf zum Schmelzbach, wo ich normalerweise Wasser holte. Auf dem Weg begegnete ich ein paar Leuten und winkte ihnen zu, als sei nichts geschehen. Der Bach befand sich hinter dem Dorf, oben in den Hügeln. Ich nahm erst den direkten Weg und schlug dann einen großen Bogen um das Dorf. Nach wenigen Minuten war ich außer Sicht. Der Schnee war geschmolzen und bildete große Seen und Sumpfflächen. Meine Stiefel blieben im Matsch stecken, und als ich versuchte, sie herauszuziehen, verlor ich sie beinahe.

Ich bildete mir ein, Nauja wäre an der Küste, bei einer uralten Lagerstätte, die ich vor kurzem entdeckt hatte. Wo die alten Zeltkreise noch zu sehen waren, war der Boden eben, aber in den Felsen gab es ein paar Höhlen, die ihr Schutz bieten würden. Ich folgte einem schmalen Pfad um einen Schmelzwassersee herum. Ein Flecken weiches, hellgrünes Moos vor mir jagte mir einen Schrekken ein. In seiner Mitte war ein riesiger, blutroter Fleck zu erkennen. Ich dachte daran, wie meine Freundin bei unserer Ankunft versucht hatte, sich ins Meer zu stürzen. Mein Mund wurde trokken, meine Beine sackten mir beinahe weg.

Tapfer ging ich auf das Moos zu. Ich hoffte, nichts weiter zu finden, aber ich mußte nachsehen. Kurz davor blieb ich stehen. Der Fleck war blutrot und leuchtete sogar im Nebel, aber es war nichts Schreckliches – es war die natürliche Farbe der Pflanzen, die dort wuchsen!

Ich ging weiter aufs Meer zu und folgte der gezackten Küstenlinie. An manchen Stellen klebte noch ein schmales Band aus dikkem Eis am Ufer, an anderen balancierten Bruchstücke eines zerbrochenen Eisbergs gefährlich auf Felsvorsprüngen, Überbleibsel der Flut. Kein Laut störte das unheimliche Schweigen.

Ich wußte, daß Nauja sich erst zeigen würde, wenn sie sicher war, wer ich war. Vermutlich hatte sie eine Höhle gefunden, in der sie sich verstecken konnte. Ich fragte mich, wie ich mich ihr bemerkbar machen sollte, ohne zu rufen. Ich wußte nicht recht, wie ich meine Anwesenheit hier erklären sollte, wenn ich jemandem begegnete. Ein Spaziergang im Nebel zu dieser nächtlichen Stunde schien wenig glaubhaft. Schließlich hatte ich eine Idee. Ich würde pfeifen. Fragte sich nur, was. Es mußte etwas sein, das die Hiesigen nicht kannten. Dann wußte ich es. Drei Stunden lief ich herum und pfiff »God save the Queen«.

Doch meine Suche verlief ergebnislos. Erschöpft und tief beunruhigt, kehrte ich nach Hause zurück. Wally und Kari waren noch auf, beiden war nicht nach Schlafen zumute gewesen. Wally erbot sich, Nauja zu suchen, aber ich war dagegen, aus Angst vor der Eifersucht ihres Mannes. Außerdem brauchte sie vielleicht jemandem zum Reden. Ich steckte Kari ins Bett und wußte, daß ich einen weiteren Versuch unternehmen mußte. Diesmal würde ich am gegenüberliegenden Ufer suchen. Wally wollte mich nicht gehen lassen. Ich sagte, ich würde höchstens zwei Stunden fort sein.

Wieder zog ich los, diesmal in die entgegengesetzte Richtung. Ich schaute in alle alten Steinhütten. Ich balancierte über den schmalen Felsvorsprung, der zu der Höhle in den Klippen führte. Die Schneewehe vor der Höhle war immer noch mindestens zehn Meter hoch und fiel gefährlich steil zum Meer hin ab. Vorsichtig prüfte ich den Boden. Wenn ich stürzte, würde hier draußen niemand nach mir suchen. Die Höhle sah schwarz und unheimlich aus. Ich hätte mich fast nicht getraut hineinzusehen. Ich flüsterte Naujas Namen. Keine Antwort, aber ich mußte nachsehen; immerhin war es möglich, daß sie schlief oder bewußtlos war. Ich kroch zum Höhleneingang und blickte hinein. Es war niemand darin, und ich tastete mich auf dem Vorsprung zurück.

Meine Suche führte mich weiter an der Küste entlang, zu einer anderen alten Lagerstätte. Der Boden war hier eingesunken und morastig. Als ich näher kam, erschreckte mich ein gellender Alarmschrei, in den sogleich weitere Schreier einstimmten. Es war ein Schwarm arktischer Seeschwalben. Die anmutigen, stromlinienförmigen Vögel erschienen plötzlich aus allen Richtungen und protestierten wütend gegen mein Eindringen. Ich griff mir einen der vielen Knochen, die im Moos herumlagen, und schwang ihn wie verrückt über meinem Kopf. Die Vögel schwebten direkt über mir. Ich schrie und zischte und fuchtelte mit dem Knochen. Sie wichen nicht. Panisch griff ich nach allem, was ich ihnen entgegenschleudern konnte.

Mein Eimer fiel ins Wasser, und der Inhalt rollte heraus. Die kreischenden Vögel verfolgten mich weiter und stießen immer wieder auf mich herab, bis ich endlich aus ihrem Gebiet heraus war. Ich fühlte mich zerschlagen und sehr allein. Nach einem weiten Bogen ins Binnenland gab ich auf. Meine Freundin war nirgends zu sehen.

Um halb sechs kroch ich ins Bett und schlief bis zum Mittag. Naujas Kinder spielten draußen, als ich aufstand. Ich ging hinaus, um mit ihnen zu reden. Nauja war heute morgen zurückgekommen. Es ging ihr schlecht, sie schlief noch. Ihr Vater war mit dem Boot auf Jagd und würde mehrere Tage fort sein.

Ich wartete bis zum späten Abend. Dann ging ich zu ihr. Ich wollte ihr ein paar Blumen mitbringen, aber sie waren noch zu klein zum Pflücken. Ich sah meine Sachen durch, weil ich ihr als Zeichen meiner Freundschaft unbedingt etwas mitbringen wollte. Das einzige, was ich besaß, war ein verzierter Eggcoddler für die

Zubereitung von Eiern im Glas. Es schien ein etwas lächerliches Geschenk, sah aber sehr hübsch aus mit seinem zarten Vogel- und Blumenmotiv. Ich schrieb einen Zettel, sagte ihr, wieviel sie mir bedeutete; mein Eskimo reichte nicht aus, um zu sagen, was ich eigentlich sagen wollte. Ich verpackte das kleine Ding in Seidenpapier und steckte es in die Tasche.

In Naujas Haus spielten leise die Kinder. In dem sonst so ordentlichen Haushalt lagen überall Kleider herum, und auch der Abwasch stand hoch. Auf dem Tisch hatte eine umgestoßene Tasse ihren Inhalt über die Plastiktischdecke ergossen. Der Fußboden war übersät mit Zigarettenkippen, und in einer Ecke häuften sich leere Flaschen. Es stank fürchterlich.

Auf Zehenspitzen ging ich ins Schlafzimmer. Nauja lag auf dem Bett, das Gesicht zur Tür gewandt. Ihr Pullover war blutbefleckt. Ihre Augen waren geöffnet, aber blicklos, als ich näher trat. Ihr Gesicht war verschwollen und häßlich. Kaum erkannte ich in den Zügen die attraktive Frau, die ich so mochte. Ich setzte mich auf einen Stuhl ans Bett und strich ihr über die Stirn. Ich wußte nicht, was ich sagen sollte, und wollte doch eigentlich so viel sagen. Ich konnte nichts für sie tun. Ich legte mein armseliges Geschenk hin und ging wieder. Eine unüberwindliche Barriere trennte mich von meiner Freundin. Sie war das Opfer brutalster Gewalt geworden, und dadurch verkörperte sie jetzt auf einmal selbst diese Gewalt. Mir war schrecklich zumute.

David L. Brainard
aus **Sechs kehrten zurück**

Adolphus Greely, Leutnant der US-Armee, und 24 Männer brachen 1881 in Richtung Norden zu einer Wetterstation an der Küste von Ellesmere Island auf. Nachdem sie zwei Winter auf der Station verbracht hatten, zogen sie per Boot und Schlitten südwärts in ein Lager und warteten dort auf ein Versorgungsschiff, das längst hätte eintreffen müssen. Die Lebensmittelvorräte wurden knapp; die Lage der Männer war verzweifelt. Der Offizier David L. Brainard (1856–1946) war einer der sechs Überlebenden der Gruppe.

17. Mai

Ein klarer, schöner Tag. Um Mittag zeigte ein Thermometer in der Sonne vier Grad an. Jedesmal an einem sonnenklaren Tag legen wir uns im Freien auf einen Stapel alter Kleider und Schlafsäcke und aalen uns in der Sonne.

Ich fing sechzehn Pfund Garnelen und vier Pfund Meerespflanzen. Hinterher fühlte ich mich äußerst müde und schwach. Die Jäger und ich kriegten dafür eine doppelte Portion von der dünnen Garnelensuppe.

Aus einer Büchse Schmalz, das als Salbe für Elisons Wunde gedient hatte, wurde heute je eine Portion an alle ausgegeben. Auch wurde der Rest des verdünnten Alkohols verteilt. Einige fügen ihren Suppen grüne Steinbrechknospen hinzu. Bis jetzt haben sie ihrem Magen noch nicht geschadet und scheinen sogar nahrhaft zu sein.

Sonntag, 18. Mai

Long schoß früh um fünf Uhr einen großen Raben. Ich hatte es nur zwei Stunden zuvor selbst versucht, doch der Vogel entkam mir. Er wird als Köder für die Garnelengründe verwendet werden. Ich war den ganzen Vormittag in einem Sturm auf Fischfang, fing aber nur zehn Pfund Garnelen und etwa zwei Pfund Meerespflanzen.

Heute hätte ein Schiff in den Smith Sound fahren können. Es gab kein Eis. Zur Freude aller fanden wir drei weitere Rationen Alkohol in einem Gummisack im Boot.

19. Mai

Fredericks ging morgens um vier Uhr hinaus, um Eis zum Frühstück zu schneiden. Einen Augenblick später kam er völlig aufgeregt mit der freudigen Nachricht zurück: »Habe draußen einen Bären gesichtet!« Er und Long machten sich sofort mit ihren Gewehren auf die Jagd. Ich folgte etwas gemächlicher mit einer Schrotflinte. Nachdem ich eine Stunde lang herumgestreift war, kehrte ich um, da ich meine Kräfte nicht verausgaben und damit unserer einzigen Nahrungsquelle – dem Garnelenfang – Abbruch tun wollte.

Fredericks kehrte um zehn Uhr zurück; Long kam etwa eine Stunde später. Es war ihnen nicht gelungen, in Schußweite des Tieres zu gelangen. Beide waren von der anstrengenden Jagd total ausgelaugt, hatten aber noch kehrtgemacht, solange sie die Kraft dazu hatten, das Lager Clay wieder zu erreichen. Als der Bär heute morgen zum ersten Mal gesichtet wurde, war er ganz nah bei der Hütte.

Ein großer englischer Schlitten wurde heute zu Brennholz. Ellis entschlief heute morgen sanft um 10.30. Es waren keine Anzeichen von Skorbut zu sehen. Der Tod war ausschließlich die Folge von Unterernährung.

Heute wurde die letzte Ration verdünnten Alkohols ausgegeben.

20. Mai

Ellis wurde um die Mittagszeit auf Cemetery Ridge begraben. Wir hatten Mühe, genügend Männer zu finden, die noch ausreichend Kraft hatten, seinen Leichnam zu schleppen.

Sollte die Regierung mit den Walfängern kein Versorgungsschiff mitschicken, wenn diese Anfang Juni in Melville Bay vorbeikommen, dann wäre das grobe Fahrlässigkeit oder unentschuldbare Unwissenheit.

Heute fing ich nur zwölf Pfund Garnelen und zwei Pfund Seetang. Ein Bär oder großer Seehund könnte uns jetzt alle von dem Schicksal erlösen, das der Expedition unter Franklin zuteil wurde.

21. Mai

Heute morgen hatte ich ein langes Gespräch mit Leutnant Greely. Er macht sich nur wenig Hoffnung. Er wünscht, daß ich mich im Falle seines Todes um seine Papiere kümmere und sie dem Obersten Nachrichtenoffizier übergebe.

Dr. Pavy verbreitete ein von ihm verfaßtes Papier, das seine medizinischen Fähigkeiten und Hingabe an die mit seinem Beruf einhergehenden Verpflichtungen bestätigen soll, und bittet um Unterzeichner. Das dient natürlich dem Zweck, den gegen ihn im letzten Herbst ergangenen Haftbefehl wegen der Weigerung zur Weiterverpflichtung aufzuheben. Etwa vierzehn der Männer unterzeichneten das Schreiben, aber Leutnant Greely wollte entweder nicht oder wurde erst gar nicht gefragt.

22. Mai

Das Zelt wurde an der geeigneten Stelle bei Cemetery Ridge aufgestellt. Vier oder fünf Mann werden heute nacht dort schlafen.

Es sieht ganz so aus, als würde auch Ralston jetzt sterben (vier Uhr nachmittags). Vor zwei Stunden trank er etwas Rum, hatte am

Vormittag noch große Mengen Steinbrech gegessen und ein Lied
gesungen. Es ist nicht einmal eine Stunde her, seit Leutnant Greely
ihm seine Portion Garnelensuppe gefüttert hat. Jetzt befindet er
sich im Delirium.

Aufgrund der geringen Menge an Nahrung, die wir zu uns nehmen, haben wir nicht öfter als alle zwölf bis achtzehn Tage Stuhl-
gang. Dieser Vorgang ist stets sehr schmerzhaft und gefolgt von
totaler Erschöpfung.

23. Mai

Mit Ausnahme der fünf Kräftigsten von uns, sind alle Männer
zum Berg übergesiedelt. Das Zelt mit einem kleinen Vorzelt bietet
allen Unterkunft. Elison wurde auf seiner Matratze befördert –
eine anstrengende Aufgabe.

Israel ist so schwach, daß wir ihn auf einem Schlitten ziehen
mußten. Leutnant Kislingbury und Whisler geht es fast genauso
schlecht. Sie werden nicht mehr lange zu leben haben.

Ich fing nur zehn Pfund Garnelen. Meine Kraft reichte nicht, um
den »Kamm« für den Seetang zu ziehen. Fredericks hat heute flei-
ßig an der Errichtung des Vorzeltes gearbeitet, um es den Kranken
etwas annehmlicher zu machen.

Ralston starb ein Uhr morgens. Sein Ende schien schmerzfrei zu
sein. Sein Leichnam konnte nicht gleich beigesetzt werden, da
selbst unsere stärksten Männer sehr geschwächt sind.

24. Mai

Dr. Pavy, Salor, Long und ich schliefen in der Hütte, die uns als
Winterlager gedient hatte. Die Hütte ist feucht, hat kein Dach und
ist ziemlich heruntergekommen.

Ralston wurde vor dem Frühstück begraben. Whisler starb um
die Mittagszeit. Der Arzt ist der Ansicht, daß er aus Angst gestorben sei. Mit nahrhaftem Essen hätte es für ihn keinen Grund zur

Furcht gegeben. Als er starb, bat er noch um Vergebung, weil er vor einigen Wochen etwas Speck gestohlen hatte.

Ich untersuchte die Habe unserer verstorbenen Kameraden und ordnete sie für den Transport nach Hause.

Schneiders Gesicht ist ziemlich angeschwollen, wahrscheinlich eine Folge des Verzehrs von Steinbrech, den wir mittlerweile als Ersatz verwenden müssen, da ich nicht mehr in der Lage bin, Meerespflanzen aus dem Wasser zu »kämmen«.

Es gibt jetzt immer mehr Raupen auf den kahlen Stellen auf Cemetery Ridge. Bender sah gestern eine in der Nähe des Zeltes kriechen und steckte sie hastig in den Mund, wobei er bemerkte: »So viel Fleisch darf nicht verlorengehen!«

Sonntag, 25. Mai

Um zehn Uhr morgens kam ein Wind aus südöstlicher Richtung auf, der den ganzen Tag anhielt. Bis zum Abend hatte er sich zu einer mäßigen Sturmbö entwickelt. In dem schweren Treiben war es mir unmöglich, meinen gewohnten Gang zum Garnelengrund zu machen, obwohl großer Bedarf bestanden hätte.

Nach dem Essen, als der Sturm seinen Höhepunkt erreicht hatte, begruben wir Whisler.

Vier von uns schlafen immer noch in der alten Hütte, allerdings mit nur unzureichendem Schutz vor dem stürmischen Wetter. Dem kann jedoch nicht Abhilfe geschaffen werden. Unsere Kraft reicht nicht aus, um das Segeltuch herauszuholen, das wir bräuchten, um ein Schutzdach zu bauen.

Mein Gott, ist dieses Leben schrecklich; hat es denn gar kein Ende?

Lederschnüre aus Robbenhaut wurden heute in kleine Streifen geschnitten und im Eintopf verwendet, um die dürftige Menge an Garnelen zu strecken. Die Haare kleiner Mengen von Robbenfellen wurden im Feuer abgebrannt. Dann wurde das Leder gierig verschlungen.

26. Mai

Schneider wurde erwischt, als er Proviant stahl (Garnelen und Tee) und außerdem beschuldigt, bei der Essenausgabe ungerecht aufgeteilt zu haben. Er wurde von seinen Pflichten als Koch enthoben. Bender bot sich freiwillig an, beide Mahlzeiten zu kochen.

Zum ersten Mal dieses Jahr konnte ausreichend Wasser zur Zubereitung des Abendessens aus den Pfützen gesammelt werden, die sich zwischen den Steinen bilden. Mit Ausnahme von wenigen Treibeisschollen ist der Smith Sound jetzt eisfrei, so daß ein Schiff überall passieren kann, ohne behindert zu werden.

Vor dem Frühstück fing ich acht Pfund Garnelen und zwei Pfund Meerespflanzen. Ich hätte bei normaler körperlicher Verfassung sogar noch mehr fangen können, doch mußte ich es aufgrund von übermäßiger Schwäche und einem dumpfen, pochenden Schmerz in meinem Kopf lassen. Abends ging ich nochmals hinunter und kam um elf Uhr mit zwölf weiteren Pfund zurück. Ich werde versuchen, bis zum ersten Juni einige der Garnelenköder im unteren Bereich zu strecken. Danach müssen wir, wenn wir kein Wild erlegen, uns von Meerespflanzen, Steinbrech und einer kleinen schwarzen Flechtenart (*umbilicaria*), die hier reichlich auf den Felsen wächst, ernähren.

Ein paar aus Robbenhaut gefertigte Kleidungsstücke und Stiefel sowie unsere wasserdichten Lederhäute, die wir als Decken auf unsere Schlafsäcke legen, werden wohl als Ersatz für Fleisch herhalten müssen. Die Sohlen eines alten Paar Stiefel aus Robbenfell lieferten uns heute nebst einigen Garnelen ein dürftiges Frühstück und Abendessen.

27. Mai

Israel, unser Jüngster, verstarb heute kurz nach Mitternacht. Er entschlief sanft. Bevor er circa elf Stunden vor seinem Tod das Bewußtsein verlor, redete er nur noch von Essen, Restaurants usw. Durch seine offene, ehrliche Art, seine Aufrichtigkeit und Großzügigkeit hatte er die Herzen aller gewonnen. Da wir nicht genug bei Kräften waren, konnten wir ihn jedoch heute noch nicht beerdigen.

Wir arbeiteten fast den ganzen Tag, um ein Schutzdach vor dem Zelt zu errichten. Heute abend werden wir uns alle am gleichen Ort schlafen legen können. Ich war zu erschöpft, um fischen zu gehen.

Zwischen Leutnant Greely und Dr. Pavy fand eine heftige Diskussion über Arzneimittel statt. Details aufzuschreiben spare ich mir, weil sie nicht interessieren, nichts nützen, ich nicht die Kraft dazu habe.

28. Mai

Ich habe neun Pfund Garnelen gefangen, und Long ist mit einem kleinen Alk aus dem Wasser zurückgekehrt. Der Alk wurde mit allgemeiner Zustimmung zwischen Long und mir aufgeteilt.

Die Bucht ist jetzt offen und eisfrei wie im August 1881, als wir in nördliche Richtung noch Lady Franklin Bay fuhren. Wenn sich hier in der Nähe eine Rettungsmannschaft befindet, warum kommt sie dann nicht, solange noch Zeit bleibt, ein paar Menschenleben zu retten?

Israel wurde um die Mittagszeit auf Cemetery Ridge begraben.

Der Zustand unserer Kranken ist in etwa der wie gestern.

Nie werde ich den köstlichen Geschmack des gebratenen Alks vergessen, den ich heute abend aß.

29. Mai

Das Wetter am Vormittag war klar und ruhig, doch gegen ein Uhr nachmittags zogen Wolken auf. Fast zeitgleich kam ein kräftiger Wind aus Südost auf. Er drang unter unser notdürftig errichtetes Vorzelt, allen Bemühungen trotzend, ihn draußen zu halten. Das Vorzelt war als erstes mit Schnee und kleinen Steinchen voll geweht und fiel um. Die Stangen zur Abstützung des Daches liegen jetzt quer über uns. Das Hauptzelt ist besser geschützt, aber das

Schicksal der Männer, die dort untergebracht sind, ist alles andere als angenehm.

Long wurde im heraufziehenden Sturm vom Eisrand geweht, als er mir beim Fischen helfen wollte. Wir kämpften uns gemeinsam durch den Sturm und kehrten zurück. Ich hatte acht Pfund Garnelen und Long einen Alk gefangen. Ich ging zur alten Hütte, um Holz zu holen. Währenddessen wurde der Sturm noch stärker, so daß ich dort zwei unangenehme Stunden lang aufgehalten wurde. Bei meiner Rückkehr zum Zelt weigerten sich der Arzt und Salor, mich in den Schlafsack zu lassen, wo ich normalerweise schlief und den sie jetzt in Beschlag genommen hatten. So mußte ich in einen der leeren Schlafsäcke draußen kriechen. Er war gefroren und mit Schnee voll geweht. Aufgrund des Sturms konnten wir unser mageres Abendessen, bestehend aus Garnelen, nicht zubereiten und hatten folglich nichts zu essen.

Obwohl ich gestern Anweisung gegeben hatte, alle Reste und Stücke Robbenhaut als gemeinsamen Besitz anzusehen, wurde Bender erwischt, als er davon aß. Er bekannte sich schuldig und erklärte, daß er der Versuchung nicht habe widerstehen können. Ich befahl Fredericks, alles Eßbare an Robbenhaut einzusammeln und im Speicher einzuschließen.

30. Mai

Der Sturm ließ erst nach Mitternacht nach. Ich verbrachte eine schreckliche Nacht draußen im wilden Wüten des Sturms. Ein großer Schneehaufen sammelte sich im Vorzelt und um meinen Schlafsack herum an. Meine Hände, Füße und mein Gesicht waren von der Kälte geschwollen. Ich litt unter dem Übel, das meine Schlafkameraden mir angetan hatten, und als ich rheumatische Schmerzen bekam, wurden dem seelischen Leid noch körperliche Qualen hinzugefügt.

Wir nahmen unser Frühstück, bestehend aus Garnelen, um zehn zu uns, nachdem wir sechsundzwanzig Stunden lang gefastet hatten. Heute habe ich sechs Pfund Garnelen gefangen und den letzten Köder in die Netze gelegt. Er wird uns ein paar Tage weiterbringen.

Wie wir mit sechs bis zehn Pfund Garnelen pro Tag überleben sollen, weiß ich nicht.

Sechs Uhr abends kam ein kräftiger Wind aus Nordwest auf. Wir befinden uns in einer der unwirtlichsten Gegenden überhaupt. Sie erinnert an das Bootlager am Newman Bay in Grönland.

31. Mai

Der Wind hielt den ganzen Tag über an und wurde von einem schweren Schneesturm begleitet. Wir waren nicht nur auf engstem Raum in unserem Zelt gefangen, sondern auch in unseren Schlafsäcken, da uns eine über 30 Zentimeter hohe Schneewehe bedeckte. Wir waren nicht in der Lage, etwas zu kochen und hatten folglich den ganzen Tag lang nichts zu essen und nicht einen Schluck Wasser zu trinken.

Von allen unseren Leidenstagen läßt sich keiner mit dem heutigen vergleichen. Wenn ich wüßte, daß ich noch einen Monat so weiterleben müßte, würde ich die Maschine augenblicklich ausschalten.

Zuerst war es nur natürlich, daß ich bei meinem täglichen Gang über Cemetery Ridge zu den Fischgründen traurig und bedrückt war. Dort lagen meine verstorbenen Kameraden, und links davon befindet sich eine freie Stelle, wo in wenigen Tagen auch meine sterblichen Überreste begraben werden, wenn die Überlebenden genügend Kraft dafür aufbringen können. Die Messingknöpfe an der Weste von Leutnant Lockwood wurden von dem mit Schotterkörnchen durchsetzten Schnee poliert und schauen aus der dünnen Erdschicht heraus, mit der wir ihn mit ausgezehrten Kräften gerade noch bedecken konnten. Zunächst riefen die glänzenden Knöpfe Erinnerungen an die schönen Tage in Fort Conger wach, an den schon fast in Vergessenheit geratenen Ort, an dem er starb, und an das universelle Leid, das wir bei seinem Ableben verspürten. Zu späterem Zeitpunkt konnte ich jedoch aufgrund meiner eigenen erbärmlichen Umstände diesen Empfindungen entgegensteuern. Heute kann ich an der Stelle ohne Gefühlsregung und nahezu gleichgültig vorbeigehen.

Sonntag, 1. Juni

Als der Sturm um ein Uhr morgens abschwächte, verließen wir sofort unser behagliches Quartier, um den Schnee zu beseitigen, der sich über uns angesammelt hatte. Der Schnee war sogar bis in unsere Schlafsäcke gedrungen.

Das Frühstück bestand aus knapp 100 Gramm Garnelen und einer Tasse schwachem Tee für jeden. Wir waren sechsunddreißig Stunden lang ohne Nahrung gewesen.

Leutnant Kislingbury wurde um acht Uhr morgens bewußtlos und verstarb um drei Uhr nachmittags. Bevor er das Bewußtsein verlor, flehte er noch kläglich um einen Schluck Wasser, den ihm der Arzt jedoch verweigerte. Dann sang er mit klarer, wenn auch schwacher Stimme die liturgische Lobpreisung und fiel danach in seinen Schlafsack zurück. Schon bald nahm der Tod ihn zu sich.

Der Himmel klarte um acht Uhr morgens auf, und die Sonne schien hell und klar. Um drei Uhr nachmittags bewölkte sich der Himmel wieder, und leichter Schneefall setzte ein. Um zehn lag die Temperatur zwischen plus ein und zwei Grad Celsius.

In den Felsen und Steinen sowie den Ausbuchtungen in unserem Zelt bildeten sich überall Pfützen. Die Köche haben genug Wasser für zwei Tage gesammelt. Das kommt sehr gelegen, da unser Brennstoff rapide abnimmt.

Long erlegte einen kleinen Alk. Dabei verletzte er sich beim Rückstoß seiner Flinte an einem Auge, so daß ich ihn nach Hause bringen mußte.

Ich fing acht Pfund Garnelen. Der Schnee ist jetzt sehr tief und weich. Long und ich waren über sieben Stunden vom Lager weg.

Davon brachten wir weniger als zwei Stunden mit Fischen zu; die übrige Zeit brauchten wir, um durch den Schnee zu stapfen. Als wir zurückkamen, waren wir zum Umfallen müde.

2. Juni

Nach mehr als sieben Stunden kehrte ich mit nur fünf Pfund Garnelen zurück. Meine Köder sind fast unbrauchbar geworden.

Heute morgen beerdigten wir Leutnant Kislingbury.

Schneider ist nicht mehr imstande zu arbeiten. Bender geht es auch nicht viel besser. Leutnant Greely und Gardiner sind sehr schwach. Salor fiel um sieben Uhr abends ins Delirium.

Long erlegte einen kleinen Alk.

Große Eisschollen schwimmen die Bucht hinunter. Wenn sie an der Mündung hängenbleiben, treibt es die Seehunde und Vögel vielleicht auf unsere Seite.

3. Juni

Schönes Wetter. Eine leichte Brise wehte den ganzen Tag beständig aus südöstlicher Richtung, und es taute stark. Wasser rinnt die Hügel hinunter; ganz in der Nähe des Zeltes bilden sich Pfützen, so daß für das benötigte Wasser gesorgt ist.

Aufgrund des windigen Wetters ging Long heute nicht hinaus.

Ich fing nur sechs Pfund Garnelen.

Salor starb um drei Uhr früh. Ich lag neben ihm im gleichen Schlafsack, als er starb. Da ich nicht genügend Kraft hatte, ihn rauszuschaffen, schlief ich im gleichen Schlafsack mit dem Toten und wachte erst auf, als um neun Uhr morgens zum Frühstück gerufen wurde.

Heute abend gab Dr. Pavy ziemlich seltsame Anweisungen und redete wirres Zeug.

Schon wochenlang fällt mir auf, daß Linns Füße aus der über ihm aufgeschütteten Erde schauen. Tagtäglich reduzieren die Elemente die dürftige Bedeckung, bis die Füße den über Cemetery Ridge fegenden Winden vollständig ausgesetzt sein werden. Oft habe ich mir vorgenommen, die abgetragene Erde wieder zu ersetzen, was allerdings schon seit längerem aufgrund meiner schwindenden Kräfte vereitelt worden ist, so daß ich mich nicht imstande sehe, es jetzt zu versuchen.

4. Juni

Ein schöner Tag. Der Wind von gestern abend legte sich um sechs Uhr früh; am Abend kam jedoch neuer Wind auf. Stark tosende Windstürme scheinen hier für das Wetter an der Tagesordnung zu sein.

Ich fing sieben Pfund Garnelen, und Long erlegte einen kleinen Alk.

Fredericks erledigt unter gelegentlicher Mithilfe von Henry alle im Lager anfallenden Arbeiten: Kochen, Sammeln von Steinbrech als Brennholz, Holz aus dem Boot schneiden. Schneider kann noch Salzwasser für den Koch bringen, aber ist sonst nicht mehr in der Lage zu arbeiten. Bender und Connell können nur wenig Arbeit verrichten.

Während der letzten Tage habe ich eine große Menge der schwarzen Flechten, die auf den Felsen wachsen, gegessen und fand sie ziemlich schmackhaft und durchaus magenverträglich, auch wenn Franklin und Hayes andere Erfahrungen gemacht haben wollen.

Der Smith Sound ist heute eine ausgesprochen glatte Wasserfläche. Keine Eisscholle ist in Sicht; die Oberfläche ist glasklar. Wie leicht hätte es ein Versorgungsschiff oder ein Trupp von Littleton Island, zu uns vorzudringen!

Wir beerdigten Salor in einer Flutrinne. Wir waren nicht kräftig genug, ein Grab für ihn auf Cemetery Ridge zu schaufeln.

5. Juni

Dr. Pavy ist sehr schwach geworden. Er weigert sich, von der Garnelensuppe zu essen und wird nur mit schwachem Tee ernährt.

Ich habe fünf Pfund Garnelen gefangen.

Wir haben nun kleine Mengen Rentiermoos gefunden. Die Vegetation – Mohn, Steinbrech, Gräser usw. – beginnt zu grünen. Das auf feuchtem Boden wachsende Moos sieht recht hübsch aus.

Da Henry erneut dazu neigt, heimlich etwas mitgehen zu lassen, mußte Leutnant Greely aus Sicherheitsgründen im Sinne der übrigen Männer Long, Fredericks und mir den Befehl erteilen, Henry unverzüglich niederzuschießen, wenn er wieder erwischt wird, sich Allgemeingut zur persönlichen Verwendung anzueignen. Ich füge eine Abschrift der Anordnung bei:

Nahe Kap Sabine,
5. Juni 1884

An die Offiziere Brainard, Fredericks und Long!

Der Söldner Henry ist wiederholt des Stehlens von Lebensmittelvorräten dieser nun langsam dem Hungertod entgegensehenden Mannschaft bezichtigt worden. Bisher wurde er dabei nachsichtig behandelt und nicht bestraft. Hiermit ergeht jedoch der zwingende Befehl, ihn umgehend niederzuschießen und mich in Kenntnis zu setzen, wenn er wieder beim Essen irgendwelcher Lebensmittel, die ihm nicht ordnungsgemäß zugeteilt wurden, beim Verstecken oder der unrechtmäßigen Aneignung von Vorräten erwischt wird. Jede andere Vorgehensweise muß als grobe Fahrlässigkeit gelten, da der Mann noch imstande ist, gleich zwei unserer derzeitigen Mannschaft zu überwältigen.

(unterschrieben) A. W. Greely,
Leutnant, 5. Kav., Militäroffizier & Stellv.
Kommandant Lady Franklin Bay-Expedition

Henry hat bisher zweimal die für den Jäger und Garnelenfänger bestimmte größere Portion Alk gestohlen. Er wurde auch beim Essen von Schnüren und Stiefeln aus Robbenfell ertappt, die er aus dem Allgemeinbesitz entwendet hatte. Für manche mag das Stehlen von alten Stiefeln und ähnlichen Gegenständen aus Robbenhaut eine Lappalie sein; für uns jedoch bedeuteten sie Überleben.

6. Juni

Ich war über sieben Stunden auf dem Fang nach den begehrten kleinen Garnelen, konnte aber nur zweieinhalb Pfund erbeuten. Meine Köder sind nun fast nutzlos. Was sollen wir tun? Ich habe alles mir mögliche versucht, doch ohne positives Ergebnis. Ich würde das Wasser gern auf Meerespflanzen abkämmen, doch sind meine nachlassenden Kräfte der Aufgabe nicht mehr gewachsen. Ich bin nicht in der Lage, mehr zu tun, als zu den Garnelengründen zu wanken und von dort zurückzukehren.

Bender starb um 5.45 Uhr. Dr. Pavy, der in den letzten Tagen zusehends schwächer geworden war, verschied um sechs Uhr abends.

Ein weiteres Bekenntnis aus dem Munde von Henry gegenüber Leutnant Greely und die Tatsache, daß er heute morgen beim Stehlen von Garnelen erwischt wurde, waren der Anlaß für die Herausgabe folgenden Befehls:

Nahe Kap Sabine
6. Juni 1884

An die Offiziere Brainard, Long und Fredericks!
Ungeachtet der vom Gefreiten C. B. Henry geleisteten Versprechen, hat er mir zwischenzeitlich eingestanden, sich an Schnüren aus Robbenhaut vergangen zu haben, wenn nicht gar an anderen Lebensmitteln aus dem alten Lager. Die an den Tag gelegte Hartnäckigkeit und Dreistigkeit werden noch der Untergang dieser Mannschaft sein, wenn ihnen

nicht umgehend Einhalt geboten wird. Der Gefreite Henry soll heute erschossen werden, wenn alle Vorkehrungen getroffen sind, daß er niemand Verletzungen zufügen kann, da er noch mehr Kraft hat als zwei Männer von uns zusammen. Erteile den Beschluß seines Todes durch zwei Gewehrkugeln und einer Patrone.

Dieser Befehl ist für das mögliche Überleben der übrigen Männer zwingend und unabdingbar notwendig.

(unterschrieben) A. W. Greely,
1. Leutt., 5. Kav., Militäroffizier & Stellv.
Kommandant Lady Franklin Bay-Expedition

Es bedarf keiner weiteren Erklärung in dieser Angelegenheit. Der Befehl wurde zwei Uhr nachmittags ordnungsgemäß vollstreckt und später vor versammelter Mannschaft laut verlesen. Obgleich wir die Notwendigkeit zur Ausführung einer solch scharfen Maßnahme bedauerten, waren wir alle einstimmig der Ansicht, daß keine andere Handlungsmöglichkeit möglich gewesen wäre.

In Henrys Besitz wurden die folgenden Gegenstände gefunden, die aus den gemeinsamen Vorräten entwendet worden waren: mehrere Streifen Robbenhaut, ein Paar Stiefel aus Robbenhaut, eine Rolle Schnüre aus Robbenhaut, Messer usw.

Bei warmem Wetter kann man stets viele, dicke Fliegen beobachten. Sie schwirren in so großer Zahl um das Zelt, daß jeder ordentlichen Hausfrau dabei bange würde.

7. Juni

Fredericks erledigt jetzt neben dem Kochen auch noch alles in seiner Kraft Stehende für die Kranken. Er ist ein feiner Kerl.

Long konnte heute nichts erlegen. Ich fing bloß zwei Pfund Garnelen.

Ich sammelte die zum Essen bestimmte Robbenhaut ein. Wasserdichte Lederhäute, von denen das Fell entfernt wurde, werden heute als Eintopf serviert. Ich kann davon nur nicht soviele finden, wie ich erwartet hatte.

Schneider gesteht nun, daß er mit Henry und Bender zusammen, mit denen er einen Schlafsack teilte, nachts im Schlafsack größere Mengen Kleidungsstücke aus Robbenhaut verzehrt hat, nachdem alle anderen sich zur Ruhe begeben hatten. Da der Unterschlupf auch dann noch ziemlich dunkel war, auch als wir bereits Löcher ausgeschnitten hatten, konnten sie sich praktisch sicher sein, nicht entdeckt zu werden.

Biederbick und Connell sammelten ein paar Flechten und etwas Rentiermoos. Unser Essen heute abend bestand aus einer Suppe mit einem Paar Stiefelsohlen, einer Handvoll Moos und ein paar Felsflechten. Die geringe Menge Garnelen, die ich täglich beisteuern kann, reicht gerade für die Morgenmahlzeit.

Wir machten die Leichname von Dr. Pavy und Bender zur Beisetzung fertig, waren aber nicht in der Lage, sie zu begraben.

Sonntag, 8. Juni

Heute war der klarste, hellste und angenehmste Tag an diesen unwirtlichen Ufern. Die Temperatur stieg um elf Uhr morgens auf drei Grad plus. Es gab nichts außer einer erbärmlichen Garnelensuppe zum Frühstück (weniger als 100 Gramm Garnelen pro Person) und einer dünnen, ungenießbaren Brühe aus Robbenhautstreifen zum Abendessen.

Schneider war lange damit beschäftigt, die Haare von einem Stück Robbenfell wegzubrennen, das zum Abendessen serviert werden sollte. Leutnant Greely war fünf Stunden beschäftigt, etwa zwei Liter Flechten einzusammeln. Connell sammelte ein kleinere Menge in voller Blüte stehenden Steinbrech. Die Blüten sind süß und schmackhaft. Biederbick sammelte etwa die gleiche Menge Flechten. Er machte außerdem eine Entdeckung, die die Hinterhältigkeit Henrys nur unterstreicht: ein Versteck mit etwas Bärenfleisch in den Felsklüften nahe dem Zelt.

Long und ich gingen zum Winterquartier und holten Brennholz.
Unsere Kräfte sind nahezu erschöpft. Selbst wenn wir jetzt Wild
erlegen könnten, wären wir zu schwach, es ins Lager zu bringen.
Wenn es für uns überhaupt noch Rettung geben soll, muß sich das
Schiff, das uns finden will, aber sputen! Uns bleiben nur noch we-
nige Tage.

9. Juni

Unser Frühstück bestand aus ein paar Garnelen und einer Tasse
Tee, wie üblich. Zum Abendessen gab es keine Suppe, nur eine
Tasse Tee und ein Stück abgebranntes Robbenfell. Auch ein paar
Flechten wurden roh verzehrt.

Connell wirkt noch recht kräftig, leidet aber mit Sicherheit unter Skorbut im Anfangsstadium. Er sammelte Steinbrech als
Brennholz. Schneider brannte das Haar von einigen Bekleidungs-
stücken aus Robbenfell ab. Long erlegte einen kleinen Alk.

Bender wurde heute morgen in einer Gezeitenspalte beigesetzt
und Dr. Pavy am Abend in das gleiche kristallene Grab gesenkt.

Zweiunddreißigster Geburtstag von Long. Zur Feier des Tages
bekam er einen Löffel voll Rum.

10. Juni

Gardiner geht es schlecht. Long und ich fühlten uns durch die Alk-
suppe recht gekräftigt. Zum Abendessen gab es eine Suppe aus
schwarzen Felsflechten von gelatineartiger Konsistenz, die gar
nicht so schlecht schmecken und offensichtlich einen gewissen
Nährwert haben.

Der Berg der »Enttäuschung« ist jetzt durch breite Fahrrinnen
mit der offenen See verbunden. Die übrigen Eisschollen können jederzeit auseinanderbrechen. Der Schnee ist mittlerweile vollständig von den Klippen und den der Sonne ausgesetzten, freien Stellen
verschwunden.

Der Steinbrech steht in voller Blüte und kann getrocknet werden. Das Gras wird grün. Heute sah ich eine Hummel zwischen den Blumen hin und her fliegen.

Nachdem ich lange beim Fischen war, fing ich trotzdem nur zwei Pfund und gab verzweifelt auf.

11. Juni

Long kehrte um 1.30 morgens mit zwei erlegten Lummen aus dem Wasser zurück. Eine wurde für die Mannschaft gekocht; die andere wird unter denen aufgeteilt, die schwere Arbeit leisten.

Heute ist mir etwas Schreckliches passiert. Die Frühlingsschmelze hat das Eis in den Garnelengründen aufgebrochen. Dadurch sind meine Netze verlorengegangen. Meine Köder, so erbärmlich sie auch waren, sind auch weg. Morgen wird es dann außer einer Tasse Tee kein Frühstück geben.

Es war schon spät, als ich vom Fischen zurückkehrte. Alle hatten sich bereits zur Ruhe gelegt. Ich brachte es nicht über mich, meine armen Kameraden zu wecken und ließ sie friedlich weiterschlafen, in der irrigen Annahme, daß sie beim Aufwachen ein Frühstück erwartet. Wie sie mir leid tun!

Ich fertige eine Fahne als Notsignal an.

12. Juni

Zum Frühstück gab es nur eine Tasse Tee. Heute morgen habe ich ganz in der Nähe des Zeltes neue Garnelengründe entdeckt. Nach mehreren Stunden Arbeit kam ich mit zwei Pfund zurück. Unsere Abendessen: ein paar gekochte Flechten und eine Tasse Tee.

Connells Gesicht wirkt voll und gesund, aber tatsächlich ist es aufgedunsen. Er äußerte den Wunsch, alleine für sich arbeiten, kochen und wohnen zu können. Diesem Wunsch gab Leutnant Greely nicht statt.

Gardiner starb um fünf Uhr nachmittags. Geduld und innere Kraft waren in seinem Leiden kennzeichnend. Er klammerte sich mit wundersamer Hartnäckigkeit an das Leben und gab erst auf, als sein Wille von körperlicher Schwäche gebrochen worden war. Um zwei Uhr morgens verlor er das Bewußtsein. In den Stunden vor seinem Tod hielt er ein Bild seiner Frau und seiner Mutter in der Hand und betrachtete es voller Liebe. Als sein Geist aus dieser Welt schied, umklammerte er mit seinen Fingern immer noch das Bild derer, die er geliebt hatte.

Von jetzt an rechne ich jederzeit mit der Ankunft eines Versorgungsschiffs. Das Wasser ist bis zur felsigen Stelle in der Nähe unseres Winterlagers durchgedrungen. Ich positionierte die Notfahne auf dem Felsengrund zum Meer hin. So ist sie auch aus großer Entfernung sichtbar.

13. Juni

Den ganzen Tag lang wehte ein böiger, feuchter Südostwind und verhinderte, daß die Flechtensammler sich hinauswagen konnten. Unser Abendessen war folglich schlicht: ein über einem mit Steinbrech errichteten Feuer gerösteter Mantel aus Robbenfell. Das Frühstück bestand aus dem Ergebnis des Garnelenfangs vom Vorabend.

Der Gesundheitszustand der Mannschaft scheint unverändert bedenklich. Die geistige Vitalität läßt immer mehr nach. Biederbick wurde heute in Folge des Ablaufs seiner Dienstzeit aus dem Militär entlassen.

Ich konnte etwa ein Pfund Garnelen fangen. Mir bleibt nichts außer der Haut der zwei Lummen als Köder. Auch die sind fast aufgebraucht.

Gardiner konnte aufgrund des Wetters nicht beigesetzt werden.

Mein Notsignal ist vom Wind umgeweht worden.

14. Juni

Der Sturm ließ um vier Uhr morgens nach, doch war es den ganzen Tag verhangen. Die Temperatur um elf Uhr morgens betrug fünf Grad.

Als wir aufstanden, um Nahrung für den Tag zu beschaffen, fühlten wir uns alle sehr schwach. Leutnant Greely, Connell und Biederbick gingen Flechten für das Abendessen und das Frühstück am nächsten Morgen sammeln. Fredericks verrichtete seine gewöhnlichen Tätigkeiten im Lager. Long und ich setzten Gardiner in einer Gezeitenspalte bei. Nach dem Abendessen ging ich zu den Garnelengründen, fing aber nur ein Pfund.

Das Treibeis löst sich vom Küstenufer. Der Berg der »Enttäuschung« ist nun frei.

Ich stellte die Signalfahne wieder auf.

Wir haben den Felsflechten den Namen »arktische Pilze« gegeben.

Sonntag, 15. Juni

Wolkiges und ungemütlich stürmisches Wetter. Anzeichen eines aufkommenden kräftigen Windes über der Bucht. Leichter Schneefall am Nachmittag.

Die wasserdichte Robbenhaut von Leutnant Greelys Schlafsack ist zwischen Connell, Schneider, Biederbick und Elison aufgeteilt worden. Der Rest der Mannschaft wird die Decke von Longs Schlafsack verwenden.

Schneider bat uns heute abend sehr, ihm doch Opiumtabletten zu verabreichen, damit er einen leichten und schnellen Tod finden könne.

Unser Hungergefühl scheint verschwunden zu sein. Wir essen nur, um uns am Leben zu erhalten. Brotkrumen, die in unserem Winterquartier durch die Schneeschmelze, ab und an zu Tage befördert werden, picken wir aus dem größten Dreck heraus und essen sie genüßlich. Henry aß sogar den Kot von Schneehühnern,

Bender Raupen, Würmer und ähnliches. Steinbrech, Flechten und
andere Pflanzen in Kombination mit dem Gedärm von Tieren gelten nun als Delikatesse.

Ich arbeitete mehrere Stunden im rauhen, kalten Wind und fing
gerade etwas mehr als ein Pfund Garnelen.

16. Juni

Die Flechtensammler konnten sich wegen des heftigen Windes
wieder nicht ans Werk machen. Demzufolge fiel unsere Morgen-
suppe sehr dürftig aus. Zum Abendessen gab es gar nichts. Wir
warten ruhig auf Hilfe oder den Tod. Die eine oder der andere
wird uns in Kürze ereilen.

Die Garnelen, die außer den Flechten unsere letzte Nahrungsquelle waren, haben uns im Stich gelassen. Ganze fünf Stunden arbeitete ich so beständig, wie meine Kräfte es zuließen. Am Ende
hatte ich höchstens fünfzig bis hundert Gramm gefangen. Nicht
einmal diese konnte ich nach Hause tragen. Ich war kaum imstande, mich selbst zurückzuschleppen.

Irgendwann im Laufe des Tages bewegte sich der Berg der »Enttäuschung« unbemerkt ein Stück weit von der Stelle weg, an der er
lange Zeit zu finden war.

Unser letzter Tee wurde heute morgen aufgebraucht.

17. Juni

Heute morgen wurde Steinbrechtee als Ersatz für Englischen Tee
dargereicht. Er schmeckte bitter und ungenießbar. Trotz aller Anstrengungen, die Brühe zu schlucken, sah ich mich gezwungen, angewidert aufzugeben. Sonst hatten wir nichts zum Frühstück, außer ein paar Bissen geröstete Robbenhaut, die aus besseren Zeiten
noch übrig war. Zum Mittagessen kochten wir eine Flechtensuppe, die jedoch nicht ausreichte, um unsere dem Hungertod nahe
Mannschaft zu verköstigen.

Ich holte einen Arm voll Brennholz aus dem alten Quartier, war aber zu schwach, es klein zu machen. Fredericks ist auch dem Zusammenbruch nahe. Schneider ist fast völlig hilflos.

Wir entfernten die Robbenhaut, die auf meinem und Longs Schlafsack aufgenäht war, und teilten sie zum Essen auf. Darüber hinaus gibt es im Lager nichts mehr, was wir als Nahrung verwerten könnten. Wir sind alle am Ende und werden gemeinsam sterben. Doch wer bleibt, um uns neben unseren entschlafenen Kameraden beizusetzen?

Die Passage war heute abend völlig eisfrei und die Oberfläche glasklar.

18. Juni

Zum Frühstück gab es wieder Steinbrechtee und ein Stück der gekochten Schlafsackdecke. Heute ist ein deutlicher Kraftverlust unter den Männern spürbar. Mir war es nicht möglich, vor vier Uhr nachmittags hinauszugehen. Dann kroch und schwankte ich irgendwie, ich weiß nicht wie, zu den ein paar Meter entfernten Felsen und riß ein paar Flechten ab.

Da wir nichts zu essen haben und der Steinbrechtee als nicht genießbar gilt, wurde am Abend kein Feuer gemacht. Außerdem erklärt Fredericks, daß er nicht imstande ist, mehr als eine Mahlzeit pro Tag zuzubreiten. Ein paar Bissen gekochter Robbenhaut mußten für das Abendessen ausreichen. Es scheint bemerkenswert, daß wir zwar ein starkes Verlangen nach bestimmten Nahrungsmitteln haben, aber gleichzeitig kein Hungergefühl verspüren. Das schreckliche, nagende Gefühl im Magen, das uns noch im vergangenen Herbst und Winter quälte, hat uns verlassen.

Long erlegte gestern abend zwei Alken, konnte jedoch keinen holen, da beide mit der Flut hinausgespült wurden. Er jagt ab jetzt tagsüber, wenn die Gezeiten günstiger stehen dürften.

Schon bald nach dem Frühstück verlor Schneider das Bewußtsein und verschied um sechs Uhr abends.

Connell klagte heute abend, als er vom Flechtensammeln zurückkehrte, daß er schlecht sehen könne. Biederbick wechselte im Laufe des Tages ganz unbedacht seine Unterwäsche. Wir merken erst jetzt, daß wir uns nicht umgezogen und nicht gebadet haben, seit wir Fort Conger im letzten August – vor fast elf Monaten – verlassen haben!

Schneider starb auf den Tag genau drei Jahre, nachdem er zum Dienst für diese Expedition einberufen wurde.

19. Juni

Während des Morgens war das Wetter klar, und es wehte ein Wind aus westlicher Richtung. Am Nachmittag drehte der Wind auf Südost und erreichte eine hohe Geschwindigkeit.

Long war während der Nacht jagen gegangen und kehrte erst spät morgens zurück. Er hatte je zwei Alken und zwei Eiderenten erlegt, die jedoch von den Fluten aufs Meer hinausgetrieben wurden, bevor er sie mit der langen Stange, die er bei sich trug, einholen konnte.

Ich fand ein kleines Stück Treibholz in den Felsen, etwa zehn Meter über dem Meeresspiegel. Man sieht, daß es vom Eis sehr beschädigt wurde. Ein paar Tage zuvor hatte ich fünf Meter weiter unten ein ähnliches Stück gefunden. Diese Funde deuten auf die unbestreitbare Tatsache hin, daß sich das Land allmählich aus dem Meer erhebt.

Die Mannschaft wird schwächer. Die Flechten werden rar. Wäre meinen Ratschlägen Folge geleistet worden, wären manche Männer vielleicht noch am Leben. Vor einigen Wochen hatte ich eine Portion Flechten verzehrt und Leutnant Greely gedrängt, sie zum Essen zu verwenden, da ich sie schmackhaft und durchaus magenfreundlich fand. Leutnant Greely hätte wahrscheinlich auf mich gehört, doch laut Dr. Pavys medizinischer Stellungnahme waren sie dem Körper extrem schädlich und dürften höchstens im äußersten Notfall verspeist werden.

Connell weist Anzeichen von Skorbut auf. Mein aufgedunsenes Gesicht und meine geschwollenen Gliedmaßen schreibe ich ebenfalls dieser heimtückischen Krankheit zu.

Ich entdeckte ein gute Stelle mit Moos und sammelte es ein. Als wir Schneiders Leichnam aus dem Zelt entfernten, stellten wir üblen Mundgeruch fest, der wahrscheinlich auf Skorbut zurückzuführen ist.

21. Juni

Heute ist Sommersonnenwende! Der Wind weht kräftig aus Süd. Die Temperatur um sieben Uhr ist knapp über Null; die je gemessene niedrigste Temperatur liegt bei vier Grad!

Das Zelt ist in einem heruntergekommenen Zustand. Das Vorzelt ist für Long und mich kaum noch bewohnbar. Wenn der Sturm nicht abflaut, wird es höchstwahrscheinlich umgeweht werden. Von Zeit zu Zeit Schneeböen. Das Eis ist weit bis in die Buchanan-Meerenge aufgebrochen.

Flechtensuppe zum Frühstück und ein paar Stücke gekochte Robbenhaut zum Abendessen. Connell geht es schlechter. Er sagt, seine Beine seien unterhalb der Knie unbrauchbar geworden.

Seit vorgestern muß Elison seine Suppe mit einem Löffel essen, der am Stumpf seines abgefrorenen Armes befestigt ist.

Sir Ernest Shackleton
aus **Mit der *Endurance* ins ewige Eis**

Sir Ernest Shackleton (1874–1922) genießt heute wieder eine überraschende Berühmtheit. Als Gefährte und Rivale von Scott war Sir Ernest eine bewundernswerte Gestalt – noch ein heroischer Scheiterer aus den Annalen Antarktikas. 1912 unternahm er einen Versuch, den Südkontinent zu durchqueren, aber das Eis zerdrückte sein Schiff, die Endurance. Monatelang kämpften Shackleton und 27 Männer sich über das schmelzende Packeis auf der Suche nach Land.

Am 7. April, bei Tagesanbruch, kam der lang herbeigesehnte Gipfel von Clarence Island in Sicht, fast in direkter nördlicher Peilung von unserem Lager. Zuerst sah er wie ein gewaltiger Eisberg aus, doch als das Licht stärker wurde, konnten wir deutlich die schwarzen Linien von Geröll erkennen und die hohen steilen Klippen der Insel, die ein wenig verzerrt wirkten. Die dunklen Felsen auf dem weißen Schnee waren ein freudiger Anblick. So lange hatten unsere Augen nur Eisberge gesehen, die scheinbar wuchsen oder schrumpften, je nach dem Winkel, in dem die Sonne ihre Schatten warf; so oft hatten wir Felsinseln entdeckt und die Gipfel von Joinville Land gesichtet, nur um sie, nachdem der Wind oder die Temperatur sich geändert hatten, als Dunstwolke oder ordinären Eisberg davonschwimmen zu sehen, daß ich nicht wirklich überzeugt war, bevor Worsley, Wild und Hurley nicht einmütig meine Beobachtung bestätigt hatten: Ich blickte auf Clarence Island. Das Land war noch mehr als 96 Kilometer entfernt, aber es hatte in unseren Augen etwas von einem Zuhause, weil wir dort endlich wieder den Fuß auf festen Boden zu setzen hofften nach all den langen Monaten, die wir auf unsicherem Eis umhergetrieben waren. Wir hatten uns an das Leben auf der Eisscholle gewöhnt, aber unsere Erwartungen waren die ganze Zeit darauf gerichtet, irgendwo an Land zu gehen. Wurde eine Hoffnung zunichte, nährte unsere Erwartung sich an einer anderen. Unser treibendes Zuhause hatte kein Ruder, mit dem man es hätte lenken können, kein Segel, um ihm Geschwindigkeit zu geben. Wir waren abhängig von den Launen des Windes und der Strömung; wir wandten uns dorthin, wohin diese unberechenbaren Kräfte es wollten. Die Sehnsucht, festen Boden unter den Füßen zu spüren, erfüllte uns alle.

Im vollen Tageslicht sah Clarence Island nicht mehr aus wie Land, sondern wirkte wie ein Eisberg, nicht weiter als acht oder zehn Meilen entfernt, so trügerisch sind die Entfernungen in der klaren Luft der Antarktis. Die gezackten weißen Gipfel von Elephant Island zeigten sich nordwestlich etwas später am Tag. »Ich habe aufgehört, Zucker auszuteilen, und unsere Mahlzeiten bestehen nur aus Robbenfleisch und Speck mit 250 Gramm Milchpulver pro Tag für die Gruppe«, schrieb ich. »Jeder Mann erhält eine Prise Salz, und die Milch wird aufgekocht, damit alle etwas Heißes zu trinken haben. Der Speiseplan kommt uns entgegen, weil wir auf der Eisscholle nicht viel Bewegung haben und der Robbenspeck Wärme liefert. Die gebratenen Speckscheiben erinnern für unseren Geschmack an kroß gebratenen Frühstücksschinken. Es ist gewiß keine unzumutbare Härte, davon zu essen, auch wenn Menschen, die unter zivilisierteren Bedingungen leben, vielleicht erschauern würden. Hart würde es für uns werden, wenn wir keinen Robbenspeck mehr bekommen könnten.« Ich glaube, daß der Gaumen des menschlichen Tieres sich an alles gewöhnen kann. Manche Kreaturen sterben lieber, als daß sie fremde Nahrung annehmen, wenn man ihnen ihre natürliche Nahrungsgrundlage entzieht. Die Yaks im Hochland des Himalaja müssen sich von dem Gras ernähren, das dort wächst, auch wenn es karg und trocken ist. Sie würden verhungern, selbst wenn man ihnen den besten Ha-

fer oder anderes Getreide anböte. »Wir haben immer noch den
dunklen Wasserhimmel der letzten Woche um uns im Südwesten
und im Westen, bis hinüber in den Nordosten. Wir lassen alle Eisberge weiter westlich zurück; in unserem Blickfeld sind jetzt kaum
noch welche. Die Dünung ist heute deutlicher zu spüren, und ich
bin mir sicher, daß wir am Rande des Treibeises sind. Ein starker
Sturm, gefolgt von Windstille, würde das Packeis auseinanderrei-
ßen, glaube ich, und dann könnten wir hindurch. Ich habe viel
über unsere Chancen nachgedacht. Das Auftauchen von Clarence
Island nach dem langen Umhertreiben scheint, irgendwie, ein Ulti-
matum zu beinhalten. Die Insel ist der äußerste Vorposten des Sü-
dens und unsere letzte Chance, an Land zu gelangen. Dahinter
liegt der offene Atlantik. Unsere kleinen Boote könnten nun jeden
Tag gezwungen sein, ungeschützt über das weite Meer zu segeln,
durch 3000 Meilen Ozean vom Land im Norden und Osten getrennt. Es ist lebenswichtig, daß wir auf Clarence Island oder der
Nachbarinsel Elephant Island an Land gehen. Letztere ist für uns
besonders attraktiv, obwohl, soweit ich weiß, auf ihr noch kein
Mensch gewesen ist. Ihr Name läßt dort die plumpen, fleischigen
See-Elefanten vermuten. Jedenfalls haben wir ein zunehmendes
Bedürfnis, festen Boden unter die Füße zu bekommen. Die Eisscholle ist uns ein guter Freund gewesen, aber sie erreicht das Ende
ihrer Reise und kann jederzeit auseinanderbrechen und uns ins un-
ergründliche Meer stürzen.«

Etwas später, nachdem ich mir die Situation im Lichte unserer
Möglichkeiten vor Augen geführt hatte, entschied ich, daß wir versuchen sollten, Deception Island zu erreichen. Clarence Island und
Elephant Island lagen nicht weit von uns und waren durch eine ungefähr 120 Kilometer breite Wasserstraße von Prince George Island
getrennt, einer Insel, die etwa 240 Kilometer von unserem Lager
auf dem Eisberg entfernt war. Von dieser Insel erstreckt sich eine
Kette ähnlicher Inseln nach Westen, die mit Deception Island endet. Die Wasserstraßen, die diese öden Flecken aus Fels und Eis
voneinander trennen, sind zwischen 16 und 24 Kilometer breit.

Und wir wußten aus den Segelanweisungen der Marine, daß es auf
Deception Island Vorräte für schiffbrüchige Seeleute gab, und es
war auch möglich, daß die Walfänger vom Sommer den Hafen der
Insel noch nicht verlassen hatten. Außerdem konnten wir unseren
dürftigen Instruktionen entnehmen, daß dort eine kleine Kirche errichtet worden war zum Wohle der Walfänger, die sich vorüberge-
hend auf der Insel aufhalten. Das Vorhandensein dieses Gebäudes
bedeutete für uns einen Holzvorrat, aus dem wir, sollte die
schlimmste Not uns dazu zwingen, ein einigermaßen seetüchtiges
Boot bauen könnten. Wir hatten während des Umhertreibens auf
der Eisscholle darüber gesprochen. Zwei von unseren Booten waren ziemlich massiv, aber das dritte, die *James Caird*, war nur leicht
gebaut, wenn auch ein wenig länger als die anderen. Alle drei waren nicht gerade geeignet für das Befahren dieser bekanntermaßen
stürmischen Meere, und sie würden schwer beladen sein, daher
wäre eine Reise über offenes Wasser eine riskante Angelegenheit.
Ich fürchtete, daß die Finger des Zimmermanns schon juckten, Kir-
chenbänke in Seitenteile und Decks zu verwandeln. In jedem Fall
war das Schlimmste, was uns widerfahren konnte, hätten wir Deception Island erst einmal erreicht, daß wir warten müßten, bis die
Walfänger ungefähr Mitte November wiederkommen würden.

Eine andere Information über das westliche Weddell-Meer be-
zog sich auf Prince George Island. Die »Segelanweisungen« der
Admiralität für die South Shetlands erwähnten eine Höhle auf dieser Insel. Keiner von uns hatte diese Höhle gesehen oder konnte
sagen, ob sie groß oder klein war, naß oder trocken; aber als wir
auf unserer Eisscholle dahintrieben, und später, als wir die trügerischen Wasserrinnen zwischen den Eisfeldern befuhren und unsere
waghalsigen Nachtlager aufschlugen, schien diese Höhle in meiner Vorstellung ein Palast zu sein, der die Pracht eines Schlosses in
Versailles überstrahlte.

Die Dünung nahm in jener Nacht zu, und die Bewegung des Eises wurde intensiver. Gelegentlich schlug eine benachbarte Scholle
gegen das Eis, auf dem wir lagerten, und die Lektion dieser Schläge

war nur zu offensichtlich: Wir mußten schnell festen Boden unter
die Füße bekommen. Wenn die Vibration nach einem starken An-
branden nachließ, eilten meine Gedanken zu dem vor uns liegenden Problem. Wären wir nicht mehr als sechs Männer gewesen,
wäre eine Lösung nicht so schwer zu finden gewesen; aber der
Transport der gesamten Gruppe an einen sicheren Ort mit den begrenzten Mitteln, die uns zur Verfügung standen, würde eine äußerst schwierige Angelegenheit werden. 28 Männer befanden sich
auf unserem schwimmenden Eiskuchen, der unter der Einwirkung
von Wind, Wetter, rempelnden Eisschollen und starker Meeresbe-
wegung ständig abnahm. Ich gestehe, daß die Verantwortung
schwer auf meinen Schultern lastete; andererseits wurde ich ange-
spornt und ermuntert durch die Einstellung der Männer. Allein zu
stehen ist das Los eines Leiters, aber dem Mann, der die Entscheidungen treffen muß, wird es leichter, wenn es keine Unsicherheit in
den Köpfen derjenigen gibt, die ihm folgen, und wenn seine Befehle voll Vertrauen ausgeführt werden, in der selbstverständlichen
Erwartung des Erfolges.

Am nächsten Morgen (des 8. April) leuchtete die Sonne von einem blauen Himmel. Clarence Island zeichnete sich klar am Horizont ab, und Elephant Island war ebenfalls auszumachen. Der
schneebedeckte Gipfel von Clarence Island ragte wie ein Leitstern
auf, der Sicherheit versprach, auch wenn, selbst bei optimistischer
Betrachtung, der Weg aus dem Eis und Meer, das uns von jenem
weißen und strengen Giganten trennte nicht leicht werden würde.
»Das Packeis war heute morgen viel loser, und die lange, rollende
Dünung aus Nordost ausgeprägter als gestern. Die Eisschollen heben und senken sich mit der Bewegung des Meeres. Wir treiben ganz
offensichtlich mit der Oberflächenströmung, denn die schwereren
Massen von Eisschollen, Eisbergen und Eishügeln bleiben zurück.
Es hat einige Diskussion im Lager gegeben, ob es nicht klug sei, fürs
erste einen der Eisberge zu unserem Zuhause zu machen und mit
ihm nach Westen zu treiben. Der Gedanke erscheint mir nicht vernünftig. Wir können nicht sicher sein, daß der Eisberg in die richtige

Richtung treiben würde. Sollte er sich nach Westen wenden und uns ins offene Wasser tragen – welches wäre unser Schicksal, wenn wir versuchten, die Boote die steilen Seiten des Bergs hinunter in der Meeresbrandung ins Wasser zu lassen, nachdem die umgebenden Eisschollen uns verlassen hätten? Man muß auch damit rechnen, daß der Berg sich teilt oder sogar umkippt, während wir noch auf ihm sind. Es ist nicht möglich, den Zustand einer großen Eismasse aufgrund ihrer Oberflächenbeschaffenheit einzuschätzen. Das Eis kann eine Schwachstellen haben, und wenn der Wind, die Strömung und die Wellen Belastungen und Spannungen entstehen lassen, kann sich diese offenbaren – überraschend und verhängnisvoll. Nein, mir gefällt die Vorstellung nicht, mit einem Eisberg zu treiben. Wir müssen auf unserer Eisscholle bleiben, bis die Bedingungen günstiger sind, und dann einen weiteren Versuch unternehmen, an Land zu kommen.«

Um 18.30 Uhr durchzitterte eine besonders heftige Erschütterung unsere Scholle. Die Wache und die anderen Mitglieder der Gruppe führten sofort eine Inspektion durch und fanden einen Riß direkt unter der *James Caird* und zwischen den anderen beiden Booten und dem Hauptlager. Es dauerte fünf Minuten, dann waren die Boote über den Riß gezogen und nahe bei den Zelten. Der Riß war nicht durch einen Schlag von einer anderen Scholle hervorgerufen worden. Wir konnten sehen, daß das Stück Eis, auf dem wir uns aufhielten, sich herumgedreht hatte und nun mit der Längsachse zu den herankommenden Wellen lag. Die Eisscholle stampfte daher wie ein Schiff und hatte, als die Dünung sie in der Mitte hochhob, diesen Riß bekommen, so daß die beiden Enden nur wenig stabil waren. Wir waren jetzt auf einem dreieckigen Floß aus Eis, dessen Seiten ungefähr 90, 100 und 120 Meter maßen. Die Nacht sank herab, der Himmel war trübe und bedeckt, und noch vor Mitternacht hatte der Wind von Westen weiter aufgefrischt. Wir konnten sehen, daß das Packeis sich unter der Einwirkung des Windes, der Wellen und der Strömung auftat, und ich hatte das Gefühl, daß der Zeitpunkt zum Einsetzen der Boote nahe war. In der Tat wurde immer offensichtlicher, daß wir nicht mehr lange auf der Eisscholle bleiben konnten, selbst wenn die Bedingungen für einen Aufbruch am kommenden Tag nicht günstig sein sollten. Die Bewegung des Eises im Seegang nahm weiter zu, und die Eisscholle drohte direkt unter unserem Lager auseinanderzubrechen. Wir hatten Vorbereitungen getroffen, um schnell handeln zu können, sollte sich etwas in der Art ereignen. Unvorstellbar, wenn das Eis in kleine Stücke zerbräche, nicht groß genug, um unsere Gruppe zu tragen, und nicht lose genug, um den Einsatz der Boote zu erlauben.

Der nächste Tag war Sonntag (der 9. April), doch er war für uns kein Ruhetag. Viele der wichtigen Ereignisse während unserer Expedition trugen sich an Sonntagen zu, und dieser besondere Tag sollte unseren erzwungenen Abschied von der Eisscholle bringen, auf der wir fast sechs Monate lang gelebt hatten, und den Beginn unseres Umherziehens in den Booten. »Dies war ein ereignisreicher Tag. Der Morgen war schön, wenn auch etwas bedeckt, mit Stratus- und Kumuluswolken am Himmel; mäßige Winde aus Südsüdwest und Südost. Wir hofften, daß bei diesem Wind das Eis näher an Clarence Island herangetrieben würde. Um sieben Uhr morgens waren Fahrrinnen im Eis zu sehen, am Horizont in westlicher Richtung. Das Eis, das uns von den Wasserrinnen trennte, war lose, schien aber für die Boote nicht passierbar zu sein. Die lange Dünung aus Nordwest kam ungehinderter herein als am gestrigen Tag und trieb die Eisschollen zu einem völligen Chaos zusammen. Die losen Eistrümmer zwischen den Eismassen wurden zu einer Art Matsch zermahlen, und kein Boot hätte in den Kanälen, die sich um uns öffneten und schlossen, eine Chance. Unsere Eisscholle war bei dem allgemeinen Durcheinander stark lädiert, und nach dem Frühstück gab ich den Befehl, die Zelte abzubauen und alles für den sofortigen Aufbruch vorzubereiten, sobald es möglich sein sollte, die Boote zu Wasser zu lassen.« Ich hatte beschlossen, die *James Caird* selbst zu übernehmen, mit Wild und elf Männern. Dies war das größte unserer Boote, und zusätzlich trug es den Großteil unserer Vorräte. Worsley hatte den Befehl über die *Dudley Docker* mit neun Männern, und Hudson und Crean waren die Rangältesten auf der *Stancomb Wills*.

Bald nach dem Frühstück schloß sich das Eis wieder. Wir standen da, unsere Vorbereitungen abgeschlossen, als um elf Uhr unsere Eisscholle plötzlich quer durchbrach, direkt unter den Booten. Wir schafften unsere Ausrüstung schnellstens auf das größere der beiden Stücke und beobachteten mit gespannter Aufmerksamkeit die weitere Entwicklung. Der Riß war genau durch die Stelle gegangen, an der mein Zelt gestanden hatte. Ich blickte vom Rand der neuen Abbruchkante über den breiter werdenden Kanal und konnte den Punkt sehen, wo viele Monate lang mein Kopf und meine Schultern gelegen hatten, wenn ich in meinem Schlafsack war. Der Abdruck meines Rumpfes und meiner Beine befand sich auf unserer Seite des Risses. Das Eis war während der Monate des Wartens im Zelt unter meinem Gewicht eingesunken, und ich hatte viele Male Schnee unter den Schlafsack gepackt, um den Hohlraum auszufüllen. Die Schichtung im Eis zeigte klar die verschiedenen Schneelagen. Wie zerbrechlich und unsicher war unser Ruheplatz gewesen! Doch die Gewöhnung hatte unseren Sinn für die Gefahr stumpf gemacht. Die Eisscholle war unser Zuhause geworden, und während der ersten Monate unseres Umhertreibens hatten wir fast gar nicht mehr wahrgenommen, daß sie nichts weiter war als eine Scheibe Eis, die auf dem unergründlichen Meer trieb. Jetzt wurde unser Zuhause unter unseren Füßen in Stücke geschlagen, und wir empfanden ein Gefühl des Verlusts und der Leere, das schwer zu beschreiben ist.

Die Bestandteile unserer Scholle fügten sich wenig später noch einmal zusammen, und wir hatten Robbenfleisch zum Mittagessen: Alle Männer aßen sich satt. Ich dachte, eine gute Mahlzeit sei die bestmögliche Vorbereitung auf die Reise, die nun unmittelbar bevorzustehen schien, und weil wir nicht in der Lage sein würden, all unser Fleisch mitzunehmen, wenn wir schließlich aufbrächen, war jedes Pfund Fleisch, das gegessen wurde, ein Pfund weniger wegzuwerfen. Das Zeichen zum Aufbruch kam um 13 Uhr. Das Packeis öffnete sich weit, und die Wasserstraßen wurden befahrbar. Die Bedingungen waren nicht gerade ideal, aber es war besser, nicht noch länger zu warten. Die *Dudley Docker* und die *Stancomb Wills* wurden schnell zu Wasser gebracht. Vorräte wurden hineingeworfen, und die beiden Boote wurden aus der unmittelbaren Nähe des Treibeises weggerudert, auf eine offenen Wasserstelle zu, die ungefähr fünf Kilometer breit war. Darin schwamm einsam ein mächtiger Eisberg. Die *James Caird* war das letzte Boot, das die Scholle verließ, schwer beladen mit Vorräten und allerlei Lagerausrüstung. Viele Dinge, die von uns zunächst als unentbehrlich eingestuft worden waren, rangierten wir später aus, als der Kampf ums nackte Überleben härter wurde. Der Mensch kann mit sehr wenigen Mitteln sein Leben erhalten. Das Staatsgeschirr der Zivilisation ist schnell abgeworfen im Angesicht ernster Realitäten, und wenn man dem Menschen die geringste Chance gibt, etwas zu essen und einen Unterschlupf zu haben, kann er leben und sogar lachen.

Um 14 Uhr waren die Boote einen guten Kilometer von unserem Zuhause im Treibeis entfernt. Wir hatten uns einen Weg durch die Wasserrinnen gefunden und die offene Stelle erreicht, als wir schaumgekröntes Wasser und schaukelnde Eisstücke auf uns zurasen sahen, ähnlich wie die Gezeitenwelle in einer Flußmündung. Das Packeis wurde durch eine Gezeitenkabbelung nach Osten gedrängt, und zwei riesige Eismassen stürzten auf zusammenlaufenden Kursen auf uns zu. Die *James Caird* hatte die Führung. Indem wir das Ruder nach Steuerbord hielten und uns stark in die Riemen legten, gelang es uns, frei zu kommen. Die anderen beiden Boote folgten uns, obwohl sie von ihrer rückwärtigen Position aus die unmittelbare Gefahr zunächst nicht erkannt hatten. Die *Stancomb Wills* war das letzte Boot, und sie entwischte nur knapp – mit äußerster Anstrengung konnte sie gerade eben gegen die vorpreschenden Eismassen gehalten werden. Es war eine ungewöhnliche und erstaunliche Erfahrung. Die Auswirkung der Gezeiten auf das Eis ist nicht oft so ausgeprägt wie an jenem Tag. Das vorrückende Eis, begleitet von einer großen Welle, schien sich mit einer Geschwindigkeit von ungefähr drei Knoten zu bewegen, und wären wir nicht so geschickt gewesen, hätten wir gewiß vollaufen können.

Wir pullten hart eine Stunde lang, bis wir die luvwärtige Seite des Eisbergs erreichten, der im offenen Wasser lag. Die Wellen krachten gegen die lotrechten Seitenwände, und Gischt sprühte bis in eine Höhe von 20 Metern. Offensichtlich gab es einen Eisfuß am östlichen Ende, denn die Wellen brachen, bevor sie die Wand des Eisbergs erreichten, und schleuderten ihren weißen Gischt gegen die blaue Wand. Unter anderen Bedingungen hätten wir vielleicht innegehalten, um das Schauspiel zu bewundern; doch viel zu schnell brach die Nacht herein, und wir brauchten einen Lagerplatz. Als wir nach Nordwesten steuerten, immer noch im Treibeis, wurde die *Dudley Docker*, bei dem Versuch, eine Abkürzung zu nehmen, zwischen zwei Eismassen eingeklemmt. Das alte Sprichwort von der Abkürzung, die der längste Umweg ist, bewahrheitete sich damit in der Antarktis genauso wie in friedlicher Landschaft. Die *James Caird* warf eine Leine zur *Dudley Docker*, und nach einigem Ziehen und Zerren war das Boot wieder frei. Wir ruderten angestrengt vorwärts im Dämmerlicht auf der Suche nach einer flachen, alten Eisscholle und fanden schließlich ein ziemlich großes Stück, das sich in der Dünung wiegte. Es war bei weitem kein idealer Platz, aber die Dunkelheit hatte uns eingeholt. Wir zogen die Boote hinauf, und um 20 Uhr hatten wir die Zelte aufgestellt, und der Tranofen brannte fröhlich. Bald waren alle Mann satt und zufrieden in ihren Zelten, und Liedfetzen klangen beim Eintragen ins Logbuch zu mir.

Ein unbestimmtes Gefühl der Unruhe ließ mich an jenem Abend gegen 23 Uhr mein Zelt verlassen und im stillen Lager Umschau halten. Die Sterne zwischen Schneeschauern zeigten, daß die Eisscholle sich herumgedreht hatte und nun mit dem hinteren Ende voran zur Dünung lag, eine Position, bei der sie plötzlichen Belastungen ausgesetzt war. Ich begann, über die Scholle zu wandern,

um die Wache zu warnen: Es mußte sorgfältig auf Risse geachtet
werden. Als ich am Mannschaftszelt vorbei kam, hob sich die
Scholle auf dem Kamm einer Welle und zerbrach direkt unter meinen Füßen. Die Männer waren in einem der kuppelförmigen Zelte:
Es zog sich immer weiter auseinander, als das Eis sich öffnete. Ein
unterdrücktes, irgendwie ersticktes Geräusch kam aus dem länger
und länger werdenden Zelt. Ich eilte vorwärts, half einigen Männern unter der Zeltbahn heraus und rief: »Seid ihr in Ordnung?« –
»Zwei sind im Wasser«, antwortete jemand. Der Spalt hatte sich
auf einen guten Meter erweitert, und als ich mich an seinem Rand
zu Boden warf, sah ich etwas Weißes im Wasser schwimmen. Es
war ein Schlafsack mit einem Mann darin. Ich konnte ihn ergreifen
und hievte Mann und Schlafsack auf die Eisscholle. Ein paar Sekunden später schlugen die Eiskanten mit gewaltiger Kraft wieder
aufeinander. Glücklicherweise war nur ein Mann im Wasser gewesen, sonst wäre der Zwischenfall traurig ausgegangen. In dem ge-
retteten Schlafsack befand sich Holness, naß bis zum Bauch, aber
ansonsten unverletzt. Der Spalt öffnete sich jetzt erneut. Die *James
Caird* und mein Zelt waren auf der einen Seite der Öffnung, die übrigen beiden Boote und der Rest des Lagers auf der anderen. Mit
Hilfe von zwei oder drei Männern baute ich mein Zelt ab; dann er-
griffen alle Mann die Vorleine und zogen eiligst die *James Caird*
über den sich auftuenden Spalt. Wir hielten uns an dem Seil fest,
während die Männer, die auf meiner Seite der Eisscholle noch übrig
waren, einer nach dem anderen über die Rinne sprangen oder mit
Hilfe des Bootes hinüberkletterten. Schließlich blieb ich allein übrig. Die Nacht hatte alle anderen verschluckt, und die schnelle Bewegung des Eises zwang mich, die Vorleine loszulassen. Einen Moment lang hatte ich das Gefühl, mein Stück schwankende
Eisscholle sei der verlassenste Ort auf der ganzen Welt. Ich spähte
in die Dunkelheit und konnte gerade noch die dunklen Gestalten
auf der anderen Scholle ausmachen. Dann rief ich zu Wild hinüber
und befahl ihm, die *Stancomb Wills* zu Wasser zu lassen, aber die
Mühe hätte ich mir sparen können. Sein heller Kopf hatte den Be-

fehl bereits vorausgeahnt, und schon wurde das Boot bemannt und
an die Eiskante gezerrt. Zwei oder drei Minuten später erreichten
sie mich, und ich wurde ins Lager übergesetzt.

Wir waren jetzt auf einem flachen Stück Eis, ungefähr 60 Meter
lang und 30 Meter breit. In jener Nacht fand keiner von uns mehr
Schlaf. Die Killerwale bliesen in den Wasserstraßen um uns her,
und wir warteten auf das Tageslicht und hielten besorgt Ausschau
nach Anzeichen für einen weiteren Riß im Eis. Die Stunden vergin-
gen nur langsam, während wir eng nebeneinander standen oder
hin und her wanderten und versuchten, uns so einigermaßen
warm zu halten. Wir entfachten den Tranofen um drei Uhr früh,
und mit angezündeten Pfeifen und einer Tasse heißer Milch für jeden sah die Zukunft schon etwas rosiger aus. Immerhin waren wir
endlich unterwegs, und wenn auf uns auch Gefahren und Schwierigkeiten lauern mochten, konnten wir uns ihnen doch stellen und
sie hoffentlich überwinden. Wir trieben nicht mehr, hilflos dem
Wind und der Strömung ausgeliefert, umher.

Der erste Schimmer des Morgengrauens zeigte sich um sechs Uhr
früh, ich wartete unruhig auf das volle Tageslicht. Die Dünung wurde stärker, und mitunter war unsere kleine Scholle dicht umgeben
von ähnlichen. Um 6.30 Uhr aßen wir heiße dicke Suppe, dann standen wir da und warteten darauf, daß das Packeis einen Durchlaß
freigab. Unsere Chance kam um 8 Uhr, wir ließen die Boote zu Wasser, beluden sie und fingen an, uns einen Weg durch die Rinnen in
nördlicher Richtung zu suchen. Die *James Caird* hatte die Führung,
als nächstes folgte die *Stancomb Wills*, dann die *Dudley Docker*.
Um die Boote seetüchtiger zu machen, hatten wir einige unserer
Schaufeln, Hacken und allerlei getrocknetes Gemüse auf der Eisscholle zurückgelassen, und noch lange Zeit konnten wir die abge-
legten Vorräte als dunklen Fleck auf dem Eis sehen. Die Boote waren noch immer schwer beladen. Um 11 Uhr kamen wir aus den
Rinnen heraus und auf ein Stück freies Wasser. Eine kräftige Brise
blies aus Ost, aber der außenliegende Rand des Packeises schützte
uns vor der vollen Kraft der Wellenbewegung, genau wie das Koral-

lenriff einer tropischen Insel die Brecher des Pazifik aufhält. Unser Weg führte über offenes Wasser, und bald nach Mittag umrundeten wir das Nordende des Packeises und folgten einem Kurs nach Westen, die *James Caird* immer noch in Führung. Sofort fingen unsere tiefliegenden Boote an, schweres Wetter zu machen. Sie nahmen Gischt über, der im Herabfallen gefror und Männer und Ausrüstung mit Eis bedeckte, und bald war klar, daß wir so nicht weitermachen konnten. Ich wendete die *James Caird* und hielt wieder auf den Schutz des Packeises zu; die anderen Boote folgten. Als wir uns dann hinter der Eiskante befanden, brachen die Wellen nicht mehr. Jetzt war es 15 Uhr, und alle waren müde und durchgefroren. Ein großer Eisberg, der friedlich vor uns dahintrieb, sprang mir ins Auge, und eine halbe Stunde später hatten wir die Boote auf dem Trockenen und das Nachtlager aufgeschlagen. Es war ein schöner blauer Berg mit einem erfreulich soliden Äußeren, und von unserem Lagerplatz hatten wir einen guten Blick auf das Meer und das Eis in der Umgebung. Der höchste Punkt lag ungefähr fünf Meter über dem Meeresspiegel. Nach einer warmen Mahlzeit legten sich alle außer der Wache schlafen. Nach den Ereignissen in der vorangegangenen Nacht und der ungewohnten Anstrengung der letzten 36 Stunden an den Rudern hatten alle Ruhe nötig. Der Eisberg machte den Eindruck, als könne er sehr wohl den Angriffen des Meeres widerstehen und als sei er zu tief und zu massiv, um von der Wellenbewegung ernsthaft geschädigt zu werden; doch er war nicht so sicher, wie er aussah. Ungefähr um Mitternacht rief mich die Wache und zeigte mir, daß der schwere Seegang aus Nordwest das Eis aushöhlte. Ein großes Stück war herausgebrochen, ungefähr zweieinhalb Meter von meinem Zelt entfernt. Wir machten eine Inspektion, so gut es in der Dunkelheit ging, und stellten fest, daß auf der Westseite des Eisbergs die dicke Schneeschicht den Angriffen des Meeres allzu schnell nachgab. Gleich unter der Wasseroberfläche hatte sich ein Eisfuß gebildet. Ich entschied, daß keine unmittelbare Gefahr bestand und ließ die Männer nicht wecken. Der nordwestliche Wind frischte während der Nacht auf.

Am Morgen des 11. April war es bedeckt und neblig. Der Horizont lag in Dunst gehüllt, und das Tageslicht zeigte, daß das Packeis sich um unseren Eisberg geschlossen hatte, so daß es unmöglich war, die Boote zu Wasser zu lassen. Wir konnten kein Anzeichen von offenem Wasser sehen. Zahlreiche Wale, auch Killerwale, bliesen zwischen den Eisschollen, und Sturmvögel, Kaptauben und Eissturmvögel kreisten um unseren Eisberg. Im zunehmenden Tageslicht zeigte sich die Szenerie um unser Lager unbeschreiblich großartig, obwohl ich zugeben muß, daß wir sie mit Sorge betrachteten. Hügel aus Pack- und Treibeis, die sich hoben und senkten, kamen in langen Wellenbewegungen auf uns zu getrieben, um später hier und dort von dunklen Linien durchbrochen zu werden, die offenes Wasser anzeigten. Jede Welle, die sich um unseren schnell dahinschwindenden Eisberg hob, schwemmte Treibeis auf den Eisfuß und raubte etwas von der oberen Schneedecke – verkleinerte so unseren Lagerplatz. Wenn die Eisschollen sich zurückzogen, um erneut anzugreifen, wirbelte das Wasser über den Eisfuß, der schnell breiter wurde. Unter solchen Bedingungen die Boote zu Wasser zu lassen würde schwierig werden. Immer wieder – so oft, daß sich ein Pfad bildete – kletterten Worsley, Wild und ich auf den höchsten Punkt des Eisbergs und starrten zum Horizont – auf der Suche nach einer Lücke im Packeis. Nach langen zähen Stunden erschien weit entfernt auf einem Wellenberg eine dunkle Bresche in dem rollenden Eisfeld. Ewigkeiten schienen zu vergehen, so langsam kam sie näher. Ich bemerkte neidisch die ruhige, friedliche Haltung zweier Robben, die sich faul auf einer schaukelnden Eisscholle rekelten. Sie waren hier zu Hause und hatten weder Anlaß zur Sorge noch Grund zur Angst. Wenn sie überhaupt nachdachten, war heute für sie vermutlich ein idealer Tag, um eine lustige Reise übers bewegte Eis zu unternehmen. Für uns war es ein Tag, der, so wollte es scheinen, keine weiteren Tage mehr nach sich ziehen sollte. Ich glaube nicht, daß ich die Last der Sorge, die dazu gehört, wenn man der Leiter ist, je so deutlich gefühlt habe. Blickte ich auf das Lager hinunter, um meine Augen

von der Anstrengung auszuruhen, die es bedeutete, die weiße Weite, durchbrochen von dem einen schwarzen Band offenen Wassers,
ständig zu beobachten, konnte ich sehen, daß meine Gefährten mit
mehr als dem üblichen Interesse darauf warteten, zu erfahren, was
ich über die Lage der Dinge dachte. Nach einem besonders heftigen Zusammenstoß rief jemand laut: »Sie ist in der Mitte zerbrochen.« Ich sprang von meinem Ausguck hinunter und rannte zu
der Stelle, die die Männer umringten. Da war ein Riß, aber eine
genauere Untersuchung zeigte, daß es sich lediglich um einen ober-
flächlichen Bruch im Schnee handelte, ohne Anzeichen, die auf einen Spalt im Berg selbst hinwiesen. Der Zimmermann erwähnte in
aller Ruhe, daß er früh am Tag tatsächlich auf einem Stück Eis abgetrieben war. Er stand in der Nähe unseres Zeltplatzes, als das Eis
unter seinen Füßen sich von der Hauptmasse trennte. Ein schneller
Sprung über den breiter werdenden Spalt rettete ihn.

Die Stunden schleppten sich dahin. Eine der Sorgen, die mich
ständig beschäftigten, war die Möglichkeit, daß wir von der Strömung durch die 128 Kilometer breite Lücke zwischen Clarence Island und Prince George Island in den offenen Atlantik getrieben
werden könnten; doch langsam kam das offene Wasser näher, und
um die Mittagzeit hatte es uns fast erreicht. Eine lange Wasserstraße, schmal, aber fahrbar, erstreckte sich zum südwestlichen Horizont. Unsere Chance kam ein wenig später. Wir schoben die Boote
eilig über den Rand des wankenden Eisbergs und drehten sie weg
von dem Eisfuß, als der sich unter ihnen hob. Die *James Caird*
wurde von einem Schlag von unten fast umgeworfen, als der Eisberg in die andere Richtung rollte, aber sie gelangte in tiefes Wasser. Wir warfen Vorräte und Ausrüstung an Bord und waren innerhalb von ein paar Minuten auf und davon. Die *James Caird* und
die *Dudley Docker* hatten ordentliche Segel und konnten mit einer
günstigen Brise in der Rinne gut vorankommen, schwankende Eis-
felder zu beiden Seiten. Die See ging schwer, und Gischt spritzte
über die Eisschollen. Der Versuch, auf der *Stancomb Wills* einen
kleinen Segelfetzen zu setzen, führte zu einer ernstlichen Verzöge-

rung. Die Segelfläche war zu klein, um viel zu nützen, und während die Männer mit der Arbeit des Segelsetzens beschäftigt waren, trieb das Boot auf das Packeis zu, in eine gefährliche Lage. Als ich das sah, schickte ich die *Dudley Docker* zurück und band die *James Caird* an ein Stück Eis. Die *Dudley Docker* mußte die *Stancomb Wills* ins Schlepp nehmen, die Verzögerung hatte uns zwei Stunden wertvolles Tageslicht gekostet. Als ich die drei Boote wieder zusammen waren, setzten wir unsere Fahrt die Rinne hinunter fort und sahen schon bald ein breiteres Stück Wasser im Westen; es schien endgültig frei von der Umklammerung des Packeises. An der Spitze einer Eiszunge, die fast den Durchlaß zu der offenen Wasserfläche versperrte, befand sich ein von den Wellen abgetragener Eisberg, geformt wie ein seltsames vorsintflutliches Monster, ein eisiger Zerberus, der die Durchfahrt bewachte. Er hatte einen Kopf und Augen und rollte so stark hin und her, daß er fast umkippte. Seine Seiten tauchten tief ins Wasser ein, und wenn er sich wieder erhob, schien das Wasser aus seinen Augenhöhlen zu strömen, als würde er weinen über unsere Flucht aus den Klauen des Treibeises. Dies mag dem Leser phantastisch erscheinen, aber zu jener Zeit war die Wirkung auf uns ganz realistisch. Menschen, die in der Zivilisation leben, umgeben von den verschiedensten natürlichen Lebensformen und von all den vertrauten Werken ihrer Hände, mögen kaum wissen, wie schnell der Geist, unter dem Einfluß der Augen, auf das Ungewöhnliche reagiert und daran eigenartige Vorstellungen entwickelt, ähnlich den Märchenphantasien unserer Kindertage. Wir hatten lange inmitten des Eises gelebt, und wir strebten halb unbewußt danach, Ähnlichkeiten mit menschlichen Gesichtern und lebendigen Gestalten in den phantastischen Konturen und höchst wunderlichen Formen von Scholle und Eisberg zu sehen.

Bei Einbruch der Dämmerung machten wir an einer schweren Eisscholle fest, jedes Boot mit seiner Vorleine an einem eigenen Eishügel, um bei dem Seegang Kollisionen zu vermeiden. Wir brachten den Tranofen an Land, kochten etwas Wasser, um heiße

Milch zu bereiten, und teilten kalte Rationen aus. Ich holte auch
die Kuppelzelte an Land und zog die Außenhaut von den Ringen
ab. Unsere gestrige Erfahrung auf dem offenen Meer hatte uns gezeigt, daß die Zelte klein verpackt werden mußten. Der Gischt war
über den Bug geklatscht und auf dem Tuch zu Eis gefroren, das
schnell gefährlich schwer geworden war. In jener Nacht hatten wir
uns von weiteren Bestandteilen unserer kargen Ausrüstung getrennt. Wir hatten nur die Sachen dabei, die uns unverzichtbar
erschienen, doch jetzt entblößten wir uns bis an die Grenzen der
Sicherheit. Wir hatten auf eine ruhige Nacht gehofft, aber schließlich waren wir gezwungen abzulegen, weil lose Eisstücke um die
Eisscholle herumzutreiben begannen. Treibeis sammelt sich immer auf der Leeseite einer schweren Scholle, wo es gegeneinander
schlägt und unter der Einwirkung der Strömung zusammenge-
preßt wird. Ich wollte eine Wiederholung der letzten Nacht nicht
noch einmal riskieren und hatte daher die Boote nicht hochziehen
lassen. Wir verbrachten die Stunden der Dunkelheit damit, uns
von der Hauptlinie des Packeises frei zu halten, immer im Windschatten der kleineren Stücke. Ständiger Regen und plötzliche
Schneeböen löschten die Sterne aus und weichten uns durch –
manchmal gelang es uns nur durch Zurufe, die Boote zusammen-
zuhalten. Keiner konnte schlafen, weil es bitter kalt war, und wir
wagten auch nicht, kräftig zu pullen, um warm zu werden, weil
wir nicht mehr als ein paar Meter voraus sehen konnten. Gelegentlich blitzten ganz in unserer Nähe die geisterhaften Schatten von
Eissturmvögeln und silbernen und weißen Sturmvögeln auf, und
um uns her konnten wir die Killerwale blasen hören: Das kurze,
scharfe Zischen hörte sich an wie das plötzliche Entweichen von
Dampf. Die Killerwale beunruhigten uns selbstverständlich, denn
sie hätten leicht unsere Boote umwerfen können, wenn sie auf-
tauchten, um zu blasen. Sie warfen ganz nonchalant Eisstücke beiseite, die viel größer waren als unsere Boote, wenn sie an die Oberfläche kamen, und wir hatten das ungute Gefühl, daß die weißen
Bootsböden von unten wie Eis aussehen mußten. Schiffbrüchige

Seeleute, die in den antarktischen Meeren schwammen, kamen in der Philosophie der Killerwale gewiß nicht vor, mochten sich jedoch bei genauerer Untersuchung als wohlschmeckender Ersatz für Robben und Pinguine herausstellen. Wir betrachteten die Killerwale jedenfalls mit größter Skepsis.

Früh am Morgen des 12. April wurde das Wetter besser, und der Wind legte sich. Beim Morgengrauen war der Himmel klar, kalt und furchtlos. Ich blickte in die Gesichter meiner Gefährten an Bord der *James Caird* und sah abgehärmte und erschöpfte Züge. Die Anspannung forderte ihren Tribut. Wild saß am Ruder mit dem gleichen ruhigen, vertrauensvollen Ausdruck, den er auch unter glücklicheren Umständen zur Schau getragen hätte; seine stahlblauen Augen blickten dem anbrechenden Tag entgegen. Alle Mann bemühten sich, fröhlich zu bleiben, obwohl sie offensichtlich litten; die Aussicht auf ein warmes Frühstück wirkte jedoch beflügelnd. Ich gab den Booten die Nachricht durch, daß der Ofen angezündet werden würde, sobald wir eine geeignete Eisscholle gefunden hätten, und heiße Milch und Bovril[1] allen wieder auf die Beine helfen sollten. So ruderten wir westwärts durch offenes Packeis, umgeben von Eisschollen in allen Formen und Größen, und jeder, der nicht ruderte, hielt eifrig Ausschau nach einem geeigneten Lagerplatz. Das Bedürfnis nach Essen konnte man an dem Eifer ablesen, mit dem die Männer mich auf Eisschollen hinwiesen, die genau für unseren Zweck geeignet schienen. Die Temperatur lag bei ungefähr minus zwölf Grad Celsius, und die Regenkleidung der Ruderer knisterte, wenn die Männer sich in die Riemen legten. Ich bemerkte, daß kleine Eisteilchen von ihnen herabfielen. Um 8 Uhr tauchte vor uns eine brauchbare Eisscholle auf, und wir ruderten heran. Die Kombüse wurde an Land gebracht, und bald stieg Dampf von dem kochenden Essen auf, während der Tranofen flackerte und rauchte. Wohl nie hat ein Koch unter be-

---

[1] Fleischextrakt (Anm. d. Übers.)

gierigeren Blicken gearbeitet. Worsley, Crean und ich blieben in
unseren jeweiligen Booten, um sie zu stabilisieren und Kollisionen
mit der Eisscholle zu verhindern, weil die Dünung immer noch
stark war, aber die anderen konnten ihre verkrampften Gliedmaßen strecken und hin und her laufen – »in der Küche«, wie jemand
sagte. Die Sonne ging jetzt prächtig auf. Die Regenkleidung trocknete, und das Eis schmolz in unseren Bärten. Das dampfende Essen
gab uns Kraft, und innerhalb einer Dreiviertelstunde waren wir
wieder unterwegs nach Westen und hatten alle Segel gesetzt. Die
Stancomb Wills hatte ein zusätzliches Segel erhalten und konnte
so recht gut mithalten. Jetzt sahen wir, daß wir tatsächlich die
Packeisgrenze erreicht hatten: Knapp außerhalb des Eisrandes im
Norden wogte das blaue Meer. Wellen mit weißen Schaumkronen
wetteiferten mit glitzernden Eisschollen vor dem Hintergrund
blauen Wassers, und zahllose Robben sonnten und rekelten sich
auf jedem Stück Eis, das groß genug war, um ein Floß abzugeben.

Seit dem 9. April waren wir westwärts unterwegs, ob wir nun ruderten oder segelten, denn wir hatten günstige östliche Winde. Wir
knüpften große Hoffnungen an die mittägliche Bestimmung unserer
Position. Die Optimisten meinte, wir seien 96 Kilometer auf dem
Weg zu unserem Ziel vorangekommen, und noch die vorsichtigste
Schätzung lag bei mindestens 48 Kilometern. Der helle Sonnenschein und die funkelnde Szenerie um uns herum mögen unsere Erwartungen beeinflußt haben. Als die Mittagsstunde nahte, sah ich
Worsley, den Navigator, auf dem Dollbord der *Dudley Docker* ba-
lancieren, den Arm um den Mast gelegt, bereit, die Sonne einzufangen. Er bekam seinen Wert, und wir warteten gespannt, während er
die Höhe ausrechnete. Dann schob sich die *Dudley Docker* längsseits neben die *James Caird*, und ich sprang in Worsleys Boot, um
das Ergebnis zu sehen. Es war eine schwere Enttäuschung. Statt eine
gute Strecke nach Westen zurückzulegen, waren wir weit nach Südosten abgetrieben. Wir befanden uns tatsächlich 48 Kilometer östlich von der Position, an der wir waren, als wir die Eisscholle am
neunten verließen. Robbenjäger in dieser Gegend haben beobach-

tet, daß es in den Belgica Straits häufig starke Versetzungen nach
Osten gibt, und zweifelsohne waren wir in eine derartige Versetzung
geraten. Der eigentliche Grund dafür mußte ein Nordweststurm vor
Kap Hoorn gewesen sein, der auch die Dünung entstehen ließ, die
uns schon solche Schwierigkeiten bereitet hatte. Nach einer Bespre-
chung mit Worsley und Wild im Flüsterton erklärte ich laut, daß wir
nicht so weit vorangekommen waren, wie wir gehofft hatten, aber
ich sagte den Männern nicht, daß wir uns zurückbewegt hatten.

Die Frage unseres Kurses mußte jetzt neu überdacht werden.
Deception Island schien außer Reichweite. Der Wind stand ungünstig für Elephant Island, und weil das Meer nach Südwesten zu
frei war, beriet ich mit Worsley und Wild, ob es nicht ratsam sei,
Hope Bay anzusteuern, auf dem Festland des Antarktischen Kontinents und jetzt nur 128 Kilometer entfernt. Elephant Island war
zwar das nächstgelegene Stück Land, aber die Insel lag vor der
Hauptmasse des Packeises, und selbst wenn der Wind günstig gewesen wäre, hätten wir zu jenem Zeitpunkt gezögert, den hohen
Wellen zu begegnen, die über das offene Meer liefen. Wir setzten
einen groben Kurs nach Hope Bay ab, und die Boote bewegten
sich wieder vorwärts. Ich gab Worsley die Fahrtrichtung auf einen
Eisberg voraus vor und trug ihm auf, wenn möglich, dort festzumachen, bevor die Dunkelheit hereinbrach. Dies war ungefähr um
15 Uhr. Wir hatten Segel gesetzt, und weil die *Stancomb Wills*
nicht mithalten konnte, nahm ich sie ins Schlepp. Ich legte keinen
Wert darauf, die Erfahrung des Tages zu wiederholen, als wir den
wankenden Eisberg verließen. Die *Dudley Docker* fuhr voraus,
kam uns jedoch in der Dämmerung wieder entgegen. Worsley war
in der Nähe des Eisbergs gewesen und berichtete, daß man nicht
anlegen könne. Er rolle in der Dünung hin und her und zeige einen
häßlichen Eisfuß. Das war eine schlechte Nachricht. In dem
schwächer werdenden Licht hielten wir auf eine Packeiskante zu,
fanden sie aber so zerrissen und zernagt vom Meer, daß kein Teil
groß genug war, um uns einen Ankerplatz oder Schutz zu bieten.
Drei Kilometer entfernt konnten wir ein größeres Stück Eis aus-

machen, und an ihm vermochten wir nach einigen Schwierigkeiten unsere Boote festzumachen. Ich brachte mein Boot mit dem Bug auf die Eisscholle, während Howe, die Vorleine in der Hand, parat stand, aufs Eis zu springen. Ich stellte mich hin, um aufzupassen, während die Männer die Riemen bereithielten, um rückwärts zu pullen, sobald Howe gesprungen sein würde. So konnte ich sehen, daß an diesem Abend keine Chance bestand, die Kombüse an Land zu bringen. Howe gelang es knapp, am Rand der Eisscholle einen Stand zu finden, und er machte die Vorleine an einem Eishügel fest. Die anderen beiden Boote wurden längsseits neben der *James Caird* festgemacht. Sie konnten nicht achtern von uns in einer Reihe liegen, weil Eisklumpen um die Scholle getrieben kamen und sich in ihrem Windschatten sammelten. Wir verbrachten so schon die nächsten beiden Stunden damit, das Treibeis wegzustoßen, das auf uns zu geschwemmt kam. Der Tranofen konnte nicht benutzt werden, daher zündeten wir die Primuskocher an. Die See war rauh und kabbelig, und die *Dudley Docker* konnte ihren Primuskocher nicht in Gang bekommen; etwas war nicht in Ordnung. So mußten die Männer in jenem Boot warten, bis der Koch auf der *James Caird* den ersten Topf Milch fertiggekocht hatte.

Die Boote schlugen so stark gegeneinander, daß ich die Vorleine der *Stancomb Wills* länger lassen und sie nach achtern legen mußte. Eis kam nach wie vor um die Scholle herum und mußte weggestoßen werden. Dann fing die schwerere *Dudley Docker* an, die *James Caird* zu beschädigen, und ich gab der *Dudley Docker* mehr Leine. Die *James Caird* blieb am Eis festgemacht liegen, die *Stancomb Wills* und die *Dudley Docker* in einer Reihe hinter ihr. Es war vollständig dunkel geworden, und wir mußten unsere Augen anstrengen, um die Eisstücke zu sehen, die eine Gefahr für uns darstellten. Schließlich dachten wir einmal sogar, wir sähen einen großen Eisberg auf uns zuhalten, dessen Umriß sich gegen den Himmel abhob. Doch dieser alarmierende Anblick verwandelte sich in eine tief hängende Wolke vor dem aufgehenden Mond. Der Mond schien an einem klaren Himmel. Der Wind drehte auf Südost und

trieb die Boote mit der Breitseite voran auf die gezackte Kante der
Eisscholle zu. Wir mußten die Vorleine der *James Caird* durchtren-
nen und sie mit Stöcken vom Eis abhalten, wodurch wir viel wert-
volle Leine verloren. Es blieb einfach nicht die Zeit, sie loszuma-
chen. Dann stießen wir uns von der Scholle ab, und die ganze
Nacht hindurch lagen wir auf dem offenen, eisigen Meer, die *Dudley Docker* jetzt voran, die *James Caird* hinter ihr und die *Stancomb Wills* als dritte in der Reihe. Die Boote waren untereinander
mit ihren Vorleinen verbunden. Die meiste Zeit hielt die *Dudley
Docker* die *James Caird* und die *Stancomb Wills* gegen die Dünung, und den Männern, die ruderten, ging es besser als jenen in
den anderen Booten, die unbeweglich auf den Morgen warten
mußten. Die Temperatur war auf 20 Grad unter Null gesunken,
und auf der Oberfläche des Meeres bildete sich ein Eisfilm. Wenn
wir keine Wache hatten, lagen wir einander in den Armen, um uns
gegenseitig zu wärmen. Unsere gefrorene Kleidung taute auf, wo
unsere Körper sich berührten, und weil die kleinste Bewegung diese verhältnismäßig warmen Stellen der beißenden Kälte aussetzte,
hielten wir uns möglichst unbeweglich, und jeder flüsterte seinem
Gefährten die eigenen Hoffnungen und Gedanken zu. Gelegentlich fielen Schneeschauer aus dem fast klaren Himmel. Sie sanken
still aufs Meer und breiteten ein dünnes weißes Leichentuch über
unsere Körper und unsere Boote aus.

Der 13. April brach hell und klar an, nur gelegentlich zog eine
Wolke über den Himmel. Die meisten Männer sahen jetzt ernstlich
erschöpft und überanstrengt aus. Ihre Lippen waren rissig, und ihre
Augen und Augenlider hoben sich rot von den salzverkrusteten Gesichtern ab. Die Bärte selbst der jüngeren Männer hätten Patriar-
chen gehören können, denn der Frost und der salzige Gischt hatten
sie weiß werden lassen. Ich rief die *Dudley Docker* längsseits und
stellte fest, daß die Verfassung der Leute an Bord dort nicht besser
war als auf der *James Caird*. Es war offensichtlich, wir mußten
schnell an Land, und ich beschloß, auf Elephant Island zuzuhalten.
Der Wind hatte sich günstig zu jenem felsigen Eiland in ungefähr

160 Kilometern Entfernung gedreht, und das Packeis, das uns von Hope Bay trennte, hatte sich während der Nacht von Süden her geschlossen. Um 6 Uhr nahmen wir eine Umverteilung der Vorräte unter den drei Booten vor – falls sie getrennt werden sollten. An ein warmes Frühstück war heute nicht zu denken. Der Wind blies kräftig, und die Wellen gingen hoch im losen Packeis um uns her. Wir nahmen eine kalte Mahlzeit ein, und ich gab den Befehl, alle sollten essen, soviel sie nur wollten. Dieses Zugeständnis beruhte teilweise auf der Einsicht, daß wir einige unserer Vorräte über Bord werfen müßten, wenn wir das offene Meer erreichten, um die Boote zu erleichtern. Darüber hinaus hoffte ich, daß eine ausgiebige kalte Mahlzeit in gewissem Maß einen Ausgleich für den Mangel an warmem Essen und Schutz vor der Witterung schaffen würde. Bedauerlicherweise waren einige der Männer nicht in der Lage, mein Angebot zu nutzen, weil sie seekrank waren. Die Ärmsten! Es war schlimm genug, zusammengekauert in den schwerbeladenen, von Gischt übersprühten Booten zu hocken – mit Frostbeulen und halb erfroren –, ohne die zusätzlichen Qualen der Seekrankheit. Doch einige Heiterkeit erregte selbst jetzt das Leiden eines Mannes, der die Angewohnheit hatte, Essen zu horten, weil er fürchtete, Hungers sterben zu müssen – ein Ereignis, von dem er zu glauben schien, es stehe ihm unmittelbar bevor. Jetzt war er dazu verurteilt, ohnmächtig zuzusehen, wie seine hungrigen Kameraden mit ihren soliden Mägen Kekse, und andere Zucker Essensrationen mit ganz besonderer Geschwindigkeit vertilgten.

Wir liefen vor dem Wind durch das lose Packeis, wobei ein Mann im Bug jedes Bootes versuchte, mit einem zerbrochenen Riemen die Eisklumpen wegzustoßen, denen wir nicht ausweichen konnten. Ich hielt es für absolut notwendig, daß wir schnell vorwärts kamen – manchmal ließen sich Zusammenstöße nicht vermeiden. Die *James Caird* an der Spitze hatte zumeist die volle Wucht der Kollisionen mit den verborgenen Eisstücken zu erleiden, und sie wurde oberhalb der Wasserlinie von einem scharfen Eisstachel durchbohrt, aber dieses Mißgeschick hielt uns nicht

auf. Später wurde der Wind stärker, und wir mußten die Segel reffen, um nicht zu hart gegen das Eis zu prallen. Die *Dudley Docker*
folgte als nächste, dahinter wieder die *Stancomb Wills*. Ich hatte
Befehl gegeben, daß die Boote einen Abstand von 30 oder 40 Metern einhalten sollten, um die Gefahr eines Zusammenstoßes zu
verringern, falls eins der Boote vom Eis plötzlich gebremst werden
sollte. Das Packeis wurde weniger dicht, und wir kamen gelegentlich an offene Wasserflächen, wo sich während der Nacht eine
dünne Eisschicht gebildet hatte. Wenn wir auf dieses neue Eis stie
ßen, mußten wir das Reff aus den Segeln schütteln, um uns einen
Weg hindurch zu bahnen. Tausende von kleinen toten Fischen waren zu sehen, vermutlich durch eine kalte Strömung und das
schlechte Wetter ums Leben gekommen. Sie trieben auf dem Wasser und lagen auf dem Eis, wohin die Wellen sie geworfen hatten.
Die Sturmvögel und die Skuas[2] sausten im Steilflug von oben herab und pickten sie auf wie Sardinen von Toast.

Wir suchten uns einen Weg durch die Rinnen im Eis, bis wir gegen Mittag plötzlich aus dem Packeis ausgespien wurden, hinaus
aufs offene Meer. Dunkelblau und saphirgrün gingen die Wogen.
Unsere Segel waren bald gesetzt, und mit einem ordentlichen
Wind flogen wir über die Wellen wie drei Wikingerschiffe auf der
Suche nach dem untergegangenen Atlantis. Mit prallen Segeln und
der Sonne, die hell von oben schien, genossen wir für einige Stunden ein Gefühl der Freiheit und des Zaubers der Meere, das uns für
den Schmerz und die Sorge in den vergangenen Tagen entschädigte. Endlich waren wir aus dem Eis heraus, in Wasser, das unsere
Boote befahren konnten. Gedanken an zu Hause, erstickt vom
bleiernen Gewicht angstvoller Tage und Nächte, begannen erneut
aufzukeimen, und die Schwierigkeiten, die noch bewältigt werden
mußten, schwanden in unserer Vorstellung zu Nichtigkeiten.

Während des Nachmittags mußten wir ein zweites Reff in die

---

[2] eine Möwenart (Anm. d. Übers.)

Segel einbinden, denn der Wind frischte auf und die schwerbeladenen Boote nahmen viel Wasser über – sie ließen sich im stärker
werdenden Seegang schlecht steuern. Wir hatten Kurs auf Elephant Island genommen und kamen gut voran. Die *Dudley Dok-
ker* näherte sich uns in der Dämmerung, und Worsley machte den
Vorschlag, wir sollten die ganze Nacht durchsegeln; aber die *Stancomb Wills* war in der zunehmenden Dunkelheit zwischen den
Wellenbergen schon kaum noch auszumachen, und ich beschloß,
daß es sicherer wäre, beizudrehen und auf das Tageslicht zu warten. Auf gar keinen Fall sollten die Boote während der Nacht getrennt werden. Wir mußten zusammenbleiben, und was dazu
kam: Ich hielt es für möglich, daß wir in der Nacht über unser Ziel
hinauslaufen könnten und dann nicht in der Lage sein würden
umzukehren. So machten wir einen Treibanker aus den Riemen
der Ruderer und drehten bei, die *Dudley Docker* voran, weil sie
die längste Vorleine hatte. Die *James Caird* schwenkte achtern von
der *Dudley Docker* herum, und die *Stancomb Wills* nahm wieder
den dritten Platz ein. Wir aßen eine kalte Mahlzeit und taten das
wenige, was in unserer Macht stand, um uns für die Stunden der
Dunkelheit bequem einrichten. Zum Ausruhen kamen wir nicht.
Den größeren Teil der Nacht hindurch brach Gischt über die Boote hinweg und gefror zu Eismassen, besonders an Bug und Heck.
Das Eis mußte weggebrochen werden, damit die Boote nicht zu
schwer wurden. Die Temperatur lag unter Null, und der Wind
drang durch unsere Kleidung und ließ uns fast unerträglich frieren. Ich hatte meine Zweifel, ob alle Männer diese Nacht überstehen würden. Eine unserer Schwierigkeiten war der Wassermangel.
Wir waren so plötzlich aus dem Packeis aufs offene Meer hinaus-
gekommen, daß wir keine Zeit gehabt hatten, Eis an Bord zu nehmen, um es in den Kochern zu schmelzen, und ohne Eis konnten
wir kein warmes Essen kochen. Allein die *Dudley Docker* verfügte
über einen Klumpen Eis, der ungefähr zehn Pfund wog; er wurde
unter allen Männern aufgeteilt. Wir lutschten die kleinen Eisstük-
ke und löschten so ein wenig unseren Durst, den der salzige Gischt

ausgelöst hatte. Gleichzeitig entzogen wir unseren Körpern damit jedoch Wärme. Der Zustand der meisten Männer war mitleiderregend. Wir alle hatten geschwollene Münder und konnten kaum etwas zu uns nehmen. Ich wartete sehnsüchtig auf den Tagesanbruch. In Abständen rief ich während der Nacht zu den anderen Booten hinüber, um zu fragen, wie die Dinge ständen. Die Männer schafften es immer, fröhlich zu antworten. Einer von der *Stancomb Wills* rief: »Uns geht es ganz gut, aber ich hätte gern ein paar trockene Fäustlinge.« Der Scherz rief ein Lächeln auf gesprungenen Lippen hervor. Ebensogut hätte er um den Mond bitten können. Die einzigen trockenen Dinge an Bord der Boote waren geschwollene Münder und trockene Zungen. Der Durst ist eins der Probleme, mit denen der Reisende in Polarregionen sich konfrontiert sieht. Eis mag allerorten reichlich vorhanden sein, aber es ist nicht trinkbar, solange es nicht geschmolzen ist, und die Menge, die man im Mund schmelzen kann, ist begrenzt. Wir waren schon während der Tage des angestrengten Ruderns im Packeis durstig gewesen, und der Zustand wurde durch den Salzgischt schnell schlimmer. Unsere Schlafsäcke hätten uns etwas Wärme geben können, aber an sie kamen wir nicht ran. Wir hatten sie unter den Zelten im Bug verstaut, wo ein Eispanzer sie umgab, und wir saßen so eng und verkrampft, daß wir sie nicht herausziehen konnten.

Endlich wurde es hell, und mit dem Morgengrauen klarte das Wetter auf, und der Wind flaute zu einer sanften südwestlichen Brise ab. Ein großartiger Sonnenaufgang leitete den Tag ein, von dem wir hofften, er würde unser letzter Tag in den Booten sein. Rosarot im aufschimmernden Licht kündete der hohe Gipfel auf Clarence Island vom kommenden Glorienschein der Sonne. Der Himmel über uns wurde blau, und die Kämme der Wellen funkelten fröhlich. Sobald es hell genug war, schlugen und kratzten wir das Eis von Bug und Heck. Die Ruder waren während der Nacht abgebaut worden, damit die Vorleinen sich nicht darin verfingen. Wir holten unseren Eisanker ein und zogen die Riemen an Bord. Über Nacht waren sie dick wie Telegrafenstangen geworden, wäh-

rend sie im eisigen Meer mit dem Seegang auf und nieder schwank-
ten. Jetzt mußte das Eis geklopft werden, bevor sie an Bord genommen werden konnten.

Inzwischen war der Durst schrecklich. Wir stellten fest, daß wir
momentane Erleichterung finden konnten, indem wir rohe Stücke
Robbenfleisch kauten und das Blut schluckten, aber der Durst kehrte mit doppelter Macht zurück, weil das Fleisch so salzig war. Ich
gab daher den Befehl, Fleisch nur in bestimmten Abständen während des Tages auszugeben oder wenn der Durst den Geist eines
Mannes zu bedrohen schien. Im vollen Tageslicht zeigte sich Elephant Island nordnordwestlich, kalt und streng. Die Insel lag auf
der Peilung, die Worsley berechnet hatte, und ich gratulierte ihm zur
Genauigkeit seiner Navigation unter so schwierigen Umständen,
mit Koppelrechnung an zwei Tagen, während wir einem verschlun-
genen Kurs durch das Packeis folgten, und nach zwei Nächten, in
denen wir der Gnade von Wind und Wellen ausgeliefert gewesen
waren. Die *Stancomb Wills* kam heran, und McIlroy meldete, daß
Blackborrows Füße furchtbar erfroren seien. Das war Pech, aber
wir konnten nichts dagegen tun. Die meisten unserer Leute hatten
Erfrierungen unterschiedlichen Grades, und es war interessant festzustellen, daß die »Oldtimer« – Wild, Crean, Hurley und ich – keine
Probleme hatten. Allem Anschein nach waren wir an die üblichen
arktischen Temperaturen besser akklimatisiert, auch wenn wir später erfahren mußten, daß wir nicht immun waren.

Den ganzen Tag segelten und ruderten wir bei einer sanften Brise
von Backbord achteraus über ein klares Meer. Wir hätten allen Tee
Chinas für einen Klumpen Eis gegeben, um ihn zu Wasser zu
schmelzen, aber es gab kein Eis in Reichweite. Drei Eisberge waren
in Sicht, und wir ruderten darauf zu, in der Hoffnung, daß in Lee
eine Spur von Eistrümmern im Meer schwimmen würde. Doch sie
waren hart und blau, ohne jedes Anzeichen einer Zerfurchung, und
die Brandung, die sie umgab, während sie sich auf dem Meer hoben
und senkten, machte es uns unmöglich, nahe heranzukommen. Der
Wind drehte nach und nach und wehte von vorn – als der Tag vor-

anschritt, brannten die Strahlen der Sonne gnadenlos von einem wolkenlosen Himmel auf schmerzgepeinigte Männer. Wir kamen nur langsam voran, doch Stück für Stück rückte Elephant Island näher. Immer wenn ich mich um die anderen Boote kümmerte, Signale gab und Befehle, saß Wild an der Pinne der *James Caird*. Er schien unberührt von Erschöpfung und unerschütterlich durch Entbehrungen. Ungefähr um 16 Uhr kam von vorn eine steife Brise auf und erzeugte, da sie entgegen der Strömung blies, schon bald eine kabbelige See. Während der nächsten Stunden harten Pullens schienen wir überhaupt nicht vorwärts zu kommen. Die *James Caird* und die *Dudley Docker* hatten die *Stancomb Wills* abwechselnd geschleppt, aber jetzt nahm mein Boot die *Stancomb Wills* auf Dauer ins Schlepp, weil die *James Caird* bei dem auffrischenden Wind mehr Segel setzen konnte als die *Dudley Docker*.

Wir hielten auf die Südostseite von Elephant Island zu; der Wind blies von Nordwest bis West. Die Boote, so nah am Wind gesegelt wie möglich, bewegten sich langsam, und als die Dunkelheit hereinbrach, lag unser Ziel immer noch einige Meilen entfernt. Die See ging schwer. Bald sahen wir die *Stancomb Wills* nicht mehr, die sich achteraus von der *James Caird* an der Länge ihrer Vorleine vorankämpfte – nur gelegentlich enthüllte das weiße Aufschimmern schäumenden Wassers ihre Gegenwart. Als es vollständig dunkel geworden war, saß ich im Heck und hatte meine Hand auf die Vorleine gelegt, damit ich mitkriegte, wenn das andere Boot sich losreißen sollte. Und ich blieb in dieser Position die ganze Nacht hindurch. Das Seil wurde schwer vom Eis, während die Wellen ungesehen an uns vorüberzogen und unser kleines Boot zur Bewegung der See tanzte. Gerade heute früh hatte ich den Männern auf der *Stancomb Wills* gesagt, daß sie, falls ihr Boot sich während der Nacht losrisse und sie es nicht schafften, gegen den Wind anzurudern, auf die Ostseite von Clarence Island zuhalten und dort unsere Ankunft abwarten sollten. Auch wenn wir dann nicht auf Elephant Island landen könnten, ginge es nicht an, das dritte Boot sich selbst zu überlassen.

Es war eine strenge Nacht. Die Männer, mit Ausnahme der Wache, kauerten sich am Bootsboden zusammen und versuchten, zwischen den durchweichten Schlafsäcken und den Körpern der anderen soviel Wärme wie möglich zu finden. Stärker und stärker blies der Wind, und rauher und rauher wurde das Meer. Das Boot stampfte schwer durch die Böen und geriet nah an den Wind, wobei das Segel unter den steifsten Windstößen erzitterte. Ab und zu schien der Mond durch einen Spalt in den dahinjagenden Wolken, und in seinem Licht konnte ich einen Moment lang die geisterhaften Gesichter der Männer sehen, und wie sie sich zurechtsetzten, um das Boot zu trimmen, das sich im Wind zur Seite legte. Blieb der Mond hinter Wolken verborgen, wurde seine Gegenwart dennoch durch das Licht enthüllt, das von den Gletscherströmen auf der Insel reflektiert wurde. Die Temperatur war sehr gesunken, und es hatte den Anschein, als könnte die allgemeine Unbequemlichkeit unserer Situation nicht mehr größer werden; doch das Land, das vor uns aufragte, war ein Leitstern, der Sicherheit versprach. Und ich glaube, wir lebten alle von der Hoffnung, daß der kommende Tag das Ende unserer augenblicklichen Schwierigkeiten bringen würde. Zumindest bekämen wir festen Boden unter die Füße. Während die Vorleine der *Stancomb Wills* sich unter meiner Hand straffte und wieder durchhing, beschäftigten sich meine Gedanken mit Plänen für die Zukunft.

Gegen Mitternacht drehte der Wind auf Südwest, so daß wir näher an die Insel heran halten konnten. Ein wenig später lief die *Dudley Docker* zur *James Caird* auf, und Worsley machte rufend den Vorschlag, er könne voraussegeln und nach einem Landeplatz suchen. Sein Boot war schneller als die *James Caird* mit der *Stancomb Wills* im Schlepp. Ich sagte ihm, er solle es versuchen, aber er dürfe die *James Caird* nicht außer Sicht lassen. In dem Moment, als er mich verließ, ging ein schwerer Schneeschauer nieder, und in der Dunkelheit verloren sich die Boote aus den Augen. Ich sah die *Dudley Docker* nicht mehr. Das verursachte mir in den noch verbleibenden Nachtstunden einige Sorge. Eine Kreuzsee ging, und ich konnte nicht sicher sein, daß mit der *Dudley Docker* alles in Ordnung war. Die Wellen konnte man in der Dunkelheit nicht sehen, obwohl Richtung und Stärke des Windes zu spüren waren, und unter solchen Bedingungen konnte in einem offenen Boot auch den erfahrensten Navigator das Unglück ereilen. Ich leuchtete mit unserer Kompaßlaterne gegen das Segel, in der Hoffnung, daß dieses Signal an Bord der *Dudley Docker* zu sehen sein würde, konnte aber kein Antwortsignal ausmachen. Angestrengt spähten wir in der Dunkelheit nach Luv, auf eine Antwort hoffend, während wir in Abständen unser Lichtsignal wiederholten.

Meine Besorgnis erwies sich im übrigen als grundlos. Ich will Worsleys eigenen Bericht zitieren, was mit der *Dudley Docker* geschah: »Ungefähr um Mitternacht verloren wir die *James Caird* mit der *Stancomb Wills* im Schlepp aus den Augen, aber nicht lange danach sahen wir das Licht der Kompaßlaterne von der *James Caird*, die Sir Ernest gegen das Segel richtete, um uns einen Anhaltspunkt zu geben. Wir antworteten, indem wir unsere Kerze unter dem Zelt entzündeten und das Licht hindurchscheinen ließen. Gleichzeitig lasen wir von meinem kleinen Taschenkompaß die Windrichtung ab und wie wir zum Wind standen – der Bootskompaß war kaputt. Mit der gleichen Kerze zündeten auch unsere armen Gefährten ihre Pfeifen an, ihren einzigen Trost, da unser wütender Durst uns davon abhielt, irgend etwas zu essen. Zu diesem Zeitpunkt waren wir in eine schlimme Strömungskabbelung geraten, die es in Verbindung mit der schweren, unruhigen See fast unmöglich machte, die *Dudley Docker* am Vollaufen zu hindern. Tatsache war, daß wir mehrere schwere Heckseen übernahmen, ebenso wie Wellen querein und am Bug, obwohl wir ›vor dem Wind‹ liefen. Lees, der eingestandenermaßen ein schlechter Ruderer war, machte diesen Mangel nun durch tüchtiges Schöpfen wett, wobei er kräftig unterstützt wurde von Cheetham. Greenstreet, ein prächtiger Bursche, löste mich an der Pinne ab und half überhaupt sehr. Er und Mackling waren die ganze Zeit hindurch als Schlagmänner meine rechten und linken Buganker. McLeod und

Cheetham waren zwei tüchtige Seemänner und Ruderer, der erste ein typischer alter See- und Brummbär, der zweite ein Pirat durch und durch. Auf dem Höhepunkt des Sturms in jener Nacht handelte Cheetham mir Streichhölzer gegen Sektflaschen ab, eine Flasche pro Streichholz (viel zu billig; ich hätte ihm zwei Flaschen abnehmen sollen). Der Sekt wird fällig, wenn er seinen Pub in Hull eröffnet und ich dort vorbeischaue ... Wir waren nun 108 Stunden lang ununterbrochen unterwegs, hin und her geworfen, frierend und durchnäßt, mit wenig oder gar keinem Schlaf. Ich glaube, Sir Ernest, Wild, Greenstreet und ich durften sagen, daß wir gar nicht geschlafen hatten. Obwohl es 16 Monate her war, seit wir auf rauher See gewesen waren, wurden nur vier Mann tatsächlich seekrank, doch mehrere andere sahen blaß aus.

Die Temperatur lag bei sechs Grad unter Null; glücklicherweise blieben uns die bitter niedrigen Temperaturen der vorangegangenen Nacht erspart. Greenstreets rechter Fuß drohte zu erfrieren, aber Lees taute ihn wieder auf, indem er ihn unter seinen Pullover steckte und gegen den Bauch hielt. Andere Männer hatten kleinere Erfrierungen, vor allen Dingen deshalb, weil ihre Kleidung durchnäßt war vom Salzwasser ... Wir befanden uns in Landnähe, als der Morgen nahte, konnten jedoch durch Schneefall und herumwirbelnde Flocken nichts davon sehen. Meine Augen begannen, mich im Stich zu lassen. Das ständige Spähen in den Wind, immer Ausschau haltend nach Seen, die uns treffen mochten, schien mir eine Art Augenerkältung eingetragen zu haben. Ich konnte Entfernungen nicht mehr richtig sehen oder abschätzen, und ich bemerkte, daß ich für Sekunden an der Pinne einschlief. Um drei Uhr früh löste Greenstreet mich ab. Ich war so steif geworden von den langen Stunden, die ich, kalt und naß, in der unbequemen Position verbracht hatte, daß die anderen Männer mich mittschiffs ziehen und mich sozusagen ausklappen mußten wie ein Taschenmesser, indem sie erst meine Oberschenkel, dann meine Leistengegend und den Bauch rieben.

Bei Tageslicht befanden wir uns unmittelbar längsseits der Insel, aber das Wetter war so schlecht, daß wir nicht sehen konnten, wo wir nach einem Landeplatz suchen sollten. Nach einer Stunde Pause im Schutz (man verzeihe den Ausdruck!) des tropfenden Zeltes übernahm ich wieder die Pinne, ließ die *Dudley Docker* vor dem Sturm laufen und folgte der Küste nach Norden. Dieser Kurs war während der ersten Stunde ziemlich riskant, weil das Boot in der schweren See, vor der wir liefen, vollzulaufen drohte, aber um 8 Uhr lagen wir ein wenig im Windschatten vom Land. Danach war ich in der Lage, das Boot sehr nah unter Land zu halten, an einer Gletscherfront entlang, in der Absicht, im Vorbeisegeln Klumpen Süßwassereis aufzufischen. Unser Durst war heftig. Bald hatten wir etwas Eis an Bord, und die nächsten anderthalb Stunden saugten wir an Eisstücken und kauten sie gierig.

Die ganze Zeit fuhren wir an der Küste unter hoch aufragenden Felsklippen und nackten Gletscherwänden entlang, die nicht die geringste Möglichkeit boten, irgendwo an Land zu gehen. Um 9.30 Uhr entdeckten wir einen schmalen, felsigen Strand am Fuß einiger sehr hoher Klippen und hielten darauf zu. Zu unserer großen Freude sichteten wir die *James Caird* und die *Stancomb Wills*, die gerade vor uns denselben Zufluchtsort ansteuerten. Wir waren so begeistert, daß wir dreimal laut Hurra! riefen, was an Bord der anderen Boote nicht gehört wurde, weil das Donnern der Brandung zu laut war. Schon bald stießen wir zu ihnen und konnten am Strand unsere Erfahrungen austauschen.«

Unsere Erfahrungen auf der *James Caird* waren ähnlich gewesen, obwohl wir nicht so gut gegen den Wind halten konnten wie die *Dudley Docker*. Das war ein glücklicher Umstand, wie die Ereignisse bewiesen, denn die *James Caird* und die *Stancomb Wills* hielten sich leewärts von der großen Bucht, in welche die *Dudley Docker* hineinsegelte und aus welcher sie mit achterlicher See wieder heraus mußte. Wir vermieden so das Risiko, daß die *Stancomb Wills* in der nachlaufenden See hätte vollaufen können. Am Morgen war das Wetter sehr trübe. Ja, um 7 Uhr waren wir direkt unter den Klippen, die steil ins Meer fielen, bevor wir sie überhaupt

sahen. Wir folgten der Küste nach Norden, und immer wieder
zeigten sich unseren suchenden Blicken nur steile Klippen und
Gletscherwände. Die See brach sich schwer an diesen Wänden,
und eine Landung wäre in jedem Fall unmöglich gewesen. Wir
nahmen Eisstücke an Bord und saugten gierig daran. Um 9 Uhr sahen wir am Nordwestende der Insel einen schmalen Strand am
Fuße der Klippen. Davor lag ein Felsgürtel, gegen den die Wellen
stark anbrandeten, der aber einen schmalen Durchlaß bot, eine
Lücke im schäumenden Wasser. Ich beschloß, daß wir uns den Gefahren dieses unattraktiven Landeplatzes stellen mußten. Zwei
Tage und Nächte, ohne zu trinken oder warm zu essen, hatten den
meisten Männern übel mitgespielt, und wir konnten nicht annehmen, daß ein sichererer Hafen in unserer Reichweite lag. Die *Stancomb Wills* war das leichtere und handlichere Boot. Ich rief sie
längsseits, in der Absicht, sie zuerst durch die Brandungslücke zu
bringen und mich zu vergewissern, daß wirklich die Möglichkeit
bestand, an Land zu gehen, bevor die *James Caird* sich auf das
Wagnis einließ. Ich kletterte gerade in die *Stancomb Wills* hinüber,
als ich die *Dudley Docker* mit ihrem Segel von achtern herankommen sah. Ihr Anblick nahm mir eine große Last vom Herzen.

Vorsichtig rudernd und die Grundseen vermeidend, die anzeigten, wo unter der Wasseroberfläche Felsen verborgen lagen, brachten wir die *Stancomb Wills* zu der Lücke im Riff. Ein paar kräftige
Schläge – und wir schossen auf einer Welle hindurch, setzten das
Boot auf den steinigen Strand. Die nächste Welle schob uns noch
ein wenig höher. Dies war die erste Landung, die je auf Elephant
Island gemacht wurde, und mir kam der Gedanke, daß die Ehre,
der erste Mensch auf dieser Insel zu sein, dem jüngsten Mitglied
der Expedition gebühren sollte. Daher sagte ich Blackborrow, er
möge an Land springen. Er schien in einem fast traumatischen Zustand zu sein, und um Verzögerungen zu vermeiden, half ich ihm –
vielleicht ein wenig zu grob – über die Seite des Bootes. Er setzte
sich prompt in der Brandung hin und bewegte sich kein Stück weiter. Da begriff ich plötzlich, was ich vergessen hatte: Seine beiden

Füße waren arg erfroren. Ein paar von uns sprangen außenbords und zogen ihn an einen trockenen Platz. Es war eine ziemlich derbe Erfahrung für Blackborrow, doch wie auch immer: Er kann jetzt sagen, der auf Elephant Island gesessen hat. Mag sein, daß er zu jenem Zeitpunkt gern auf eine derartige Auszeichnung verzichtet hätte. Wir brachten den Koch an Land und seinen Tranofen, einen Vorrat an Brennstoff und ein paar Pakete Milchpulver, außerdem einige Männer. Dann pullte der Rest von uns wieder hinaus, um die anderen Boote durch den Durchlaß zu dirigieren. Die *James Caird* war zu schwer, um sie direkt auf den Strand zu setzen. Wir brachten also die meisten Männer von der *Dudley Docker* und der *Stancomb Wills* an Land, dann überwachte ich das Verfrachten der Ausrüstung von der *James Caird* noch außerhalb des Riffs. Danach passierten wir gemeinsam die Durchfahrt, und innerhalb von ein paar Minuten lagen alle drei Boote auf dem Strand. Ein seltsamer Anblick erwartete mich, als ich das zweite Mal an Land ging. Einige der Männer torkelten über den Sand, als hätten sie an dieser trostlosen Küste einen unbegrenzten Alkoholvorrat gefunden. Sie lachten lauthals, sammelten Steine auf und ließen Kiesel zwischen ihren Fingern hindurchrinnen wie Geizhälse, die sich an gehorteten Reichtümern ergötzen. Das Lachen, das die aufgesprungenen Lippen bluten ließ, und die freudigen Ausrufe beim Anblick zweier lebender Robben auf dem Strand ließen mich einen Moment lang an jene glänzende Stunde der Kindheit denken, wenn die Tür endlich geöffnet wird und der Weihnachtsbaum in all seiner Herrlichkeit vor unseren Augen steht. Ich erinnere mich, daß Wild, der sich immer als dem Schicksal überlegen zeigte, mochte es gut sein oder schlecht, an Land kam, während ich dastand und den Männern zusah. Er stellte sich neben mich, so leichthin und unbeteiligt, als wäre er soeben aus seinem Wagen gestiegen – zu einem Spaziergang im Park.

Francis Spufford
aus »Es kann noch dauern«

*Obwohl wir Scott und seine Männer nicht persönlich ken-
nen können, gehen wir dennoch recht vertraulich mit ihnen
und ihren Erinnerungen um. Francis Spufford (geboren 1964)
möchte uns die Expeditionsteilnehmer an Hand ihrer Weltan-
schauungen, ihrer Motive und ihres Verhaltens vorstellen – den
großen und kleinen Dingen, die im Leben zählen. Im Verlauf dieser Erzählung liefert Spufford eine Antwort auf die Frage: Warum
eine Geschichte, die schon so oft erzählt wurde, nochmals erzählen? Die Reise beginnt auf der* Terra Nova, *auf ihrem Weg von Neuseeland in Richtung Süden.*

2. Dezember 1910

Dann brach ein neuer Tag an, und alles fing auf einmal an, schiefzu-
gehen.« Wilson wacht in einer der wenigen, noch trockenen Kojen
auf dem Schiff auf und muß feststellen, daß die *Terra Nova* nicht
mehr deshalb auf dem Wasser schwimmt, weil sie auf der Wasseroberfläche dahingleitet, sondern weil der hölzerne Rumpf und die
Bretter auf Deck eine sich auf und ab bewegende Luftblase um-
schließen, in die sich Wasser, von allen Seiten pochend, Eintritt verschaffen will. Der gestrige »noch zu bewältigende« Sturm aus Westen hat sich als das vertraute Monster des 50. Breitengrads Süd
entpuppt. Einem Orkan, bei dem Meer und Himmel ineinander
übergehen und dem die überladene, schwer im Wasser liegende *Terra Nova* nicht in der Lage ist zu trotzen. Man vermutet, daß die Wellen, die aus Westen gegen das Schiff peitschen, über zehn Meter
hoch sind. Doch das ist nur eine Schätzung. Indes erklimmt das

Schiff einen Kamm und rollt dann nach unten in den gefährlichen Schlund zwischen zwei Wellen, während die Motoren heulend versuchen, den Bug auf sicherem Kurs zu halten. Wenn die Winkel im Schiffsboden und die Spundzapfen sich weniger kräftig bewegten, wäre das ein Zeichen von nachlassender Schwimmfähigkeit. Unablässig bedecken gewaltige grüne Wellen den Mittelteil der *Terra Nova* und reißen an den Kohlehaufen und pyramidenförmig aufgetürmten Petroleumbehältern, die inzwischen zu wackeln und rutschen begonnen haben wie eine unvorhergesehene Lawine oder ein frei hin und her schlagender Sturmbock. Birdie Bowers hat einen Großteil der Nacht damit verbracht, die Petroleumbehälter zu retten. Dabei verläßt er sich auf den Halt eines Seiles, wenn das Schiff schwankt und er seitlich im Wasser gegen die Reling rutscht. Die auf dem Deck angebundenen Hunde treiben um ihn herum und schnappen nach Luft. Selbst Scott auf der Brücke ist oft bis zur Hüfte unter Wasser. Durch das Gewicht des Wassers auf Deck löst sich die Beplankung und geht im Rhythmus mit den aufschlagenden Wellen an den Fugen auseinander. Die ganze Nacht über hat Wilson gehört, wie das Meer auf den Decks über ihm schlug und wie eimerweise Wasser nach unten auf das Deck der Offiziersmesse strömte. Mit dem in den Laderaum tropfenden Wasser, wodurch die eingeschlossene Luftblase reduziert wird, fallen aus kaputten Kohlesäcken auch kleine schmierige Kügelchen Kohlenstaub nach unten, die bei Tagesanbruch die Pumpen verstopfen. Folglich steigt das eh schon in Kniehöhe hin und her schwappende Wasser im Heizraum, wo die Dampfkessel gefeuert werden, sehr schnell an und droht in die Kessel zu gelangen. Das Feuer muß gelöscht werden. Die Motoren stoppen. Die Mannschaft befindet sich nun in einer ausweglosen Situation. Einerseits kann sie nicht an die verstopfte Hauptpumpe gelangen und sie reinigen, ohne eine Luke zu öffnen, da der Pumpenkopf nur von oben zugänglich ist. Andererseits kann sie keine Luke öffnen, ohne daß Sturzfluten hineinströmen. »Das Schiff wäre in weniger als zehn Minuten untergegangen«, schreibt Bowers später in einem Brief an seine Mutter. Die Männer versuchen es mit ei-

ner kleineren Handpumpe, doch sie hat zu wenig Druck und schafft
es nicht, das Wasser vom Laderaum aufs Deck zu pumpen. Leutnant Evans geht mit dem Maschinisten und Zimmermann nach unten, um ein Loch in die Stahlwand zu schneiden, welche die ver-
stopften Pumpen abtrennt – eine Arbeit von mindestens zwölf
Stunden. Mittlerweile ist es 7 Uhr früh, und alle Schiffsoffiziere, die
nicht gerade mit der Bedienung des Schiffs beschäftigt sind, und alle
wissenschaftlichen Mitarbeiter und Freiwilligen, insofern sie nicht
wegen Seekrankheit völlig außerstande sind, werden zum engen
Schaft gerufen, der so tief wie das Schiff ist und vom Maschinenraum bis zur Luke auf der Leeseite und zur Spitze reicht. Einige von
ihnen, die sich alle paar Minuten übergeben müssen, drängen sich
auf den zwei sich im Schacht befindenden Eisenleitern. Die Männer
ganz unten stehen nackt im dampfend warmen Leckwasser, das von
den Motoren zischend ausgespuckt wird; weiter oben sind die Männer bekleidet. »Ein paar Öllampen im Maschinenraum, deren Licht
die Dunkelheit gerade sichtbar macht« (Wilson) schwingen mit dem
Schacht – einer tintenschwarzen Röhre – hin und her entlang der
Vertikalen wie das Pendel eines Metronoms. Die Männer reichen
Eimer voll Wasser den Schacht hinauf, und beim Schöpfen und Er-
brechen singen sie. »Ich kam zum Schöpfen mit einem inbrünstigen
Gebet in meinem Herzen«, schreibt Bowers, »und Yip-I-Addy auf
meinen Lippen ...«

   »Yip-I-Addy« ist eine Art von Sprechgesang im Walzertakt. Das
Lied wurde 1908 als Schlager auf dem Broadway bekannt und
schon bald vom Londoner Varieté aufgegriffen. Um den ganzen
komischen Effekt zu erzielen, benötigt man eigentlich eine Frauenstimme in Begleitung eines Cellos. So müssen die zwanzig und
mehr ungenauen Tenöre, Bässe und Baritone auf der Leiter die tiefen und mädchenhaften Stimmen, so gut sie können, nachmachen:

Der junge Hermann von Bellow, ein Freund der Musik,
Spielte auf einem großen Cello am Abend;
Melodien so fein bei einem Tanz im Garten, und

Die Tänzer, sie tanzten im Kreise herum vor Freud.
Eines Tages sah er ein tanzendes Mädchen so hold,
Daß sein Herz war entflammt.
Und er spielte Musik so sanft auf seinem Cello, da
Tanzte sie zu ihm hin und rief:
Yip-I-Addy-I-Ay, I-Ay!
Yip-I-Addy-I-Ay!

Selbst bei Schwierigkeiten wie diesen bleibt ein gewisses Maß an Spaß erhalten, mit dem die Edelmänner an Bord der *Terra Nova* Routinearbeiten in Angriff nehmen. »Wie auf dem Schiff etwas zur Gewohnheit werden konnte, weiß ich nicht«, meint Cherry-Garrad, »die meisten anfallenden Arbeiten wurden nämlich von denen erledigt, die sich freiwillig dafür meldeten.« Die Welt, in der »Selbstlosigkeit« die soziale Rangordnung bestimmt, ist klein. Wenn der Ruf erschallt, reißen sich eifrige junge Männer darum, wer »Mädchen für alles« spielen darf, also der »Esel« sein darf, der die Routinearbeit erledigt. Geologen reffen dann Segel, »Einzelgänger zur See« helfen in der Kombüse mit. Cherry-Garrad selbst hat versucht, beim Schüren der Kessel mit Hand anzulegen. (»Das war ein echter Test für mein Durchhaltevermögen«, erklärte er danach.) Einige, die entweder älter oder mißtrauischer waren, regen sich über diese Atmosphäre auf, den meisten jedoch gefällt sie. Viele hatten in ihrem Berufsleben schon einmal Macht gekostet. Bevor Bowers sich als Scotts Proviantmeister verpflichtete, hatte er das Kommando über ein 255-Tonner-Kanonenboot der Königlich Indischen Marine geführt und war tagelang auf dem graugrünen Irrawaddy-Fluß mit einer Mannschaft von Laskaren unterwegs. Oates war der phlegmatisch-effiziente Adjutant seines Regiments in Indien (sowie Aufseher über die Jagdhunde in Mhow). Als diese Männer sich der Expedition anschlossen, degradierten sie sich freiwillig, denn die Arbeiten an Bord sind weit unter der Würde dessen, was ihrer gesellschaftlichen Schicht an möglichen Aufgaben später zufallen wird, so daß die Erledigung dieser Arbeiten nicht als Rückschritt empfun-

den wird, sondern eher als Urlaub. Sie sind wieder herrlich jung und
untergeben, einander verantwortlich und doch ledig der Verantwortung. Sie dürfen mit anpacken und schmutzig werden. Arbeiten, die
für die Matrosen als gewöhnlich gelten, machen ihnen Spaß. Die
Arbeit auf dem Schiff ist eine Art Gesellschaftskomödie, wobei die
gesellschaftliche Mobilität wie in einem Komödienstück leichter genommen wird als im Alltag. Man verläßt die Bühne als Experte für
Erdmagnetismus, um sie sogleich wieder als Schiffsputzer zu betreten. Vielleicht wecken die Aufgaben, die die Edelmänner unter den
fachmännischen Blicken der Besatzung ungeschickt erledigen, auch
vereitelte Träume von der Kindheit eines mittelständischen Jungen.
Oh, wenn man doch nur Dinge zum Funktionieren bringen könnte!
Oh, wenn man doch nur sein eigenes Werkzeug hätte! Was Papa tut,
ist geheimnisvoll, doch die Edelmänner, die Zug fahren und Uhren
reparieren können, wissen etwas, was sich lohnt zu wissen. Oates
hatte folglich soviel Spaß, daß man ihm einen Streich spielen mußte.
In Lyttleton, als er gerade als Handlanger des Schiffszimmermanns
mit geschorenem Haupt, in schmutzigem Hemd und dem Mund
voller Nägel auf dem Fockmast saß, »kam ein Geistlicher der Ma-
trosen-Mission vorbei. Als er hörte, daß ich Soldat war, sprach er
mich an. Er erzählte, gemeiner Soldat gewesen zu sein und sich dann
zum Geistlichen hochgearbeitet zu haben. Er sagte, es sei doch traurig, daß ich, der Hauptmann bei der Kavallerie gewesen war, mich
zum Zimmermannsgehilfen degradiert habe. Jemand muß ihn wohl
zum Narren gehabt haben!«

Oates gehört jedoch nicht zu den Männern, die Wassereimer von
Hand zu Hand weiterreichen und versucht nicht daran denken, was
passieren könnte, wenn das Schöpfen nicht verhindert, daß das
Wasser im Schiff noch höher steigt. (Sie schöpfen nun schon seit
Stunden und werden nach zwei Stunden immer wieder abgelöst.)
Seit Einsetzen des Sturmes ist er im Vorderschiff positioniert, wo er
und ein anderer, auffallend schweigsamer Mann, Atkinson, der
zweite Arzt an Bord, sich abmühen, fünfzehn verängstigte Ponys
auf den Füßen und somit am Leben zu halten. Jede Welle dringt

durch die provisorisch eingerichteten Verschläge. Wenn Leutnant
Evans mit Scott vorbeikommt, bemerkt er, daß »er (Oates) den armen kleinen Ponys ab und zu regelrecht wieder auf die Beine helfen
muß, wenn das Schiff stark zur Leeseite schlingert und das mächtige
Meer ansonsten seinen Schützlingen den Boden unter den Füßen
wegspülen würde«. Oates hilft auf und redet gut zu, beschwichtigt
und schiebt, hilft auf und redet gut zu, beschwichtigt und schiebt.
Ein Pony ist bereits ertrunken. Wahrscheinlich regt die in ihm auf-
steigende Wut seinen Handlungskreislauf unablässig an. Die Ponys
waren ohnehin untrainierte, alte Klepper und ein schlechtes Geschäft. Sie dürften diesen schlagenden Wellen eigentlich nicht ausgesetzt werden. (Keinem Pferd sollte dieses Schicksal zuteil werden
müssen.) Doch Oates ist für die Ponys verantwortlich. Der Erfolg
von Scotts Reiseplänen in der Antarktis hängt möglicherweise von
diesen Ponys ab, beziehungsweise von den demoralisierten Ponys,
die mit Hilfe von Oates Überredungskünsten und Bemühungen
durchgebracht werden können. Möglicherweise zieht Scott ihn für
die Verluste zur Rechenschaft. Oates wird immer mehr bewußt, daß
dieser auf Altruismus gegründete Gesellschaftsvertrag auf sehr
wackligen Beinen steht. Man gibt sein Bestes und geht davon aus,
daß der Nächste gleichermaßen gerecht und aufopfernd handelt.
Was aber, wenn nicht? »Scott ist stets sehr höflich zu mir«, regt
Oates sich später einmal auf, »... doch Tatsache ist, daß er es nicht
ehrlich meint. Er ist sich selbst der Nächste, die anderen sind un-
wichtig. Wenn er alles Erdenkliche aus einem herausgeholt hat,
kann man zusehen, wo man bleibt.« Oates ist wahrscheinlich der
einzige, der auf Scotts letzter Fahrt »verdammte Scheiße« sagt. Bald
schon stirbt ein weiteres Pony.

Yip-I-Addy-I-Ay, I-Ay!
Yip-I-Addy-I-Ay!
Ist mir egal, was aus mir wird,
wenn du dieses schöne Lied spielst.

Niemand kann richtig nachvollziehen, was Wilson an dieser Situation so reizvoll findet. (»Ich muß gestehen, ich habe alles von Anfang bis Ende genossen.«) Oates kommentiert: »Ich kann mich nicht erinnern, schon einmal Schlimmeres durchlebt zu haben.« Dennoch stellt die Reaktion jedes einzelnen ausnahmslos eine Untertreibung dar. Alle verhalten sich zurückhaltend und gleichmütig. »Meiner Meinung nach wurde es jetzt erst interessant«, schreibt Wilson. »Kapitän Scott war einfach großartig. Man hätte meinen können, er befinde sich im Yachthafen von Cowes auf der Isle of Wight«, bemerkt Bowers voller Bewunderung und fügt hinzu, daß Scott, indem es ihm gelang, sich wie ein »Sportsegler« zu geben, »zu einer Zeit, als seine Aussichten überaus düster und dunkel waren, den besten Verhaltensregeln entsprach. Bowers ist jemand, der gern seinen Bademantel überwirft – »ein gutes, warmes Stück« –, sobald dies durch eine Unterbrechung der Arbeit möglich ist. Die in allen Köpfen herumschwirrenden Wörter *Tod* und *Ertrinken* werden aus der gesprochenen Sprache stillschweigend verbannt. Statt dessen werden Deckwörter wie »interessant« und »aufregend« verwendet, deren Zweckdienlichkeit sich später noch häufig unter Beweis stellen wird. Es handelt sich um den Stil der Gruppe (obwohl er auch in jedem einzelnen steckt und in einer Notsituation hervortritt), hinter dem gleichzeitig ein gewisser Gruppenzwang steht. Wenn nachher jeder Mann seinen Bericht über die Ereignisse im Sturm niederschreibt, wird klar, daß alle über die bestehende Gefahr völlig im Bilde waren. Die meisten haben auch die Vorstellung, daß es ahnungslose Männer an Bord gibt, die vor der schrecklichen Kunde verschont bleiben sollen. »Keiner von unseren Landsleuten, die alle so hart arbeiteten, wußte, wie ernsthaft die Lage war«, meint Bowers. In gleicher Weise hegt jeder im Schacht schuftende Wissenschaftler an Bord die gleiche Vorstellung über seinen Nächsten. So legen alle, ohne es zu ahnen, die gleichen Verhaltensweisen an den Tag und stellen voreinander ständig Gelassenheit und Seelenruhe zur Schau. Ein Nichtwissen um den tatsächlichen Stand der Dinge ist zumindest in der Theorie nicht ganz unmöglich. Angenommen man ist »Landmann« – also »Nicht-Seemann« – und gewöhnt, Boden unter den Füßen zu haben: Fährt man dann zur See, scheint jedes Schlingern des Schiffes potentiell gefährlich zu sein. Darüber spricht man natürlich nicht. Nur das Verhalten der anderen Personen an Bord gibt die Gewißheit, daß alles in Ordnung ist, daß es normal ist, wenn das Schiff schaukelt. Man gewöhnt sich an das Stampfen, Wogen, Rollen, Gieren, auf die Koje tropfende Wasser, das laute Ächzen und Knarren des Holzes mitten in der Nacht. Man weiß, daß eigene Befürchtungen nicht zuverlässig Aufschluß über diese nasse Welt geben können, über jenen Punkt, an dem die Situation tatsächlich brenzlig wird und der noch soviel länger im Verborgenen liegt, bis man die entsprechende Erfahrung macht. Es ist durchaus denkbar, daß gerade dann, wenn man in einem Orkan nichtsahnend hinausfährt und die Matrosen Ruhe bewahren, die unberechenbare Gefahrenlinie deutlich überschritten wird. Doch mit »Ruhe bewahren« läßt sich die aktuelle Reaktion der Befehlenden nun nicht mehr beschreiben. Es handelt sich vielmehr um eine intensivierte Schweigsamkeit, bis diese in einem anderen Zustand gipfelt, der völlig leicht interpretiert und nachvollzogen werden kann. Wenn ein auf der Leiter balancierender Wissenschaftler aufgrund des ansteigenden Wassers noch nicht zu dem offensichtlichen Schluß gelangt ist, hätte er die Situation jetzt an den knappen Antworten und einheitlich zur Schau gestellten guten Mienen der Männer um ihn herum wie aus einem Buch lesen müssen. Oates ist wahrscheinlich der letzte an Bord, der den Ernst der Lage erfaßt, nicht etwa weil seine Vernunftbegabung dazu nicht ausgereicht hätte, sondern weil er isoliert im Vorderschiff auf sichtbare Beweise warten muß und sich nicht anhand des Gesichtsausdrucks und der Stimmlage der anderen zu einem schnelleren Schluß verleiten lassen kann. »Um circa 4 Uhr früh war das Vorderschiff zur Hälfte mit Wasser gefüllt. Als ich hinaus aufs Wasser blickte, sah ich, daß das Vorderdeck leer war und nur ein einzelner Hund vom Wasser hin und her getrieben wurde. Ich begann dann zu vermuten, daß sich die Lage etwas zugespitzt hatte ...« Oates bedurfte nicht der Gruppe um ihn herum, um stoisch zu werden. »Er ... war sich offenbar des persönliches Leids um ihn herum nicht gewahr«, bemerkt Leutnant Evans, als er nach Oates schaut und sieht, wie dieser sich im Vorderschiff abmüht, »obwohl seine Hände und Füße von der Kälte und Nässe völlig taub gewesen sein müssen.« Die Gefahrensituation verstärkt bei Oates die Reserviertheit, die er gewöhnlich an den Tag legt.

Wie in den Schützengräben der Briten im Ersten Weltkrieg ganz deutlich werden sollte, können Understatement und stoische Ruhe in einer Schreckenssituation äußerst ausdrucksstark sein. Dadurch wird ein Bild des Grauens vermittelt, das bei gewöhnlicher Darstellung abgeschwächt würde und bei Übertreibung entsprechend dem Maß des Schreckens gänzlich verlorenginge. »Begeben Sie sich in den Graben, Hebuterne«, wird der Gefreite R. W. Mitchell im Juni 1916 in sein Tagebuch schreiben. »Granaten und eine gewisse Feuchtigkeit.« Gewiß sind die Stimmen, die auf der *Terra Nova* vernommen werden, weniger trostlos und heiter, doch klingen sie für diejenigen immer noch ironisch und keineswegs beschönigend, die Teilhaber an dem den heiteren Ton hervorrufenden verhängnisvollen Wissen sind. (Das sind alle.) Sie begreifen, wie absurd es wäre, nur wenige Tage, nachdem sie aufgebrochen sind, um die Welt mit Abenteuern vom Südpol ins Staunen zu versetzen, auf den Grund des Südpolarmeeres zu sinken. »Es schien, als sei der Sturm aufgekommen«, schreibt Wilson, »um uns jede Menge Ärger und zwei Jahre Arbeit zu ersparen ...« Bowers amüsiert sich über den Gegensatz zwischen dem jetzigen Chaos auf dem Meer und der groß aufgezogenen Verabschiedung vom vorangegangenen Dienstag. »Gott zeigte uns die Schwächen menschlicher Anstrengung«, schreibt er optimistisch, »und verpaßte jedem von uns – auch denen, die in letzter Zeit ganz groß herausgekommen waren – einen Denkzettel: Das Ganze war recht pathetisch.« Die Wasserschöpfer machten sich indirekt über ihr eigenes Unvermögen lustig.

Ihre Reaktionen schließen auch nicht die flüchtigen Augenblikke aus, in denen ihnen die unliebsame Größe und Macht der auf sie einwirkenden Naturgewalt bewußt wurden. Burke wollte die

Erhabenheit dieser Gewalt nicht anerkennen. Es gibt hier keinen Ort der Sicherheit, wo man in diesem Flutwirbel Genugtuung empfinden könnte. Dennoch wird durch die Schöpfarbeit, die die Männer im Schacht leisten, gewissermaßen ein hauchdünner, gedanklicher Schutzwall zwischen den Männern und dem Orkan errichtet. Ständig überlegen sie, was sie noch tun könnten, und so ist der Orkan immer noch außerhalb der Reichweite des gegenwärtigen Augenblicks. Wenn Wilson die Wellen als »wirklich unheimlich« bezeichnet, meint er nicht nur, daß sie furchterregend seien. Wenn der Augenblick, in dem die Vernunftfalle zuschnappt, als »atemberaubend« beschrieben wird, ist Furcht nicht die einzige Bedeutungskomponente des Wortes, sind gespielte Tapferkeit und Leugnung der Gefahr nicht die einzigen Motive zur Verwendung eines Begriffes, der normalerweise Wertschätzung ausdrückt. Mit »atemberaubend« wird teils eine Empfindung ausgedrückt, teils lächerlich gemacht, die von Verwunderung und Ehrfurcht durchdrungen ist, wenn die Männer um ihr Leben schöpfen.

Frank Debenham, ein junger Geologe aus Australien, taumelt zurück unter Deck, und seine Gedanken sind erfüllt von dem Anblick, der sich ihm oben bietet, »der abscheulichen Trostlosigkeit des Wassers, gewaltiger Wellen ... die sich mit Riesengeschwindigkeit, angepeitscht von einem heulenden Wind, auf mich zu bewegten.« Birdie Bowers geht an ihm vorbei und klopft ihm auf den Rücken. »Ist das nicht ein herrlicher Anblick. – Hab' ich dir nicht gesagt, daß das Leben eines Seemanns das einzig erstrebenswerte ist?«

Yip I-Addy-I-Ay, I-Ay!
Mein Herz will schreien: Hurra!

Bowers hat Angst. Bowers fühlt sich aufgrund der durch die Notlage entstandenen ständigen Anstrengung aber auch zutiefst beglückt, so hoch oben wie ein im Wind segelnder Drachen. Er hat seit sechzig Stunden nicht mehr richtig schlafen, höchstens kurz gedöst, was seiner Wahrnehmungsfähigkeit erhebende Klarheit verleiht. Ihn verlangt nach Arbeit, und er hat nun genug davon; ihn verlangt nach einem Helden, den er verehren kann, und er hat nun einen in Scott gefunden; er liebt es, in guter Gesellschaft zu sein, und um ihn herum packen eine Reihe von Freunden, die er alle mit einem Spitznamen ruft, kräftig an – Onkel Bill, Titus, Deb, Cherry und Sunny Jim. Sie nennen ihn jetzt Birdie, der neueste in einer langen Serie von Namen, die auf seine Nase anspielen. Außerdem wird er, wenn das Schiff nicht untergeht, bald zu dem Ort unterwegs sein, den er bereits seit seinem siebten Lebensjahr sehen wollte, als er die Antarktis noch mit Iglus aus dem Geographieunterricht in Verbindung brachte. Er schrieb damals: »Lieber Eskimo, bitte schreib mir und erzähl mir von deinem Land. Ich will auch eines Tages dorthin. Dein Freund Henry.« Eines Nachts, als Henry neunzehn war, erschien ihm Jesus, auf dem Deck eines Händlerschiffes, das in Richtung Heimat nach Australien unterwegs war. Er hatte damals gerade zu spüren bekommen, daß die Mädchen sich von ihm abwandten, weil er einen Kopf hatte, der an einen Truthahn erinnerte.

Jesus zeigte mir, weshalb wir hier sind und worin der Sinn unseres Lebens besteht. Er besteht darin, eine wichtige Entscheidung zu treffen: sich zwischen dem Materiellen und Geistlichen zu entscheiden. Wenn wir uns dann für das Geistliche entscheiden, müssen wir unsere Entscheidung in die Tat umsetzen. Sie wird sich dann wie ein silberner Faden durch das Materielle ziehen ... Ich werde jedoch nie vergessen können, wie ich – ganz plötzlich – erkannte, daß nichts, was mit unserem Körper geschieht, wirklich zählt.

Bowers hat ein gutes Herz. »Bei ihm gibt es nichts Unterschwelliges«, erinnert sich Cherry-Garrard später; Bowers bringt eine gefühlvolle Heiterkeit in die geheimnisvollen Bereiche des Lebens, ohne zu erwarten, an diesen teilzuhaben. Wenn er spürt, daß jemand betrübt ist, verpaßt er ihm einen herzlichen Schulterschlag, drückt ihm den Kopf unter eiskaltes Wasser und wünscht ihm nur das Beste. Allein vor einer Sache auf der ganzen Welt hat er Angst – Spinnen. Der Gedanke an seine Mutter schmerzt ihn. Da sein Vater auf See starb, bevor er ein Jahr alt war, wurde er nur von seiner Mutter großgezogen. (Vielleicht verkörpert er in mancherlei Hinsicht die Vorstellung einer gläubigen Frau, wie ein Mann zu sein hat.) Sie wollte nie, daß er zur See fuhr und heißt es ganz gewiß nicht gut, daß er nun an das Ende der Erde verschwindet. Immer wieder hat er in seinen Briefen versucht, seine Wünsche mit den ihren in Einklang zu bringen. Es gelingt ihm nicht. Er schafft es nicht, die Freude, die er empfindet, wenn er das Haus weihnachtlich schmückt oder Tennis spielt und seine Mutter ihm dabei zuschaut, mit den gegenwärtigen Empfindungen in Einklang zu bringen. Statt dessen meint er, ein Mensch sein zu müssen, der an zwei verschiedenen Strängen zieht. »Warum hast du mir ein Wesen verliehen, das liebt und sich mehr als nach allem in der Welt danach sehnt, zu Hause zu sein und dennoch voll auskostet, wenn es auf See ist?« Den Augenblick auskostend, geht er nach unten, weil er an der Reihe ist, einen der Männer beim Wasserschöpfen abzulösen. Man muß ihn gesehen haben! Ein kompaktes Adrenalinbündel, das den Niedergang hinunterhüpft.

Singt von Freude, singt von Glück,
Zu Hause war es nie so gut,
Yip-I-Addy-I-Ay!

Die Männer haben nun lange genug Wasser geschöpft. Das Bohrloch zur Pumpe ist fertig. Der Laderaum ist wieder leer. Der Sturm läßt nach. Das Schiff fährt weiter.

31. Dezember 1910 bis 4. Januar 1911

Vom tosenden Sturm ins starre Packeis hinein, im Schneckentempo in tückischen Schlangenlinien zwischen Einsschollen hindurch, auf denen Adéliepinguine ein kehliges Aha oder Wahahh krächzend von sich geben, wenn sie Menschen erblicken und »ganz aufgeregt«

sind, wenn Bowers ihnen vorsingt; befreit vom dicken metamorphi-
schen, reflektierenden Eis in das offen dahinterliegende arktische
Rossmeer, als hätte das Schiff eine Reihe von Verteidigungsringen
auf dem Weg ins Innere der Antarktis durchbrechen müssen. Neujahr rückt näher, und es ist so, als würde (Zitat Teddy Evans) »der
nächste Band eines spannenden Buches aufgeschlagen«. Die *Terra
Nova* gleitet staatlich auf den schattigen, silberfarbenen Wellen einer hellen, antarktischen Sommernacht. Noch ein paar Stunden bis
Mitternacht. Der Schiffsarzt Atkinson schüttelt Cherry-Garrard an
der Schulter. »Hast du das Land schon gesehen? Hüll dich in deine
Decken und komm mit. Schau es dir an!« Männer aus allen Wachen
stehen am Steuerbord und starren auf »das einzig Weiße an einem
dunklen Horizont«: Berge »wie Satin«, so hoch und noch so weit
weg, daß es aussieht, als schwebten sie auf einem dunklen Band. Am
aufklarenden Himmel sind die Gipfel der Eisberge auch aus einer
Entfernung von 110 Seemeilen haarscharf zu erkennen. Im Laufe
der nächsten Tage, dem letzten Abschnitt der Seereise, auf der Fahrt
in den Zielhafen an der Großen Eisbarriere und um die Ross-Insel
herum auf der Suche nach einem geeigneten Winterquartier nimmt
das Wetter allmählich die zarte Perfektion eines arktischen Sommers an. Das Meer beruhigt sich, der Wind weht sanft, Wolken verschwinden wie von selbst, die Luft wird trocken. In dieser Luft kann
Wilson seine TB auskurieren. Es tut so gut, diese Luft einzuatmen!
Sie ist ziemlich scharf und kalt, was man beim Einatmen als Krib-
beln spürt, wenn sie auf das warme Blut der Lungen trifft, und es ist,
als löse sich der Rest eines Schauers in der Brust auf. Das Ergebnis ist
größere Konzentrationsfähigkeit und das Gefühl, daß der Körper in
Bestform ist. Scott sagt, die Luft sei »unbeschreiblich gesundheits-
fördernd«; Bowers meint, sie sei »durchdrungen von Lebenskraft«.
Anstatt zu schlafen, sitzen die Männer in der nächtlichen Sonne auf
Deck. Auf dem letzten Stück zum gesichteten Land schreibt Cherry-
Garrard: »Viele blieben die ganze Nacht über auf und sahen zu, wie
diese neue Welt sich vor uns entfaltete, Kap für Kap und Berg für
Berg.« Die Luft läßt das Licht in außergewöhnlicher Weise durch-

scheinen. Zuerst sehen die Männer ein grelles, weißes Flackern –
wie der Lichtstreifen auf der Kinoleinwand zu Beginn eines Films–
direkt vor ihnen am Horizont: das die Barriere ankündigende »Eis-
blinzeln«. Daraus erhebt sich die trichterförmige Spitze des Mount
Erebus, danach, so Wilson, »eine strahlend weiße Linie«, die sich,
soweit das Auge reicht, nach rechts erstreckt und dicker wird, bis sie
sich zur unverwechselbaren Eiswand »entwickelt« hat. Wilson
durchsucht seinen Malkasten, um die Farben benennen zu können,
die vom Licht ins Meer und Eis eingeflößt werden und die mit
schwindendem Licht verblassen. Kobaltblau, Tintenblau, Wiesengrün, Smaragdgrün, Dunkelgrün. Das Wiesengrün ist das Resultat
von »unzähligen gelben und orangefarbenen Algen, die im blauen
Wasser treiben«, wie die mit psychedelischen Farbpunkten vollge-
tupften Flächen bei Tests zur Feststellung von Farbblindheit. Plötzlich schwimmt ein Schwarm Pinguine (oben braun mit weißen Spitzen) blitzschnell unter Wasser in den klaren Tiefen neben dem Schiff
umher. Sie »sprangen wie Delphine in das Wasser und wieder heraus«, »und das Wasser war wie Hunderte von Gewehrkugeln, die
überall um uns herum niedergingen«. An der Eisbarriere, die pok-
kennarbig und glitzernd an den Stellen scheint, wo die Wellen im
Laufe der Zeit Höhlen eingraben konnten, nimmt das Schiff Kurs in
Richtung Kap Crozier. Dort läuft eine Eiszunge auf Basaltfelsen auf,
doch es ist unmöglich, an Land zu gehen – die Dünung brandet zu
heftig, und in der Brandung ist zuviel Eis. Das Schiff steuert die
nächstmögliche Landestelle in der McMurdo-Bucht an. Ponting
wünscht, daß Scott das Schiff wie abgemacht zum Fotografieren
langsamer fahren ließe, doch geht diese kleine Enttäuschung in der
allgemeinen Aufregung unter. Wie der Künstler an Bord dokumentiert der Fotograf die in Sonne getauchte Landschaft so gut er kann.
Er verfügt nur über wenige Einzelbilder eines Test-Farbfilms, beeilt
sich jedoch, die Lichtverhältnisse mit dem Schwarzweißfilm so gut
wie möglich festzuhalten und schließlich auch mit Worten. »Ponting ist verzückt«, schreibt Scott, »und verwendet Ausdrücke, die
bei anderen und in bezug auf ein anderes Thema als übertrieben gel-

ten müßten.« Ponting drückt seine Verzückung sogar auf verschiedene Arten aus. Variante eins: »Die Mitternachtssonne leuchtete mit solcher Brillanz, daß ich in der Lage war, fotografische Fokalaufnahmen zu machen mit Blende F11 unter Verwendung eines 16-Zoll Zeiß Photar-Fokusobjektivs zusammen mit einem K3 Farbfilter in Verbindung mit einer orthochromatischen Vorsatzlinse.« Variante zwei: »In diesen wundersamen Grotten spielten Hunderte von anmutigen Märchenfeen – in den Farben des Regenbogens schillernde Lichtblitze, die sich in den kleinen tänzelnden und plätschernden Wellen widerspiegelten.« Beide klingen professionell. Scott gibt zu, daß die Fotografie Pontings rechtmäßiges Fachgebiet sei, doch findet er den Fotografen ein kleines bißchen zu geschmacklos, da dieser sich ständig Gedanken über den *Effekt* einer Sache macht, den visuellen und verbalen, der seinen »bemerkenswerten Bildern von unschätzbarem Bildungswert« unter Umständen zugemessen wird. Auch stört ihn das blumige Geschwafel, das sicherlich auch einhergehen wird mit der Vorführung seiner magischen, antarktischen Lichtshow auf der Leinwand. Fotografische Effekte bieten sich fortwährend. Das Schiff ist ständig in Bewegung; die glitzernden Eisberge bewegen sich; nahe Küstenstreifen und ferne Gipfel scheinen sich mit der Parallaxe des vorbeiziehenden Schiffs aufeinander zuzubewegen. Als die heute windstille McMurdò-Bucht sich dem Schiff erschließt, taucht ein Kap nach dem anderen auf, neue Gewässer kommen und verschwinden aus der Sicht. Ein Kaleidoskop von Anblicken, hier und da ein wenig dünnes Packeis, »das einen guten Vordergrund bildet«. Kurz nach der Landung schießt Ponting sein berühmtes Bild vom Schiff, eingerahmt von der Mündung einer Eishöhle, die wie der Querschnitt der Tragfläche eines Flugzeug aussieht.

Doch Tage wie diese sind rar. Ja, auch Anblicke wie diese. Der antarktische Kontinent wird sich den Männern nicht mehr oft von seiner heiteren Seite zeigen und nur selten vollkommen klare Sicht bieten. Manchmal werden die Berge vom Ecklager aus 48 Kilometer westlich von der McMurdo-Bucht wieder klar sichtbar sein und die

Männer an ihren ersten visuellen Eindruck des Landes erinnern. Unter gewöhnlichen Verhältnissen wird die Luft weder glasklar sein, noch eine dauerhaft aufschlußreiche Sichtweite bieten. Das Licht wird zwar grell, aber nicht klar sein; klar, aber nur mondhell; schlimmstenfalls werden die fortwährenden Permutationen von Wolken und Finsternis die Sicht beschränken auf Dinge im Umkreis von einem Kilometer, auf hundert Meter, auf eineinhalb Meter von einem sich den Weg im Dunkeln ertastenden Arm. Nur wenn man in den Vorzug kommt, die Antarktis bei Fernsicht zu sehen, ist es möglich zu erkennen, wie sie sich in ihrer Weite und Größe erstreckt. Dies ist der Fall, als das Schiff sich ihr nähert. »Die unwirtlichen Berge sehen aus der Ferne einladend und unbeschreiblich aus.« Die wunderbaren Berge: Man könnte meinen, es handle sich um die in Bunyans *Pilgerreise* beschriebenen *Wunderbaren Berge* – stets unerreichbar weit entfernt, aber einladend mit menschlichem Auge zu sehen. Sie erfüllen Bowers mit dem rastlosen, gierigen Wunsch, mehr mit einer Landschaft zu tun, als sie nur anzusehen: ihre Gipfeln zu erklimmen und auf der Spitze zu stehen. Aus näherer Entfernung (wie die vom Heiligen Brendan gesichteten Inseln, deren Wasser brackig und faul roch, als er näher kam) verkürzt sich hier die Sichtweite, und Engel wenden sich ab. Die faltigen, ineinander gewundenen Höhen des Mount Erebus und Mount Terror haben sich bereits so aneinander gedrückt, daß nur noch ein einziger schwarzer Vulkanfelsen und ein ziemlich abschreckender Gebirgszug sichtbar sind, als das Schiff dicht an der Ross-Insel vorbeizieht. Es wird sich herausstellen, daß sich in jeder Richtung auf den weißen Schultern der Gebirgszüge Gletscherspalten befinden und die Küstenstreifen der Insel von Eisstürzen tief eingekerbt sind. Überall ist es gefährlich. Kein Stückchen Land, kein Teil des Eismeeres darf ohne sorgfältigste vorherige Planung in Angriff genommen werden. Schließlich will man ja nicht auf unsicheren Boden treten.

Von den fünfundsechzig Mann auf der *Terra Nova* sind acht schon früher in der Antarktis gewesen, teils auf der *Discovery*-Expedition, teils mit Shackleton vor zwei Jahren auf der *Nimrod*. Für

sie war dieses Panorama Erinnerung und Traum, als sie ihrer »eis-
freien« Arbeit in England nachgingen. Die Erinnerungen überlap-
pen jetzt mit dem, was sie sehen, und setzen sich phasengleich fort.
Die arktische Landschaft vollbringt ein Kunststück: Sie läßt die Zeit
erstarren. Wilson schreibt: »Alles ist vage vertraut, und es scheint,
als wäre ich erst gestern angeseilt mit Cross und Whitefield an den
eisigen Steilwänden hochgeklettert ...« Sie kommen an einem in den
Strand gerammten Nachrichtenpfahl vorbei, »den wir vor zehn Jahren aufgestellt und auf dem wir zwei Zylinder befestigt haben; den
unteren habe ich selbst festgemacht«: Alles war noch erhalten, gegen Veränderung gefeit. Was auch mit dem, was von dieser neuen
Expedition zurückbleibt, bis zum letzten, nur zur Hälfte verspeisten
Keks geschehen wird. Scotts Niedergeschlagenheit verfliegt beim
»Anblick der alten, vertrauten Wegmarken«. (Während der Wochen, die wir im Packeis gefangenlagen, war er sehr wortkarg gewesen, bemerkte Wilfred Bruce.) »Es war gut, wieder auf sie zu
stoßen ... Wenn man ein vertrautes Bild wiedererkennt, hat man das
Gefühl, als würde man nach Hause kommen.« Für diejenigen, die
zum ersten Mal dabei sind, ist alles in einer anderen Hinsicht vertraut: Alles ist gut vorbereitet, erträumt und erwartet worden. Der
Anblick der Antarktis ist für sie Bestätigung und Offenbarung zugleich. Die Neuen sind zwar nicht mit Erinnerungen, aber einer vor-
gefaßten Meinung gekommen. »Was die Eisbarriere angeht«, erläu-
tert Cherry-Garrard, »ist es so, als würden wir sie bereits unser
ganzen Leben lang kennen. Sie entsprach exakt unseren Vorstellungen, den Bildern und Fotos, die wir gesehen hatten.« Doch haben sie
noch nicht wie die Veteranen unter ihnen ein heimatliches Gefühl
der Zugehörigkeit entwickelt. Die Antarktis ist aufregend, sie ist sogar – an schönen Tagen wie diesem – geradezu verführerisch. Durch
die Ruhe und immense Größe entsteht jedoch eine Schönheit, die
vollkommen losgelöst ist von menschlicher Nutznießung und
menschlichen Bedürfnissen. Teddy Evans nimmt eine Zwischenstel-
lung zwischen Veteranen und Anfängern ein, denn er hat schon früher auf dem Versorgungsschiff *Morning* für die *Discovery*-Expediti-

on die Antarktis gestreift, hat jedoch noch nie mit diesen Anblicken gelebt und sich bisher nicht in die Landschaft vorgetastet. Er ist gewöhnlich schnell dabei, viel zu reden, empfindet nun eine »seltsame Erregung«. – »Für mich haben diese Gipfel schon immer eine schweigende Herausforderung bedeutet, und das wird wohl auch so bleiben«, erinnert er sich im nachhinein. »Es gab Zeiten, in denen sie mich erschaudern ließen«, als würde beim Anblick die Kälte in der eisigen Luft verstärkt. Am wenigsten können die Neuankömmlinge bei der Betrachtung des Panoramas heimatliche Gefühle entwickeln. Die vorgefertigte Unterkunft, bestehend aus Holzbrettern und Gummimasse, liegt verpackt im Laderaum des Schiffes. Auf den Tausenden und Abertausenden von Quadratkilometern des weißen Kontinents können nur zwei kaum erkennbare Punkte, Hütten früherer Expeditionen, die Kälte etwas abhalten. Alles steht im Gegensatz zur Heimat. – In der deutschen Sprache gibt es das Wort un-heim-lich, das hier ganz zutreffend ist. Die Männer stehen einfach nur da und schauen auf die Antartis.

18. Februar bis 3. März 1911

Starkes Schneegestöber. Verglichen mit der Großen Eisbarriere ist die Ross-Insel lediglich ein Vulkanhügel. Zwanzig Seemeilen weiter südlich von Kap Evans, wo die Zimmermänner immer noch an der Fertigstellung des Winterquartiers arbeiten, bildet die Barriere den Abschluß der McMurdo-Bucht. Dahinter liegt das Ross-Eisschelf, eine gewaltige Eisplatte, die größer als Frankreich ist. Sie füllt die ganze Ausbuchtung auf dieser Seite des arktischen Kontinents und erstreckt wich wie eine rissige weiße Tischplatte in Richtung des Südpols bis zum Fuße des Beardmore-Gletschers. Schneewehen gefrieren hier entweder zu wellenförmigen Kämmen und bilden eine Kruste, die scharf knirscht, wenn man darübergeht oder sammeln sich in pulverförmigen, beweglichen Haufen. In Eile, um die restliche Zeit des Sommers, in der Schlittentransport möglich ist, auszunutzen, haben Scott und zehn weitere Männer, die Ponys führen oder Schlittenhunde antreiben, in einem Halbkreis Vorratsdepots für das nächste Frühjahr angelegt. »Beeilen wir uns«, pflegt Scott gern zu sagen. Jetzt, etwa 240 Kilometer südlich von Kap Evans, beschließt er, daß die Ponys nicht mehr weiter gehen können. Die meisten Vorräte an Lebensmitteln und Brennmaterial sind ordentlich in dem sogenannten Ein-Tonnen-Lager verstaut worden. Danach sind die Männer zum Ecklager zurückgekehrt und haben sich in zwei Mannschaften aufgeteilt. Sie reisen nachts, so daß die Ponys tagsüber in den wärmeren Stunden ausruhen können. In nördliche Richtung bei dichtem Schneefall brechen Bowers, Oates und Tryggve Gran, ein junger Skiläufer aus Norwegen, auf. Gran fällt es recht schwer, in dieser englischen Gesellschaft zu sein, aber er hat Oates vor einigen Tagen versprochen, im Kriegsfalle für England zu kämpfen und ist dafür mit einem Händeschütteln als Dank belohnt wurden. Jeder der Männer führt ein erschöpftes Pony am Zaum. Die Ponys sind durch Stricke miteinander verbunden; die Männer, die neben ihnen hergehen, können ihren Atem spüren.

»Der Marsch war außergewöhnlich«, schreibt Bowers.

Schneeschauer hüllten Fernes ein und ließen Nahes riesig erscheinen. Obgleich wir uns auf einer flachen, leicht gewellten Ebene fortbewegten, konnte man sich des Eindrucks nicht erwehren, daß der Untergrund hügelig war – mancherorts steil abfallend, mit tiefen Abgründen am Wegrand. Plötzlich kam es einem vor, als würde eine Herde Vieh in der Ferne erscheinen, dann dachte man: »Nein, das ist nur ein Rudel Hunde, das ausgebrochen ist und auf einen zurennt.« Im nächsten Moment trat man auf schwarze Flecken alten Pferdemists, der der Grund für diese Halluzination war.

Die kniehohen Schneefahnen heben sich vom Boden und werden ein Stück weiter weißes Hügelland. Als die Männer einen scheinbar langen Aufstieg in Angriff nehmen wollen, steigen sie über den ganzen Hügel. »Nach etwa 16 Kilometern sichteten wir ein kleines schwar-

zes Dreieck in der ansonsten schneeweißen Weite vor uns. Es war
noch über einen Kilometer entfernt. Es stellte sich als das Nahrungsdepot für die Hunde heraus.« Die darauffolgende Nacht ist heller
und die optischen Effekte genau umgekehrt. Die gleiche unendliche
Ebene erstreckt sich vor den Männern, doch nun ist der Horizont
weiter entfernt, als es für die menschlichen Sinne erscheint. Die weiße Fläche, auf die sie nun blicken, läßt meilenweit Schnee erkennen,
nicht nur ein paar Meter weit wie am Vortag. Luftspiegelungen lassen weiter entfernte Abschnitte sichtbar werden, und der Schimmer
des Lichts weckt die ständige Illusion von der offenen See. Eine der
Wegmarken erscheint in der Ferne und bleibt: »Das Ärgerliche,
wenn man Dinge bereits aus der Entfernung sieht, ist, daß es so lange dauert, bis man dorthin gelangt.« Entschlossen, den Fehler vom
Vortag nicht ein zweites Mal zu wiederholen, identifizieren die
Männer einen »dunklen Gegenstand« in der Ferne gleich von vornherein als weiteres Nahrungsdepot für die Schlittenhunde. Beim nä-
heren Herankommen sehen sie aber, daß »es sich um eine leere
Keksdose handelte. So trügerisch kann Licht sein.« Am 22. Februar
herrschen eine Nacht lang ideale Wetterbedingungen. Es ist »glasklar«; ansonsten wird der Marsch Nacht für Nacht immer dunkler,
und es scheint ein Schneesturm in der Luft zu liegen. Der Herbst
rückt näher, »die Mitternachtssonne war bereits im Begriff, ein Rad
über den südlichen Horizont zu schlagen ..., und das Wetter war
zweifellos aufgelockerter«. Die Männer stoßen auf unerwartete
Schneefahnen, die die Leichen zweier Ponys der anderen Truppe
bergen. Ihre eigenen, ausgezehrten Tiere müssen, nachdem sie rund
um die Uhr den Witterungsverhältnissen an der Barriere ausgesetzt
waren, nun ständig geschont werden. Gran fiel ein kleines, aber
wichtiges Teil des Primuskochers in das »weiche Nichts«. Dieses
Nichts schließt auch die Männer immer wieder ein, bis sie schließlich das Sicherheitslager am Rande der Eisbarriere erreichen. »Gefrorene Lebensmittel starrten uns an, wir beeilten uns, in die Weite
zu kommen ...«

Das Wirrwarr und Durcheinander der Eisbarriere sind für Bo-

wers etwas Neues und Beunruhigendes, belasten seine Gedanken
aber nicht allzusehr. Er findet das Ganze sogar amüsant, bis »der
Reiz des Neuen« verflogen ist. Er dokumentiert alles mit der Genauigkeit eines Navigators und der unbefangenen Neugierde, die diese
Eindrücke bei ihm wecken. Bowers hat die Eigenschaften, die Hermann Melville bei Walen lobte und den Menschen zur Aneignung
empfahl: »die seltene Tugend einer dicken Schale«. Das Naturphä-
nomen Eisbarriere durch Bowers Augen zu betrachten ist wie der
Blick durch einen dicken, quadratischen Glasblock. Für Scott, der
mit den Hunden vorauseilt, ist es anders. Er ist ausgemergelt von
besorgten Gedanken zur Berechnung von Gewicht und Entfernung,
dem offensichtlichen Leid der Ponys, deren Körper unter dem dünnen Fell durch die Schneestürme ausgezehrt waren. Scotts hält seine
Augen weit offen, und sie sind kaum geschützt vor dem undeutli-
chen Flackern und Flimmern im Dunst. Er besitzt eine scharfe
Wahrnehmung für die verschiedenen Arten von Schnee, die Größe
der Barriere, die Geräusche, die man im Zelt kurz vor dem Einschlafen wahrnimmt. In seinem Tagebuch hat er eine Reihe von »Ein-
drücken« beschrieben, die zeigen, daß er von der Verwendung
knapper, präziser Metaphern der neuen Dichtkunst angeregt wurde, die allmählich die literarische Szene Londons bestimmte. Wenn
seine Notizen auch nicht ganz den prototypischen Vergleichen der
Imagisten von Gesichtern in der Untergrundbahn mit »Blütenblät-
tern auf einem nassen, schwarzen Ast« entsprechen, zeugen sie dennoch von äußerster Aufmerksamkeit und Scharfsinnigkeit. »Die
vom Wind gewehten Furchen«, schreibt er, »das kleine grüne Zelt
und die große weiße Straße.« – »Das leise Flattern des Segeltuchs.«
– »Das Schneetreiben, das wie feines Mehl in jeden Winkel drang,
und unter die Kopfbedeckung und dabei scharf wie ein Sandstrahl
stach.« Dann in stärker unheilverkündendem Ton die immer
schneller aufeinander folgenden Eindrücke, die wie eine Art mit Ge-
dankenstrichen versehenes Inhaltsverzeichnis über dem Katastro-
phenkapitel einer viktorianischen Reisebeschreibung stehen: »Der
Schneesturm, Protest der Natur – die Gletscherspalte, Fallgrube der

Natur – grimmige Falle für Unachtsame – kein Jäger könnte seine Schlinge so gut verstecken – die Lichtwellen auf der Schneebrücke verraten kein Anzeichen von lauernder Gefahr, die genaue Stelle läßt sich nicht erraten, bis Mensch und Tier zappelnd, krallend und kämpfend am Abgrund nach Halt suchen.«

Logistisch gesehen, ist es ein Kapitel der Katastrophen. Die Erfahrung beim Vorstoß hat gezeigt, daß die Ponys bei Schneestürmen, die am Ende der »Schlittensaison« einsetzen, untauglich sind: Deshalb muß die für das kommende Jahr geplante Expedition zum Südpol einen Monat länger warten, als Scott ursprünglich geplant hatte. Und vielleicht, so mag Scott verzweifelt denken, gibt es ja gar keine Expedition. Er hat sich über Oates Ratschlag hinweggesetzt, die schwächsten Ponys von vornherein abzuschreiben, das Ein-Tonnen-Lager einen Kilometer weiter südlich anzulegen und Ponyfleisch als Hundefutter zu verwerten, als ein Tier nach dem anderen versagte und auf dem Rückweg zusammenbrach. »Ich habe die Nase mehr als voll von dieser Tierquälerei«, sagte er. Jetzt liegen »Blossom« und »Blucher« tot im Schnee, wo sie keinem nützen, und wenn Bowers Gruppe im Sicherheitslager eintrifft, wird es nicht mehr lange dauern, bis auch »Weary Willy« den Geist aufgibt. Die für das kommende Jahr notwendigen Transportmittel werden immer weniger. Als hätte er es geahnt, entkommt Scott um Haaresbreite dem Sturz in eine Gletscherspalte. Und um dem allem die Krone aufzusetzen, erreicht ihn noch die Nachricht von der *Terra Nova*: Amundsen ist in der Walfischbucht mit 110 Hunden an Land gegangen. Daneben »verblaßt jedes andere Tagesereignis«. Doch damit noch nicht genug der Pechsträhne. Letzlich folgt ein äußerst komplizierter Unglücksfall: Als die verschiedenen Gruppen erneut vom Sicherheitsdepot zum letzten Abschnitt der Reise über die gefrorene See nach Kap Evans aufbrechen, verliert Bowers Wilson aus dem Blickfeld, dessen Hundegespann die nachfolgenden Ponys anführen soll. In einem »dunklen Nebel« führt er vier Ponys, Cherry-Garrard und Seemann Crean auf Eis, das beim Betreten knirscht und schmutziges Eiswasser an den rissigen Stellen herauspreßt. Ob-

wohl er glaubt, einen sicheren Eisuntergrund für das Nachtlager gefunden zu haben, wacht Bowers in den frühen Morgenstunden auf
und merkt, daß er auf dem Stück einer abgebrochenen Eisscholle ins
Meer hinaus treibt. In einer schwierigen Rettungsaktion und mit
großem Heldenmut werden die Männer schließlich doch noch gerettet. Der »arme Guts« jedoch wird vom Wasser verschlungen, als
die Scholle aufs Meer treibt. » Punch« und »Uncle Bill« muß der
Gnadenstoß gegeben werden. Oates, der schon im Ein-Tonnen-Lager zu einem gnadenvollen Revolverschuß geraten hatte, schlägt
»Punch« letzendlich eine Axt in den Kopf, als das Tier im Wasser
zappelt. »Ich werde noch krank, wenn ich wieder ein Pony so töten
muß wie das letzte«, meint er. Bowers kümmert sich um »Uncle
Bill«. Um sie herum stoßen mindestens ein Dutzend Killerwale die
Köpfe systematisch durch die Eisdecke: ein Maul voll scharfer Zähne und einen Riesenappetit. Sechs Ponys von acht fort. »Alles aus
den Fugen geraten«, schreibt Scott.

Scott bezeichnet die nicht abreißende Kette von Mißgeschicken
als »Pech«. Er ist nervös und findet unaufhörlich etwas an seinen
Begleitern auszusetzen, oder er schiebt ihnen die Schuld für Kleinigkeiten zu. Er nimmt aber auch den angeschlagenen Bowers zur Seite
und tröstet ihn über die Ausweglosigkeit mancher Situationen hinweg. Angesichts des schwersten Schlages, der Ankunft Amundsens,
trägt er die Sache teils mit Würde, teils leugnet er sie. »Der angemessene sowie klügere Weg für uns besteht darin, so fortzufahren, als
hätte sich dies nicht ereignet.« Die anderen sind stolz auf ihn, daß er
so gelassen bleibt, während sie einen Anflug von Zorn und Wut bei
Eintreffen der Nachricht verspüren. Wenn die vorangegangenen Ereignisse schicksalhafte Unfälle waren, kann Scott sich dadurch vor-
teilhaft seiner persönlichen Verantwortung entziehen. Das jedenfalls ist Oates Meinung, und – was ihn sechs Monate später immer
noch wurmt –, drückt er später so aus: »Der Verlust der Ponys war
einzig und allein Scotts Schuld.« Doch sich so leicht aus der Affäre
ziehen, wie Oates ihm unterstellt, kann Scott nicht. Er ist erregt und
außer sich, will vielleicht nur sein Gewissen beruhigen, wenn er von

Pech redet. Sets hat er aber auch geglaubt, unter einem unglücklichen Stern geboren und zum Scheitern verurteilt zu sein. Er nimmt die Ereignisse auf andere Weise persönlich: Sie scheinen auf ihn abzuzielen. Hier draußen, wo die Bewegung jeder Wolke oder die Veränderung der Konsistenz des Schnees unter den Schlittenkufen nervös aufgezeichnet wird, wo ein plötzliches Eindringen von Schneeflocken in die Kopfbedeckung die Intensität eines unerwarteten Angriffs von Killerwalen annehmen kann, mag es scheinen, als würde eine düstere, verschlüsselte Nachricht übermittelt. Scotts alltägliche Gefühle, daß er von einer Schicksalsmacht aufgehalten werde, entwickeln sich zu etwas Neuem: Das Empfinden der Riesengleichgültigkeit seitens des physischen Universums gegenüber seinen Anstrengungen wird von jedem tragischen Unglücksfall noch mehr überschattet und wird zur quälenden Überzeugung, daß alles aus einer bestimmten Absicht heraus geschehe. Dieses Empfinden ist auf der Expedition nichts Außergewöhnliches. Man kann das große Kapitel »Antarktis« nicht in Angriff nehmen, wenn man nach dem Sinn fragt. In einer Umgebung wie dieser werden in dem gewohnheitsmäßig nach Strukturen suchenden menschlichen Sinn vage Glaubenstriebe geweckt, selbst bei den weltlich gesonnenen und wissenschaftlich denkenden Männern in Scotts Mannschaft. Debenham drückt es Jahre später so aus: »Man kann nicht länger inmitten der riesigen, einsamen und doch wundervollen Landschaft der Antarktis leben ..., ohne sich ganz klein zu fühlen angesichts des Umfangs und der Größe alles Sichtbaren in der Hand der Göttlichen Vorsehung oder höheren Macht. Kein intelligenter Mensch kann sich nicht wirklich damit zufrieden geben, alles dem Zufall zuzuschreiben, und wenn doch, dann will er eigentlich zum Ausdruck bringen, daß hinter dem Zufall noch ein *Mehr* stecken muß.«

Wilson und Bowers sind sich sicher zu wissen, was dahinter liegt. Bowers dazu: »Meiner Meinung nach sollte es einfach so kommen. Die Umstände waren zu sehr miteinander verwoben, als daß es hätte reiner Zufall sein können ... alles hat zusammengepaßt, damit wir auf einer Eisscholle in den einzigen zwei Stunden des ganzen Jahres aufs Meer trieben, in denen es möglich war, in diese Lage zu geraten.« Wilson: »Das Ganze war einfach eine schöne Lehre von sehr eindrucksvollem Ausmaß.«

Neben der göttlichen Vorsehung gibt es noch eine weitere Möglichkeit. Scott ist nicht gläubig, aber ein Romantiker und sich der zwielichtigen Macht der Natur ebenso bewußt wie der Gewalt, mit der sie blind ihre Auswahl trifft. »Ich bin besessen von der Ansicht, daß das Leben ein Kampf um die Existenz sein soll«, erklärte er Kathleen im Jahr 1909. In einer Welt ohne Gott, ist die hinter den Rückschlägen steckende Absicht das Furchterregende und Andere in der Ordnung der Natur, das einen Augenblick lang zusammenspielt, um zu vernichten. Ein nicht definiertes Etwas schlummert in Scotts traditioneller Vorstellung von einer feindseligen Natur; ein Etwas, das in den inszenierten Gefahren zum Leben erwacht. »Alle sichtbaren Dinge und die Menschen sind doch nur wie Pappmasken«, klärte Ahab Ishmael auf. »Doch bei jedem Ereignis zeigt etwas Unbekanntes, aber Vernunftbegabtes den Abdruck seiner Wesenszüge hinter der unlogischen Maske.«

Doch die Antarktis läßt sich nicht harpunieren, und auch nicht bekämpfen, wie Scott weiß, der im übrigen nicht verrückt, sondern höchstens zerstreut ist, und bei den vielen zerschlagenen Plänen, mit denen er betraut war, nur noch Boshaftigkeit erkennt, wenn er die Lage richtig betrachtet. Mit Schlitten zu fahren ist wie Schwimmen. Wenn man in dem trägen Medium, in dem man sich fortbewegt, die Nerven verliert, schlägt man nur noch wild um sich und geht dann unter. Dem Schnee kann man nur durch Selbstbeherrschung und Ausdauer trotzen, die einen antreiben, wenn auch ungeduldig, aber dennoch stetig vorwärts zu stoßen in der Geschwindigkeit, die der Schnee zuläßt. Bei Scott fehlen die fachlichen, taktischen und kulturellen Komponenten, die das Vorankommen leichter machen würden. Wäre er Amundsen, der bei den Inuit geschult worden ist, einfallsreich und perfektionistisch, könnte er mit Hilfe von Hundengespannen über den weißen Kontinent gleiten. Scott besitzt allerdings die für das Unterfangen erforderliche moralische Qualität,

nämlich Entschlossenheit. In ihr liegt seine Stärke als Entdecker.
»Ein echt guter Wesenszug«, kommentiert Cherry-Garrard, »der
durch die schwächere Seite seinerselbst zog und alles zusammen-
hielt.« Jeglichen Widerstand, alle seine Fehler, die ihm als »Pech« einen Strich durch die Rechnung machen, wird er als Bewährungs-
proben ansehen. Dadurch ist er interessanterweise am Ende besser
gegen Rückschläge als Wilson und gewiß auch besser als Bowers gewappnet, die sich beide dem in der Zeit von Edward VII. beliebten
biblischen Wahrheitsspruch verschrieben haben, demzufolge der
Mensch nie über sein Maß hinaus versucht wird. Scott erkennt nie,
wie stark er selbst am Übel seines Schicksals beteiligt gewesen ist,
rechnet aber unter diesen Voraussetzungen auch nicht mit der
Gunst der göttlichen Vorsehung. Für ihn gibt es kein Ende der Dinge, die schiefgehen können. Er ist allein. Er beißt die Zähne einfach
noch mehr zusammen.

Scott wird vom Rhythmus des Winterlebens beruhigt, als die
Mannschaft schließlich nach aufreibendem Warten bei der alten
Discovery-Hütte, bis das Meer erneut zugefroren ist, nach Kap
Evans zurückkehrt, um die restlichen zehn Ponys für den Marsch
zum Südpol zu begutachten. Er schreibt einen Brief an Kathleen, in
dem er die Lage analysiert: »Ich bin jetzt fast wieder wohlauf und
fühle mich geistig und körperlich für die bevorstehende Arbeit ge-
rüstet.« Er erklärt, daß er ein gewisses Unbehagen abgeschüttelt
habe, das das Verhältnis zu den ihm unterstellten Männern durch-
gesetzt habe. »Die Wurzel des Übels war mein Verlust an Selbst-
vertrauen.« Im nächsten Sommer, wird er beim beschwerlichen
Marsch zum Südpol über den Beardmore-Gletscher leichthin rufen können: »Was macht der Feind, Titus?«, als das Ende eines
Streckenabschnitts, über den die Männer die Schlitten selbst ziehen mußten, absehbar ist. Oates schaut dann auf seine Uhr und
sagt die Zeit an. »Oh, gut, dann gehen wir noch ein Stückchen ...«
Zerschunden und unterernährt fluchen die Männer leise vor sich
hin und ziehen weiter.

4. Juni 1911

Aufgehender Brotteig. Süß-säuerlich schmeckende Hefe durchwirkt
die kugelförmige bleiche Masse, läßt sie über Nacht langsam aufgehen, schiebt die fein säuberlich darauf gelegte kleine Stahlscheibe in
einer Schüssel nach oben. Die Scheibe berührt den metallenen Dek-
kel. Kontakt entsteht: Eine kleine rote Glühbirne geht in der dunklen Hütte an. Das Lämpchen ist das einzige Licht außer der Öllam-
pe, die neben dem mit der Nachtwache beauftragten Mann steht.
Dieser bahnt sich einen Weg durch die schlafenden Männer zum anderen Ende der Holzhütte, wo er Thomas Clissold, den Koch, vor-
findet. Die von Clissold erfundene Brotmaschine konnte sogar eine
elektrische Klingel auslösen, bis sich einige Männer deswegen beschwerten. »Clissold!« (Flüsterton.) »Dein Brot!« Clissold, ein Bursche Mitte Zwanzig, mit Militärschnitt und kurzem blondem Bart –
der aussieht, als käme er aus einem im Videogeschäft entliehenen
Kung Fu-Film, wenn es damals schon Kung Fu-Filme und einen Vi-
deoverleih gegeben hätte – erhebt sich und beginnt, am Kombüsen-
tisch Brotlaibe für das Frühstück zu formen. Der Wachhabende
zieht sich auf seinen Posten neben dem Gasbehälter unter dem Vordach zurück. Alle paar Stunden muß er nach dem Feuer und den
Ponys im von Eiszapfen behangenen Stall neben der Hütte sehen.
Ansonsten kann er mit seiner Zeit machen, was er will, schreiben,
nachdenken oder einfach nur für sich sein. Teddy Evans hat eine
Dose chinesischen Tee für den Wachhabenden gestiftet. In stürmischen Nächten, wenn ein Schneesturm von Mount Erebus hinunter-
fegt, muß der zum Nachdienst eingeteilte Soldat oder Wissenschaftler warm eingemummt durch drei Türen nach draußen gehen und
nachsehen, ob die an der Hüttenwand befestigte Leiter dem Schneetreiben standhält. Meistens verstopft auch die Röhre in »Dines Anemometer« auf dem Dach, wenn zuviel Schnee hineingerät. Bei einem Schneesturm wird das Anemometer zum geräuschvollsten
Gerät von Simpsons meteorologischer Sammlung. Durch das untere Ende der Röhre verbreitet sich ein gespenstisches, leiser und lauter werdendes, raunendes, heulendes Geräusch, von dem der nahe

dem Anemometer schlafende Ponting in seiner Kabine gewöhnlich aufwacht (er hat einen sehr leichten Schlaf) und der Fotograf in seltsame Träume von Wasserfällen und Stromschnellen fällt. Die Hütte vibriert, und der warme, finstere Raum, fünfzehn mal acht Meter groß, wird dann regelrecht heimgesucht. Heute nacht ist es jedoch still und der gestrige Wind um Mitternacht nur noch eine Erinnerung. Draußen herrscht eine große, eisige Stille; drinnen ist nur das Ticken der Chronometer aus der hinteren Ecke, wo Teddy Evans schläft, zu hören. Um circa 5 Uhr früh wird eine Kerze auf dem Tisch neben Evans angezündet: Wilson ist aufgestanden, hat gebetet und malt jetzt. Er streift den Pinsel am Glasrand des Wasserbehälters ab, führt ihn zum Farbkasten, um den Bleistiftnotizen, die er beim Skizzieren gemacht hatte, gerecht zu werden. Seine Handschuhe hat er bereits ausgezogen, um mit ein paar Strichen eine Küstenlinie, aufsteigenden Rauch und die Konturen eines Berges in herbstlichem Abendrot einzufangen. »Put Hut Point dunkelfarbig – dunkelbrauner und violetter Schnee gegen einen kräftig orangeroten Gipfel im Westen.« – »Eis am Fuß blaßblau.« – »Grünliches Eis.« Uhren, die zu Navigationszwecken minutengenau und exakt die Abweichungen von der Greenwicher Zeit aufzeichneten; Wilson beim zügigen Malen auf feuchtem Papier; Clissold beim Backen; die letzte Runde für die Nachtwache. Ansonsten stört niemand das Gemurmel der Träumenden und zweiundzwanzig schlafenden Männer oder das tiefe Schnarchen von Bowers, bis, ohne daß der Himmel heller geworden wäre, es 7.30 Uhr ist und planmäßig der neue Morgen beginnt. Der Acetylbehälter wird aufgedreht; Gas fließt in die entlang der Wand im ganzen Zimmer angebrachten, durch einen Schirm geschützten Glühstrümpfe und entzündet sich mit einem leichten, scharfen *wumpf*! zu einer Flamme aus weißem Licht.

»Guten Morgen, Bauer Heublume«, ruft Bowers Oates zu, der auf einer Pritsche weiter im nobel-schäbigen Bereich der Hütte, »Kaserne« genannt, logiert. »Was macht das Heu?« Oates grunzt, dreht sich um und schimpft mit wunderbarer Vorhersehbarkeit, während um ihn herum die anderen »Kasernen«-Bewohner unter

dem gebieterischen Blick Napoleons auf einem kleinen Foto – dem
einzigen Ziergegenstand in Oates Besitz – sich aufraffen und aufstehen. Cherry-Garrard klemmt sich die Bügel seiner dicken Brille hinter beide Ohren. Gegenüber zieht sich das feindliche Lager australi-
scher Wissenschaftler hinter vorgezogenem Vorhang an – dem
einzigen Vorhang in der Antarktis, prahlen sie, der nach Oates' Meinung, dem Quartier den Anschein einer »Opiumhöhle« oder eines
»Damenboudoirs« verleiht. Dann schnappt sich Oates Anton, einen aus Sibirien stammenden Stallburschen, der als Opfergabe für
das Polarlicht Zigaretten draußen liegenzulassen pflegt –, und sie
machen sich daran, in kameradschaftlicher Stille die Ponys mit ihrer
morgendlichen Ration aus Weizen und Spreu zu füttern. Die Seemänner, die nicht »marineschnell« nach draußen gesprungen sind,
um Eis für Trinkwasser zu holen, schauen mit verhohlener Schaden-
freude zu, wie die Nachtwache gähnend ihren Posten verläßt. Sie
müssen ja nicht die ganze Nacht über wach bleiben. Scott hat diese
Regelung der allgemeinen Stimmung wegen erlassen, als eine der
kleinen winterlichen Gesten der Ehrerbietung vor dem »unteren
Deck«. Diese Regelung stellt die Welt ein klein bißchen auf den
Kopf, besteht jedoch stillschweigend neben einer aus Packkisten errichteten Wand zur »sozialen Abgrenzung« des Raums. Jeder Morgen beschert einen Blick an die verschlafene Oberschicht. Bowers
und Wilson treffen sich nun nackt unter dem Vordach, um ihr tägli-
ches Bad in einer Wanne Schnee zu nehmen. Sie grinsen, ziehen Grimassen und »reiben dann glänzende Gliedmaßen mit dieser kalten
Masse ein«, schreibt Scott, der wie alle, mit Ausnahme dieser beiden
Spartaner, es vorzieht, sich mit einem rationierten halben Liter warmem Wasser zu waschen. Das Geräusch von einmal wöchentlichem
Rasieren vermischt sich mit dem Geklapper von Geschirr, wenn
Hooper die Tische zum Frühstück deckt. Der Eisbericht übermittelt
Eiseskälte und zunehmenden Mond. Ein Stuhl nach dem anderen
wird besetzt. Clissold serviert frisches Brot, Marmelade, Haferbrei.
Manchmal gibt es »Rührei«, das mit gelbem Trockeneipulver aus
Gastronomiebehältern angerührt wird. Als Nelson, der Biologe, ein

paar Exemplare von *Notothenia* in seiner Fischfalle unter dem Eis fängt und Atkinson die Faden- und Saugwürmer für seine Parasitenforschung aus deren Innereien entfernt hat, werden auch die Fische verspeist.

Beim Frühstück plaudern die Männer freundschaftlich und unterstreichen ihre Worte gelegentlich mit einem Gabelwink. Griffith Taylor, der Geologe aus Australien, versucht Oates durch die Befürwortung des Wahlrechts für Frauen auf die Palme zu bringen; Oates erwidert diese unerhörten Aussagen ganz langsam und in schleppendem Ton. Einige Nächte zuvor konnte man ihn auf seiner Pritsche murmeln hören: »Armer, alter Griff. (Pause) Armer alter Griff. (Lange Pause) Ist kein schlechter Kerl ... (Sehr lange Pause) ... aber etwas *verknöchert.*« Jemand anders am Tisch sucht den künstlerischen Rat Wilsons. Ein anderer stellt eine rein hypothetische Frage der Art, wie sie in den Wintermonaten geliebt wird, weil sie alle stundenlang in einer Diskussion gefangenzuhalten vermag. Eine Nacht lang machte man sich über folgende Frage Gedanken: Was würde der Weinkellner im Ritz sagen (und tun), wenn du eine Flasche Bier bestellst? Im weiteren Verlauf des Gesprächs weigert sich Cherry-Garrard auf den Inhalt der *South Polar Times* einzugehen, der bis zu seinem Erscheinen zur Wintersonnenwende streng geheim ist, auch wenn die Ausfragetaktiken noch so geschickt sind! Nein, es hat keinen Zweck zu fragen. Ihr müßt halt warten. Nein, kein einziger Tip! Scott wirft einen scharfen Blick an das andere Ende des Tisches und freut sich. Belanglose Späße, Fachsimpeleien über die Antarktis, über wissenschaftliche Themen. Es ist eine glückliche Runde. Alle denken so. Etwas Erfreuliches ist aus der »unterschiedlichen Zusammensetzung unserer Besatzung« entstanden. Scott drückt sich zwei Wochen zuvor in seinem Tagebuch folgendermaßen aus: »Ich bin sehr beeindruckt von der außerordentlichen, allgemeinen Herzlichkeit der Beziehung, die zwischen unseren Leuten besteht ... Ich brauche nichts zu verschleiern«, was an Reibereien oder Streitereien zur späteren Veröffentlichung ungeeignet wäre. Unbeholfene Hänseleien schaukeln die Gespräche im-

mer wieder hoch. So können sich Edelmänner und Wissenschaftler
mit Wilson unterhalten und Seeleute mit Bowers, Evans oder Oates,
wenn Menschen »unterschiedlicher Herkunft« auf einem Haufen
sitzen und die Unterschiede zwischen ihnen geschlichtet oder ent-
schärft werden müssen. Wer die ständige Dunkelheit schwer er-
trägt, klammert sich zur Unterstützung heimlich an die gute Stimmung. Scott findet es besonders hilfreich, daß die Wissenschaftler so
bereitwillig in ihre Arbeit Einblick gewähren und unter den übrigen
Expeditionsteilnehmern eine amateurwissenschaftlichen Atmosphäre bewirken, worauf auch unter der Bezeichnung »Universität
der Antarktis« Bezug genommen wird. Für Scott liegt hierin der
Hauptunterschied des »modernen Stils« von Überwinterung. Es
lohnt sich, diese Sache zu vertiefen, denkt er, als er sein Tagebuch in
ein Buch umwandelt: »Vergleiche die Interessen früherer Polarforscher mit den eigenen und betrachte die Gründe dafür. Alles erscheint in einem neuen Licht, wenn unser Wissenshorizont erweitert
wird.« Scott findet es interessant, Neues zu lernen. Er hat keine wissenschaftliche Ausbildung genossen (da er aufgrund seiner Militär-
karriere nicht auf eine gewöhnliche Universität gehen konnte), verfügt jedoch über die Gabe, scharf und logisch zu denken und spinnt
die aufgestellten Thesen unablässig weiter. Bei den dreimal pro Woche stattfindenden Vorträgen macht er sich viele Notizen über die
physikalischen Zusammenhänge das Eis, das Polarlicht und physio-
geographische Methoden betreffend. Er liebt es, den Fachleuten, die
meistens um die zwanzig Jahre jünger sind als er, Fragen über den
wissenschaftlichen Fortschritt zu stellen. Manche finden diese Gespräche mit Scott sogar etwas beängstigend. Scott kennt sich vielleicht nicht aus, doch wenn er von der Freude am logischen Argu-
mentieren erfaßt wird, ist er sehr schnell in der Lage, eine nicht ganz
astreine Schlußfolgerung zu entlarven. Ihre Sorge darüber verbergen sie, da der in dieser Hütte geltende Schlüssel zur Harmonie für
alle darin besteht, keine Gefühle zu zeigen, die von den anderen als
störend empfunden werden könnten. Scott will sich das Gegenteil
einreden: »Ich kann nicht fassen, daß das Leben hier die Persönlich-

keit der einzelnen so deutlich hervortreten läßt«, schrieb er einen Monat zuvor. »Hier gelten Äußerlichkeiten nichts, die innere Gesinnung zählt ... Sich zu verstellen hat keinen Zweck.« Sich zu verstellen ist jedoch wesentlich. Die Lebensgemeinschaft während der Wintermonate und das Nachlassen der Einsamkeit, die Scott als Expeditionsleiter üblicherweise empfindet, wenn er sich nun am oberen Ende des Tisches ruhig mit Wilson unterhalten kann, beruhen schlichtweg auf der Tatsache, daß jeder einzelne ständig seinen Charakter zwar ehrlich, aber nur teilweise offenbart. Als Ersatz dafür hat Scott ein Sicherheitsventil gefunden, wenn er beim Niederschreiben der Kritik an seinen Männern Luft abläßt. Diese Zeilen sind gewiß nicht zur Veröffentlichung gedacht.

An einem gewöhnlichen Tag würde sich nun jeder seinen ihm für den Winter zugeteilten Aufgaben zuwenden: Manche Männer wurden beauftragt, im Arbeitsbereich bei den Butterbehältern Schlaf- und Seesäcke zu nähen; andere wiederum, Arbeiten im Labor und der Dunkelkammer, in den Stallungen, der Wetterstation und in der Planungsgruppe zu erledigen. Heute ist allerdings Sonntag, und es geht ruhiger zu. Nach dem Frühstück ist eine Zeit zum Saubermachen und Aufräumen angesetzt; danach hält Scott, gemäß dem, was Schiffskapitäne *ex officio* an milden Sonntagen, ungeachtet ihrer Glaubensrichtung tun, einen Gottesdienst ab, in dem Abschnitte aus dem Gebetbuch der anglikanischen Kirche vorgelesen werden. Seine aus dreiundzwanzig Männern bestehende Gruppe steht neben dem Klavier, auf dem niemand richtig spielen kann. Mit ausdrucksstarker Stimme läßt Scott die Gebete und Lesungen für den Pfingstsonntag aus dem im Englisch des 16. Jahrhundert verfaßten Gebetbuch erschallen. Er fühlt sich verpflichtet, wenigstens in ehrfürchtiger Weise den dramatischen Formulierungen gerecht zu werden, die er in der Holzhütte an der schwarzen vulkanischen Küste mit Erebus im Hintergrund vorliest. Manche Passagen sprechen die versammelten Hörer direkt an:

Und als es Pfingsten war, waren sie alle beieinander an einem

Ort. Und es kam plötzlich ein Brausen vom Himmel wie eines
gewaltigen Windes und erfüllte das ganze Haus ... Von der
Blindheit des Herzens, von Stolz, Eigendünkel und Heuchelei,
von Neid, Haß und Bosheit, von aller Lieblosigkeit erlöse Du
uns, guter Herr ... Du wirst die Schiffe des Meeres zerbrechen;
wenn der Ostwind ... O Gott, wie Deinem Namen gebührt, so
soll Dein Lob bis an das Ende der Welt erschallen.

Kirchenlieder sind eine andere Sache. Wilson schlägt auf dem Klavier den ersten Ton an, »und ich versuche ihn aufzufangen – mit
fragwürdigem Erfolg!« Nächste Woche will Scott, daß Cherry-
Garrard »eine Begleitung improvisiert«, doch gelingt es den Männern nicht, melodischer zu klingen als bei »Yip-I-Addy«.
   Bowers singt mit lauter Stimme. Er ist sogar dabei, selbst ein geist-
liches Lied für das Fest anläßlich der gegen Ende August erwarteten
Rückkehr der Sonne zu verfassen. Wenn es dann keiner sieht, will er
eine Abschrift in den Kasten für Beiträge zur *South Polar Times* werfen. Er wiederholt die Stelle, die er schon gedichtet hat:

Wenn Dein Allmachtswort ertönt
Chaos und Dunkelheit es hört,
Und das Weite sucht;
Hör uns, wenn man Dich ruft,
Und ob der Evangeliumstag
Kein Licht in Strahlen barg,
Sprich Du: Es werde Licht!

Die Worte eignen sich vorzüglich zum lauten Singen, besonders
am Schluß, wenn die Melodie am Ende der Strophe tief absinkt. –
Er ändert sie ab in:

Wenn Dein weiter Strahl
Verkündet einen neuen Tag,
Und endlich aufbricht,

In herrlich strahlendem Licht
Wird das Dunkel der Winternacht,
Geblendet von hellem Glanz,
Ehr, der mächtigen Sonn!

Um die Mittagszeit zieht ein leichtes Grau am Himmel auf und verschwindet wieder – die einzige Spur der mächtigen Sonne. In der Zeit bis zur Sommersonnenwende am 22. Juni wird es immer dunkler. Etwas Abwechslung bieten die Männer, die die Ponys draußen ausführen, wenn sie dann wie kleine schwarze Figuren vor schnaubenden Geschöpfen auf dem Eis hin und her watscheln. Cherry und Bowers entdecken, wie in der Nähe der Uferberge an der Bucht eine Krabbenfresserrobbe sich aus einem offenen Eisloch hievt. Krabbenfresserrobben sind schlanke, elegante Tiere und in diesem Lebensraum viel seltener anzutreffen als die rundlichen Weddellrobben. Im Mondlicht treiben sie einen Seehund in die Enge und töten ihn. Clissold gesellt sich zu den Wissenschaftlern, die den Fang bewundern. Wenn diese mit Aufzeichnen, Abmessen, Häuten und Sezieren fertig sind, wird die Robbe dem Koch gehören. Manchmal frustriert ihn, daß er immer die gleiche Art von Rohfleisch verwenden muß. Er begutachtet den Seehund: Bei vollständiger Entfernung des Specks verliert das Fleisch seinen Fischgeschmack. Frikadellen? Filet? Oder doch wieder Sülze? ... Scott lobte vor einer Woche die Mahlzeit, die Clissold sich ausgedacht hatte: Seehundsuppe als Vorspeise und Seehundfleischpastete mit Nieren. »Ich kann mir nicht vorstellen, daß wir so Skorbut bekommen«, schrieb er.

Nach dem Mittagessen macht sich eine Gruppe von fünf Männern auf, um ein Experiment durchzuführen. Wilson, Bowers und Cherry-Garrard werden schon bald nach der Sommersonnenwendfeier zu einer Kolonie Kaiserpinguine auf Kap Crozier losziehen, die dort während der stockfinsteren Jahreszeit bei eisigen Temperaturen weit unter Null brüten. Sie hoffen, wenn sie rechtzeitig ankommen, der Wissenschaft ein Ei mit dem Embryo eines Kaiserpinguins in sehr frühem Entwicklungsstadium überreichen zu können und so das sichtbare Bindeglied zwischen der heutigen Vogelwelt und dem mit ihm weitläufig verwandten Urvogel, dem fliegenden Saurier Archäopteryx, herzustellen. Das im Ei eingeschlossene Embryo soll helfen, die Urgeschichte dieser Spezies nachzuvollziehen. Die Männer werden ein Zelt mit auf die Reise nehmen, doch wäre es nicht schlecht, wenn sie bei ihren ornithologischen Untersuchungen durch mehr als nur ein Segeltuch von den winterlichen Temperaturen getrennt sein würden. Ein anderes Experiment steht ebenfalls an. Zusammen mit den drei direkt verantwortlichen Personen suchen Scott und Maat Lashley eine ebene, vom Mondlicht beschienene Stelle hinter der Hütte aus, um »den Bau unseres ersten *Iglus* zu beginnen«. Sie stampfen mit den Stiefeln im Schnee und hantieren energisch mit verschiedenen Werkzeugen herum. Bowers verfügt über eine Kelle, Wilson eine Säge und Cherry ein großes Messer mit breiter, gezackter Klinge. »Es gibt jede Menge unterschiedlicher Meinungen, welches Werkzeug sich zum Schneiden von Schneeblöcken am besten eignet ... Ich tendiere dazu, daß das Messer am geeignetsten ist«, schreibt Scott, der das Messer auserkoren hat, »doch die anderen erkennen dies noch *nicht*.« Es ist gar nicht so leicht, die Blöcke zu schneiden, sie zu heben und das in der Vorstellung existierende Bild von einem runden Eskimo-Heim in architektonische Realität umzusetzen. Als es Zeit zum Tee ist, hören sie auf. Der untergehende Mond wirft lange Schatten und macht aus ihrem Werk ein verworrenes Bild aus Licht und dunklen Flächen. Das Iglu reicht erst bis unter die Hüfte – den Männern ist es nur gelungen, drei Reihen Schneeblöcke aufeinanderzuschichten. »Wir müssen uns am Bauen von solchen Behausungen üben, bis wir die Technik gut beherrschen«, schreibt Scott. »Ich bin sicher, daß es ein nützliches Handwerk sein wird.« Wilson ist diesbezüglich nicht sehr optimistisch, bleibt aber gutgelaunt. Er schreibt: »Spielten Iglu-Bauen, aber ohne Erfolg.« Auf Kap Crozier müssen die Pinguineier-Sammler schließlich eine Behelfskonstruktion errichten, eine Behausung aus Felsbrocken mit einer von Schneeplatten gehaltenen Decke aus Segeltuch. Leider werden die überstehenden Ecken eine zu große

Angriffsfläche für einen Schneesturm bieten, der das Dach senkrecht nach oben wegzieht und ein für allemal das »Steinzeitalter« beendet, wie es in einem unterhaltsamen Artikel in der *South Polar Times* formuliert wird. Die drei kehren von ihrer Winterreise abgemagert und mit matten Augen zurück. Sie erinnern Ponting an ausgehungerte Kriegsgefangene. Irgendwie erscheinen die Fertigkeiten der Eskimos den Entdeckern nicht besonders attraktiv. Wenn sie sich schon wie Menschen aus früheren Zeiten geben sollen, dann doch lieber wie die alten Ägypter. Sie machen immer wieder den gleichen Scherz über die zukünftigen Touristen, welche die von der Expeditionsmannschaft zurückgelassenen Pyramiden und Obelisken auf der Ross-Insel bewundern werden. Wilson zeichnet witzige Bilder von Steintafeln – »Antarktisches Archiv« nennt er sie – mit roten Comicfiguren, die hieratisch im Lendenschurz im Schnee herum stolzieren.

Einzelausflüge bei gutem Wetter und die Nachtwache bieten Gelegenheit, allein sein zu können. Während Hooper das Geschirr nach dem Tee wegräumt, kniet Scott auf dem Boden der an die Hütte angebauten Überdachung und schnallt seine Skier an, um allein in die antarktische Nacht hinauszufahren. Er kommt an Teddy Evans alten Beobachtungspunkten auf dem Eis vorbei, denen er die Namen von im Englischen mit S beginnenden Fischen gegeben hat, wie »Sardine« oder »Shark« usw., und fährt in Richtung Inaccessible-Insel. Das Eis klingt fest und kräftig, die Oberfläche ist die »bestmögliche«: kompakt und weich. Durch die Kälte kristallisiert die Feuchtigkeit seines Atems und wird auf seiner Mütze zu Reif; beim Ausatmen entsteht ein glitzernder Schweif. Er hört die Geräusche seines sich bewegenden Körpers. Ansonsten ist kein menschliches Geräusch zu vernehmen, obwohl der Schall sich in der Luft hier über erstaunliche Entfernungen fortbewegt: Es ist sogar möglich, Gespräche zu verfolgen, die einen Kilometer weiter geführt werden. Statt dessen ist nur hin und wieder das scharfe Knacken zu hören, wie ein Schuß aus einer Pistole, wenn sich das Eis der Barriere ausdehnt. Der Mond ist fast untergegangen, doch der Himmel leuchtet in grünem Licht, das sich bewegt und verändert und schließlich rosafarben wird. Scott erhebt sein Gesicht in feierlicher Manier und saugt das Polarlicht ein. Sein Appetit nach dieser gestaltlosen Schönheit ist unbändig. Die sich windenden Bogen und flatternden Vorhänge des Lichts scheinen geradezu von einer Art würdevollen Lebens erfüllt zu sein – »und darin liegt der Reiz«. Er vermerkte vierzehn Tage zuvor:

... die Anspielung auf Leben, Form, Farbe und Bewegungen, die stets flüchtig und geheimnisvoll sind – keine Wirklichkeit. Dies ist die Sprache mystischer Zeichen und Omen – die Eingebung der Götter – gänzlich spirituell – göttliche Signale. Sie erinnern an Aberglaube, fordern die Phantasie heraus. Könnten nicht genausogut die Bewohner einer anderen Welt (des Mars) oder gewaltige Mächte unseren Globus mit feurigen Zeichen umgeben, einer goldenen Schrift, deren Schlüssel zur Entzifferung wir nicht besitzen?

Heute abend gibt es etwas Neues: Plötzlich sind drei weiße Lichtblitze auf Meereshöhe, in der Ferne bei dem auf dem Meeresboden aufsitzenden Castle Berg zu sehen. Ein Wetterleuchten? fragt sich Scott. Aber es ist nur Ponting, der Fotos schießt mit Hilfe seines Blitzgerätes – einem Apparat, der mit Magnesiumpulver geladen und nach oben gehalten wird. Ponting findet Gefallen an dem leuchtenden, plötzlichen Aufbersten von Lichtstärke auf Eisflächen. Schatten verziehen sich in Eisspalten und lassen Konturen im Hintergrund für die Linse hervortreten. Die zerklüftete Oberfläche des Eises wird wie bei einem ausgeprägten Relief sichtbar. Einmal in diesem Winter ist Ponting total überwältigt, und zwar, als er die berühmten Bilder von der riesigen Eiswand schießt. Als das leuchtende Nachlicht vom Blitzen auf seiner Netzhaut nachläßt und der Mond seine Autorität wieder geltend macht, starrt er wie vor den Kopf geschlagen auf die siebzig Meter hohe Steilwand des Barne-Gletschers, der, von winzigen Kameramännern völlig unbeeindruckt, dasteht, und empfindet

»ein intensives, gänzlich unbeschreibliches Gefühl der Einsamkeit«.
Es ist alles zu groß, zu still, zu kalt. Es ist alles zuviel. »Hey-oh!«
schreit Ponting. Pause. Wahnsinnsanspannung. »Hey-oh!« antwortet der Barne-Gletscher. Ein perfektes Echo!

Unter den Taschen und Bündeln, welche die »Kaserne« zieren,
sind auch solche, deren Inhalt erst bei der großen Sommersonnenwendfeier offenbart werden darf. Bowers nutzt freie Momente am
Abend, um heimlich, mit dem Rücken seinen Kameraden zugewandt, an einem Weihnachtsbaum zu basteln. Die Äste bestehen
aus gespaltenen und zusammengefügten Skistöcken, die Blätter aus
Möwenfedern. Wenn alle unter den Schlittenbannern zechen und
der Branntwein für das Weihnachtsspiel *Snapdragon* angezündet
wird, will er den Baum, behangen mit kleinen witzigen Geschenken,
die Oriana, Wilsons Schwester, für jeden besorgt hat, mit einem
Tusch hervorzaubern. Für Oates hat er eine Knallbüchse. (Dieser
wird begeistert sein. »Wenn du mir einen ganz großen Gefallen tun
willst, fällst du um, wenn ich auf dich schieße«, wird Oates sagen
und nach links und rechts feuern.) Die Männer lieben es, Feste zu
feiern, denn dadurch hebt sich ein Tag von den anderen ab und die
Aufmerksamkeit wird völlig auf den Augenblick gelenkt, solange
dieser anhält. Aus dem gleichen Grund sind auch Vorträge beliebt.
Neben Simpson, der über physikalische Zusammenhänge das Eis
betreffend gelehrt, und Taylor, der über Physiogeographie gesprochen hat, hat Wilson von der Kunst des Zeichnens und Skizzierens,
Ponting von Japan und Meares vom blutrünstigen Volk der Lolo im
Tibet erzählt. »Gehen wir heute abend ins Kino, mein Lieber?« fragt
Oates. Doch nach dem Abendessen klingt der Tag ruhig aus. Alle
bleiben drinnen. Eine warme Wolke Pfeifenrauch schwebt über den
Diskussionen – der Weinkellner im Ritz hat noch viele Kilometer
vor sich – und den armseligen Versuchen am Klavier. Oates öffnet
wieder sein Buch, Napiers Geschichte über den Spanischen Unabhängigkeitskrieg. Scott sitzt am Meßtisch neben seinem Bett hinter
der L-förmigen Abteilung, die ihn vom Rest trennt, umgeben von
Fotos von Peter und Kathleen, und bringt sein Tagebuch auf den

neuesten Stand, um für den nächsten Tag gewappnet zu sein. Vielleicht schlägt er gerade ein Zitat von Browning nach oder sucht eine Stelle im Lexikon der Polarreisen, einem Geschenk von Sir Albert Markham und Sir Lewis Beaumont. Er beginnt neue Notizbücher stets mit einem Zitat, schreibt Zitate in leere Zeilen oder auf freie Stellen in Büchern und skizziert manchmal einen nicht ausformulierten Gedanken –über die Geschichte beispielsweise oder den Unterschied zwischen Mut, wie er verstanden wird und Mut, wie er empfunden wird – mit einer kurzen Zusammenstellung entliehener Wörter. Um zehn werden die Acetylenlampen gelöscht. Die Männer legen sich schlafen. Wilson geht vorsichtig auf Strümpfen zum Grammophon hinüber, sucht eine Schallplatte aus, betätigt den Arm und stellt den Trichter richtig ein. Obwohl der Wind wieder kräftiger weht und Dines Anemometer schon bald zu heulen anfangen wird, können alle neben den ersten Anzeichen des sich verstärkenden Windes und dem lauten Kratzen der Schallplatte selbst hören, wie Clara Butts das Lied *Abide with Me* – »Bleib bei mir« – singt. So wünscht Uncle Bill »uns allen eine gute Nacht«.

                                                    4. Oktober 1911

Scotts Plan, den Südpol zu erreichen, ist wie ein Mechanismus aus der Barockzeit. Wie eines jener eigentümlichen Uhrwerke, das einmal einem Prinzen in der Renaissancezeit überreicht wurde: das Modell eines vergoldetes Nashorns, so groß wie ein Zugpferd, dessen Horn sich dreht und eine Reihe von silbernen Junghähnen auf seinem Rücken nacheinander zum Krähen bringt, bis eine große Erdbeere aus rotem Email am hinteren Ende auf ein Tablett fällt. Scotts Plan bezieht Männer, Hunde, Pferde und Motorschlitten in ein Unterfangen ein, das wie eine Pyramide ist mit einer Spitze, bestehend aus einer lediglich kleinen Gruppe von Männern für den Marsch zum 90. Breitengrad Süd. Jeder Plan, den er schmiedet, muß jetzt ein vielschichtiges Werk sein. Nach dem Verlust vom Herbst muß er den bestmöglichen Nutzen aus den ihm verbleibenden Ressourcen schlagen. Die Logistik unter Zuhilfenahme unterschiedlicher Fortbewegungs- und Transportmittel läßt sich nur verteufelt schwer ausarbeiten: Unterschiedliche Ladungen sollen über verschiedene Entfernungen hinweg auf unterschiedliche Weise transportiert werden, wobei in jedem der Fälle das Verhältnis der zu ernährenden Personen und Tiere sowie der zurückzulegenden Entfernung berücksichtigt werden muß, damit die Gleichung aufgeht. Dabei gibt es keine Toleranzspanne für Rechenfehler. Amundsen, der sich mit nur einer Art von Fortbewegungsmittel auf den Weg zum Pol macht, dieses reduziert, verbessert und der Aufgabe entsprechend umgebaut hat, nimmt mehr Hunde mit, als er zu brauchen glaubt und weitaus mehr Lebensmittel, um auf Nummer Sicher zu gehen. Scott bemerkt den Unterschied sehr wohl und schreibt an Kathleen: »Ich weiß nicht, welche Chancen Amundsen hat. Wenn er den Südpol erreicht, dann wird er vor uns dort sein, da er mit Hunden schnell vorwärts kommt, und höchstwahrscheinlich auch noch früh aufbrechen wird.« Er glaubt jedoch, seine Expedition nicht anders in Angriff nehmen zu können. »Jeder Versuch, besonders schnell vorwärts zu kommen, wird meine Planung durcheinanderbringen; außerdem scheint mir, daß wir deswegen ja gar nicht hierher gekommen sind.« Die Schwächen Scotts liegen in der Komplexität seiner Planung. Wenn Scotts Vertrauen in eine seiner Ressourcen ins Wanken gerät (was im Verlauf des antarktischen Frühlings immer wieder der Fall sein wird: nach Eintreffen der Nachricht aus den Stallungen, daß Jehu kränkelte; als es Jehu wieder besser geht; oder bei Eintreffen der Nachricht von Day, dem Motorenspezialisten, daß die stählernen Laufrollen versagt haben; als er erfährt, daß sie durch hölzerne ersetzbar sind), richtet er seine Hoffnung auf ein anderes Transporthilfsmittel. Als sein Vertrauen in die Ponys schwindet, steigt dasjenige in die Zuverlässigkeit der Motorschlitten und umgekehrt. Er befindet sich in einem ständigen Kreislauf von Besorgnis und Zuversicht, der ihn regelrecht krank macht. Was die bei der Expedition mitgeführten Hunde angeht, kommt er zu dem Schluß, daß sie ein »unberechenbares Element«

seien. Vor seiner Erfahrung bei der Gletscherspalte im letzten August, hatte er noch daran gedacht, sie bis zum Südpol mitzunehmen. »Welch ein Jammer, daß er es nicht tat!« wird der nie besonders taktvolle Teddy Evans in seinen Memoiren schreiben.

Scotts Planung wird reich an fotogenen Momenten sein, solange Hundespuren in schneller Folge im Schnee zu finden sind, Schneeketten in dem (sehr kurzen) Siegeszug der Maschine über die Materie in den Schnee greifen und die Ponys getreu weiterziehen. Ponting begleitet die Männer auf den ersten vierzig Kilometern, um das Ereignis fotografisch festzuhalten. Scott kann ihn jedoch nicht weiter mitziehen lassen. Wenn man sich genau an die strengen Regeln der Fakten hält, müßten Szenen aus dem ersten antarktischen Film der Welt herausgeschnitten werden. So ergreift Ponting in den letzten Frühlingswochen vor dem Aufbruch die Gelegenheit beim Schopfe, fehlende Szenen gestellt zu inszenieren. Während der Expedition spricht man manches Mal von »ponting« als Verb, was soviel bedeutet, wie »regungslos in der Kälte zu posieren«, wenn Ponting eine Standaufnahme machen will. Es besteht natürlich immer die interessante Möglichkeit, irgendwo hinunterzufallen, wenn Ponting beispielsweise darum bittet, auf einem Eisberg die Balance zu halten, damit er seine Aufnahmen machen kann. Wenn der Film entwickelt ist, wird »ponting« eher gleichbedeutend sein mit »Laientheater«, meint Wilson. Heute will Ponting die Routine beim Aufschlagen des Lagers auf dem Marsch zum Pol einfangen. Seine Kamera ist eine schmale, hohe Kiste auf einem Stativ. Aus dieser Kiste schaut vorn ein großes Objektiv heraus, ein zweites ist an der Seite als Sucher angebracht. Die Kamera ist mit dem Stativ wie bei einem Theodoliten fest durch Schrauben verbunden. Ponting kann die Kamera beim Filmen nicht schwenken. Die Kamera muß vor das zu filmende Motiv geschleppt werden, oder das Ereignis muß direkt vor der Kamera auf einer Bühne von Schnee inszeniert werden. Gemessen an dem, was mit einer Kamera alles gemacht werden kann, sieht sie unsinnig klein aus: Es ist kaum zu glauben, daß die Welt mit dieser Hülse eingefangen werden kann! Ponting besitzt kein Blitzlichtgerät und kann drinnen oder dort, wo das natürliche Licht nicht hingelangt, keine Aufnahmen machen. Deshalb bauen die Schauspieler für seinen Film, also Wilson, Scott, Offizier Evans und Bowers, das heißt alle Männer außer Oates, die den Südpol erreichen werden, sorgfältig ein Zelt nur halb auf, um den geeigneten Hintergrund zu liefern. Ponting filmt von der Stelle aus, wo die andere Zeltwand stehen würde. Der Verschluß des Objektivs ist abgenommen und die behandschuhte Hand schon bereit, den Film gleichmäßig durch das Filmfenster zu kurbeln. Film ab, meine Herren!

»Wir haben es Stück für Stück erledigt«, berichtet Wilson.

Als erstes wechselten wir die Stiefel, zündeten den Primuskocher an, hingen unsere Socken auf und kochten eine Suppe. Als zweites öffneten wir den dampfenden Topf, verteilten den Inhalt auf die Metallbecher und nahmen unsere Mahlzeit ein. Als drittes packten wir den Kocher weg, räumten den Proviantsack auf, trugen alles aus dem Zelt und rollten unsere Schlafsäcke auf. Als viertes setzten wir uns auf unsere Schlafsäcke, schrieben Tagebuch, zogen Uhren auf, nähten usw. Dann krochen wir in die Schlafsäcke und gingen schlafen!

Die Männer vermitteln Ponting eine idealisierte oder vielleicht sogar parodistische Darstellung der genauen Handlungen, die jedesmal, wenn sie auf dem hohen Plateau über dem Beardmore-Gletscher haltmachen, vollzogen werden, auch wenn sie allein vorangehen müssen und sich auf die eigene Kraft verlassen, wenn es keine Hunde oder Ponys mehr gibt, um die man sich Sorgen machen müßte, und die Strafe als Resultat inkorrekter Planung persönlich am eigenen Leibe ausgetragen werden muß. (Scott schreibt an Kathleen: »Es wird doch eine feine Sache sein, in dieser Zeit des Verfalls der britischen Rasse, das Plateau mit von Männern gezogenen Schlitten zu bezwingen.« – »Ich hoffe, unser Sohn ist so lebhaft und kräftig, wie er auf den vielen über dem Tisch des Kapitäns aufgehängten Fotos aussieht«, fügt er hinzu.) Sogar Oates, der eigentlich gar nicht

bis zum Pol vordringen will und der Ansicht ist, Scott solle sich
schleunigst irgendein Buch über Beförderungsmittel zulegen, verspürt eine gewisse Erleichterung, als er seinen Ponys nicht mehr gut
zureden oder sie gewaltsam antreiben muß. »Ich danke dir, Titus«,
wird Scott sagen, als die Barriere überquert und alles Pferdefleisch
im Chaoslager als Vorrat angelegt ist. Dann plötzlich, eines denk-
würdigen Abends, wird Oates sehr gesprächig und erzählt stundenlang Geschichten. »Titus, du alter Witzbold, bist ja aus deinem
Schneckenhaus gekrochen«, bemerkt Scott und legt einen Arm um
Oates' Schulter. Als nächstes müssen die Männer im Zelt zusam-
menrücken, damit sie den Kocher nicht umstoßen, während der für
den Abend eingeteilte Koch eine Pemmikan-Suppe kocht. So krin-
geln sie sich in ihren Schlafsäcken wie eine Gruppe höflicher Raupen. Ungeachtet der Zahl der Männer, die im Zelt schlafen, (es wird
noch enger, als Scott im letzten Augenblick spontan einen fünften
dazu nimmt), gelingt es ihnen, es sich bequem zu machen und über
die anderen zu fassen, ohne gegen Anstandsregeln zu verstoßen,
durch die die Privatsphäre des anderen abgesteckt wird, oder gegen
gesellschaftliche Vorrechte, wie Offizier Evans sie besitzt. Sie schlafen durch eine verschneite Nacht hindurch, die so weiß ist wie ihre
Inszenierung im Film, und wachen jeden Tag auf, um die gleichen
Handlungen zu erledigen. Pontings Film kann jedoch nicht das vorherrschende Schweigen auf dem Marsch zum Südpol einfangen. Als
es Zeit wird, das Lager zu errichten, hat Scott die Männer einen Tag
lang durch eine klebrige Schneemasse waten lassen und war währenddessen tief in Berechnungen versunken. Die Männer sind anfäl-
lig für Bitterkeit und Groll wegen unbedeutender Dinge, die automatisch die Gedanken füllen, wenn man eingeschirrt ziehen und
sich abplacken muß, und warten nur noch auf das Zeichen, haltmachen zu können. Man vergißt, schreibt Cherry-Garrard, »wie der
Verlust eines Stücks Schiffszwieback wochenlang verletzen kann;
wie die besten Freunde einander so sehr auf die Nerven gehen, daß
sie tagelang aus Angst vor Streit nicht mehr miteinander reden; wie
wütend wir waren, als dem Koch die Wochenration knapp wur-

de ...« Diese Empfindungen verschwinden nachher und scheinen jetzt bereits unwesentlich. Ein Film kann nicht wiedergeben, wie eine heiße Mahlzeit wie eine Droge auf den Kreislauf wirkt und die düstere Stimmung sich plötzlich in einen gleichermaßen physiologisch bedingten Anfall von Heiterkeit verwandelt. In dieser Zeit müssen die Männer in die Schlafsäcke kriechen, damit der Körper die Wärme abstrahlen kann, durch die der Schlaf erträglich wird.

Vor Pontings Kamera geht alles noch sehr *schnell* vonstatten: Es sind die schnellen Bewegungen wohlgenährter Männer, die erst vor wenigen Minuten die Hütte verlassen haben, und bis zur antarktischen Schlafenszeit noch schneller werden, wenn Pontings Film später mit zu vielen Bildern pro Sekunde vorgeführt wird. Wenn das von Ponting verwendete neue Medium eine dem antiken Sport von menschengezogenen Schlitten angemessene Variante aufweisen könnte, bestünde sie in der Zeitlupe. Nacht für Nacht wird die zum Südpol aufgebrochene Mannschaft die im Film aufgenommenen Handlungen schwerfällig wiederholen, den Kocher mit angespannter Konzentration Teil für Teil zusammensetzen und die Füße zwischen den vom Frost starr gewordenen Lagen des Schlafsacks Stück für Stück auftauen lassen.

Der Trick in der Schauspielkunst, schreibt Wilson, besteht darin, »zu versuchen völlig natürlich zu wirken ... man muß den Kameramann ganz und gar ignorieren und vergessen können«. Offizier Evans hält den Kopf gesenkt und blickt nie in die Kamera. Scott findet die Kamera faszinierend. Bowers und Wilson müssen unablässig grinsen.

18. Januar 1912

»Alle Tagträume müssen verfliegen«, schreibt Scott – alle Träume von der Leere dieses imaginären Ortes. Das Nichts hat sie enttäuscht. Die verrückten Geomathematiker hatten recht. Jules Verne hatte recht. Edgar Allen Poe hatte recht. Am Südpol gibt es etwas Besonderes. Es ist eine norwegische Flagge.

30. März 1912

Manchmal erwacht man aus einem Traum, in dem man von Schuld
oder Schrecken geplagt wurde und der einem im Schlaf völlig gefan-
gennahm. Ein Traum, der etwas Endgültiges an sich zu haben
scheint, als würde er eine Wahrheit über einen selbst enthalten, die
man als endgültig und unausweichlich ansieht. Doch der hellichte
Tag hebt den Traum Stück für Stück aus den Fugen und zeigt da
Auswege auf, wo man im Traum keine vermutet hat, und erinnert
an eine Welt, in der man sich frei entscheiden kann. Der Tag bringt
diese erlösenden Gedanken stets mit sich. Es scheint unfair, daß es –
ausgerechnet heute – anders sein sollte. Scott öffnet die Augen. Die
grüne Zeltwand aus Segeltuch, ein Schneesturm draußen, der als
eine Menge sich unablässig bewegender, zufälliger Punkte in porö-
ser Finsternis wahrgenommen wird. Das Zelt bewegt sich. Er kann
nicht schlafen. Er hatte versucht, seine Gedanken schweifen zu lassen, doch wird dabei von gewohnheitsmäßiger Selbstbeherrschung
unterbrochen und immer wieder auf die Erkenntnis gestoßen, daß
alles wahr ist. Die unumstößliche Feststellung ist die Wahrheit und
nichts als die ganze, reine Wahrheit: Im Zelt wird sich die letzte Epi-
sode seines Lebens abspielen; es gibt keine andere Ausweichmög-
lichkeit mehr; kein Weg führt mehr daran vorbei. Er kann keine Anstrengung mehr unternehmen, die etwas ändern würde. Hätte er
Oates Rat letzten Herbst befolgt und das Ein-Tonnen-Lager weiter
südlich angelegt, würde er jetzt vielleicht nicht 18 Kilometer weit
davon entfernt liegen. Wenn er andere Anweisungen bezüglich der
Hundegespanne erteilt hätte, könnte sogar jetzt noch Hilfe unterwegs sein, anstatt durch den Schneesturm an der Barriere zu verschwinden, wo Cherry-Garrard nichtsahnend Kurs in Richtung
Kap Evans nimmt. Doch diese Ironien haben bei häufiger Wiederholung angesichts der jetzigen Qualen ihre Kraft verloren. Edgar
Evans liegt tot unter einem flachen Schneehaufen auf dem Beardmore-Gletscher begraben – Hirnblutung, vermutete Wilson. Oates
»mußte kürzlich von uns gehen«, wie es in Birdies Brief an seine
Mutter heißt, der fein säuberlich zusammengelegt auf der Zeltbo-

denplane liegt. Oates ist nun ein kleiner weißer Schneehügel etwas jenseits der Marschroute. Wilson und Bowers liegen links und rechts von Scott mit über den Kopf gezogenen Schlafsäcken. Wie lange schon, weiß er nicht mehr, doch nacheinander wurde der Atem des einen und dann des anderen unregelmäßig und hörte schließlich ganz auf. Seufzend ausgeatmet und nicht mehr eingeatmet. Sie könnten einfach nur schlafen, wenn da nicht die Totenstille wäre. Scott hat den schrecklichen Wunsch, sie zu wecken, anzufassen, zu schütteln, wieder zu versuchen, Gemeinschaft mit ihnen zu erlangen. Er kann sich nur allzugut vorstellen, wie sich die Wunschvorstellung, daß sie doch nur schliefen, zerschlagen würde. Der Augenblick, in dem er nach einer Antwort verlangte und keine bekam, wäre unerträglich. Also darf er nicht schwach werden und fragen. Er darf sie nicht berühren. Er ist völlig allein, ohne jegliche Hoffnung. Wer weiß, in welchem vom Wind abgekämmten und gepeitschten Umkreis er jetzt noch der einzige lebende Mensch ist. Es bleibt ihm nichts anderes übrig, als zu sterben. Aber noch ist er hier. Er sammelt sich, so gut er kann (es ist schwer, aufgeben zu wollen, wenn man nicht daran gewöhnt ist), aber nichts geschieht. Das größere Nichts, das den kleinen grünen Platz ersetzt, wenn er stirbt – immer noch unvorstellbar –, kommt nicht. Das Herz schlägt mit trotziger Kraft in seiner Brust weiter.

Es war besser, als er noch schreiben konnte. Vor zwölf Tagen erfroren Scotts Füße und machten ihn zum Krüppel. Vor elf Tagen setzte der Schneesturm ein, der ein Fortkommen unmöglich machte. Vor zehn Tagen ging der Brennstoff aus. Vor acht Tagen aßen sie die letzten Vorräte auf, und schon bald wurde absolut klar, was geschehen würde. Alle schrieben, obwohl es fast schon zu schwer war, den Bleistift zu halten, und das Papier frostig glänzte, wenn der Atem darauf gefror. Wilson schrieb einen Brief an Oriana, einen an seine Eltern in Cheltenham (und fügte vorsichtshalber die Adresse auf einer zweiten Seite nochmals bei, für den Fall, daß die erste vom Brief getrennt würde) und einen kurzen Brief an seine Freunde, die Smiths. Bowers entschuldigte sich bei seiner Mutter, daß sein Brief

ein solch »kurzes Gekrakel« war und wegen anderer Dinge. »Es
wird jedoch großartig sein, mit Kameraden wie diesen aus der Welt
zu scheiden ... Oh, ich kann nachempfinden, wie es Dir geht, wenn
Du alles erfährst. Du sollst wissen, daß mein Ende friedlich war, nur
wie Schlaf in der Kälte. Dein Dich bis ans Ende dieses Lebens und im
nächsten immer liebender Sohn, wenn Gott abwischen wird alle
Tränen von unseren Augen – H. R. Bowers.« Scott aber schrieb und
schrieb, beglich seine Schulden als Expeditionsleiter. Er berichtete
Mrs. Bowers, daß ihr Sohn bis zum Ende großartig gewesen sei und
Mrs. Wilson, daß ihr Ehemann »einen zufriedenen Hoffnungs-
blick« hatte. Seiner eigenen Mutter schrieb er, daß der »Große Gott
mich gerufen hat«. Es werden zwölf von ihm verfaßte Briefe im Zelt
gefunden, außer seinem Tagebuch und einem an die Öffentlichkeit
gerichtetes Schreiben. Seine Zähne sitzen vom Skorbut locker im
Zahnfleisch, seine Füße wären brandig, wenn der bakterielle Fraß
nicht von der Kälte aufgehalten würde, sein Gesicht ist vom Schnee
reflektierten, grellen Licht rissig geworden und von unverheilten roten und violetten Wunden gekennzeichnet, an denen die Erfrierungen bis zu den Knochen fortgeschritten sind. Doch beim Schreiben
führt er Kommando über das Reich der Sprache. Er war schöpfe-
risch. Er sah die Geschichte von der Expedition wie eine auf die Erde
zulaufende Parabelform, die durch die sie erklärende gewaltige
Kraft und Anmut an diesen Punkt der Vollendung gelangen könnte
und deren Verlauf absehbar nach unten zuläuft. Wie bei einer guten
Geschichte, deren Ende bereits in der Mitte und am Anfang latent
vorhanden ist. Er wußte exakt, was er zu tun hatte. Über ein Jahrhundert an Expeditionen standen ihm anonym und verschwommen
zur Seite, doch er gab ihnen Gestalt. Kaum ein Wort davon mußte
gestrichen werden. Eines jedoch, auf der Innenseite seines Tagebuchs: »Schickt dieses Tagebuch meiner Frau.« Korrektur: »Witwe«. Mit der Autorität des Todes behauptete er: »Der Grund der
Katastrophe ist nicht auf mangelhafte Organisation zurückzuführen, sondern auf Pech bei allen Risiken, die wir eingingen.« In seine
besten Formulierungen webte er Aufrufe an die Nation zum prakti-

schen Dienst der Nächstenliebe ein, so daß Emotionen und Appell untrennbar wären – wie bei Politikern im Fernsehen, die darauf achten, daß ihre Aussagen nicht in kleinere Einheiten zerlegt werden können. »Diese flüchtigen Notizen und unsere toten Körper sollen die Geschichte erzählen, und gewiß, ganz gewiß wird ein großes, reiches Land wie das unsrige sich darum kümmern, daß unsere Familien ordentlich versorgt werden.« Große, düstere Kadenzen, in Worten ausgedrückte Trauermusik, kamen ihm in den Sinn; lange Sätze, die im Klang parallel waren und beim Vorlesen danach verlangen, die Höhen und Tiefen der Formulierungen nachzuahmen.

Wir sind schwach; Schreiben fällt schwer, doch für meinen Teil bereue ich die Reise nicht, die gezeigt hat, daß Engländer Not und Entbehrung erdulden können, einander helfen und dem Tod mit der Kraft und Stärke vergangener Zeiten entgegentreten. Wir sind Risiken eingegangen, das wissen wir; der Ausgang war gegen uns gerichtet; wir haben deshalb keinen Grund zur Klage, sondern beugen uns dem Schicksal göttlicher Vorsehung und sind entschlossen, noch bis zum Ende das Beste zu geben.

Doch Scott konnte nicht weiterschreiben. »Es ist ein Jammer, aber ich glaube, ich kann nicht mehr weiterschreiben.« Als sein Schreiben aufhörte, gab es auch keine Worte mehr, die dieser Situation hätten Bedeutung beimessen können. Seine Worte sind erschöpft. Die Geschichte ist erzählt, doch er ist noch hier in der Stille, die folgt, und wartet. Manche Menschen gehen so sehr in ihrer Rolle auf, daß sie zu ihrem zweiten Ich wird. Es bleibt nichts von ihnen übrig, kein Rest, der nicht den sich für einen Richter, Verkäufer oder Entdecker ziemenden Empfindungen entspricht. Scott spielt seine Rolle ausgezeichnet, doch er gehört nicht zu dieser Sorte von Mensch. Unter ihm liegt ein Brief an Kathleen, in dem steht: »Ich habe doch meinen

Platz ständig eingenommen, nicht wahr?« – ob mit Stolz, Besorgnis oder Bitterkeit am Ende über die Rolle des Entdeckers und die an ihn gestellten tödlichen Anforderungen, weiß er kaum zu beurteilen. »Aber was für Geschichten, Du für den Jungen hättest, aber was für ein Preis, denn wir nun Zahlen müssen.« Nach dem in der Geschichte geschilderten Tod scheint es, als müsse alles noch sterben, was nur von der Seite betrachtet und vernachlässigt wurde, während man seiner Rolle gehorsam entsprach. In einer Geschichte kann man nicht sterben; man stirbt im Körper. Er fragt sich, ob die anderen beiden des Nachts manchmal unsichtbar zu ihm kamen, jenseits des Ziels ihres Glaubens, eines Glaubens, der das Phänomen des Todes recht großzügig auslegte, und dieser schrecklichen Leere ins Gesicht blicken. Er glaubt nicht und ist froh darüber. Sie waren sich sicher, daß die Augen, die sich hier schlossen, sich in einer anderen Welt wieder öffnen würden. Sie freuten sich noch, »schliefen«, um aufzuwachen. Schlafen, Schlafen – plötzlich haßt er diese einlullende Metapher, weil damit auch das kleinste Pünktchen aus dreiundvierzig Jahren des Denkens und Fühlens verschwand. Welch eine Lüge! Es ist kein Schlaf, diese ungestalte Zukunft, vor der die Sinne hilflos zurückschrecken, auch wenn sie unmittelbar näher rückt.

Was er jedoch denken mag, was er auch will, er ist immer noch hier und hält den Tod – *unweigerlich* – in Schach und wünscht doch, dieser würde sich beeilen. Er möchte aber Kathleen wiedersehen. Er möchte, daß die Welt aus dieser schmalen Falle wieder herauskommt und weiter wird, so daß er wieder lernen kann zu vertrauen, zu leben. Er glaubt, sehr gern »drinnen« zu sein. Das Zelt ist lediglich ein schwacher, unter einem riesigen Himmel errichteter Kegel auf einem Eisbett, das gehalten wird von darunterliegenden trüben Wassermassen. Vor fünf Monaten war er von Kap Evans aufgebrochen und hat nun fast einhundertundfünfzig Nächte im Freien verbracht beziehungsweise in diesem tragbaren Witz von einer Unterkunft. Erst wenn man hierher kommt, merkt man, wie scharf die Welt in »innen« und »außen« unterteilt ist. Das Ganze trägt fast metaphysische Züge. Es kommt ihm wunderbar vor, daß Menschen

offene Flächen nehmen und sie mit einem Boden, Wänden, einem
Dach versehen und so völlig umgestalten können. Er denkt an Türen, die aufgehen, und wie er hindurchschreitet. Die Tür an Kap
Evans natürlich, doch er steht auch auf den Stufen am Treppenge-
länder von Buckingham Palace und klopft an die farbige Eingangs-
tür seines eigenen Hauses. Er wartet an der noch größeren Tür der
Geographical Society und kann den Portier durch die Glasscheiben
in der Eingangshalle kommen sehen, um ihn hereinzulassen, ohne
sich im geringsten an der Pudelmütze und dem von seiner Wetterjak-
ke tropfenden Eiswasser zu stören. Schwellen: die schwere Metall-
tür im Gang eines Zerstörers, deren Nieten sich von der Farbe der
Tür frostig abheben, deren Stahlüberzug auf der 30 Zentimeter
hohe Schwelle in der Mitte blank gescheuert ist. Die Fliegentür zur
Veranda eines amerikanischen Hauses an einem heißen Tag, auf deren Innenseite beim entfernten Surren der Insekten und des Verkehrs
eine angenehme Kühle herrscht. Quietschende, knarrende massive
Türen, die nicht leicht aufzudrücken sind. Er klopft an die Türen
der Sankt Paul's-Kathedrale, jedoch nicht an die in den Eingangsbe-
reich aus Kalkstein in das größere Portal eingepaßte Tür, sondern an
die riesigen, behauenen Tafeln des großen Tors, das weit über einen
schachbrettartigem Fußboden aufschwingt, auf dem seine Fußtritte
deutlich und widerhallend zu hören sind. Die Tore aus Elfenbein
und Horn in der Odysee, von deren Flügeln wahre Gesichte und falsche Träume ausgehen. *Haben sich dir die Tore des Todes geöffnet?*
oder hast du die Tore des Schattens des Todes gesehen? Hast du den
Atem der Erde verspürt? Sag, ob du alles kennst. Wo ist der Weg, da
das Licht wohnt? Und wo ist der Ort der Dunkelheit, daß du zu sei-
nen Grenzen gelangen und seine Weg kennen wirst? ... Bist du in die
Reichtümer des Schnees eingedrungen? Oder hast du den Reichtum
des Hagels gesehen ... aus dessen Schoß das Eis hervorging? Und
den Rauhreif des Himmels, der ihn gezeugt hat? Die Wasser werden
wie von einem Stein bedeckt; das Angesicht der Tiefen ist gefroren.
Kannst du die süßen Einflüsse der Pleiaden binden, oder die Bande
des Orion lösen? Treibe dahin ... Treibe dahin ... Stop! Reiß dich

zusammen, Mensch! Oder nein, vielleicht sollte er keinen Halt mehr suchen. Es ist bereits erledigt. Alles in ihm ist angespannt und verweist unstete Furcht in ihre Grenzen, die stark genug sind, den Fakten zu trotzen. Dann kehrt er in das Zelt zurück. Das Zelt, der Ort, die zwei Leichen, der Behälter mit Opiumtabletten, die ihn ohne Widerstand frei machten, wenn er sie schlucken würde. Er ist immer noch hier.

Plötzlich schlägt Scott aus, wie einer der wütend ist mit seinem Bettzeug, weil er nicht schlafen kann. Ja, okay, aber *schnell* dann, ohne groß zu überlegen. Er reißt seinen Schlafsack auf, so weit er kann, und auch seinen Mantel, legt seinen Arm bewußt um den kalten Klumpen der Leiche seines Freundes Edward Wilson (der nicht schläft, sondern tot ist) und hält sich fest. Vierzig Grad minus im Zelt. Die Kälte erreicht ihn. Oh, wie sie doch schmerzt! Sein Fleisch, das ihn während der ganzen langen Zeit eingegrenzt hat, ist brüchig: Er ist nicht mehr ein Ganzes: das Eis ist in seiner Brust, eine stechende, schreckliche Präsenz, die ihm das Blut in den Adern zu Eis gefrieren läßt. Seine Lippen ziehen sich über die Zähne zurück, er knurrt laut dabei. Scott hat seine Gesichtsoberfläche verlassen und weiß es nicht. Die Kälte hält in ihn Einzug, wie ein Schlüssel, der nach seinem Schloß sucht. Eine unpersönliche Zärtlichkeit scheint darüber zu wachen, als er das Schloß zu einer Truhe findet, die Truhe, in der Erinnerungen verborgen sind, und sie ausschüttet, die persönlichsten und privaten, eine nach der anderen; mit manchen hätte man nie gerechnet, weil sie kaum noch im Bewußtsein waren und nicht bekannt war, daß sie hier sorgfältig die ganze Zeit über lagerten; eine nach der anderen, unverhüllt und gefühllos betrachtet, bis die letzte an der Reihe ist, wegflattert und verschwunden ist.

12. November 1912

Acht Monate später wird die Klappe des Zeltes geöffnet. Doch drinnen ist es zu dunkel, um erkennen zu können, was auf dem Boden liegt: Die Schneestürme und kräftigen Winterwinde, während derer

die drei Leichen in erstarrter Stille dort lagen, haben Schnee auf
Schnee gehäuft, bis schließlich in der Frühlingssonne der Barriere
nichts außer einem Bambusstab erkennbar ist. Der Suchtrupp von
Kap Evans schaufelt das Zelt frei. Jetzt ist alles klar. Wer hineingeht,
kann die makabren physischen Beweise an Köpfen, Händen und
Füßen ablesen. Atkinson ist Arzt; Maat Lashley hatte prophezeit,
daß Skorbut sich als Todesursache erweisen würde. Cherry-Garrard
schreibt in sein Tagebuch, daß Wilson »sehr ruhig entschlafen war«,
und Bowers »ebenfalls ruhig«. Er unternimmt keinen Versuch zu erraten, wie Scott starb. Am Ende des Tages wird er nur eine Bemerkung hinzufügen: »Es ist alles so schrecklich –, ich habe geradezu
Angst, mich jetzt schlafen zu legen.« Die Männer bemerken, daß
das Zelt ordnungsgemäß wie immer aufgeschlagen worden war;
daß Filme darauf warten, entwickelt zu werden; das der neben dem
Zelt begrabene Schlitten mit einer anständigen Ladung bepackt
war, teilweise mit verwitterten Kohlebrocken und Gesteinsproben
aus den Felsschichten am Beardmore-Gletscher. Beim Umdrehen
der Gesteinsproben kann man zarte Pflanzenfossilien erkennen,
Überbleibsel aus der kambrischen Periode, als die Antarktis noch
grünte. Die Versteinerungen im Gepäck der Toten und ihr fein säuberlich aufgeräumtes letztes Lager zeugen von Willen und Entschlossenheit bis zum Ende. Diese Erkenntnis ist für die Entdecker
genauso aufschlußreich wie die Toten im Zelt. Beim Einsammeln
der Briefe und Papiere können sie deshalb ehrerbietig und entsetzt
zugleich sein. Und sie sind es!

Dann wird Scotts Tagebuch gefunden. Atkinson nimmt es an
sich, wie Scott angeordnet hatte. »Mir schien, als sei Atkinson
stundenlang im Zelt gesessen und habe gelesen.« Als er das We-
sentliche erfaßt hat, ruft er die übrigen Männer und liest laut vor.
Das Schreiben an die Öffentlichkeit, den Bericht über Oates letzte
lakonische Phase gegen Ende seines Lebens. Die Geschichte ist
nicht weniger lebendig als die Toten. Sie wird verbreitet werden,
weil sie sich gut zu Propagandazwecken für den nächsten Krieg
eignet, oder weil sie eine reservierte Leidenschaft für die leiden-

schaftlich Reservierten weckt, oder weil sie – auf unzählige Weise – irgendwie einen Zweck erfüllt. Das Leben in Geschichten ist auch nur eine Metapher. Diese Geschichte jedoch ist bereits unter zehn Männern verbreitet worden, genauso, als wäre sie eine teilungs- und reproduktionswillige Zelle, die Atkinson aus dem Zelt gebracht hat und die jetzt nach Norden gebracht wird, wo sie sich in einer wärmeren Welt unvorstellbar oft vermehren kann.

Sie lassen das Zelt vorsichtig zusammenfallen, bauen eine Wegmarke darüber, die sich schwarz von den »unzähligen weißen Schichten schillernder Wolken abhebt«. Sie wenden sich ab!

Charles Neider
aus **Jenseits von Kap Hoorn**

Vier Männer folgten Scott zum Südpol und danach in den Tod. Charles Wright gehörte zu der Gruppe, die auf Scotts Geheiß früh kehrtmachte, nachdem die Männer geholfen hatten, Vorräte ein Stück weit des Wegs zum Pol zu schleppen. Mehr als 60 Jahre später, im Alter von 86 Jahren, trank Wright Whisky mit Charles Neider (geboren 1915) und beantwortete die Fragen des Schriftstellers und Polar-Aficionados. Hier nun ist Neiders Aufzeichnung des Gesprächs.

Im Mai 1973 flog ich nach Vancouver – nach einem Zwischenstopp in Boulder, Colorado, um meinen Antarktis-Freund Dale Vance zu besuchen, der mit den Russen in der Wostok-Station überwintert hatte und dem ein Teil eines Kapitels in *Edge of the World* gewidmet ist. Ich blieb eine Nacht in Vancouver und nahm früh am nächsten Morgen den überfüllten Bus nach Tsawwassen (gesprochen ohne das erste »S«). Dort bestieg ich die Fähre nach Saltspring Island, wo, in Ganges, Sir Charles Wright lebte.

Als Wissenschaftler hatte Wright drei Expeditionen in die Antarktis unternommen. Zum Zeitpunkt meines Besuchs war er gerade 86 Jahre alt (er wurde am 7. April 1887 geboren), aber, wie ich schon bald herausfand, war er noch sehr lebhaft, geistreich und voller Enthusiasmus, was Antarktika anging. Während der Tage, die ich mit ihm und seinen Erinnerungen an jene frühe Zeit verlebte, erschien es mir als eine nahezu unheimliche Vorstellung, daß er Scott gekannt hatte und jene anderen legendären Gestalten der *Terra-Nova*-Expedition. Er hatte eine lange, herausragende berufliche Laufbahn als Wissenschaftler und als wissenschaftlicher Berater hinter sich. Für seine Tätigkeit als Administrator der Admiralität im Zweiten Weltkrieg war er in den Ritterstand erhoben worden. Meine stille Befürchtung erwies sich als unbegründet: Er war alles andere als furchteinflößend. Ganz im Gegenteil, es war eine Freude, mit ihm zu leben und zu arbeiten. Außerdem war er ein tüchtiger Trinker, der uns beide mit allerlei Flüssigem versorgte, um unsere Stimmen gut zu ölen, wie er erklärte.

In seinem ersten an mich gerichteten Brief, datiert von Anfang Februar 1973, schrieb er, er habe meinen Artikel über Taylor Valley »ganz besonders interessant« gefunden und hoffe, ich würde ihn wissen lassen, wann das Buch erscheine, weil er gern ein Exemplar kaufen möchte. Er erklärte, er sei mittlerweile der einzige noch Überlebende von Taylors Geologengruppe und verschiedener anderer Gruppen, darunter der Polgruppe von 1912, die vom Beardmore-Gletscher zurückkehrte. Er schrieb, er versuche immer zu verfolgen, was in den Trockentälern vor sich gehe, besonders in dem Tal, das seinen Namen trägt. Und er fügte hinzu, er sei fast sicher, es sei Brandau gewesen, der ihm 1965 bei einem Besuch im Wright Valley »den Atem nahm« (das heißt ihn in Angst versetzte), als er im Begriff schien, auf einem unglaublich scharfen Grat zu landen, der zu beiden Seiten ungefähr 70 Grad steil abfiel.

Ich antwortete am 25. Februar: »Was für eine wunderbare Überraschung, einen Brief von Ihnen zu erhalten. Natürlich weiß ich von Ihrer Beteiligung an Scotts letzter Expedition und vom Wright Valley. Obwohl bei meiner letzten Reise nach Antarktika in meinem Zeitplan ein Besuch im Wright Valley vorgesehen war, wurde ich davon abgehalten, weil ich einen Hubschrauberabsturz nahe dem Gipfel des Mount Erebus hatte. Aufgrund dessen sich meine Hände eine Zeitlang nicht besonders gut für die Feldarbeit eigneten ...

Mein Buch soll Brandau gewidmet sein, den ich ganz besonders bewundere. Es wird mir eine Freude und eine Ehre sein, Ihnen ein Exemplar zu schicken, sobald es auf dem Markt ist. Falls es Sie interessiert, lege ich eine Kopie des Inhaltsverzeichnisses bei. Außerdem füge ich ein Büchlein über Ross Island an, das ich auf Bitten der National Science Foundation geschrieben habe.«

Am 27. Februar schrieb ich einen zweiten Brief an Wright: »Ich habe viel an Sie gedacht, seit ich Ihnen vor einigen Tagen schrieb. Ich hoffe, es stört Sie nicht, schon so bald wieder von mir zu hören. Ich würde gern einige Fragen an Sie richten. Haben Sie über Ihre Erfahrungen als Angehöriger der Gruppe, die Scott, Bowers und Wilson im November 1912 fand, einen Bericht veröffentlicht? Haben Sie irgendwelche Theorien oder einen Verdacht im Hinblick auf die Scott-Tragödie, die von dem abweichen, was Cherry-Garrard, Atkinson, Debenham und Amundsen uns berichten? Waren Sie in der Zeit zwischen der *Terra-Nova*-Expedition und 1965 in Antarktika? Wenn nicht, müssen Sie 1965 sehr beeindruckt gewesen sein – bei dem gewaltigen Unterschied zwischen den Tagen der Hundeschlittenfahrten und den Tagen des Lufttransports und bei all den Veränderungen, die sich dort vollzogen haben, wo heute die McMurdo-Station steht. Sind Sie 1965 lange in Antarktika geblieben? Haben Sie die Eindrücke Ihres Besuchs veröffentlicht? Ich habe noch andere Fragen, die mir durch den Kopf gehen, und würde Sie sehr gern für mein geplantes Buch interviewen. Würden Sie mir bitte mitteilen, ob Sie die Idee, ein Interview zu geben, annehmbar finden?«

Wright antwortete am 2. März und schrieb, er habe nichts über seine frühen Antarktiserfahrungen veröffentlicht, wolle aber jetzt mit Hilfe seiner Tochter Pat versuchen, die mit Bleistift geschriebenen Tagebücher, die er in jenen Tagen führte, zu entziffern und zu verstehen – beides sei von heute aus recht schwierig. Das Scott Polar Research Institute in Cambridge, England, hatte angeboten, die Tagebücher abschreiben zu lassen, doch Wright zog es vor, die Dinge in der Hand zu behalten. In jedem Fall waren die Tagebücher nicht zur Veröffentlichung bestimmt. Was ein aufgezeichnetes Interview per Telefon anging – daran war er ohne Frage interessiert. Er gab dem Wunsch Ausdruck, mir zu helfen, soweit er dazu in der Lage sei.

Ich schrieb am 30. März erneut an ihn: »Ich neige immer mehr zu der Ansicht, daß der beste und vielleicht der einzige Weg, ein wirklich ergiebiges Interview zu führen, eine persönliche Begegnung ist. Wenn es Ihnen recht ist, könnten wir das Interview an mehreren aufeinanderfolgenden Tagen aufzeichnen – falls wir feststellen sollten, daß wir viel zu bereden haben.«

Am Abend des 18. April rief ich ihn an und führte ein freundliches und produktives Gespräch. So reiste ich nach Saltspring Island.

Als ich das Autodeck der Fähre verlassen hatte, ging ich einen Hügel hinauf und sah Wright neben seiner Tochter stehen. Ich erkannte ihn sofort nach den beiden Fotos, die Dale Vance mir gegeben hatte. Er war dünner als auf den Fotos, vielleicht etwas gebeugter, trug eine Brille, und überhaupt hatte ich wegen seines hohen Alters keine Schwierigkeiten, ihn auszumachen. Ich ging zu den beiden hin und stellte mich vor. Zu meiner Belustigung mußte ich ihre entschiedenen Angebote, meine schwere blaue Reisetasche zu tragen, ablehnen. Selbst Wright versuchte, sie mir abzunehmen. Er sagte, ich solle auf dem Beifahrersitz Platz nehmen, und er setzte sich nach hinten. Wir fuhren nicht durch ein Dorf oder eine Ansiedlung, wie ich es erwartet hatte (Wo und was war Long Harbour?), sondern über eine schmale Asphaltstraße durch dichten Wald, sahen Radfahrer, die vom Fähranleger die Berge hochstrampelten, ein paar Familien auf einem Picknickplatz und dann nur noch Straße und Bäume.

Als wir bei Wrights Anwesen ankamen, ungefähr um ein Uhr mittags, stieg er aus, um ein breites Tor mit Drahtgitter zu öffnen und wieder zu schließen – zum Schutz gegen die Gänse des Nachbarn. Das Haus, in dem er lebte, war tatsächlich ziemlich ländlich – und reizvoll: schlicht und einfach, mit einem Blick über Meeresbuchten. Pat Wright zeigte mir ein Zimmer, das, wie sich herausstellte, ihr eigenes war, und sagte, ich könne die oberste Schublade der Kommode benutzen (die ein Stück offengelassen worden war, als Anhaltspunkt). Doch ich entgegnete, ich würde es vorziehen, direkt aus der Tasche zu leben, wie ich es immer tat.

Besonders beeindruckt war ich gleich zu Anfang von einem großen, gerahmten Sepia-Abzug: Pontings berühmtes Foto von Scott, wie er am Klappschreibtisch in seiner Ecke der *Terra-Nova*-Hütte am Kap Evans sitzt. Herbert G. Ponting war ein großer Antarktisfotograf. Ich schätze, das Negativ muß 20 x 25 Zentimeter groß gewesen sein. Der Abzug in Wrights Haus war ein ganzes Stück größer und sehr wirkungsvoll. Darüber und etwas links davon hing ein großes Foto von Wright in jungen Jahren, wie er kniend durch einen Theodoliten aufwärts späht. Dieses Foto taucht, soweit ich mich erinnere, auch in *Scott's Last Expedition* auf. Ich nahm jetzt mit großem Interesse weitere Erinnerungsstücke wahr: seltene Erstausgaben, noch seltenere Fotoalben, ein Bücherregal, das aus einem Nansen-Polarschlitten angefertigt worden war, den man zu diesem Zweck in der Mitte durchgeschnitten hatte, ein großes Thermometer mit Holzeinfassung, eine hölzerne Großbild-Kamera, einen Theodoliten, eine Speisekarte in Form eines Pinguins vom letzten Festessen zur Wintersonnenwende auf der *Terra-Nova*-Expedition mit Unterschriften von vielen Expeditionsteilnehmern.

Ohne großes Zögern baute ich nach dem Mittagessen meine Ausrüstung in Sir Charles' Zimmer auf. Er trug eine Krawatte und ein sportliches Jackett mit einem weißen Taschentuch in der Brusttasche. Er war hager und hatte noch fast alle seine Haare, jetzt weiß und ganz kurz geschnitten. Die Finger seiner dunklen Hände waren knotig. Ich fragte mich, ob er Gelenkschmerzen haben mochte. Er hatte die Angewohnheit, der Länge nach über seine Hände zu streichen, eine über die andere gelegt. Braune, vom Alter dunkel gewordene Hände mit papierener Haut, die er manchmal geistesabwesend zu Höhenzügen zusammenschob, um sie, wenn er sich dabei überraschte, gleich wieder zu glätten. Er hatte die Angewohnheit, in Gesprächspausen »Hm-hm« zu sagen, das erste etwas höher im Ton als das zweite. Einmal erzählte er mir, er könne sich kaum an die Ereignisse der letzten Woche erinnern, wisse aber noch sehr gut, was vor 50 Jahren geschehen sei.

So zeichneten wir eine ganze Menge auf. Wenn seine Stimme

schwächer wurde, machten wir eine Pause. Seine nachlassende Stimme war ein Problem, vor dem Pat mich gewarnt hatte. Er tat etwas dagegen, indem er reichlich Roggenwhisky trank, wobei er darauf bestand, ich solle es ihm gleich tun. Ich wählte Scotch und Soda mit Eis. Durch den Whisky schien seine Stimme sich tatsächlich nachhaltig zu bessern.

Neider: Lassen Sie mich einmal vorlesen, was Cherry-Garrard schreibt. »Jene Szene wird in meiner Erinnerung nie verblassen. Wir mit den Hunden hatten gesehen, wie Wright allein von der Richtung abwich und die Maultiergruppe vor uns einen Bogen nach rechts beschrieb. Er hatte etwas gesehen, das er für ein Hügelgrab hielt, und dann etwas Schwarzes daneben. Unsere unklare Verwunderung machte nach und nach echter Sorge Platz. Wir erreichten sie. Alle warteten. Wright kam zu uns herüber. ›Es ist das Zelt.‹ Ich habe keine Ahnung, woher er das wußte.« Haben Sie Einwände gegen diese Schilderung?

Wright: Nein, ganz und gar nicht. Das ist sehr genau und sehr korrekt.

Neider: Ich versuche, Klarheit über die Geschichte von Ross Island zu gewinnen. Ich interessiere mich dafür besonders, weil ich glaube, daß durch eine Ironie der Geschichte, die meines Erachtens durchaus gerechtfertigt ist, Scott mit seiner großen Tragödie eine bedeutendere Spur in der westlichen Zivilisation hinterlassen hat als Amundsen mit seinem großen Triumph.

Wright: Das ist sehr interessant.

Neider: Und ich glaube, daß es dafür zwei Gründe gibt. Der eine ist Scotts Stil als Mensch und der zweite sein Stil als Autor. Darum glaube ich, daß jede neue Erkenntnis, die wir über diese schreckliche Geschichte gewinnen können, wichtig ist für uns alle – zunehmend wichtig wegen des Auseinanderklaffens moralischer Wertvorstellungen, das wir heute erleben. Wenn man an Scott zurückdenkt, hat man – bei all seinen möglichen Fehleinschätzungen – eine Zeit und einen Mann vor Augen, die für nobles, großmütiges Verhalten stehen.

Wright: Ja, da stimme ich Ihnen voll und ganz zu.

Neider: Cherry-Garrard scheint sicher zu sein, daß Scott als letzter starb. Teilen Sie diese Ansicht?

Wright: Ich bin keinesfalls sicher. Er begründet das damit, daß Scott gewissermaßen halb aus seinem Schlafsack heraus war und sich mit seinem Tagebuch zu Dr. Bill [Edward A. Wilson] hinüberlehnte.

Neider: Wissen Sie etwas darüber, ob Wilson oder Bowers ebenfalls letzte Nachrichten verfaßt haben?

Wright: Ich glaube nicht. Sonst würde das sicher in Dr. Bills Tagebuch erwähnt sein.

Neider: Ich war fasziniert von einer Anekdote, die Sie beim Frühstück erwähnten. Es ging darum, daß Sie, als Sie den Beardmore hinaufgingen, eine schlaflose ...

Wright: Ich war einfach nicht müde, würde ich sagen. Ich lag die ganze Nacht wach.

Neider: Das war nur auf einer Höhe von ungefähr 900 Metern.

Wright: Ja, so ungefähr, würde ich denken.

Neider: Die Vorstellung, bei einer Schlittentour nachts nicht schlafen zu können – ist das etwas, worüber man sich Sorgen machen muß?

Wright: Ich machte mir darüber gar keine Sorgen. Es war interessant, und ich dachte zurück und erinnerte mich – ich war damals ziemlich jung –, daß die Leute über Schlaflosigkeit in größerer Höhe sprachen.

Neider: Aber Atkinson [Edward L.] berichtete dann Scott davon, nicht wahr?

Wright: O ja, Scott hat davon erfahren.

Neider: Aber in welchem Sinne? Glauben Sie, daß Atkinson sich tatsächlich Sorgen um Sie machte, weil Sie in der einen Nacht nicht gut geschlafen hatten?

Wright: Ich weiß es nicht. Ich habe darüber nie mit Atch gesprochen.

Neider: Was mich an diesem Punkt interessiert, ist folgendes:

Möglicherweise hat Atkinson Scott aus einem bestimmten Grund mitgeteilt, daß einer von den Leuten in seiner Gruppe sich nicht wohl fühle. Das kann doch Scotts Entscheidung beeinflußt haben, Sie zurückzuschicken.

Wright: Das ist denkbar. Ich weiß es nicht.

Neider: Sollte das tatsächlich der Fall gewesen sein, dann war das doch von außergewöhnlicher Bedeutung für Ihr Leben, so wie die Dinge sich entwickelten.

Wright: Ja, ich wäre sehr gern weiter mitgegangen, aber ich hatte nie die Erwartung, einer von der Gruppe zu sein, die ganz bis zum Pol ging. Ich wußte, wer das sein würde.

Neider: Sie gingen bis auf den Beardmore-Gletscher mit. Wie weit ist das vom Pol?

Wright: Es müssen etwa 400 oder 500 Kilometer vom Pol sein.

Neider: Einer der Männer brach nach Scotts Angaben in Tränen aus, als er den Rückweg antreten mußte. Ich habe vergessen, wer das war, es steht in Scotts Tagebuch. Es sieht jedenfalls so aus, als hätten alle gern mitgehen wollen.

Wright: Scott würde mit Sicherheit gehen, das wußten wir. Scott hatte immer Wilson dabei, und Birdie Bowers und Cherry-Garrard hatten auf der Winterreise eine gewaltige Leistung vollbracht. Man konnte fast mit dem Finger auf die Leute zeigen, die mit einiger Sicherheit mitgehen würden. Und sie alle hatten sich auch für diese Art von Unternehmung als ausgesprochen fit erwiesen.

Neider: Etwas, das von den frühen Entdeckern nie erwähnt wird – und mir scheint es für ein vollständiges Begreifen des Lebens in der Antarktis von recht entscheidender Bedeutung zu sein –, ist die Frage der Toilette, wenn man draußen unterwegs war. Zum Beispiel spricht Cherry-Garrard nie über die Tatsache, daß es manchmal notwendig ist, das Zelt bei minus zwanzig Grad zu verlassen.

Wright: Ja, das ist natürlich verrückt. Aber wir haben es getan. Wir alle. Scott wollte es so, und wir gingen alle aus dem Zelt, wenn wir mußten. Nun! Das ist ein ganz schöner Anlauf, denn das erste, was passiert, wenn man bei solchen Temperaturen nach draußen geht, ist, daß alles steif friert. Sehen Sie, man kommt aus dem Schlafsack; mit in den Schlafsack genommen hat man all den gefrorenen Schweiß vom vergangenen Tag und den vom Tag davor und den von davor und von davor. Am Ende ist das eine Menge. Und im Laufe der Nacht tauen Sie als erstes diesen gefrorenen Schweiß. Und häufig friert er wieder unten im Schlafsack, da, wo Ihre Füße sind. Und wenn Sie eine gute Nacht haben wollen, müssen Sie all das tauen, bevor Sie eine Chance haben, vernünftig zu schlafen. Und selbst dann ist es nicht gemütlich, weil alles, was neben Ihnen liegt, naß und kalt ist, und jeder Atemzug, den Sie tun, trägt etwas von dem kalten Zeug in Ihr Inneres. Das heißt, daß so eine Winternacht, wenn man mit dem Hundeschlitten unterwegs ist, alles andere als gemütlich ist. Aber Sie müssen es tun, Sie müssen das Eis auftauen. Und manchmal sind es 15 Pfund Eis oder so ähnlich, die in Wasser verwandelt werden wollen, bevor Sie an Schlaf denken können. Aber danach hatten Sie gar nicht gefragt ...

Neider: Nein. Aber das bedeutet, daß man naß ist, wenn man das Zelt verläßt.

Wright: O ja. Und man friert sofort steif. Man schafft es, wieder reinzukriechen, und man bindet den Schlafsack fest zu, in der Hoffnung, daß man einschlafen kann, bevor man wieder raus muß. Es ist nicht bequem. Aber im Sommer ist es ganz anders. Das Kondenswasser kann als Wasserdampf verdunsten, und man hat einen verhältnismäßig trockenen Schlafsack. Das macht einen gewaltigen Unterschied, was die Wärmeleitfähigkeit angeht, ob Ihr Schlafsack naß oder trocken ist, wie Sie sich vorstellen können. Am schlimmsten ist ein gefrorener Schlafsack.

Neider: Sie waren sehr froh darüber, als Scott Sie aufforderte mitzukommen, um, wie er es nannte, Ihren Kopf mit Eisproblemen vollzustopfen?

Wright: Ja, ja tatsächlich. Es war nicht sehr respektabel, aber ich wünschte mir so sehr eine Gelegenheit, etwas von dem Land zu sehen, wissen Sie, und wenn ich mich nicht mit Glaziologie beschäftigt hätte, so hätte ich meine Zeit, das fürchte ich, im Hauptquartier hinter dem Schreibtisch verbracht. Und daran mochte ich gar nicht denken.

Neider: Ich habe gelesen, daß Sie in so manche Gletscherspalte gefallen sind. Heute gibt es nicht viele Leute, die in Spalten fallen. Was war das für ein Gefühl?

Wright: Der unangenehmste Teil ist der Ruck, der am Ende des Sturzes kommt. Man hat ein Sicherheitsgeschirr, wissen Sie, mit einem Seil. In gefährlichem Gelände, wo Spalten zu befürchten sind, geht in der Regel mindestens ein Mann ein ganzes Stück weit vorn, an einem langen Seil. Und es *gibt* eine Kunst des Gehens, so ähnlich wie auf glattem Eis, dabei geht man aus den Knien heraus, nicht aus den Fußgelenken. Man geht auf der ganzen Fußsohle, und das hilft enorm, wenn man nicht in eine Spalte fallen will. So muß man es machen.

Neider: Ich habe den Eindruck, daß man damals einfach die Vorstellung, daß man in Spalten stürzen könnte, als gegeben akzeptiert hat und man ganz gelassen damit umging.

Wright: Ich kann mich an eine Bemerkung von Scott erinnern, ungefähr gegenüber vom Cloudmaker [einem Berg], oben auf dem Beardmore. Er hielt an, unmittelbar vor einem unebenen Geländestück, und sagte: »Nun, hier sind Spalten. Einer muß da reinfallen.« Und er war der erste. [Beide lachen.] Das freute uns alle gewaltig.

Neider: Sind Sie sehr tief gefallen?

Wright: In der Regel nicht. Das Stück Seil bis zum Schlitten ist nicht sehr lang. Man verlängert die Entfernung zumindest für einen Mann, damit nicht die ganze Ausrüstung mit abstürzt. Aber was mich überraschte, war die Entdeckung, daß es viel schwieriger ist, auszumachen, was vor einem liegt, wenn man bergab geht. Bergauf ist es einfacher. Wirklich bemerkenswert. Auf dem Weg hinunter zum »Mid-Glacier«-Depot hatte ich mich ganz schön verlaufen und geriet in ein Wirrwarr von Spalten. Nicht so sehr Spalten, vielmehr einzelne Séracs, Eisnadeln, an der Oberfläche aufgefüllt mit Schnee. Ich habe mich damals ziemlich geschämt, ähnlich wie später, als ich unsere Gruppe im Kreis führte, so daß wir wieder auf unsere eigenen Schlittenspuren stießen.

Neider: Wann war das?

Wright: Auf dem Weg zurück vom Beardmore. Und das Witzige – es ist wirklich ganz interessant: Normalerweise hatte ich keine großen Schwierigkeiten damit, mich zurechtzufinden. Etwas ging an diesem Tag schief. Ich weiß nicht, was es gewesen sein kann. Aber es war ein schlechter Tag. Ich konnte den Horizont nicht erkennen, konnte den Himmel nicht sehen, konnte gar nichts ausmachen. Nichts, was einen Anhaltspunkt hätte geben können. Kein Wind. Einfach nur eine nackte weiße Wand. Aber das Interessante war, daß ich, nachdem mir das passiert war, mein Vertrauen in meine Fähigkeit verlor, geradeaus zu gehen, und ich mußte zu Atch sagen: »Ich kann nicht weiter vorangehen, ich traue mich einfach nicht mehr.« Es war ganz eigenartig.

Neider: Und was hat er gesagt?

Wright: Er sagte: »Ja, in Ordnung.« Das ist ein wirklich interessantes Phänomen. Nachdem ich mich so geirrt hatte, traute ich meinen eigenen Fähigkeiten nicht mehr – bis wir am nächsten Tag unser Lager aufschlugen. [Lacht.]

Neider: Und dann war es vorbei.

Wright: O ja. Ja, ja. Danach hatte ich keine Schwierigkeiten mehr.

Neider: Als Shackleton den Beardmore hinunter von seinem südlichsten Punkt zurückkam, kriegten seine Leute die Ruhr.

Wright: Einer von unseren Leuten hat sich das auch geholt – Keohane [Patrick]. Wir hatten unser Weihnachtsmahl im »Mid-Glacier«-Depot gegessen und schoben es auf den Löffel Plumpudding, der für seinen empfindlichen Magen zuviel war. Das war ein spartanisches Mahl. *Er* kriegte es danach. Was unseren Gedanken auf eine gewisse Art bestätigte, war, daß wir alle furchtbar viel aßen, als wir ins »Ein-Tonnen-Lager« kamen – alles war rationiert, wissen Sie, und ich erinnere mich, daß ich die Grütze von drei Tagen auf einmal gegessen habe. Es war nicht sehr viel. Das machte mir nichts aus, aber es brachte Atkinson zum Laufen, und drei oder vier Tage lang ging es ihm ziemlich schlecht. Bis dahin hatte Keohane sich schon wieder erholt.

Neider: Das ist schon eine Katastrophe, so etwas wie die Ruhr zu haben, wenn man seinen Schlitten selbst übers Eis ziehen muß.

Wright: Oh, das stimmt. Man bleibt zurück, und man muß aufholen.

Neider: Haben Sie bei sich je Anzeichen von Skorbut bemerkt?

Wright: Nein. Als ich bei unserer Rückkehr meine Beine sah, als ich sie zum ersten Mal wieder sah – man zieht ja seine Kleider nicht aus –, war ich überrascht. Sie waren regelrecht angeschwollen. Ich schob es darauf, daß wir aufgehört hatten zu marschieren. Ich weiß nicht, ob es beginnende Skorbut war oder nicht. Ich bin dem nicht weiter nachgegangen und habe zu niemandem etwas gesagt außer zu Priestley [Raymond], der meinte: »O ja, ich hatte dasselbe, als wir wiederkamen.« Und dann sagte er [flüstert]: »Ich habe fünf Kilo zugenommen in den drei Wochen, seit wir zurück sind.«

Neider: Offensichtlich ist ja wohl, daß man eine sehr ungewöhnliche Beziehung zum eigenen Körper bekommt, wenn man so lange unter extremen Bedingungen draußen ist. Manche Teile seines Körpers sieht man ewige Zeit nicht.

Wright: Man trägt winddichte Hosen und Gamaschen darüber.

Neider: Haben Sie sich nachts nicht ausgezogen, um in den Schlafsack zu kriechen?

Wright: O nein. Ich habe eher ein zusätzliches Paar Socken angezogen. Sehen Sie, wir hatten jeder ein Kontingent von elf Pfund für persönliche Sachen, und ich würde sagen, daß drei Pfund davon Tabak waren und noch einmal zwei Pfund Lesestoff und ein Tagebuch (nur ein paar Gramm) – da bleibt nicht viel übrig für Wechselkleidung. Wir alle hatten ein Paar Socken extra zum Wechseln, aber die waren einfach naß. Sachen aus Wolle werden richtig naß, und sie werden ganz schön schwer. Bei dem erfolglosen Versuch, der nördlichen Gruppe entgegenzugehen – das muß im Herbst 1912 gewesen sein, nehme ich an – wog ich den Pullover, den ich trug, als ich zurückkam, und er hatte 13 Pfund Übergewicht.

Neider: Scott und Cherry-Garrard haben oft betont, daß es nie Streit unter den Männern gegeben hätte. Ja, Cherry-Garrard behauptet tatsächlich, er könne sich an kaum einen Fluch erinnern – während der gesamten Winterreise und trotz der Verzweiflung, die die Männer empfanden. Glauben Sie, daß hier übertrieben wird?

Wright: Ja. Es ist unmöglich, wenn man mit Seeleuten zusammen ist, und es gibt eben Dinge, die passieren, wissen Sie, und da fallen schon ein paar Ausdrücke, Seemannssprache. Ich glaube es einfach nicht. Es war nicht in diesem speziellen Sinne gemeint.

Neider: Wie hat Scott darauf reagiert?

Wright: Er war daran gewöhnt. Das gleiche galt natürlich für Dr. Bill. Er kannte das.

Neider: Aber Sie glauben doch, daß die Berichte, die über wirklich vorbildliches Verhalten unter extremen Bedingungen veröffentlicht wurden, wahr sind?

Wright: Absolut. Ja, da steckte weiter nichts dahinter. Wenn ein paar unfreundliche Worte fielen, bedeutete das einfach gar nichts. Es war normale Seemannssprache oder normaler Londoner Umgangston.

Neider: Aber benahmen sich die Männer in verzweifelter Lage wirklich so gut?

Wright: Erstaunlich gut.

Neider: Das ist also nicht übertrieben?

Wright: Kein bißchen.

Neider: Nun, Sie haben heute beim Mittagessen erwähnt, daß Cherry-Garrard in mancher Hinsicht nicht richtig gewürdigt wird. Darüber würde ich gern etwas mehr erfahren.

Wright: Ich habe diesen Eindruck ganz stark, weil Cherry, erst einmal, einer unserer nettesten Leute war. Er war ein echter Gentleman von der besten Art, die man in England finden kann. Obwohl er in Oxford studiert hatte, sprach er nicht mit Oxford-Akzent, es fiel überhaupt nicht auf. Und er war wirklich einer der nettesten aus der ganzen Gruppe. Außerdem war er an jeder tatsächlich unangenehmen Tour beteiligt, zum Beispiel an der Depottour, wo sie einige

Ponys an Killerwale verloren. Dann die Winterexpedition, die einfach fürchterlich war. Und die Polreise, obwohl er die ganze Zeit bei uns war, als auch ich da war – das war die einzige leichte Zeit. Und schließlich die schreckliche Fahrt mit Dmitri [einem Hunde- und Pferdepfleger] und den Hunden, um Scott und der Gruppe zu helfen, damit sie schneller zurückkämen und das Schiff an Hut Point noch erreichten, und dann immer die Erinnerung, wenn man doch denkt, daß die Dinge nicht hätten schieflaufen dürfen. Ich meine, Scotts Anweisungen, zu einer bestimmten Zeit an einem bestimmten Ort zu sein, waren eigens so gegeben, um das Schiff noch zu erreichen; er wollte keinen weiteren Winter bleiben, wenn das nicht nötig wäre. Nun, da sind wir. Eigentlich wollte ich sagen: Cherry war an all diesen schwierigen Aufgaben beteiligt. Der einzige nicht schwierige Teil war die Zeit während der Polreise und auf dem Rückweg. Auf dem Rückweg kamen wir ohne irgendwelche Schwierigkeiten durch, abgesehen von der Ruhr, die Keohane und Atkinson kurzzeitig hatten. Als wir alles Essen der ganzen Welt vor uns sahen und alles Öl, das man nur verwenden konnte, nahmen wir uns unseren gerechten Anteil und ein bißchen mehr, glaube ich. Also – Cherry hatte eine harte Zeit. Er hat sie außerordentlich gut durchgestanden. Sie müssen bedenken, er ruderte, als er in Oxford war; er war zäher, als er aussah, viel zäher. Aber auf der Winterexpedition war er nicht so hart im Nehmen wie Wilson und Birdie Bowers. Jedenfalls war er nicht in ganz so guter Verfassung, als er zurückkam. Ich würde sagen, er schlief im Stehen.

Neider: Warum glauben Sie, daß er nicht richtig gewürdigt wird? In welchem Sinne?

Wright: Nun, er hat ein Buch geschrieben, und wie die meisten Engländer in einem solchen Fall spielt er alles herunter, woran er selbst beteiligt war, und ich glaube, daß die Leute, wenn sie sein Buch lesen, nicht begreifen, wie hart es tatsächlich war, weil er untertreibt. Ihnen wird gar nicht klar, daß er so Schweres durchmachen mußte. Und ich weiß, daß viele andere Leute, die dort unten waren, das gleiche denken wie ich.

Neider: Hatten Sie den Eindruck, daß auf der Expedition ein Unterschied zwischen Zivilisten und Nichtzivilisten gemacht wurde, beispielsweise im Winterquartier? Hatten Sie das Gefühl, daß Sie und Cherry-Garrard besonders viel gemeinsam hatten, weil Sie beide Zivilisten waren?

Wright: Nein, sie ließen uns nicht spüren, daß sie Marineoffiziere waren und wir nicht. Wir gehörten wirklich dazu, und was uns übrigens unseren Platz sicherte, waren die Tage, als wir das Ausschöpfen des Schiffes übernehmen mußten, zwei Stunden Arbeit, zwei Stunden Pause. Ungefähr anderthalb Tage lang. [Lacht in sich hinein.] Auf dem Deck, um die Hunde und Ponys am Leben zu erhalten.

Neider: Das war während des Sturms.

Wright: Das war während des Sturms, ungefähr vier Tage, nachdem wir Neuseeland verlassen hatten. Und wir leisteten ziemlich gute Arbeit, wenn Sie mich fragen. Alle Mann an die Eimer. [Lacht.]

Neider: Jemand, dessen Buch ich kürzlich gelesen habe – ich weiß nicht mehr, ob es Atkinson war oder Taylor –, macht eine Bemerkung darüber, wie sehr Ihre Augen für die Schönheit Antarktikas geschärft waren. Als Beispiel wurde von einem Ausflug berichtet, bei dem Sie Eiskristalle in Spalten studierten. Sie waren der einzige, der von der Schönheit der Kristalle fasziniert war und dies auch laut kundtat. Das überzeugt mich davon, daß Sie sich der Schönheit Antarktikas sehr bewußt waren.

Wright: Es war weniger die Schönheit der Kristalle; eher ging es mir um ihre geometrische Formenvielfalt und die Gründe dafür. Es sind die Gründe, die wirklich interessant sind. Man sieht eine eigenartige Form, und man wundert sich: »Wie ist das jetzt entstanden? Ist dieser Teil während des Tages entstanden und jener in der Nacht?« All diese Dinge, wissen Sie. Wirklich faszinierend, wenn man es nicht weiß.

Neider: Und Sie wurden ein Experte im Fotografieren von Eiskristallen. Einige Ihrer Fotos sind in *Scott's Last Expedition* abgedruckt, in Band zwei. Die Kristalle wirken wunderschön vor einem schwarzen Hintergrund. Ponting sagt, daß er Ihnen dazu einige Tips gab. Die Grotte von Ponting ist übrigens auch sehr schön.

Wright: Das werde ich nie vergessen. Der Eisberg war umgekippt, und im offenen Wasser schwammen Killerwale. Als uns offiziell gesagt wurde – nämlich Griff [Griffith Taylor] und mir –, wir sollten mit Pont gehen – die Marineleute hatten nämlich Angst vor ihm, er stand in dem Ruf, ein Jonas zu sein: Ihm passierte nichts, aber den Leuten, die bei ihm waren ... [Ich lache. Wright stimmt ein.] Auf jeden Fall sagte er: »Ich mache ein paar Bilder, wie ihr hochklettert«, und ich entgegnete: »Guck dir das an, das ist viel zu steil. Wir werden Stufen schlagen müssen, um da hochzukommen.« Er sagte: »Oh, das ist in Ordnung. Erst geht ihr vor und schlagt die Stufen, und dann klettert ihr hoch und tut so, als würdet ihr Stufen schlagen.« Und so machten wir es. Griff und ich waren vernünftig genug, uns anzuseilen. Hoch ging's [lacht in sich hinein] – und oben, bei einem unvorsichtigen Schlag, fiel ein großes Stück Eis nach unten zwischen die Killerwale. Und Ponting sagte [ruft]: »Das ist wunderbar! Noch mal!« [Beide lachen.] Man konnte die verflixten Killerwale sehen, wie sie auf einen warteten und hofften.

Neider: Wenn Sie nach Antarktika zurückkehrten, geschah das immer in Zusammenhang mit wissenschaftlichen Arbeiten, oder sind Sie auch mal aus sentimentalen Gründen gefahren?

Wright: Nun, wissen Sie, es ist schwierig, eine solche Frage zu beantworten, warum man geht – angeblich auf alle Fälle; vielleicht findet man eine Entschuldigung, um zu gehen, aber wenn man ankommt, stellt man fest, oder zumindest stellte ich fest, daß man einfach dazugehört. Es wurde viel vom »heroischen Zeitalter« gesprochen. Ich habe das mehr als einmal gehört. Heroisches Zeitalter. Die Amerikaner *machen* es dazu. Sie *machen* es daraus. Durch ihre Einstellung und durch das, was sie sagen und so weiter. Aber der sentimentale Aspekt, was mich angeht, war etwas Unvermeidliches, darüber hatte ich keine Kontrolle.

Neider: Sie würden doch nichts dagegen einwenden wollen, daß es das heroische Zeitalter der Antarktisentdeckung genannt wird?

Wright: Ich weiß nicht, das ist schwierig zu sagen. Es hängt davon ab, wie man erzogen wurde. Ich habe den Großteil meines Lebens in England verbracht, und die britische Einstellung ist ganz anders als die amerikanische, wissen Sie.

Neider: Können wir uns kurz darüber unterhalten, über diesen Unterschied?

Wright: Ich weiß nicht, worauf er beruht, das ist die Schwierigkeit. Die Vereinigten Staaten von Amerika sind zweifellos eine tolle Mischung von Menschen, Rassen. Und das ist England auch. Aber in England ist die Mischung vor zig Jahren zustandegekommen – die Angeln und die Sachsen und all die anderen. Wir haben uns an den Unterschied gewöhnt, aber worin er besteht, wenn es nicht die Mischung der Rassen ist, die ihn ausmacht, weiß ich nicht.

Neider: Kommt es zum Teil vielleicht auch daher, was in der angelsächsischen Welt in den Jahren unmittelbar vor dem Ersten Weltkrieg geschah? Wurde Großbritannien nicht von einer Art inspirativer Welle des Patriotismus überschwemmt, die auf die kriegerische Auseinandersetzung mit Deutschland vorbereitete?

Wright: Ja, das stimmt schon.

Neider: Lassen Sie mich Ihnen dies von Scott vorlesen, der schreibt: »Besonders gut eingeschlagen hat Wright. Er ist sehr gründlich und immer einsetzbar. Wie Bowers ist er bei Schlittentouren in seinem Element, und obwohl er noch nicht so hart auf die Probe gestellt wurde, glaube ich, daß er es fast ebensogut durchstehen würde. Nichts scheint ihm je Sorge zu bereiten, und ich kann mir nicht vorstellen, daß er sich in seinem Leben je über etwas beklagt hat.«

Wright: [Lacht in sich hinein.] Nun, was letzteres angeht, hat er sich gewaltig geirrt. Was meint er denn mit beklagen? Ich glaube, man kann sich sehr oft bei sich selbst beklagen, ohne das jemand anderem mitzuteilen. Mit der Brille, die ich tragen mußte, und noch einer zweiten Brille, der Schneebrille, manchmal auch einer Schutzbrille, das war schon eine ziemlich umständliche Sache. Wenn es kalt war, konnte ich nicht sehen, wohin ich ging, und ich beschwerte mich immer bei mir selbst: »Wie blöd! Warum habe ich mir bloß keine Spezialgläser aus Schneeschutzglas machen lassen?« Mit zwei von diesen Dingern auf der Nase hat man nämlich vier Oberflächen, auf denen sich entweder Kondenswasser niederschlagen kann oder Eis oder Wasserdampf oder irgendwelcher Schmutz, der von außen auf dem Glas klebt. Es war wirklich fürchterlich dumm von mir, daß ich mir keine Spezialbrille anfertigen ließ. Das ist es, was ich mit Beklagen meine. Ich beschwerte mich ständig bei mir selbst.

Neider: Scott hatte natürlich etwas anderes im Sinn, er dachte an Ihre Bereitwilligkeit und Ihren Eifer ...

Wright: Es war alles sehr interessant, wissen Sie.

Neider: ... und an Ihren Optimismus und Ihren Enthusiasmus. Haben Sie Ihr Leben im großen und ganzen genossen?

Wright: Bis vor kurzem habe ich ernsthaft darüber nachgedacht, meine Memoiren zu schreiben, und der Titel, den ich im Sinn hatte, war »Tagebuch eines glücklichen Mannes«.

Neider: Wie erklären Sie sich Ihr hohes Alter und Ihre Vitalität?

Wright: Nun, ich kann es mir nicht erklären, jetzt, wo es vorbei ist. [Lacht.] Ich weiß es nicht. Ich habe schon immer gesagt, ich bin ein bißchen seltsam. Ich glaube, ich war schon als Heranwachsender in der Schule seltsam. Damals lebte ich in Toronto, und ich kann mich daran erinnern, daß ich aus irgendeinem unerklärlichen Grund der Ansicht war, es sei eine gute Sache, sich abzuhärten, daher trug ich ein und dieselben Sachen im Sommer wie im Winter. Ganz und gar nicht vernünftig, so etwas. [Lacht in sich hinein.] Ich weiß nicht, wie man das erklären kann. Meine Mutter ist nicht sehr alt geworden. Mein Vater wurde ungefähr achtzig. Keine ererbte Anlage, jedenfalls.

Neider: Scott hat berichtet, wie fit Sie waren. Sie waren sehr fit, nicht wahr?

Wright: Natürlich war ich das.

Neider: Können Sie mir etwas über Ihre Kinderjahre erzählen? War es eine glückliche Zeit?

Wright: O ja, sehr. Allerdings nicht mehr so glücklich, nachdem mein Vater wieder geheiratet hatte. Ich bekam eine Stiefmutter, mit der ich nicht ganz einverstanden war, sagen wir einmal.

Neider: Wie alt waren Sie damals?

Wright: Ungefähr zehn. Ich war nicht gerade unglücklich, aber, wie jeder Heranwachsende wollte ich abschwirren – bloß weg von zu Hause. Jeder Heranwachsende mit ein bißchen Mumm in den Knochen will raus.

Als ich Wright im Februar 1974 einen Abzug des Schutzumschlags für mein Buch *Edge of the World* schickte, das bald erscheinen sollte, merkte er an, er bedaure feststellen zu müssen, daß ich glaube, die Erde sei eine Scheibe. Das Buch wurde im April veröffentlicht. Anfang Mai schrieb er mir dann: »Ich bin kein qualifizierter Kritiker in Ihrem Bereich, aber ich glaube, Sie haben ein sehr gutes Buch geschrieben.« Ende Mai schrieb er mir erneut und berichtete, er sei wegen eines »Ereignisses« an der Victoria University sehr beschäftigt gewesen. Man habe ihm einen Ehrendoktortitel der Rechtswissenschaften verliehen. In einer Fußnote fügte er hinzu, dies erinnere ihn an den Admiral der Königlichen Marine, der schon ein *Knight of the Order of the British Empire (K. B. E.)* war und dann zum *Knight Commander of the Bath (K. C. B.)* ernannt wurde. Eine Botschaft, die der Admiral erhielt, habe gelautet: »Glückwunsch. Zweimal Ritter in Ihrem Alter.«

Charles Wright starb am 1. November 1976 im Alter von 89 Jahren.

Beryl Bainbridge
aus Die Geburtstagsjungs

Beryl Bainbridge (geboren 1933) hat ihre hervorragende Romanerzählung über Kapitän Scotts Expeditionsreise auf der Terra Nova in fünf Teile gegliedert, von denen jeder aus der Perspektive eines der Besatzungsmitglieder jener gescheiterten Polarexpedition berichtet wird. Der Roman stützt sich auf authentische Tagebucheinträge und Briefe, aber Bainbridge fügt auch eigene Gedanken über die Männer und das von ihnen durchlebte Drama hinzu. Das Resultat ist faszinierend, und der Tragödie mit ihren Hauptakteuren wird neue Tiefe verliehen. Die folgende Passage wird von Titus Oates erzählt.

Ich zog die Socke nicht aus, weil ich ganz nervös wurde, wenn ich sah, wie dick mein Fuß war. Als ich zuletzt einen Blick darauf geworfen hatte, war er ziemlich verfärbt und mit roten und blauen Flecken übersät. Bis zum Knöchel glänzte die Haut wie der süßliche, geleeartige Überzug auf faulem Fleisch. Zwei meiner Zehen waren bereits schwarz, und ich befürchtete, daß, wenn ich die Socke auszöge, die Zehen sich lösen würden, und wir alle einen Gestank einatmen müßten, der stärker wäre als der Geruch von der Suppe im Topf. Ich wünschte bei Gott, ich hätte auf Ponting gehört, als er meinte, daß wir eigentlich eine Pistole mitnehmen sollten.

Vor einer Viertelstunde hatte ich Bill angefleht, mir doch einen Schluck Brandy zu geben. Er ging nicht darauf ein und brachte die idiotische Standardausrede vor, daß der Alkohol meinem geschrumpften Magen nicht guttun würde. »Lieber Oates, glaub es mir«, meinte er, »ich will doch nur dein Bestes!«

Er und Bowers verschwenden noch Unmengen Energie darauf, sich um das Wohlergehen der anderen zu kümmern. Meine Welt hingegen ist nicht mehr groß genug, jemand anderen außer mir aufnehmen zu können. Ich bemühte mich nach Kräften, meinen anderen Stiefel auszuziehen, während Bill vor dem Kocher hockte und in der Suppe rührte.

»Was meinst du, kann ein Mann ohne Füße immer noch mit der Meute jagen?« fragte ich. Und er war so gnädig, zumindest unbehaglich dreinzuschauen. Wenn ich mich nur nicht so verdammt schwach gefühlt hätte, ich hätte die Flasche aus seinem Arzneikasten stibitzt und mich einen Dreck darum geschert, ob er es erlaubt hätte oder nicht.

Ich bemerkte, wie Scott mich ansah. Ich weiß nicht, was er in meinen Augen entdeckte, doch kurz darauf sagte er: »Um Himmels willen, Bill, gib ihm, was er will.«

Die Menge war zwar knauserig knapp bemessen, zeigte jedoch unmittelbare Wirkung. Mein Mund verzog sich zu einem solch breiten Lächeln, daß meine Lippen aufrissen und ich das Blut schmecken konnte.

»Gib ihm was zu essen«, drängte Bill. Daraufhin nahm der selbstlose, gute, alte Birdie einen Löffel und versuchte, mich zu füttern.

Ich murmelte etwas wie: »Für Bill laß ich mein Leben!« Ich fühlte mich total befreit, als wäre ein Stein in die Tiefe geschleudert worden und sprang nun polternd – nicht frei fallend – jenen weiß glänzenden Abgrund hinunter, wo das gescheckte Pony auf uns wartete ...

Wir mußten die restlichen Ponys erschießen, als wir Anfang Dezember den Fuß des Gletschers erreichten. Wir waren deswegen alle ziemlich deprimiert und niedergeschlagen. Bowers, dessen Pony das kräftigste von allen gewesen war, merkte man es am meisten an. Ich meinerseits war ganz froh, daß Scott seine Meinung wieder einmal geändert und die irrsinnige Idee aufgegeben hatte, die Ponys den Gletscher hinaufzuführen. Die Tiere hatten eh schon genug leiden müssen: Da die Oberfläche durchgängig sehr schlecht war, mußten wir die Ponys schließlich sogar mit der Peitsche vorwärts treiben. Wir hatten wohl alle das Gefühl, daß die den Ponys zugefügten Grausamkeiten uns fast genauso sehr mitnahmen wie die elenden Tiere selbst.

Bill machte mir ein Kompliment, daß wir die Ponys so weit gebracht hatten und bemerkte: »Schließlich hätten wir für das Geld auch bessere Tiere bekommen können.« Da hatte er vollkommen recht. Die Motoren, für die nicht genügend Ersatzteile eingekauft worden waren und die deshalb irgendwo zwischen der Hüttenspitze und dem Ecklager unter der Schneedecke auf dem Eis begraben lagen, hatten uns 1000 Pfund pro Stück gekostet, die Hunde dreißig Schilling pro Tier und die Ponys fünf Pfund – was meiner Einschätzung nach eine ganze Stange mehr war, als sie wert waren. Auch Scott bedankte sich bei mir, wenn auch etwas steif.

Wir nannten das Lager, wo wir die Ponys erschossen Chaoslager, was uns als geeignete Bezeichnung erschien, nicht nur wegen der Ponys. Angesichts der Tatsachen, daß wir spät aufgebrochen waren, die Motoren fast sofort nach unserer Abreise versagt hatten, wir auf den Skiern ungeübt waren und wegen der »unerwarteten« Wetterlage und Scotts Mißtrauen Hunden gegenüber, war unsere Reise bis jetzt eine Kette von Katastrophen und Fehleinschätzungen gewesen. Scott bezeichnete das als »Pech«.

Ich habe noch nie einen Menschen wie Scott erlebt, der die Fehler, die er macht, auf andere schiebt. Wenn es nicht ständig so entsetzlich kalt gewesen wäre, hätte bestimmt einer von uns die Beherrschung verloren, hätte vergessen, daß Scott der Expeditionsleiter war und sich in einem Faustkampf mit ihm angelegt! Es war geradezu schändlich, wie er Bowers fertigmachte, als das Hypsometer kaputtging. Birdie war schrecklich niedergeschlagen, als er dafür vor allen Seeleuten die Prügel einstecken mußte.

»Es scheint mir doch ein Lapsus zu sein, daß wir keinen Ersatz dabei haben«, gab ich Scott zu bedenken.

Er ging nicht auf mich los – nicht mehr, seit Birdie, Cherry und Crean fast auf dem Eis im Meer umgekommen waren. Er brummte etwas in den Bart und machte auf dem Absatz kehrt, um unserem guten Bill ein paar Worte des Trostes abzuringen. Am Ende wußte ich eigentlich gar nicht, weshalb solch ein Aufhebens gemacht worden war. Wir brauchten ja gar kein Gerät, das uns die auf dem Gletscher erreichte Höhe anzeigt. – Jeder Trottel kann sagen, wann er ein Viertel des Weges nach oben, die Hälfte usw. zurückgelegt hatte.

Ein andermal machte er einen furchtbaren Aufstand, weil Shackleton sich angeblich auf blauem Eis fortbewegt haben soll, während wir uns abmühten, auf Treibeis voranzukommen. Dann war da noch die Sache, als er nicht wollte, daß ich Jehu erschoß beziehungsweise erst, als wir schon 32 Kilometer weiter waren. Das arme Tier siechte dahin, doch er gestattete mir erst, es zu erlösen, als wir an der Stelle waren, wo Shackleton sein erstes Pony hatte erschießen müssen. Man hätte geradezu meinen können, wir wollten es mit Shackleton aufnehmen und nicht mit Amundsen!

Am Neujahrstag, als wir uns abgerackert und abgeplagt hatten und auf den Beardmore-Gletscher auf eine Höhe von fast 3000 Metern gelangt waren, machten wir einen halben Tag lang halt, um die Schlitten neu auszurichten. Als wir oben ankamen, versicherte mir Birdie, daß es nicht mehr als 240 Kilometer bis zum Südpol wären. Ich glaubte ihm. Birdie war der einzige, der einen gewissen Orientierungssinn zu haben schien. Ohne ihn, hätte es meiner Meinung nach passieren können, daß wir uns auch seitwärts oder gar in die entgegengesetzte Richtung hätten bewegen können.

Scott hatte uns immer noch nicht eröffnet, welche drei von uns, er für das letzte Stück mit sich nehmen würde. Nicht mal Bill wußte es, obwohl er verlauten ließ, daß Scott ihn gefragt hatte, welchen der drei Seeleute er für am fähigsten hielt: Taff Evans, Lashly oder Crean. Bill hatte ihm gesagt, daß er auf Lashly setzen würde.

Birdie war sich sicher, daß er nicht ausgewählt werden würde.
Er ist wirklich sehr naiv und erkannte nicht, daß Scott ohne ihn in
Schwierigkeiten geriete. Abgesehen davon, daß er für drei arbeitet,
ist er als einziger wirklich kompetent, anhand der Gestirne, die
Richtung zu bestimmen. Würde er zurückgelassen werden, ginge
es nicht in erster Linie darum, den Südpol zu erreichen, sondern
ihn überhaupt zu finden! Ich hegte weder die Erwartung noch den
Wunsch, dabei zu sein. Um meine Füße war es nicht gut bestellt,
und auch mein Bein war in keinem guten Zustand.

Scott hatte ursprünglich einen weiteren Marsch vor Einbruch
der Dunkelheit beabsichtigt, doch dauerten die Arbeiten an den
Schlitten länger als erwartet. Da Marineoffizier Evans sie regelrecht umbaute, stand uns viel Zeit zur Verfügung. Als wir im Zelt
saßen und Tee tranken, wurde ich plötzlich von einem schrecklichen Heimweh gepackt. Es war eigentlich Bills Schuld, da er unablässig über die von ihm geliebten Wälder redete, in denen
Glockenblumen wachsen. Ich hörte nicht mal richtig zu, weil
mein Bein schmerzte. Ich hatte das seltsame Gefühl, daß die alte
Wunde an meinem Schenkel wieder aufbrechen würde. Der
Schmerz war so heftig, daß ich mich geradezu scheute, meine
Haut an dieser Stelle anzufassen, aus Angst, sie könnte aufplat-
zen. Als ich schließlich doch Mut faßte, spürte ich nichts unter
meinen Fingern, außer der faltigen Narbe. Sie fühlte sich rauher
als sonst an, und ich hatte auch ein paar Pusteln wie alle anderen
auch. Wir hatten uns seit Wochen weder gewaschen noch unsere
Wäsche gewechselt. Die Hölle, in der wir uns befanden, bevor
wir den Gletscher erreichten – Scott sprach vom Abgrund der
großen Verzweiflung –, lenkte meine Gedanken ab von diesen
elenden Füßen. Vier Tage harrten wir in einem Schneesturm in
unserem Zelt aus, bei Temperaturen, die warm genug waren, um
unsere Schlafsäcke unter Wasser zu setzen und unsere Haut runz-
lig werden lassen wie die einer Waschfrau. Vermutlich waren es
die Erinnerungen an die Zeit im Krankenhaus, meine Rückkehr
nach England, die verschobene Feier in Gestingthorpe anläßlich

meines einundzwanzigsten Geburtstags, die die Gedanken an zu Hause weckten.

Ich muß wohl eine Stunde oder länger zugehört haben, wie Bill von seinen naturkundlichen Ausflügen schwärmte und eine weitere Stunde, wie er und Birdie irgendeinen Blödsinn über die Griechen und ihre Vorstellung von der Tragödie faselten. Ich glaube, verstanden zu haben, worauf Bill abzielte, als er sagte, die »Freude des Daseins« schließe eine Freude an Vernichtung ein; es sei denn, er meinte damit nicht, daß es okay ist, wenn einer beim Überspringen einer drei Meter hohen Hecke von seinem Jagdpferd fällt und sich dabei das Genick bricht.

Scott schwieg. Teddy Evans auch. Ich glaube nicht, daß das Ganze für Scott zu hoch war, eher, daß er für die Argumentation nicht das gleiche Verständnis hatte wie ich. Bills gesamte Weltanschauung ist wahrscheinlich ziemlich schräg. Jeder, der sich jahrelang damit beschäftigt, herauszukriegen, weshalb Waldhühner von einer Parasitenkrankheit befallen werden können, und dann ganz aus dem Häuschen ist, wenn er herausfindet, daß es mit irgendeinem Tropfen auf Adlerfarn im Morgentau zu tun hat, muß in der Tat ein sehr beschränktes Liebesleben haben! Du meine Güte! Es gibt auf der Welt keinen netteren, lieberen Mensch als Bill – man hat es halt einfach ein kleines bißchen satt, daß er so furchtbar gut ist.

Er und Birdie kamen auf ein weiteres Thema zu sprechen, das mich genauso kalt ließ: Es hatte irgend etwas mit den Vögeln von Stymphalos zu tun, die durch das Geräusch einer bronzenen Rassel aufgeschreckt und weggeflogen sein sollen.

»Nein«, meinte Bill. »Das kann nicht sein. Sie wurden alle erschossen. Und außerdem waren sie gewiß nicht größer als ein Eisvogel.«

»Nun«, erwiderte Bowers, »was ist mit Phosphorus, dem Sohn des Morgensterns, und seiner Frau Alyone? Wurden die nicht in Vögel verwandelt, die mitten im Winter auf dem Meer nisteten?«

»Das waren noch Zeiten«,[1] antwortete Bill begeistert. »Gar nicht schlecht, Birdie.«

Während sie einander mit gegenseitiger, wenn auch nicht nachvollziehbarer Genugtuung anblickten, schaltete sich Teddy mit seinen Erinnerungen ein, als er als junger Offizier Seemann auf der *Morning* war, dem Versorgungsschiff, das die Mannschaft der *Discovery*-Expedition retten sollte. Scott sah bei diesen Worten aus, als würde er gleich in die Luft gehen, beherrschte sich jedoch und hielt den Mund. Teddy machte einen guten Witz, als er sagte, das Schiff sei bekannt gewesen unter dem Namen »Am Morgen ist Freude«. Er verdarb dann die Pointe, als er sich damit brüstete, wie er und ein Bursche namens Dorley die Namen der Evanly-Zwillinge als Spitznamen erhielten, da sie die zwei begehrtesten, von der Worcester ausgesetzten Preise gewonnen hatten: Dorley gewann Gold und Teddy die Aufnahme als Kadett in der Königlichen Marine.

»Mensch«, staunte Bowers. »Ist ja toll. Ich hab' versucht, Gold zu gewinnen, hatte aber keine Chance.« Bei diesen Worten griff Scott nach seinem dämlichen Tagebuch und begann, wie wild zu schreiben.

Teddy hätte noch weiter geredet, wenn nicht einer der Seeleute nach Bill gerufen hätte. Marineoffizier Evans hatte sich bei der Arbeit an den Schlitten in die Hand geschnitten. Noch bevor Bill hinausgehen konnte, um nachzusehen, wie schlimm es war, brüllte Evans: »Nichts passiert, Herr Dr. Wilson. Fast nichts. Nur ein kleiner Kratzer. Lassen Sie sich deswegen nicht stören.«

Scott bezeichnete Evans als ein Wunder, als ein verdammtes Wunder. »Es muß euch klar sein«, erklärte Scott, »daß es ein Phänomen ist, wenn man unter diesen Bedingungen hier einen Schlitten zusammenbaut. Da hat bisher noch keiner geschafft.« Zwei-

---

[1] Im Englischen ergibt sich hier durch die Doppelbedeutung von *halcyon* ein Wortspiel; *halcyon* = 1. glückliche Zeiten, 2. Eisvogelart. (Anm. d. Übers.)

felsohne hielt er diese Tatsache schriftlich fest, als er mit seinem Bleistift die Seite seines Tagebuchs vollkritzelte.

Teddy verzog das Gesicht. Es bleibt fraglich, ob er damit seine Verachtung für den Offizier oder für unseren Expeditionsleiter zum Ausdruck bringen wollte. Wahrscheinlich war beides der Fall. Die zwischen Scott und Teddy bestehende Feindseligkeit war ziemlich offensichtlich. Unzählige Male hatte sich Bill um des lieben Friedens willen eingeschaltet. Teddy reibt sich auf, Scott auf den Märschen zu übertreffen – wenn es ihm auch wenig brachte. Scott blüht nämlich regelrecht auf, wenn er Konkurrenz bekommt und ist dann ein mächtiger Gegner. Trotz seiner Veranlagung zu Nervosität – ich kenne keinen, der so nahe am Wasser gebaut hat – ist er unheimlich stark. Ich würde sogar soweit gehen zu behaupten, daß er mehr Durchhaltevermögen besitzt als der Rest von uns zusammen, Bowers eingeschlossen. Meares meinte, daß Scott ihn an einen Eingeborenen erinnere, der über heiße Kohlen laufen könne. Nach Meares Ansicht konnte er die Schmerzen dabei nur allein deshalb ertragen, weil ihm der Gedanke, daß der Wille vom Körper beherrscht würde, unerträglich war.

Bis zum Gletscher war Teddy für ein Hundegespann verantwortlich. Stets kam er nach uns im Lager an und war noch taufrisch. Das brachte Scott total auf die Palme. – Er konnte es kaum erwarten, die Hunde zurückzuschicken. Ich kann ihm nicht vergeben, daß er zuließ, wie seine irrationalen Vorurteile gegen den Einsatz von Schlittenhunden obendrein noch durch seine Abneigung gegen Teddy verstärkt wurden.

Manche Männer meinten, Teddy habe Scott nicht verziehen, daß er den betrunkenen Offizier wieder einsetzte, andere meinten, daß die Ursachen tiefer lägen und zurückreichten in die Zeit, als Teddy selbst noch große Hoffnungen hegte, die Expedition eines Tages zu leiten. Dann war da noch der Krach zwischen den Ehefrauen der beiden in Südafrika. Mrs. Evans war ganz aufgelöst gewesen, weil sie die Einladung von der Regierung einen Tag später als Mrs. Scott erhalten und Mrs. Scott sie deswegen angebrüllt und fertiggemacht hatte, daß sie sich wie der letzte Dreck vorgekommen war.

Am folgenden Morgen wurden Cherry und ich in unserem Hotel in Simonstown zu unchristlicher Stunde geweckt, als man an die Tür klopfte und uns zum Frühstück mit Scott und seiner Frau bat. Cherry brachte keinen Bissen runter. Er stand unheimlich auf Mrs. S. Er zerpflückte die Brötchen und ordnete die Stückchen in Reihen auf dem Tischtuch an, als seien es Dominosteine. Scott war überschwenglich freundlich und zuvorkommend, was ich als schlechtes Omen interpretierte. Ständig sagte er mir, wie gesund ich doch aussah.

»Ich bin erstaunt zu sehen, daß Sie wieder Schnürsenkel tragen«, sagte Mrs. Scott, die bereits zuvor Interesse an meinem Schuhwerk gezeigt hatte.

»Möglicherweise ist heute Sonntag«, erwiderte ich. »Beides geht oft Hand in Hand.«

»Ich bin zu dem Schluß gekommen«, erklärte sie und stach brutal in ihre Grapefruit, »daß man die Dinge stets paarweise betrachten sollte.«

»Liebling«, verkündete Scott, »du spritzt mich voll.«

»Wenn ich etwas zu sagen hätte«, platzte sie heraus, »würden die Ehefrauen als erste befragt werden.« Sie hatte offenbar zwei Stunden lang Mrs. Evans ein Buch aus der Bibliothek vorgelesen, um diese zu beruhigen, ein recht gräßliches Buch, in dem die Frauen die ganze Zeit über ihrer Näharbeit geziert säuselten und jedesmal wenn ein Mann auch nur bis auf zehn Meter sich ihnen näherte, nach ihrem Riechsalz griffen.

»Ich finde, das war echt nett von Ihnen«, sagte Cherry und schaute sie ganz verzückt über den Tisch hinweg an.

»Ganz im Gegenteil«, schnauzte Scott, »es war ja wohl das mindeste, was sie tun konnte. Schließlich war es ihre Schuld, daß Mrs. Evans die Beherrschung verlor.«

Mrs. Scott gab sich jedoch noch nicht geschlagen. »Finden Sie Frauen nicht auch abscheulich?« fragte sie mich, als wäre sie keine.

Die Dinge eskalierten bei einem städtischen Empfang in Neuseeland. Mrs. E. betrachtete es als persönlichen Affront – und Evans sah das genauso –, daß Scott sie nicht als erste zum Tanz aufforderte. Später erfuhr ich von Atkinson, daß es in der Damentoilette einen Riesenspektakel gegeben hatte. Atkinson war in Begleitung einer Cousine zum Tanz erschienen, die zufällig Zeugin wurde, als Mrs. S. und Mrs. E. sich einen fünfzehn Runden dauernden Megakampf lieferten. Mrs. Wilson schaltete sich nach der zehnten Runde ein. Es kursierte ein Gerücht, demzufolge dort mehr Blut geflossen und es mehr Haare gekostet haben soll als in einem Schlachthaus in Chicago.

Es war Bills Art sich einzuschalten und zu protestieren, daß Scott nichts gegen Teddy habe, abgesehen davon, daß er ihn als Leichtgewicht und als Bummler ansah. Ich habe den jungen Gran versucht zu warnen, daß man einfach nicht in aller Öffentlichkeit herumschlendern dürfe, wenn Scott sein Adlerauge auf einen gerichtet habe. Ein Mann konnte neun Stunden hintereinander marschieren, Zelte abladen, Schneewände errichten, die Tiere füttern, seine persönliche Ausrüstung versorgen –, aber Scott würde immer noch was finden, woran er etwas auszusetzen hatte. Meares und ich entzogen uns alledem, indem wir abseits bei den Tierunterkünften lagerten. Dort konnten wir zumindest in Frieden leben.

Wenn es darauf ankäme, würde ich zustimmen müssen, daß Teddy ein Leichtgewicht ist. Keiner von uns wird aber wohl jemals vergessen können, was für ein feiner Kerl er war, als er den Befehl über die *Terra Nova* hatte, und welchen Riesenspaß wir hatten, als wir in jenen Nächten auf See um den Tisch im Ankleideraum saßen und gespenstisch brüllten und laut lachten, bis uns die Tränen kamen.

»War das nicht eine gute Zeit?« fragte ich laut, und alle blickten mich an. »Ich dachte gerade an zu Hause ... Gestingthorpe«, log ich, da ich Scott nicht verstimmen und ihm zu bedenken geben wollte, wie wenig er auf jener Seefahrt vermißt wurde.

»Erzähl mir davon«, sagte er, als er sein Notizbuch zuklappte und in seinen Brustbeutel steckte. »Ich hab' die Photos gesehen, die du in der Hütte aufgehängt hast ... ein schönes Gebäude.«

»Ich werde ein paar Renovierungen vornehmen lassen, wenn ich zurückkomme«, erklärte ich. »Genauer gesagt, sind sie sogar schon in Gange ... nichts wirklich Großes ... ein neues Ankleidezimmer neben dem Schlafzimmer meiner Schwester, mehr Regale in der Bibliothek, ein paar zusätzliche Hundehütten hinter den Stallungen ... Veränderungen dieser Art. Eines Tages würde ich gern ein Schwimmbecken bauen lassen ... Das Problem ist nur, daß der beste Platz dafür, was die Sonne betrifft, auf der Südterrasse wäre, und dem würde meine Mutter kaum zustimmen. Ich werde wohl warten müssen, bis ...« Hier hielt ich inne, weil ich mir noch nie ernsthaft Gedanken darüber gemacht hatte, daß meine Mutter einmal sterben würde. Nun, doch, aber nicht in Verbindung mit einem Schwimmbecken.

»Titus, alter Junge«, sagte Bill in seiner sensiblen Art, »wenn wir wieder zu Hause sind, würde ich deine Mutter gern kennenlernen. Du mußt mir versprechen, mich mal zum Tee einzuladen. Ich könnte dann eine Zeichnung von eurem Haus anfertigen.«

»Es wird Rosinenkuchen geben«, murmelte Teddy, und alle lachten.

»Du wirst nicht nur Tee serviert bekommen«, erklärte ich. »Meine Mutter wird dann bestimmt das gemästete Kalb schlachten. Du hättest an meinem einundzwanzigsten Geburtstag dabei sein sollen!« Plötzlich wollte ich ihnen von meiner Mutter und meinem Zuhause und all den Erinnerung erzählen, die ich in mir verschlossen gehalten hatte, während wir Kilometer für Kilometer diese verfluchten Schlitten zogen und meine Füße in den Stiefeln einfroren.

»An dem Geburtstag war ich in Südafrika im Krankenhaus«, fing ich an, »nachdem es mich im Burenkrieg erwischt hatte. Ich habe fast zwanzig Kilo abgenommen und war total schwach auf den Beinen. Dieser Typ, Campbell-Bannermann, bezichtigte das

Militär später an Hand seiner Kriegführung der Barbarei, doch ich tat nur, was mir aufgetragen wurde. Ich fand die vorgeschlagenen Reformen sogar noch alarmierender: Wechsel der Uniformen, Wolseleys Kampagne zur Abschaffung von besoldeten Diensten, seine Nachdrücklichkeit, wenn es darum ging, daß Beförderung auf Fähigkeiten nicht auf Rang gegründet sein solle. Ich war noch jung, das darf man nicht vergessen, und hatte einen recht kleinen Horizont. Trotzdem befürwortete ich sein Bestreben, die Barrieren zwischen den Menschen, den ›Offizieren und Ehrenmännern‹, niederzureißen und den ganzen Haufen zu ›Soldaten‹ zu schlagen.

Ich segelte auf der *Bavarian* nach Hause. Meine Mutter heulte, als sie mich so ausgezehrt und auf Krücken daherkommen sah. So viel Aufsehens um einen Burschen habt ihr noch nie erlebt! Meine Schwester Lilian pflegte mitten in der Nacht in mein Zimmer zu kommen und mich zu zwingen, Hühnerbrühe zu schlucken. Mein Bruder Bryan brachte Stunden damit zu, über einem Puzzle zu brüten, das auf einem Tablett auf meinem Schoß lag und vorzugeben, er wisse nicht, welches Teil in den Himmel paßte. Ich glaube, er dachte, ich hätte meinen Verstand zusammen mit den zwanzig Kilo Gewicht verloren. Als das Wetter schöner wurde, legte man mich in den Garten auf einen Liegestuhl, und Violet las mir Gedichte vor. Es war schreckliches Zeug; meistens schlief ich dabei ein. Mitte Juni, als es mir besser ging, richteten sie mir eine Geburtstagsfeier aus, um jene nachzuholen, die ich im vorangegangen März versäumt hatte.

Es war ein tolles Fest. Für die Dorfkinder wurde Tee im Schulhaus ausgeschenkt; überall waren Banner und Fahnen aufgehängt worden; es gab Wurfbuden und in Long Meadow ein mit Dampfkraft betriebenes Karussell, das sich ruckartig drehte. Um vier Uhr nachmittags kamen die meisten Pächter zu einem Essen in der großen Scheune; meine Mutter, der Vikar und Gutsverwalter setzten sich jeweils ans Ende der drei mit Auflageböcken konstruierten Tische ein. Meine Mutter hat die wundervolle Gabe, die Stimmung eines Augenblicks zu erfassen und zu erkennen, was angebracht ist. Wir hatten Unmengen Roastbeef, das wir mit dunklem Bier hinunterspülten ...«

An dieser Stelle unterbrach ich mein Geplapper und schluckte: Allein die Erwähnung von Rindfleisch ließ mir das Wasser im Mund zusammenlaufen. Lieber Gott, in dem Moment hätte ich meine sterbliche Seele für einen Bissen Rumpsteak mit Meerrettich getauscht.

»Nachdem wir den Plumpudding verspeist hatten«, fuhr ich fort, »brachte Jordan stammelnd einen Toast aus, gefolgt von einer Rede des Vikars, der ein Loblied auf tapfere junge Männer sang, insbesondere mich. Er schloß mit einer verblüffenden Bemerkung, die meinen ›Heldenmut‹ mit der Behauptung des französischen Physikers Henri Becquerel verglich, demzufolge in Atomen, die fast ein Jahrhundert lang als die kleinsten Teilchen der Materie galten, noch kleinere Teilchen enthalten sein könnten. Keiner von uns hatte auch nur die geringste Idee, worauf der Vikar hinauswollte, obwohl die meisten ihm gut gesonnen waren und vermuteten, er wolle mir ein Kompliment machen. Meiner Mutter jedenfalls war der Stolz ins Gesicht geschrieben, und ich saß einfach grinsend da und tat so, als sei alles ganz famos. Eigentlich wollte ich viel lieber meinen neuen Steepler bewundern gehen, ein absolutes Prachtstück von einem Tier, schwarz wie Kohle und glänzend obendrein.

Später wurde getanzt. Wenn man hinkt, hat man eine ausgezeichnete Ausrede, sich der blöden Walzertanzerei zu entziehen. Als ich meinen Pflichten nachgekommen war und mit meiner Mutter, meinen Schwestern und der Frau des Vikars je eine Runde getanzt hatte, konnte ich mich verziehen und zu Bett gehen. Ich wäre noch zu den Stallungen gegangen, war aber, um ehrlich zu sein, müder, als ich zuzugeben wagte.

Ich hab' das Bild nicht sofort gesehen und las noch eine Weile. Dann kam Chalmers herein, um Kohlen nachzulegen. Ich fragte sie, weshalb sie nicht beim Tanz war, und sie erwiderte, daß sie ginge, nachdem sie sich um das Feuer gekümmert habe. Ich bat sie, das Licht zu löschen. Ich rauchte noch eine Zigarette zu Ende und blies einen Ring aus Rauch in die Luft, der seitlich aufstieg und, angezogen vom Zug im Kamin, in dessen Richtung trieb, da folgte mein Blick diesem schlangenförmigen Lasso, und ich bemerkte das Bild, das in einem grün angelaufenen Rahmen über dem Kaminsims hing. Später fand ich heraus, daß meine Mutter gerade an jenem Morgen die Anweisung gegeben hatte, es aus dem alten Kinderzimmer zu entfernen. – Ich erwähnte ja bereits, daß meine Mutter eine Frau mit einem erstaunliches Gespür dafür ist, was gerade angebracht ist.

Das Bild – ein Photo – zeigte Königin Viktoria, die seitlich auf einem gescheckten Pony saß und John Brown, der das Zaumzeug hielt. Es war im Hof von Schloß Balmoral aufgenommen worden. Das Pony war sehr klein und die Reiterin recht kräftig. Man konnte am Gesichtsausdruck der Königin ablesen, daß sie das Pony ziemlich störrisch fand.

Das Bild hatte schon so lange über den Zinnsoldaten gehangen, die auf dem dritten Regalbrett in der Nische im Kinderzimmer in Reih und Glied aufgestellt waren, seit ich die Gegenstände benennen konnte. Ich nannte das Pony Boy Charger. Aufgrund einer Wölbung im Mauerwerk hatte das Bild meistens schiefgehangen. Bevor das Kindermädchen zum Abendessen nach unten gegangen war, hatte sie sich gegen das Schutzgitter vor dem Kamin gelehnt, sich auf die Zehenspitzen gestellt und das Bild mit dem Zeigefinger gerade gerückt. Als ich etwas älter war, habe ich es mit dem Griff meines Tennisschlägers auf seinen Platz geschoben.

Im Licht des Kaminfeuers, wenn sich die Flammen im Glas widerspiegelten und über das Bild zu zügeln schienen, konnte man das Geklapper von Pferdehufen auf Kopfsteinpflaster geradezu heraufbeschwören. ›Mr. Brown‹, sagte die beleibte Dame in meinen Träumen, ›seien Sie so gut und zügeln Sie Boy Charger.‹ – ›Verschwinden Sie, Lady‹, gab John Brown zur Antwort. ›Sie dürfen das Morgengrauen nicht aufhalten.‹«

Nach dieser gewissermaßen peinlichen Äußerung verstummte

ich und hätte vermutlich geschwiegen, wenn Birdie mich nicht gefragt hätte, ob ich in Indien Schweine aufgespießt hätte. Ich bejah-
te, doch ich zöge Polo vor, was mir das gleiche zu sein schien, jedoch ohne Geschrei. Bei diesen Worten waren Scott und Bill recht
angewidert.

»Ist schon okay, Onkel Bill«, sagte Birdie. »Wenn du mal gesehen hättest, was Schweine in Indien anrichten, würdest du sicher
meinen, daß Aufspießen zu gut für sie sei. Sie wühlen nämlich sogar bei den Toten herum. Ich hab' seitdem keine Schweinewurst
mehr gegessen.«

Als Birdie Indien erwähnte, legte ich wieder los. Es war ja schon
lange her, seit wir das letzte Mal einfach nur dagesessen hatten.
Gewöhnlich aßen wir, wenn wir haltmachten, und marschierten
dann weiter, oder wir aßen und schliefen. Jetzt aber saßen wir in
dem engen, vom Wind zerfledderten Zelt und hörten das Zischen
des Primuskochers und den gelegentlichen Hammerschlag der Seemänner, die draußen die Schlitten umrüsteten.

Ich erzählte von der Schakaljagd in Mhow, wie wir das Horn
um sechs Uhr früh bliesen. »... wenn die Fährte am Morgentau
haftete und die Sonne noch nicht brannte. Die Schwester eines der
Adjutanten begleitete uns bei mehreren Gelegenheiten. Sie war die
erste Frau, die ich jemals im Herrensitz habe reiten sehen ... Ich
kann nicht gerade behaupten, daß sie dabei eine Augenweide war.
Sie war mit von der Partie, als einer der Artisten ins Lager kam und
Maltravers sich blamierte. Dieser Artist war ziemlich berühmt.
Mit einem Schwertschlag konnte er eine Zitrone in der ausge-
streckten Hand seines Assistenten in zwei Hälften teilen. Pinkie
Maltravers war jedoch überzeugt, daß dies nicht möglich sei. Mit
dem Hintergedanken, den Burschen als Schwindler zu entlarven,
streckte er seine eigene Hand aus und bat den Artisten, den Trick
zu wiederholen. Nachdem der indische Meister Pinkies Handfläche ein paar Sekunden lang studiert hatte, weigerte er sich. ›Das
hab' ich mir gedacht‹, schrie Pinkie triumphierend, woraufhin der
Artist die andere Hand untersuchte. ›Ich werde es mit dieser tun‹,

erklärte er. ›Was für einen Unterschied macht denn das, verdammt noch mal?‹ wollte Pinkie wissen. Daraufhin erklärte der Artist, daß Pinkies andere Handfläche in der Mitte zu hohl sei und das Schwert ihm wahrscheinlich den Daumen abschlagen würde. Es war unschwer zu erkennen, daß Pinkie ganz schön Bammel hatte, doch er konnte ja jetzt schlecht einen Rückzieher machen, wo wir alle zuschauten. So schloß er die Augen und streckte seinen Arm aus. Das Schwert sauste herab und trennte die Zitrone fein säuberlich in der Mitte durch. Pinkie gab zu, daß er die Zähne zusammenbeißen mußte, um nicht im letzten Moment die Hand zurückzuziehen. Er vermutete, daß ihm die vielen Prügel, die er während der Schulzeit erhalten hätte, nun zugute kamen. Die Schwester des Adjutanten fiel ihn Ohnmacht, bevor das Schwert niederging.«

Ich quasselte immer weiter, auch während des Abendessens und lange danach. Erinnerungen an Orte, die ich besucht hatte, und an Vergangenes wurden wieder wach, an meine Schulzeit in Eton, meinen Aufenthalt in Ägypten, die Farbe der Blumen im Garten meiner Mutter. Es war, als wäre mein Leben eines von Bryans Puzzeln und ich entschlossen, alle Teile zusammenzufügen, bis das warme Essen mich schläfrig machte und das Bild, längst noch nicht vollständig, im Schweigen verschwamm. Daraufhin beugte sich Scott zu mir herüber, legte einen Arm um meine Schulter, schüttelte mich liebevoll und rief: »Titus, du alter Witzbold, du bist ja aus deinem Schneckenhaus gekrochen!« Ich gebe zu, daß ich rot wurde.

Birdie meinte später, daß er mich das erste Mal in Scotts Beisein so entspannt erlebt hatte, und ich glaube, er hat recht. Ich schreibe es dem Umstand zu, daß ich gezwungen war, das Beste aus unserer Situation zu machen, nachdem die Ponys tot waren und somit nicht mehr meiner Verantwortung unterlagen, und Meares und Cherry nicht mehr bei uns waren.

Am folgenden Morgen wurde Teddys Mannschaft – Lashly, Crean und Bowers – angewiesen, die Skier zurückzulassen und zu Fuß weiterzugehen. Eigentlich schien das ein ziemlich deutlicher

Hinweis darauf zu sein, daß sie nicht bis zum Südpol mitgehen
würden. Doch bei Scott wußte man nie. Teddy sah den ganzen Tag
wie ein Häufchen Elend aus. Selbst Bowers hatte kaum was zu sagen. Ich fragte Bill, was er davon hielte, und er fauchte zurück, daß
er ebenso verblüfft war wie die übrigen.

»Ich bin doch bestimmt nicht dabei?« fragte ich, und er antwortete: »Gibt es einen Grund, weshalb nicht?« Ich hatte ihm noch
nicht von meinem schlimmen Bein erzählt.

Scott und Bill unterhielten sich lange im Flüsterton, als wir an
jenem Abend unser Lager aufgeschlagen hatten. Der Name Bowers fiel mehrmals. Ich wachte in den frühen Morgenstunden auf
und sah, daß die Kerze noch nicht ausgelöscht worden war und
Scott in seinem Schlafsack saß und Tagebuch schrieb.

Bei Tagesanbruch, als wir Tee tranken, ging er in das andere
Zelt und verkündete den Männern dort seinen Entschluß. Man
kann sich nicht vorstellen, wie erstaunt wir waren, als er zurückkam und mitteilte, daß Bowers auf dem letzten Streckenabschnitt
dabei sein würde. Der letzte Teil der Reise war bis in alle Einzelheiten – Zelt, Lebensmittel, Brennstoff usw. – für vier Männer geplant worden, und nun würden fünf mitkommen!

Für mich kam meine Aufnahme so unerwartet, daß ich gar nicht
wußte, was ich denken sollte. Mir schoß durch den Kopf, Scott zu
gestehen, daß ich nicht richtig in Form war, doch schämte ich mich
bei dem Gedanken an Teddy Evans und seine Männer, die nach
dem Zusammenbruch der Motoren schon 480 Kilometer länger
als jeder von uns am Schleppen waren, und die noch immer frisch
wirkten. Abgesehen davon, daß es feige wäre, schien es nicht klug,
einen Rückzieher zu machen, wenn uns nur noch zehn oder elf Ta-
gesmärsche vom Ziel trennten. Ich gelangte zu dem Schluß, daß
selbst, wenn ich keine Lust hatte weiterzumarschieren, ich es doch
unbedingt für mein Regiment tun wollte. Die Inniskillings würden
einen Riesenstein im Brett haben, wenn ich es bis zum Südpol
schaffte.

Ich mußte noch einen Brief an meine Mutter schreiben, den Teddy mitnehmen sollte, um ihr mitzuteilen, daß ich mit ziemlicher Sicherheit noch ein Jahr länger wegbliebe, da wir wahrscheinlich das Schiff verpassen würden. Ich schrieb, es gehe mir gut, möglicherweise besser als den andern, Bowers ausgenommen. Sie sollte sich keine Sorgen um mich machen und über die unfreundlichen Bemerkungen hinwegsehen, die ich in früheren Briefen über Scott gemacht hatte. Es wären nur die Kälte und schrecklichen Leiden der Ponys gewesen, die meine Äußerungen so scharf hatten klingen lassen. Im Grunde sei Scott ein guter Kerl und bis aufs äußerste korrekt in Dingen, auf die es ankam.

Ich fügte eine Liste der Bücher bei, die sie zur *Terra Nova* in Lyttleton schicken sollte, so daß ich mich während der Heimfahrt auf meine Magisterprüfung vorbereiten konnte. Ich wußte, daß sie sich über diese Bitte freuen würde. Leider war ich immer schrecklich langsam im Lernen gewesen, war aber davon überzeugt, daß meine Erfahrungen in den letzten beiden Jahren mich insgesamt ausgeglichener hatten werden lassen, und ich nun endlich bereit wäre, mich dem Studium von Büchern und dergleichen zu widmen.

Teddy war schrecklich mitgenommen, weil er umkehren mußte, und Crean weinte sogar. Ich bedauerte, daß Lashly nicht anstelle von Taff Evans mit uns kommen konnte. Keiner von uns, außer Scott, hatte viel für den Waliser übrig, obwohl er ein hervorragender Mann war, wenn wir unterwegs waren, und der Kräftigste im Ziehen.

Scott hielt eine huldvolle Rede, bevor wir uns verabschiedeten, und dankte der zweiten Abteilung dafür, sich bereit erklärt zu haben, mit weniger Mann zurückzukehren. Er erinnerte sich daran, daß es sich um eine gemeinsame Leistung gehandelt habe.

»Es sind vielleicht nur wir vier ... fünf«, korrigierte er sich sofort, »die in wenigen Tagen auf dem Südpol stehen werden, doch wir werden nicht vergessen, daß ihr es wart, die ihr uns ausgesandt habt.«

Teddy rief dann zum dreifachen Hurra, und Scott erteilte den

Startbefehl. Welche Begeisterung, welcher Optimismus, als wir
aufbrachen! Jedesmal wenn wir zurückblickten, standen die drei
Gestalten immer noch da und winkten, bis sie mit wachsender
Entfernung dunkler und kleiner wurden.

Unsere Hochstimmung dauerte ganze zwei Tage, was hauptsächlich auf die glatte Oberfläche und das ruhige Wetter zurückzuführen war. Mit vier Mann im Zelt war es schon eng genug,
doch mit fünf noch enger. Es dauerte auch länger, für fünf, statt für
vier zu kochen, doch das war egal, wenn die Sonne so warm
schien, daß wir außerhalb des Zeltes herumstehen konnten, ohne
zu frieren.

Dann verschlechterte sich das Wetter. Wir stießen auf Schneefahnen und mußten unsere Skier abschnallen, um zu Fuß weiterzugehen. – Bowers ging natürlich schon die ganze Zeit zu Fuß. Scott
zögerte ewig, ob wir alle unsere Skier zurücklassen sollten. Kaum
hatte er eine Entscheidung gefällt und wir uns etwa weitere drei
Kilometer abgemüht, als die Oberfläche besser wurde und wir zu-
rückstapfen mußten, um die Skier zu holen. Ich glaube, wir alle
waren geschwächter, als wir zugaben – ich jedenfalls – und konnten es uns einfach nicht leisten, unentschlossen zu sein und unsere
dürftigen Kräfte mit solchen Manövern zu vergeuden. Die Kälte
war eine Sache, der Hunger eine andere. Wir waren gegen beide
Torturen abgehärtet, doch wenn sich Erschöpfung zu den Qualen
gesellt, ist das einfach mehr, als der Mensch ertragen kann. Dann
war es auf einmal von großer Bedeutung, wenn es eine halbe Stunde länger dauerte, bis wir etwas zu essen bekamen.

Scott, der arme Teufel, war auf diese Art von Rückschlag wirklich nicht vorbereitet gewesen. »Ich muß gestehen«, bekannte er,
»ich hatte nicht berücksichtigt, daß es dreißig Minuten länger
brauchen würde, um für eine Person mehr zu kochen.« Einen Augenblick lang wirkte er niedergeschlagen. Dann meinte er: »Ich
bin mir allerdings sicher, daß wir uns daran gewöhnen werden.«

Scotts Rücksichtslosigkeit bei der Durchsetzung seiner Vorhaben glich der von Napoleon, der, als sein Heer vor den Alpen

stand, ausrief: »Für uns gibt es keine Alpen!« Für Scott existierte das Wort »unmöglich« nicht, und wenn doch, höchstens in einem Wörterbuch für Minderbemittelte. Unter den schrecklichen Umständen, in denen wir uns befanden – halb verhungert und fast ständig durchfroren, unsere Muskeln zitternd vor Anstrengung vom Ziehen dieser höllischen Schlitten –, war Scotts Haltung wohl die einzige Lösung. Hätten wir an diesem Punkt noch angefangen zu zaudern, wäre es gewesen, als hätten wir ein im Sprung begriffenes Pferd zurückhalten wollen. Scott verschonte keinen, auch sich selbst nicht, und trieb uns mit schierer Willenskraft vorwärts. – Dann sichtete Birdie die schwarze Flagge.

Beim Zurücklegen der nächsten zwei, drei Kilometer bildeten wir uns vermutlich ein, daß es sich vielleicht nur um eine Schneefahne handelte. Doch schon bald stießen wir auf Schlittenspuren und die eindeutigen Abdrücke von Hundepfoten – Dutzender von Hunden. Amundsen war vor uns am Südpol angelangt. Wir schlugen unverzüglich das Zelt auf. Es war interessant zu beobachten, wie wir reagierten, als wir erkennen mußten, daß unsere schrecklichen Mühen und Anstrengungen vergeblich gewesen waren. Birdie war wütend: Die Norweger seien Spielverderber, Langfinger, es nicht wert, daß man sich über sie aufrege. Bill befleißigte sich, eine Skizze von dem Wegmarken und der Fahne anzufertigen, war aber sehr wortkarg. Scott war überraschenderweise ganz gelassen. Der Schock der Enttäuschung muß jedoch so schwer gewesen sein, daß er ihn kaum verkraftete. Er sprach davon, in welch schlechter Verfassung er vor dem Ablegen der *Terra Nova* in Cardiff gewesen wäre, wie er zu seiner Frau gesagt hatte, daß irgend etwas mit ihm nicht stimmte und irgendein Schatten über ihm schwebte.

»Kathleen meinte, alles würde gut sein, wenn wir erst unterwegs wären ... sie hatte recht ... doch ich muß mich einfach fragen, ob nicht vielleicht schon alles zu spät war. Wenn ich nicht von einer derart verfluchten Mattigkeit gefangen gehalten worden wäre, hätte die ganze Sache vielleicht ein anderes Ende genommen.«

Dem blieb nicht mehr viel hinzuzufügen. Niemand unternahm

den Versuch, außer Bill, der murmelte, daß wir immerhin das Ziel erreicht hatten, für das wir uns auf den Weg gemacht hatten und zumindest den Union Jack am Südpol aufstellen konnten.

Für mich war es gleich, ob wir nun als erste oder letzte an diesem gottverlassenen Ort ankamen. Es war eindeutig: Die bessere Mannschaft hatte gewonnen.

Dann begann Taff Evans so heftig in seinem Schlafsack hin und her zu schlagen, daß wir den Kocher festhalten mußten, um zu verhindern, daß er ihn nicht umstieß. »Um Himmels willen, Mensch!« schrie Scott, gänzlich alarmiert und versuchte, ihn zu bändigen. Taff schleuderte ihn mit solcher Wucht von sich, daß Scott gegen die Zeltstange fiel und sich am Rücken verletzte.

Der Waliser wetterte, daß wir bei unserer Rückkehr das Gespött und Gelächter der Leute wären, niemand von unseren Familien auch nur einen Penny sehen würde. Für die übrigen sei das vielleicht in Ordnung, aber er sei erledigt, am Ende. »Jetzt bekomme ich nie ein eigenes Haus«, schrie er, »jetzt nicht mehr ... keine Äpfel im Garten, kein Ruderboot am Seeufer ... diese Scheißträume sind so faul wie dieser Scheißstumpf.« Er zog seinen Fäustling aus und streckte seine Hand aus, damit wir sie alle sehen konnten.

Scott wurde blaß. Ich hätte mich wahrscheinlich übergeben, hätte ich genug im Magen gehabt. Taffs Hand war geschwollen und violett verfärbt; die meisten seiner Fingernägel waren abgefallen. Über seinen Knöcheln klaffte eine tiefe Wunde, die so groß war, daß der Knochen zu sehen war. Man konnte nicht mehr von einer Hand sprechen, sondern eher von einer unförmig angeschwollenen Frucht, die aussieht, als wolle sie jeden Augenblick bersten.

Bill nahm es schwer. Er gab sich die Schuld, weil er sich nicht um Taffs Wunde gekümmert hatte, als dieser sich beim Umbauen der Schlitten geschnitten hatte. Er gab dem Offizier Morphium, um den Schmerz zu betäuben. Es dauerte eine Weile, bevor die Wirkung einsetzte. Solange wälzte sich Taff stöhnend herum.

Uns schossen die Tränen in die Augen, und wir steckten die Finger in die Ohren, um das scheußliche Klagen nicht hören zu müssen.

Am folgenden Tag marschierten wir weiter und kamen zur norwegischen Flagge und dem Zelt. Man hatte uns dort eine Notiz hinterlassen: »Sehr geehrter Kapitän Scott, da Sie vermutlich als erster nach uns diesen Ort erreichen, möchte ich Sie freundlichst bitten, beiliegenden Brief an König Haakon VII. weiterzuleiten. Bitte zögern Sie nicht, von den im Zelt zurückgelassenen Gegenständen Gebrauch zu machen. Mit freundlichen Grüßen und den besten Wünschen für eine sichere Heimkehr. Hochachtungsvoll, Roald Amundsen.«

Scott hielt das Schreiben wohl für eine Beleidigung, doch ich denke, daß es schlichtweg eine kluge Vorkehrungsmaßnahme von seiten Amundsens war. Die Norweger hatten keine größere Gewähr als wir, sicher nach Hause zurückzukehren.

Wir marschierten noch drei Kilometer bis zu dem Ort, den Birdie als die exakte geographische Stelle für den Südpol berechnet hatte. Taff Evans war im großen und ganzen wieder normal, wenn er sich auch etwas schwerfällig bewegte. Ich könnte schwören, ihn ein- oder zweimal kichern gehört zu haben.

Wir hielten an, als Birdie es anordnete, und bauten eine Wegmarke, auf die wir den Union Jack steckten. Wir machten ein Photo von uns, aber ich glaube keiner von uns konnte lächeln. Dann traten wir die Rückreise an.

Ich weiß nicht mehr, wann Taff starb ... vor einer Woche, einem Monat. Es war irgendwo auf dem Gletscher. Ich weiß nur, daß wir am Tag zuvor, ganz fürchterlich in der Klemme steckten. Scott meinte, wir wären selbst daran schuld gewesen. Wir brachen bei heftigem Wind auf und schnallten unsere Skier bei schrecklichem Licht an, das fantastische Schatten auf den Schnee warf. Birdie sagte, es erinnere ihn an ein Pantomimestück von *Ali Baba und die vierzig Räuber*, die durch schillernde Stoffe im Hintergrund und unheimliche, theatralische schwarze Löcher dargestellt wurden. Meiner Ansicht nach, war die Welt ein Sarg und der Himmel der Deckel, der im Begriff war, auf mich niederzufallen. Darin zeigte sich, wie unterschiedlich wir waren. Ich glaube aber nicht, das Birdies Füße im Anfangsstadium von Frier-Brand waren.

Um die Mittagszeit – nicht daß wir etwas zu essen gehabt hätten – nahm Scott zu unserem Verhängnis Kurs in Richtung Osten. Es mag den Anschein erwecken, als würde ich Scott die Schuld in die Schuhe schieben wollen. Doch keiner von uns protestierte gegen seinen Befehl, alle folgten ihm blindlings. Ganz ehrlich, ich glaube, daß er der einzige von uns war, der überhaupt noch in der Lage war, eine Entscheidung zu fällen. Wilson war schneeblind, Birdie war noch immer dem Trugschluß erlegen, daß er weltlich gesinnt sci, wenn er sich in den Vordergrund drängte, und Evans war nicht mehr ganz richtig im Kopf. Scott bestand darauf, daß Bill Evans in regelmäßigen Abständen aus Erbarmen Morphium verabreicht wurde. So stolperte der Waliser weiter und war zu seinem Glück die Hälfte der Zeit in einem Rausch der Vergessenheit versunken. Er fiel oft hin und zog sich eine Beule zu, die auf die Größe von einem von Bills Kaiserpinguineiern anschwoll.

Als wir am nächsten Morgen aufstanden und je einen halben Keks in unseren Heißwasserbecher gekrümelt hatten, blieb nur noch eine Mahlzeit in unseren Proviantsäcken übrig. Wenn wir das nächste Depot nicht vor Anbruch der Dunkelheit erreichten, würden wir hungern müssen. Ich war über den Punkt hinaus, an dem mich nach Nahrung verlangte, im Gegensatz zu Bill und Evans, die sich ständig beklagten, daß sie am Verhungern wären. Ich konnte Evans Dilemma nachvollziehen. Er war ein Koloß von Mann und benötigte zweifelsohne mehr zu essen als die anderen, doch war es merkwürdig, daß der dünne, alte Bill, der von Natur aus genügsamer war, das gleiche nagende Hungergefühl wie ein Bär von Seemann verspürte. Ich weiß nicht, welche Qualen Birdie durchlitt – er war zu sehr damit beschäftigt, den anderen zu helfen, uns vorzulesen und ein freundliches Licht in einer bösen Welt zu sein, als daß er uns seine wahren Gefühle verraten hätte.

Eine halbe Stunde, nachdem wir aufgebrochen waren, verlor Evans den Halt auf einem seiner Skischuhe und mußte abgeschirrt werden. »Weiter, weiter«, rief er und winkte uns mit seiner gesunden Hand zu. Als wir nach zwei Stunden anhielten, kam er langsam nach. Wir hatten uns gerade wieder auf den Weg gemacht, als er aus dem gleichen Grund erneut hinter uns zurückblieb. Er bat Birdie um ein Stück Schnur. Scott warnte ihn, nicht allzu sehr in Rückstand zu geraten, und er antwortete: »Meine Güte, nein. Es ist hier draußen so einsam. Ich komme gleich nach.«

Als wir ein klägliches Mittagessen einnahmen, war er immer noch nicht aufgetaucht. Alarmiert machten wir kehrt, um ihn zu suchen. Da sahen wir ihn auf allen vieren im Schnee, ohne Handschuhe und mit aufgerissenen Kleidern. Als wir näher kamen, bellte er wie ein Hund. »Taff«, sagte Scott »,was ist denn los, Mensch?« Der Waliser antwortete nicht. Wir halfen ihm auf die Füße und stützten ihn, um ihn zum Zelt zurückzubringen, doch nach wenigen Schritten sackte er zwischen uns zusammen und fiel auf die Knie. Er murmelte dann etwas wie, daß es ihm leid täte.

Scott schickte Bowers und Wilson los, den Schlitten zu holen. Evans Zustand schien ihn schwer mitzunehmen. Er kniete sich hin und nahm Evans in die Arme.

»Du mußt wissen, Titus«, erklärte er mir, »daß ein Mensch oft das Spiegelbild des anderen ist.«

Darauf konnte ich mir überhaupt keinen Reim machen und schwieg.

»Ich weiß, daß ihr meine Sorge um Evans nicht nachvollziehen könnt«, meinte er, »doch es ist nichts Besonderes dabei.«

»Die Gletscherspalte«, fiel mir ein. »Ihr standet zusammen im Angesicht des Todes.«

»Nein Titus, so einfach ist das nicht.« Dann verzog sich sein Gesicht so sehr, daß ich befürchtete, er würde losheulen. Ich wandte mich ab und gab vor, nach dem Schlitten Ausschau zu halten.

»Titus«, fragte Scott, »hast du deinen Vater geliebt?«

»Natürlich«, antwortete ich.

»Und ich meinen auch«, erwiderte er. Dann ließ er Taff los und stand auf. »Bleib bei ihm«, befahl er. »Ich gehe den anderen helfen.«

Ich versuchte, es Taff etwas erträglicher zu machen, doch das war nicht möglich. Ich knöpfte seinen Mantel zu und wollte ihm seine Handschuhe anziehen, doch beim Anblick der schlimmen Hand verlor ich die Nerven. Er bewegte sich plötzlich und öffnete die Augen. »Lois?« fragte er.

»Die Helfer sind unterwegs«, beruhigte ich ihn. »Der Kapitän holt den Schlitten.«

Dann murmelte er etwas von Zigarren und daß es ihm leid täte. Danach schloß er die Augen und sagte nichts mehr. Das waren seine letzten Worte.

Wir brachten ihn ins Zelt und warteten, bis er gegen Mittag starb. Bowers und Scott begruben ihn. Bill war quasi blind und meine Finger durch Frostbeulen fast unbrauchbar geworden. Bowers und Scott wollten eigentlich einen Grabhügel über Evans errichten, doch dann waren die beiden so geschwächt, daß sie einfach nur Schnee über ihn häuften.

Bill glaubt, daß der Schlag gegen den Kopf beim letzten Sturz Evans letztendlich erledigt hatte, zusammen mit dem Zustand seiner Hand. Scott meinte, er habe schon Anzeichen der Verschlechterung in Evans Wesen vor dem Sturz bemerkt.

»Er war gewöhnlich ein starker Mann«, sagte er, »und absolut zuverlässig, nie nachlässig, nie schludrig bei der Arbeit. Und er verstand, worum es ging. Dennoch schnallte er am Tag, bevor wir zum Pol marschierten, die Schlafsäcke nicht fest genug auf den Schlitten. Ihr erinnert euch vielleicht, daß einer verlorenging und Birdie umkehren und danach suchen mußte.«

Es war das erste Mal, daß der Pol erwähnt wurde, seit wir auf dem Rückweg waren. Wir hatten, weiß Gott, uns alle Gedanken darüber gemacht und über die sich daraus ergebenden Konsequenzen bei unserer Heimkehr, doch keiner hatte bisher gewagt, die Gedanken in Worte zu fassen, aus Angst, Scott damit zu verärgern. Ich hatte dreimal hintereinander nachts einen Traum, in dem wir zum Südpol kamen und statt der Hundespuren im Schnee und der schwarzen Fahne eine kleine Wegmarke mit einem blau lackierten Teller aus Email und einem Steak darauf vorfanden.

»Es ist schrecklich, so etwas auszusprechen«, erklärte Scott, »aber ich weiß, ihr versteht, was ich meine, wenn ich sage, daß Taffs Tod unsere eigenen Überlebenschancen beträchtlich vergrößert hat.«

Das war auch das erste Mal, daß wir vom Überleben sprachen oder vielmehr von der Vorstellung, es nicht zu schaffen. Das war wieder ein Punkt, über den wir alle nachgedacht hatten. – Jedenfalls kann ich mir nicht denken, der einzige gewesen zu sein, der erkannt hatte, daß die Lebensmitteldepots zu weit auseinander lagen und Schneestürme sowie schlechte Oberflächenverhältnisse nur unzureichend berücksichtigt worden waren.

»Er hielt uns auf«, meinte Scott. »Er war einfach ...« An dieser Stelle hielt er inne, und wir sahen, daß ihm die Tränen in die Augen schossen.

Keiner von uns wußte, wie wir ihn trösten konnten, nicht einmal der tapfere, alte Bill. Während der letzten Wochen hatte ich meine Meinung über Scott geändert, obwohl ich mir immer noch nicht erklären konnte, wie er so dumm sein und die vorherrschende Meinung außer acht lassen konnte, daß Schlittenhunde das einzig taugliche Fortbewegungsmittel in der Antarktis seien. Ich war nach wie vor der Ansicht, daß er im militärischen Sinne ein schlechter Menschenführer war, womit ich sagen will, daß er Stärken, Fähigkeiten, geographische Gegebenheiten und die Überlegenheit des Feindes nicht ausreichend berücksichtigt hatte. Dennoch hatte ich allmählich seine anderen, wichtigen Qualitäten erkannt, nicht zuletzt seine Fähigkeit, sich in andere hineinzuversetzen. Man konnte in seinen Augen ablesen – wenn er nicht gerade am Heulen war –, daß sein Herz größer war als seine Stiefel. Er hatte es geschafft, Gott weiß wie, die Ausbildung bei der Marine zu bewältigen, ohne dabei die entscheidenden menschlichen Züge einzubüßen.

Mir war das nicht gelungen. Nun, sie existieren, diese menschlichen Züge, tief in mir vergraben, und ich gaukle mir vor, daß ich sie angesichts einer schrecklichen Zwangslage an die Oberfläche befördern könnte, daß ich dann aus einem inneren Gespür heraus das Richtige tun würde. Doch ich befürchte, daß es gar nicht stimmt. Ich bin zu steif, zu sehr in Gesetzen und Verhaltensvorschriften gefangen.

Ich kann es nicht richtig erklären, aber plötzlich verstand ich, weshalb Bill Scott so gern hatte. Scott ist der Mann, der Bill gern sein würde. Scott kann zwar sein Leben nicht retten, dennoch hat er den Durchblick.

»Ihr müßt euch gefragt haben«, sagte Scott, »weshalb mir Evans nicht egal war.«

»Die Gletscherspalte«, gab Bill zur Antwort.

»Genau, was Titus auch gemeint hat«, erwiderte Scott. Er schwieg einige Minuten lang und wischte sich hin und wieder die Tränen weg. Dann begann er, uns in allen Einzelheiten von seiner Kindheit zu erzählen: der Liebe zu seiner Mutter, die Angst vor seinem Vater. »Mein Vater war ein Trinker«, sagte er. »Man könnte es damit begründen, daß das Trinken bei ihm sozusagen eine Berufskrankheit war, denn er hatte eine Brauerei. Ich wage das jedoch anzuzweifeln und glaube, daß er sich mit anderen Problemen auseinandersetzen mußte ... der Tatsache, daß seine Geschwister intelligenter waren, meine Mutter eine anstrengende Frau war. Sie liebte ihn und verachtete doch gleichzeitig seine Schwächen. Während meiner ganzen Kindheit war er abwechselnd ein guter und ein schlechter Vater. Manchmal schlug er uns.«

»Kapitän, bitte«, warf Bill ein, »das ist nicht nötig.«

»Einmal«, fuhr Scott fort, »am Geburtstag meiner Mutter stand er vom Eßtisch auf und warf die Sauciere in ihren Schoß. Archie und ich standen auf der Treppe und schauten durch die Gitterstäbe im Geländer. Wir konnten zwar nicht sehen, was vor sich ging, doch wir hörten den dumpfen Schlag und das darauffolgende abfällige Murmeln. Dann erschien meine Mutter im Korridor. Ihr Kleid war mit Bratensoße befleckt, und ihr Gesicht hatte eine ausdruckslose Miene. Sie blickte hoch und bemerkte, wie Archie und ich auf der Treppe standen. Sie machte eine Handbewegung, wollte vermutlich etwas sagen, konnte aber keinen Ton herausbringen.«

»Kapitän«, bat Bill. »Hör auf!«

»Was ich ihm nie verzeihen konnte«, erzählte Scott weiter, »ist die Art und Weise, wie er hinterher herumjammerte ... wie er sich in Selbstmitleid suhlte ... wie er um Verständnis buhlte. Taff war von einem ganz anderen Schlag. Er trank, weil es ihm schmeckte, nicht weil er den Augenblick vergessen wollte ... Nie hat er versucht, seine Zecherei zu rechtfertigen. Er war ein zäher Trinker, und deshalb habe ich ihn bewundert.«

Später am Abend fragte ich Bill, ob ein Mann ohne Füße immer noch mit der Meute jagen könne. Daraufhin befahl Scott ihm, mir den Brandy zu reichen.

Birdie meint, daß wir hin und zurück bereits über 2400 Kilometer weit gegangen sind beziehungsweise, wenn wir Kap Evans erreichen. Wir sind jetzt noch zwei Märsche weit vom Ein-Tonnen-Lager entfernt, wo immer das auch sein mag und wo Cherry mit den Hunden auf uns wartet.

Mittlerweile sind mir Entfernungen und Ziele egal. Ich habe den Punkt überschritten, an dem ich mir vorstellen kann, wie jemand am Eingang auf mich wartet, es sei denn mit einem Bett. Ich will nur noch schlafen. Gestern bekam Birdie eins aufs Dach, weil er zugab, daß wir zu weit nach Osten gegangen waren. Als Navigator sollte er eigentlich wissen, wohin wir gehen. Es muß eine schreckliche Bürde sein, wenn man dafür verantwortlich ist, daß die Richtung stimmt. Wenn es meine Aufgabe wäre, würde ich bestimmt gegen den Mond laufen. Die einzige Frau, die ich jemals geliebt habe, ist meine Mutter. Mit dieser Bemerkung gehe ich auf Bills Geplapper von gestern abend über seine Oriana ein, die mit ihm angeblich ein Herz und eine Seele sein soll. Darauf haben wir aber nur Bills Wort.

Ich glaube, morgen habe ich Geburtstag. Gestern abend zeigte ich Bill meinen linken Fuß. Er wurde ganz bleich. Scott hat ihn auch gesehen.

»Jetzt ist es für mich vorbei, oder?« wollte ich wissen. »Wie wird das noch enden? Ich möchte nicht schreiend den Abgang machen.«

»Quatsch«, erwiderte Bill. »Du hältst durch.«

»Hör auf«, rief Scott, »und sag ihm die Wahrheit!«

Der arme alte Bill verzog das Gesicht. Ich konnte ihm ansehen, daß er sich den Tod wie einen Dieb in der Nacht wünschte.

»Ich will Morphium«, sagte ich, wohlwissend, daß wir dreißig Tabletten pro Person mitgenommen hatten.

»Nein«, antwortete er, »das verstößt gegen meine Prinzipien.«

»Ich befehle dir, sie ihm zu geben, Bill«, schaltete Scott sich ein. »Ich befehle dir, jedem Mann die Mittel zur Verfügung zu stellen, mit denen er selbst bestimmen kann, wann er sterben will.«

Es war ein solcher Kampf, daß ich verzagte. Ich lag in meinem Schlafsack, und meine Hände, Füße, Nase und Hüfte faulten ab. Während ich vor mich hindöste, schleppte ich mich wieder zum Südpol, zum blauen Teller auf der Wegmarke. Diesmal sah ich Hundespuren im Schnee.

Bill gab mir Morphium: fünf Tabletten, die ich mit Tee hinunterspülte.

»Bete zu Gott, daß ich morgen früh nicht mehr aufwache«, sagte ich und schüttelte Birdie schläfrig die Hand.

Was für Träume ich doch hatte! Ich neige zur Vermutung, daß das Nahen des Todes durch ein Feuerwerk aus Erlebnissen vergangener Zeiten angekündigt wird. Meine Mutter kam zu mir, herrisch, kompetent und überzeugt, daß sie meine abgestorbenen Füße wieder gesundpflegen könne. »Nein, Mutter«, widersprach ich, »sie sind schon völlig verwest.«

Dann umarmte sie mich. Ich meine, es waren ihre Tränen, die meine Wangen hinunterliefen, bis der Schmerz in meinen Beinen mich ruckartig in den Wachzustand zurückholte und ich erkennen mußte, daß meine eigenen Augen vor Kummer und Leid übergeflossen waren.

Ich konnte Birdie schnarchen hören. Ein schwacher Lichtstrahl drang durch das Segeltuch über Bills Kopf. In jenem Augenblick, bevor ich aufrecht dastand, wurde mir bewußt, daß meine größte Sünde der Müßiggang gewesen war. Ich hatte mein Leben vergeudet.

Birdie wachte auf, als ich mich aus dem Schlafsack befreite. Ich legte den Finger auf meine Lippen und freute mich an der Stille. Ich wollte ihn zum Abschied küssen, war aber zu schüchtern.

»Ich gehe mal nach draußen«, verkündete ich, »kann aber eine Weile dauern.«

Draußen wütete ein Schneesturm. Ich stand in meinen Strümpfen da, spürte die Kälte jedoch nicht. Ich war nur wenige Meter weit gekommen, da ich gegen den Schnee ankämpfen mußte, als ich Stimmen vernahm. Ich machte mit meiner Hand eine Bewegung, als würde ich einen Spiegel putzen, und erkannte Boy Charger, der im Schneetreiben hin und her sprang.

»Seien Sie so gut und bändigen Sie ihn, Mr. Brown«, hörte ich eine Stimme sagen.

»Ich halte das Morgengrauen auf«, erklärte mir Brown. »Kapitän Oates ist im Anmarsch.«

Ich mußte nur noch wenige Meter weit kriechen. Dicke Schneeflocken rieselten wie Musik auf mich herab.

»Alles Gute zum Geburtstag«, sang der Mann, der das Zaumzeug hielt. Oh, wie warm und schön alles war.

Danksagung

Viele Menschen haben zum Entstehen dieser Anthologie beigetragen:

Neil Ortenberg und Susan Reich gaben entscheidende Unterstützung und Ratschläge. Dan O'Connor, Ghadah Alrawi und Jeri T. Smith waren ebenfalls unentbehrlich.

Sue Canavan ist eine wahre Künstlerin. Maria Fernandez danke ich für ihre Geduld, Voraussicht und wundervolle Liebenswürdigkeit; Kathryn Daniel für ihre Akribie und Sachkenntnis. Ich danke auch Kristen Couse, Mike Walters und Simon Sullivan.

Die Bibliothekare in der Thomas Memorial Bücherei in Cape Elizabeth, Maine, waren gern bereit, im ganzen Land Bücher ausfindig zu machen und auszuleihen. Ihre Hilfe war von größerer Bedeutung, als sie denken. Shawneric Hachey hat ausgezeichnete Arbeit geleistet, als es darum ging, Bücher, Genehmigungen und Tatsachen zu sammeln. Meghan Murphy hat den Text lektoriert und überprüft. Mark Klimek, Nate Hardcastle, Mike Milliard und Taylor Smith übernahmen freundlicherweise die Arbeit an anderen Projekten, während ich Bücher für dieses las.

Meine Frau Jennifer Schwamm Willis half dabei, Material zu sammeln und auszuwählen. Sie stellte ihr felsenfestes Urteilsvermögen bei zahlreichen wichtigen Entscheidungen zur Verfügung. Mein geschätzter Freund und Kollege Will Balliett sorgte dafür, daß dieses Werk zustande kam und daß es eine Freude wurde. Ich könnte mir keine besseren Mitarbeiter wünschen.

Schließlich danke ich den Schriftstellern, deren Texte in diesem Buch erscheinen.

Quellennachweis

Bibliographie

Abbey, Edward. »The Last Pork Chop«. In: *Outside,* März 1984.

Bainbridge, Beryl. *The Birthday Boys.* New York: Carroll & Graf, 1991.

Bickel, Lennard. *Mawson's Will.* New York: Stein and Day, 1977.

Byrd, Admiral Richard E. *Aufbruch ins Eis: Das todesmutige Abenteuer des berühmten Polarforschers in der Antarktis.* Aus dem Amerikanischen von Ruth Schrammeck. Bergisch-Gladbach: Bastei Lübbe, 1998.

Brainard, David L. *Six Came Back: The Arctic Adventure of David L. Brainard.* New York: 1940.

Cherry-Garrard, Apsley. *The Worst Journey in the World.* New York: Carroll & Graf, 1992.

DeLong, George W. *The Voyage of the* Jeannette. New York: Houghton, Mifflin and Company, 1884.

Herbert, Marie. *The Snow People.* New York: G.P. Putnam's Sons, 1973.

Lopez, Barry H. *Arktische Träume: Leben in der letzten Wildnis.* Aus dem Amerikanischen von Ilse Strasmann. Düsseldorf: Claassen, 1987.

McRae, Michael. »A Simpele Quest«. In: *Outside,* Dezember 1985.

Mitford, Nancy. »A Bad Time«. In: Dies. *The Water Beetle.* New York: Harper & Row, 1962.

Neider, Charles. *Beyond Cape Horn: Travels in the Antarctic*. San Francisco: Sierra Club Books, 1980.

Scott, Robert F. *Scott's Last Expedition: the Journals*. New York: Carroll & Graf, 1996.

Shackleton, Sir Ernest. *South: A Memoir of the* Endurance *Voyage*. New York: Carroll & Graf, 1998.

Spufford, Francis. *I May Be Some Time*. New York: St. Martin's Press, 1997.

Der Weg ist das Ziel

Grüne Hölle und sengende Wüste, ewiges Eis und tosendes Meer, Mount Everest und K2 – die extremsten Gegenden der Erde haben den Menschen schon immer magisch angezogen. Und umgebracht. Denn die Natur ist nicht nur atemberaubend schön, sondern oft auch unerbittlich und grausam. Lassen Sie sich mitreißen von den waghalsigen Abenteuern der Männer und Frauen, die mit den vier Elementen, ihren Kameraden oder sich selbst ums nackte Überleben ringen. In den packenden Geschichten, die Clint Willis zusammengetragen hat, kämpfen die Helden gegen klirrende Kälte und dünne Luft, gegen tosenden Seegang und drohende Erschöpfung, gegen die Wildnis an sich und die eigene Angst. Erleben Sie Ihr blaues Wunder und genießen Sie ein abgebrühtes, wind- und wettergegerbtes Lesevergnügen.

Clint Willis

Überleben auf dem Wasser
Geschichten von F. A. Worsley, Herman Wouk, Sebastian Junger u.a.

Überleben in Höhen
Geschichten von Chris Bonington, Lene Gammelgaard, F. S. Smythe u.a.

Überleben in der Wildnis
Geschichten von Jack London, Barry Lopez, Evelyn Waugh u.a.

Econ | **Ullstein** | List